U0817719

JIAOSHI JIAOYU JISHU
CONG LILUN DAO SHIJIAN

教师教育技术
从理论到实践

王以宁◎主编

北京大学出版社
PEKING UNIVERSITY PRESS

图书在版编目(CIP)数据

教师教育技术：从理论到实践/王以宁主编. —北京：北京大学出版社，2010.1
(21 世纪教育科学系列教材)
ISBN 978-7-301-15892-0

Ⅰ.教…　Ⅱ.王…　Ⅲ.教育技术学—师范大学—教材　Ⅳ.G40-057

中国版本图书馆 CIP 数据核字(2009)第 173605 号

书　　　名：教师教育技术——从理论到实践
著作责任者：王以宁　主编
策　　　划：姚成龙
责 任 编 辑：于　娜
标 准 书 号：ISBN 978-7-301-15892-0/G·2685
出 版 发 行：北京大学出版社
地　　　址：北京市海淀区成府路 205 号　100871
网　　　址：http://www.pup.cn　　电子信箱：zyl@pup.pku.edu.cn
电　　　话：邮购部 62752015　发行部 62750672　编辑部 62767346　出版部 62754962
印　刷　者：北京大学印刷厂
经　销　者：新华书店
787 毫米×1092 毫米　16 开本　19.25 印张　450 千字
2010 年 1 月第 1 版　2010 年 1 月第 1 次印刷
定　　　价：36.00 元

未经许可，不得以任何方式复制或抄袭本书之部分或全部内容。
版权所有，侵权必究
举报电话：010-62752024　电子信箱：fd@pup.pku.edu.cn

本书编委会

主编：王以宁

委员：（按照姓氏笔画排序）

王永固　　王永锋　　陈晓慧

郑燕林　　赵　蔚　　徐　鹏

袁　磊　　彭　立

内 容 提 要

本书是师范院校现代教育技术公共课教材，依据《中小学教师教育技术能力标准(试行)》编写。全书共分为八章，比较全面地介绍了有关教师教育技术的理论与实践内容，其中包括：教师教育技术导论、当代学习科学、教学媒体与技术素养、基于网络的学习、教学设计的程序与方法、信息技术与课程整合的模式、教育技术与学科整合的应用案例、教育技术与教师专业发展等内容。全书内容新颖，逻辑体系完整，突出理论与实践相结合，致力于培养信息时代的新型专业化教师。

本书既可以作为普通高校、高等师范院校本科生、研究生的教材，也适合于作为职前教师教育技术能力培训以及教师继续教育参考教材。

前　　言

教师教育技术是在国家推行免费师范生教育体系的背景下出现的新型教育技术普及、应用理念与体系，对于提高目前我国基础教育的信息化水平具有比较重要的意义。实现教育信息化，其核心问题在于建设一支数量充足、具有较高现代教育技术能力的中小学师资队伍。从我国的教育体制来看，师范院校对于促进中小学教育信息化的健康发展可以起到十分重要的作用，如果师范生在学期间就受到良好的教育技术能力培养，懂得如何科学、合理地运用现代教育技术提高教学工作的效率、效果，初步掌握信息技术与学科教学有机整合的方式和方法，并且具备较好的信息化教学设计和资源开发的能力，毕业后他们就会迅速成为具有较高信息化素养的教师，成为教育信息化进程的中坚力量。

本教材系国家社科基金"十一五"规划教育科学重点课题之子课题"国内外运用教育技术改进学校教学发展动态跟踪研究"，中国高等教育学会"十一五"教育科学研究规划课题"课程与数字资源的整合对构建创新型高等教育教学模式的影响研究"，吉林省教育科学"十一五"规划课题"基于网络环境的高等教育信息化方法研究"，吉林省高等教育教学研究重点课题"大学生在线自主学习能力的创新培养模式与评价体系研究"的阶段性成果之一。本教材得到东北师范大学2007年度本科教育教学改革研究重点建设项目——"通识教育必修课'现代教育技术'课程建设研究"，2008年吉林省高等教育教学改革重点项目"免费师范生教育技术能力培养体系研究"的基金资助。本教材体现《中小学教师教育技术能力标准（试行）》的精神，内容区别于信息技术教育类课程教材、学科教学法和教育技术专业课程教材。在教师教育技术教材的结构设计方面，强调在教学以及学习中运用教育技术的意识与能力，有意弱化教育技术学专业的知识体系性，即重在提高教育技术素养或者教育技术素质。其建构的基本原则为精选理论、突显能力、以"利用技术促进学习"为主线、注重教学设计的实用性，通过"活动"和"案例"等形式，将教学一线热点融入教学内容中。全教材不同于以往的教育技术公共课教材，而是采用全新的体系结构和编写体例，力求内容丰富、实用精当，具有广泛的适应性。

本教材共分为8章，各章之间既互相关联，又具有相对独立性，每章前面提供学习目标和实践建议，每章后面配有思考与习题。第1章为教师教育技术导论；第2章为当代学习科学；第3章为教学媒体与技术素养；第4章为基于网络的学习；第5章为教学设计的程序与方法；第6章为信息技术与课程整合的模式；第7章为教育技术与学科整合的应用案例；第8章为教育技术与教师专业发展。

本教材由王以宁教授（博士研究生导师）负责总体结构设计、统稿和审稿工作。第1章由王永锋博士负责撰写，第2章由郑燕林副教授（博士研究生导师）、袁磊博士负责撰写，第3章由王永锋博士、徐鹏讲师（博士研究生）负责撰写，第4章由赵蔚教授（博士研究生导师）负责撰写，第5章由陈晓慧教授（博士）负责撰写，第6章、第7章由彭立教授、王永固博士负责撰写，第8章由郑燕林副教授（博士研究生导师）负责撰写。

北京大学出版社为本教材的立项、评审和编写提出了许多很好的建议，为教材的出版付出了心血。感谢北京大学出版社教育出版中心的姚成龙先生、于娜女士给予本书的编写、出版的指导、支持与信任。

本书既可以作为普通高校、高等师范院校本科生、研究生的教材，也适合于作为职前教师教育技术能力培训以及教师继续教育参考教材。

《教师教育技术——从理论到实践》能与读者见面，令我们十分欣慰，因为它凝结着我们的辛勤劳动。我们衷心希望这部教材能为教师教育技术能力的发展贡献绵薄之力。由于我们的学识有限，书中难免不足之处，敬请读者指正，以期不断修改完善。

作者

2009 年 12 月于长春

目　录

第1章　教师教育技术导论

学 习 目 标

1. 理解教育技术的定义与本质。
2. 理解教育技术的研究对象与范畴。
3. 熟悉中国教师教育技术能力标准。
4. 了解教学媒体与技术新进展。
5. 理解本课程的意义与价值。

实 践 建 议

1. 与同学交流一下在学习这门课程之前,大家各自对教育技术的理解与看法。
2. 通过上网查找相关资料,谈一下教育技术能力与信息技术能力的区别与联系。

1.1　教育技术理论与实践演进

我们使用“教育”(education)这个术语广义地指代支持学习的活动和资源。教育是一个比教学和学习更大的范畴。我们使用“技术”(technology)这个术语广义地指针对实际任务,对科学或其他组织知识的系统化应用。教育技术(educational technology)涉及教育和技术两个方面。教育技术的实质为“利用技术服务教育,改进学习”,它既是一个研究与实践的领域,又是一个为之努力的过程,也是一门交叉学科。当一个人打算并开始了“利用技术改进学习”的活动时,他实际上就已经从事了教育技术的活动。这个“改进”的过程,是一个系统化、重复逼近(iterative process)、反思性实践的技术性过程。

1.1.1　教育技术的定义

1. 关于技术的定义

“技术”(technology)一词源于希腊语“techne”,原意是“艺术”(art)、“手工艺”(craft)和“技巧”(skill)。古希腊人把“techne”看成是“一种特殊的活动和一种知识”。例如,柏拉图认为,“techne”是系统的或科学的知识;亚里士多德认为,“techne”是人类为了从事智能活动而对知识的系统应用。随着人类发展到工业化社会,“技术”一词的使用越来越普遍,但是对技术的理解却多种多样。例如,哈维·布鲁克斯(Harrvey Brooks)把“技术”定义为:“技术就是运用科学知识以可以复制的形式来解决问题。”西蒙(Simon)认为:“技术是为了保证人类掌握物质世界,通过应用科学、可靠的原理(law)而设计的一种理性的法则(discipline)。”《辞海》对“技术”的界定是："根据生产实践和自然科学原理而发展成的各种工艺、操作方法与技能。广义地讲，还应包括相应的生产工具和其他物质设备，以及生产的工艺过程或作业程序和方法。"我国《哲学大词典》对"技术"的定义是："技术一般指人类为了满足自己的物质生产、精神生产以及其他非生产活动的需要，运用自然和社会规律所创造的一切物质手段及方法的总和。"在现代信息社会，人们对技术的理解已经加深，认为技术是人类在生产活动、社会发展和科学实验过程中，为了达到预期的目的而根据客观规律对自然、社会进行认识、调控和改造的物质工具、方法技能和知识经验等的综合体。该定义包含两方面的内容，即有形的物质设备、工具手段和无形的、非物质的、观念形态的方法与技能。在 John Kenneth GalBraith(1967) 首次提出的定义中，有些手段可被归类为"技术性的"(technological)，借助这些技术性的手段，意味着我们应用科学的或其他有组织的知识可达到实践目标。这些开发可能采取"硬"技术的形式，包括材料和物理发明，或"软"技术的形式，包括特殊的工作过程或精心设计的、能被用于多种情形的教学模板。

2. 教育技术的定义

作为处于信息时代的教师，如果希望深入理解并熟练掌握教育技术，就需要对"教育技术"的概念内涵做一些了解。这就需要知道什么是教育技术，教育技术是做什么的，等等。关于教育技术的名称、定义和本质，目前尚未完全统一。下面是国内外比较有影响的几个定义：

南国农教授对于教育技术的称谓持有"电化教育"观，他认为：电化教育，就是在现代教育思想、理论的指导下，主要运用现代教育技术进行教育活动，以实现教育过程的最优化。后来南教授对此又进行了修订，认为信息化教育就是在现代教育思想、理论的指导下，主要运用现代信息技术，开发教育资源，优化教育过程，以培养和提高学生信息素养为重要目标的一种新的教育方式。①

黎加厚教授认为：信息化教育(e-Education)是在现代信息技术环境中，研究与人类学习行为有关的各个要素及其相互关系的活动规律，以促进学习的理论与实践。② 黎加厚教授将信息化教育视为信息时代电化教育的新定义。

AECT(美国教育传播与技术协会)2005 定义：教育技术是通过创造、使用、管理一些合适的技术性的过程和资源，以促进学习和改善绩效的研究与符合道德规范的实践。其英文表述是：Educational technology is the study and ethical practice of facilitating learning and improving performance by creating, using, and managing appropriate technological processes and resources.

何克抗(2005)教授认为，能较真实地反映目前阶段国内外教育技术研究与应用状况的、相对比较科学的教育技术学定义(更确切地说是"技术化教育学"的定义)应该是：教育技术学(技术化教育学)是通过设计、开发、利用、管理、评价有合适技术支持的教育过程与教育资源，来促进学习并提高绩效的理论与实践。

在展示了上述观点之后，我们认为教育技术实质上是利用技术服务教育，改进学习的研究与实践。

---

① 南国农，李运林. 电化教育学(第二版)[M]. 北京：高等教育出版社，1998.

② 黎加厚. e-Education：电化教育的新定义——关于《电化教育研究》杂志英文译名更新的建议[J]. 电化教育研究，2000(1).

1.1.2　教育技术的研究对象与范畴

1. 依据 AECT2005 定义，教育技术的研究对象与范畴

依据 AECT2005 定义，教育技术的研究对象与范畴如图 1-1 所示。

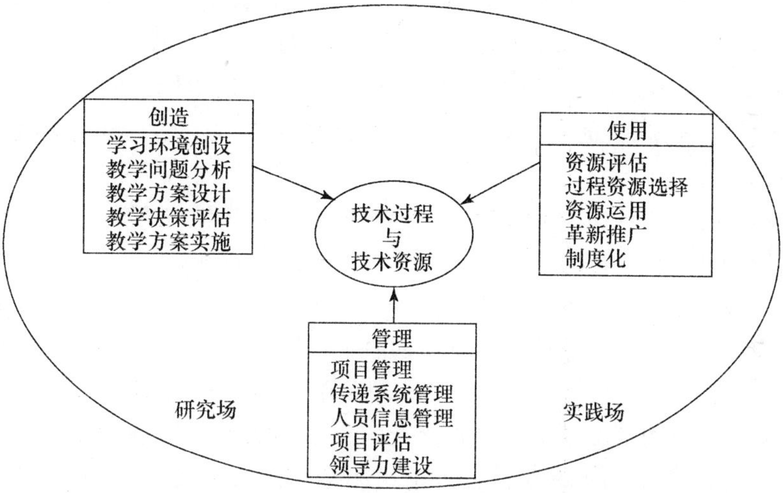

图 1-1　AECT2005 定义下的教育技术概念框架

(1) 界定的概念名称是“教育技术”(educational technology)，而不是“教学技术”(instructional technology)。

(2) 教育技术有两大领域：“研究”(study)和“符合道德规范的实践”(ethical practice)。

(3) 教育技术有双重目的：“促进学习”(facilitating learning)和“改善绩效”(improving performance)。由此看出，随着事业的发展，教育技术的目的已从“为了学习”(for learning)扩展到进一步“促进学习”而不是“控制或强迫学习”(facilitating rather than controlling or causing learning)，扩展到学习之外的“绩效”的改善方面。

(4) 教育技术有三大范畴：“创造”(creating)、“使用”(using)、“管理”(managing)。

(5) 教育技术有两大对象：“过程”和“资源”。新界定中“过程”和“资源”之前有一个限定词——“appropriate technological”，表明是指“适当的技术性的”“过程”与“资源”。

(6) 教育技术的主要特征在于其“技术性”。表现为教育技术研究的重点是适当的技术性过程与技术性资源；表现为技术实践的“符合道德规范”性、技术工具与方法运用的先进性、技术使用效果的高绩效性。

2. 教育技术学的理论体系[①]

众所周知，任何一个学科的理论体系都应由三个部分组成：一是关于该学科的意义与作用的认识，所要回答的是“为什么”要研究这一学科(即对该学科所持的基本价值观与哲学立场)；二是关于该学科的基本原理——要对该学科研究对象的性质、内在联系及规律做出

① 何克抗. 关于教育技术学逻辑起点的论证与思考[J]. 电化教育研究，2005(11).

科学的解释，即要回答“是什么”的问题；三是关于如何运用该学科的理论、方法去解决实际问题的知识，它要回答的是“怎样做”的问题。

教育技术学（技术化教育学）的理论体系也应由这三部分组成：

一是涉及对“教育技术学”意义与作用的认识（即对这一学科的基本价值观与哲学立场），其内容应属于“教育技术哲学”的范畴，它包含教育哲学与技术哲学的内容，但并非二者的简单叠加。由于教育技术学的逻辑起点是教育，学科定位也是教育，所以应当是以教育哲学为基础去吸纳与整合技术哲学的有关内容，才能形成“教育技术哲学”（而不是相反）。

二是涉及“教育技术学”的基本概念、基本原理、基本研究方法等，其内容属于“教育技术学”的基础理论部分。

三是涉及如何运用“教育技术学”的理论、方法去解决教育、教学问题的知识，其内容属于“教育技术学”的应用科学部分。

如前所述，教育技术学的研究范畴包括“设计、开发、利用、管理和评价”等五个方面，而教育技术学的研究对象是“有合适技术支持的教育过程和教育资源”，研究领域则是有关这种教育过程与教育资源的设计、开发、利用、管理和评价的“理论与实践”。

可见，教育技术学的基础理论部分就是指：有合适技术支持的教育过程的设计、开发、利用、管理和评价的理论，包括教学设计理论、教学系统开发理论、远程教育理论、教学活动与教学模式理论（其中又涉及自主学习、协作学习、研究性学习等理论）、数字传媒理论、信息技术与课程整合理论、网络教育与网络文化、人工智能与教育、知识工程与知识管理理论、教育与教学管理理论、教育与教学评价理论、教育技术学导论、教育技术学研究方法，等等；有合适技术支持的教育资源的设计、开发、利用、管理和评价的理论，包括教学资源的设计与规划理论、教学资源开发的理论与方法、教学资源的利用与管理理论、教育与教学资源评价理论，等等。

这里应当注意的是，对于学校来说，教育过程即是教学过程，教育资源即是教学资源。

教育技术学的应用科学部分则是指：有合适技术支持的教育过程的设计、开发、利用、管理和评价等实践活动中所需的涉及方法、策略与操作层面的各种应用科学知识，包括各种教学设计过程的模式及模板、各种教学系统或课件的开发流程与开发策略、基于网络的教育行政管理系统的开发、校园网建设、数字图书馆建设、教育信息化工程、各种教育教学的运营与管理模式、各种有关教育教学质量测量的方法与工具的开发、各种有关教育教学质量评价的量表设计及使用，等等；有合适技术支持的教育资源的设计、开发、利用、管理和评价等实践活动中所需的涉及方法、策略与操作层面的各种应用科学知识，包括多媒体课件制作方法、网页制作与学科专题网站建设、教学资源的分类与管理模式、网上搜索工具的使用、网上教学资源的存储与检索、大型分布式资源库建设、各种教学资源评价量表的设计与运用，等等。

以上三个部分的内容（教育技术哲学、教育技术学的基础理论部分、教育技术学的应用科学部分）构成了教育技术学（技术化教育学）的完整理论体系。

1.1.3　教育技术的新进展——教育信息化[①]

人类已经进入信息时代，教育也不例外。从 20 世纪 90 年代以来，一股教育信息化思潮正席卷全球。

1. 教育信息化的内涵及其不同发展阶段与特征

“教育信息化”这一术语，自 20 世纪 90 年代以来在国内外非常流行(英文表述有 informationization、informationalization、informatization 等三种)。我们可以把“教育”加“信息化”所组成的复合名词“教育信息化”理解为：“信息与信息技术在教育、教学领域和教育、教学部门的普遍应用与推广”——这正是“教育信息化”这一术语的比较全面而准确的基本内涵。

对于教育信息化的内涵，应当把握以下三个方面：

(1) 教育信息化是包括信息与信息技术这两个方面在教育、教学中的应用与推广，而非仅仅指信息技术这一个方面在教育、教学中的应用与推广。

(2) 教育信息化在教育、教学中的应用与推广涉及教育、教学领域和教育、教学部门这两大范畴(前者侧重教育、教学的应用，后者侧重行政管理的应用)；而非仅仅涉及教育、教学领域或教育、教学部门这一个范畴。

(3) 教学活动是有一定时空限制、一定组织形式并有教师参与的特定教育活动，教学是最重要也是最普遍的一种教育形式(教学活动的时间限制体现在课时安排，空间限制体现在一般在教室授课，组织形式体现为小学、中学、大学、职业学校或短期培训等多种不同形式)。教育信息化在强调应将信息与信息技术在整个教育领域和教育部门中应用与推广的同时，必须把重点放在教学领域(其中又包括教学过程、教学资源、教学评价等几个方面)的应用与推广。不抓住这个重点，教育信息化就会本末倒置，就会迷失方向，就不会取得显著成效。

只有深刻认识教育信息化的基本内涵和以上三个方面，才能牢牢把握教育信息化的方向、内容及重点。

按照上述基本内涵，我们回顾教育信息化的发展历程，不难看出，迄今国内外教育信息化的发展大体经历了以下两个阶段：

(1) 从 20 世纪 90 年代初到 21 世纪初——这是教育信息化发展的第一阶段，也是起步阶段。其主要特征是：① 教育信息化建设的重点是教育信息化所需的硬、软件基础设施(如国家教育网或国家教育科研网、城域教育网、校园网以及多媒体教室等)的建设。② 教育信息化的应用全面开花——既有老师们在教育、教学过程中的应用，也有教育、教学部门在行政管理与教学管理方面的应用，但总体而言，在这一阶段的应用还不太深入，也尚未确定应用的重点。③ 在涉及信息与信息技术在教育、教学过程的应用中，更多的是关注信息与信息技术在课前或课后的应用(如 WebQuest 和 just in time)，真正关注信息与信息技术在课内应用(即课堂教学的几十分钟内的应用)的较少。

上述主要特征也可简单地概括为：强调教育信息化基础设施建设的速度与规模，并对教育信息化的应用做了有益的探索。一言以蔽之，就是强调教育信息化硬、软件基础设施在数量上的快速发展。

---

① 何克抗. 迎接教育信息化发展新阶段的挑战[J]. 中国电化教育，2006(8).

(2) 从21世纪初开始到现在——这是教育信息化发展的第二阶段，是逐步深入的阶段。其主要特征是：① 教育信息化建设的重点是各类教育资源、各学科教学资源(包括网络课程和相关的学习资料)以及资源管理平台、网络教学支撑平台。② 在继续关注教育、教学部门的行政管理与教学管理应用的同时，教育信息化应用的重点逐渐转向教育、教学过程。经过第一阶段的实践，人们认识到，只有在教育信息化能真正促进教育、教学质量提升的情况下，教育信息化才有可能健康、持续、深入地向前发展。③ 对信息与信息技术在教育、教学过程中的应用，不仅关注课前及课后，同时也高度关注在课内的应用。

上述主要特征也可简单地概括为：强调教育信息化在教育、教学过程中的应用，并要通过这种应用有效地提升教育、教学的质量。一言以蔽之，就是要通过教育信息化实现教育质量的大幅度提升。

2. 信息技术与课程整合

通过以上分析可以看到，要想让教育信息化健康、持续、深入地向前发展，其关键在于：要能通过教育信息化实现教育的跨越式发展——不单是速度与规模上的跨越，更要求在提高教育质量方面实现跨越。目前国际教育界普遍认为只有通过信息技术与课程的有效整合才有可能解决这一问题。

下面我们就从国外和国内两个方面来观察一下信息技术与课程整合理论研究的状况。

(1) 发达国家关于信息技术与课程整合的理论研究

美国教育技术CEO论坛的第三年度(2000年度)报告比较系统、完整地阐述了信息技术与课程整合的理论与方法，具有权威性与代表性，可以作为我们研究的借鉴。该报告指出："数字化学习的关键是将数字化内容整合的范围日益增加，直至整合于全课程，并应用于课堂教学。当具有明确教育目标且训练有素的教师把具有动态性质的数字内容运用于教学的时候，它将有助于提高学生探索与研究的水平，从而有可能达到数字化学习的目标。……为了创造生动的数字化学习环境，培养21世纪所需要的能力素质，学校必须将数字化内容与各学科课程相整合。"

为了帮助广大教师解决有效实施信息技术与学科课程整合的问题，美国教育技术CEO论坛的第三年度报告还为此开出了"处方"——提出了以下整合步骤与方法：

步骤1：确定教育目标，并将数字化内容与该目标联系起来；

步骤2：确定课程整合应当达到的、可以被测量与评价的结果和标准；

步骤3：依据步骤2所确定的标准进行测量与评价，然后按评价结果对整合的方式做出相应的调整，以便更有效地达到目标。

(2) 我国学者提出的信息技术与课程整合的理论与方法

- 当前我国信息技术与课程整合的现状

当前"信息技术与课程整合"在实际的开展过程中取得了巨大的成绩，但同时也出现了一些偏差。我们认为根本原因在于"教师和学生不会整合，没有条件整合"，更别谈深层次整合了。

首先，开展"信息技术与课程整合"的学科教师，尚不具备良好的"信息技术素养"和"教育技术素养"。处于"信息技术与课程整合"教学环境中的学生，不具备良好的"信息技术素养”和“教育技术素养”，同时也不具备自由运用信息技术的物质条件和活动空间。由于中小学信息技术学科教师多数来自计算机学科，没有教育心理学和教育技术学的背景，导致他们自身教育技术素养的欠缺，加之当前信息技术教育课程缺少学生教育技术素养模块，这就致使学生的教育技术素养培养不能落到实处。学生教育技术素养的缺乏，直接影响了“信息技术与课程整合”的有效性。另外，学生不具备充分的软硬件使用条件，这也成为制约学生参与课程整合的一个重要因素。

其次，当前“信息技术与课程整合”的理论、模式、方法等，停留在传统的教学模式方法上。教师使用技术的目的并不是促使学生真正地利用技术帮助自己的学习、思考、创造。信息技术只是成为教师传递信息的工具，学生接受教师传递信息的工具。这样的“整合”尽管增强了教学效率，但是对于学生的创造力培养是没有什么益处的。其实质并没有改变，即没有通过信息技术与课程整合实现教学结构的变革。坚持传统的教学结构，因循传统的教学模式，使得学生的主动性、积极性、创造性、协作性、参与性始终没有得到发挥和发展。（王永锋等，2008）

● 信息技术与课程整合的目标

一是实现“成功课堂”。“成功课堂”的核心要义在于能够通过“有效学与教”，实现“教学相长、师生并进”；二是落实“杰出人才”培养目标。此处的“杰出人才”是指胜任 21 世纪生存与发展的人才，这种人才协同发展智商、情商和创造力，具备良好的学习能力、创新能力、实践能力、交流能力和适应能力等。可见，信息技术与课程整合所要达到的目标，就是要落实大批创新人才的培养。这既是我们国家素质教育的主要目标，也是当今世界各国进行新一轮教育改革的主要目标，更是西方发达国家之所以大力倡导与推进信息技术与课程整合的原因所在。

● 信息技术与课程整合的内涵

这一定义或内涵可以表述为：所谓“信息技术与课程整合”，就是通过提升教师和学生的信息技术素养和教育技术素养，支持教师有效利用合适技术进行“启发式教学”和促进学生有效利用合适技术进行“建构性学习”，推动“主导—主体相结合”的新型教学结构变革，从而实现“成功课堂”，促进“教学相长、师生并进”，落实以学习能力、创新能力、实践能力、交流能力和适应能力为核心的，智商、情商和创造力协同发展的“杰出人才”培养目标。

● 信息技术与课程整合的条件和方法

条件

A. 要积极争取外部环境、政策、资金、规划等对教育技术整合应用的支持；

B. 要引导教师和学生充分学习、理解和实践先进的教育理论、模式、方法、案例（特别是建构主义学习理论）；

C. 要重视各学科数字化资源和教学案例库建设，以及真正有效的学习工具的设计开发，这是实现课程整合的必要前提；

D. 要努力切实提升师生的信息技术素养和教育技术素养，这是进行有效整合的能力基础。

方法

A. 要紧紧围绕新型“主导—主体相结合”教学结构的创建来进行整合；

B. 要注意兼顾学科内容标准和教育技术标准，进行“学教并重”的教学设计与评价，以及建构性的学习活动设计与评价；

C. 要突出为改善教学和学习，而对教师、学生以及技术和数字资源进行评价；

D. 要注意结合不同学科和不同学生的特点建构符合实际的有效教学模式；

E. 要充分利用合适技术增强行之有效的学习与教学策略的效力。

1.2 中国教师教育技术标准解读

1.2.1 中国教师教育技术能力标准的体系结构

根据我国的国情和对中小学的实际调研情况并借鉴美国和英国的经验，形成了具有中国特色的“4(14)N”教育技术能力标准体系结构：

4——表示有4个能力素质维度。

(14)——表示有14个一级指标。

N——表示有N个概要绩效指标(对于教学人员、管理人员、技术人员这三类子标准，N依次为41、46、44)。

4个能力素质维度是：① 应用教育技术的意识与态度(包括信息需求意识、信息应用与创新意识、对信息的敏感性与洞察力以及对信息的兴趣与态度等)；② 教育技术的知识与技能(包括教育技术的基本理论与方法、基本操作技能、信息的检索加工与表达、信息安全与评价等)；③ 教育技术的应用与创新(包括教学设计、教学实践、信息技术与课程整合、自主学习与协作学习等)；④ 应用教育技术的社会责任(包括信息利用及传播有关的道德、法律、人文关怀等)。

以教学人员的教育技术能力子标准为例，其体系结构与基本内容如图1-2所示。

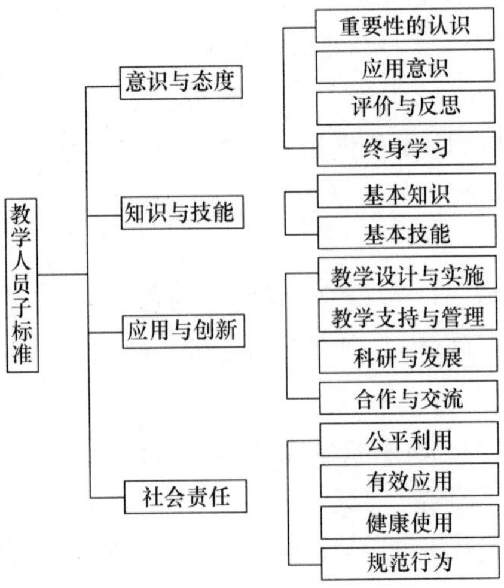

图1-2 教育技术能力子标准的体系结构

整个《中小学教师教育技术能力标准》的总体框架则如图 1-3 所示。由图可见，该能力标准包含三个子标准。每一个子标准的体系结构都与图 1-2 相似，但其基本内容则有差异（以反映不同人员的工作特点与需求）。

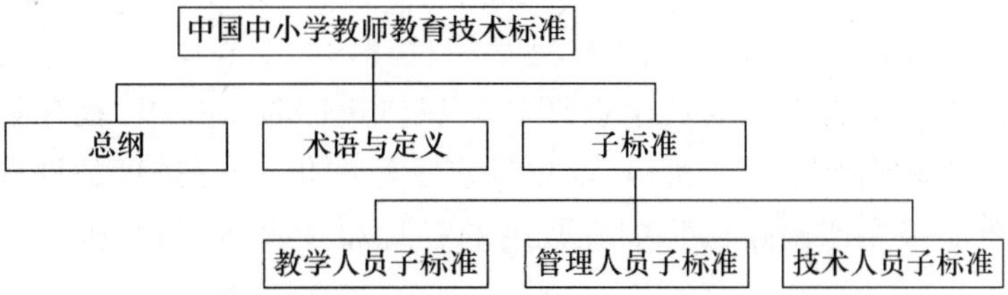

图 1-3　《中小学教师教育技术能力标准》的总体框架

1.2.2　《中小学教师教育技术能力标准(试行)》的内容

为提高中小学教师教育技术能力水平，促进教师专业能力发展，根据《中华人民共和国教师法》和《中小学教师继续教育规定》的有关精神，特制定《中小学教师教育技术能力标准（试行）》。本标准适用于中小学教学人员、中小学管理人员、中小学技术支持人员教育技术能力的培训与考核。关于标准的具体内容，感兴趣的读者请查阅教育部网站。详见：教育部关于印发《中小学教师教育技术能力标准（试行）》的通知（http://www.moe.gov.cn/edoas/website18/95/info13495.htm）。

1.3　教学媒体与技术新进展

1.3.1　媒体、教学媒体的含义

1. 媒体

媒体一词来源于拉丁语“medium”、“media”，也称为媒介。在大众传播领域，媒体常常用来指一种能使传播活动得以发生的中介性公共机构（agency），它用来拓展传播渠道、扩大传播范围或提高传播速度。一般来讲，媒体就是在信息传递过程中，从信源到信宿之间承载并传递信息的载体或工具，其传播信道可以是一条信道或多种信道传送符码，如说话、写作、表情、表演、舞蹈等，都可以被视为传播的媒体。如今，媒体的这种用法正在淡化，而逐渐被定义为技术性媒体。媒体，有时用于指传播方式，但更常用于指使这些方式成为现实的技术形式，如收音机、电视机、报纸、照片和影片。

通常，媒体可分为硬件和软件两大类。硬件是指那些储存、传递信息的机器和设备，如照相机、幻灯机、投影机、录音机、录像机、电视机和计算机等。软件是指那些能储存与传递信息的纸、胶片、磁带、光盘和硬盘等。硬件与软件相辅相成，成为一个统一体，二者配套使用才能保证信息的有效存储和传递。

2. 教学媒体

在教与学活动过程中所采用的媒体被称为教学媒体。教学媒体是承载和传播教学信息

的中介，教学信息只有通过“铭刻”于一种媒体上才能使教师与学习者相互之间有所交流，才能使教学信息本身以知识经验、思想信念、生活习俗、价值体系等形式得以传播下去。

3. 现代教学媒体

“现代”是相对于“传统”而言的，因此“现代教学媒体”是相对于“传统教学媒体”提出来的名词。电子媒体出现之前，印刷媒体是学校教育的主要媒体之一，它为传统的学校教育提供了一个以教科书为主导的教学设计和知识传递的教学过程，教育管理部门和学校都建立了严格以教科书为中心的机构，学校设定了标准化、统一进度的课程。通常认为的传统教学媒体就是指在印刷媒体阶段所使用的各种教学媒体，如黑板、粉笔、挂图、模型、教科书等。

现代教学媒体是以电子技术为特征的传播媒体，如：幻灯投影、广播录音、电影电视、视听光盘、计算机以及相应的组合系统，如语言实验室、多媒体综合教室、计算机网络系统等，这些媒体被引入教学领域，统称为现代教学媒体。

比起传统教学媒体，现代教学媒体因其物理特性而具有很多优越性。这些优越性集中表现为跨时空性、多媒体性、对信息进行再处理，能记录、储存、再现各种教学信息等。着眼于现代教学媒体上述优越性来进行开发与利用是具有意义的，它可以使教育方式和教学模式出现根本性的变革。

值得注意的是，现代教学媒体虽然具有明显优势，但其相互之间不能简单取而代之，不能简单地替代传统的教学媒体，更不能取代以教师为主的学校教学形式。现代教育媒体应当逐渐发展成为完整的教学过程中的一部分。如何将新型媒体引入教育领域使其成为有效的现代教育媒体并促进教育发展与现代化，是一个非常值得重视的研究课题。其主要的研究领域可以概括为：硬件研究、软件研究和应用研究。硬件研究的目的是将现已出现的现代信息传播媒体引入教学领域并加以改进，使之符合教学活动要求，此外还要制造专门的教学设施，如语言实验室、多媒体综合控制系统等。软件研究则是教学媒体研究的重中之重，是整个研究的核心领域，国内电教机构有计划地组织各种电教教材和计算机课件的编制、审定与推广应用都属于这一领域的工作。应用研究是探索现代教育媒体在教学中的运用，以创建新型的教育方式与教学模式，此外还包括在运用中对硬件和软件质量的提高，以及多项大规模的现代教学媒体应用实验研究。

1.3.2 搜索引擎技术

搜索引擎是互联网工具的重要一员。我们将以 Google 为例讲述搜索引擎的使用意识和使用技巧。Google 的使命是整合全球信息，使人人皆可访问并从中受益。Google 目前被公认为是全球规模最大的搜索引擎，它提供了简单易用的免费服务，用户可以在瞬间得到相关的搜索结果。

1.3.3 数字图书馆技术

当我们对某一主题感兴趣时，或者希望进行某项科学研究时，如何获取学术性资料和文献，是一项非常重要的工作。这时候，我们就可以借助于“数字图书馆”。本教材将以东北师范大学图书馆为例介绍数字图书馆的使用。

1.3.4 微软 Office 2007 技术

2007 年 1 月，微软公司推出了 Office 系列办公软件的最新版——Office 2007。Office 2007 对软件的界面和功能都做了大幅度的修改，使软件界面更加美观，使用更加便捷，功能更加强大。为了让大家更好地了解、学习并使用 Office 2007 系列软件，我们将在以后的学习中对 Office 2007 中的部分常用软件加以简要介绍，并结合大家的日常学习和工作，以实例说明这些软件的使用方法。

1.3.5 社会性学习技术新发展

伴随着互联网技术的迅速发展与 Web 2.0 技术的普及，各种社会性学习软件层出不穷，它们的出现正在悄悄地改变着我们原有的学习习惯。我们将带领大家熟悉并使用一些社会性学习软件，一起进入网络化社会互联学习的世界。

1. 沟通互动技术

沟通互动技术，就是指为大家提供交流和协作机会，以达到互相交流学习的目的的一类技术，它的实现要借助于一定软件，目前应用较为广泛的沟通互动软件有腾讯 QQ、微软 MSN、Skype 等。

2. 实践反思技术——Blog

教育反思是目前教育改革强调的重点。无论是教师还是学生，都需要不断地反思自己的工作和学习，完善自己的教学和学习，促进自身的发展。Blog 作为一种新兴的社会性学习工具，具有电子化、集成化、开放性等特点，非常适合运用于教师或学生的教育反思。

3. 思维汇聚技术——Concept Map

思维汇聚技术就是将人们的思维过程和结果通过图形、文字等进行形象化、外化的思维方式和技能技巧。概念图(Concept Map)就是一种我们大家所熟悉的思维汇聚技术。它是某个主题的概念及其关系的图形化表示，概念图是用来组织和表征知识的工具。我们通常采用一些工具软件来绘制概念图，如 Inspiration，MindManager。本书将以 Inspiration 为例来说明如何绘制概念图。

4. 协同创作技术——Wiki

协同创作技术，是指学生在学习过程中，就大家共同关心和感兴趣的话题进行协作学习，分享学习经验所使用的技术。目前比较流行的协同创作技术是 Wiki。Wiki 一词来源于夏威夷语的“wee kee wee kee”，即英语“quick”的意思。在这里 Wiki 指的是一种网上协同创作的超文本系统，可由多人共同对网站内容进行维护和更新。

5. 教学评价技术——Rubric

教学评价是整个教学环节中的重要一环，如今的教学评价不再是单纯地为了对学生的学习水平进行考查，更重要的是通过评价，对学生的学习行为进行反馈调节，改进教学方法，促进学生学习。随着信息技术的普及和网络技术的迅速发展，在传统教学评价方法的基础上，出现了一些基于网络的教学评价技术，如电子档案袋(eportfolios)、量规(rubric)等。

6. 沟通互动伴侣——Twitter

当你长时间受困于一个学习难题的时候，突然间得到了关于这个难题的解决办法，你是否想过立即把它发布到互联网上，让同学分享你的解决方案和喜悦？用 twitter 就可以实现这一切。使用 twitter，可以随时随地地通过 Web 页面、即时通讯工具（IM）或者手机，把短消息（message）发送给你的朋友或者追随者（followers）。

7. 摘要工具——Google Notebook

随着网络时代的到来，互联网成为获取知识的一种主要来源，浏览网站的时候，经常会遇到一些我们需要的信息。对于这些信息，我们通常要把它们存储起来，方便日后查询使用。而在储存的时候，除了选择把它们存储在本地的存储设备上以外，把它们存储在网络上也是一个不错的选择，这样，我们就可以随时随地地查询使用这些信息了。Google Notebook 就是一款能够满足我们这种需求的网络摘要工具，它就像一本存放在网络上的笔记本，使用者可以在任何接入互联网的计算机上使用它。

8. 网络资源管理工具——del. icio. us

网络资源管理工具就是指能够将互联网上的资源有效地收集、组织、整理信息和资料，以备日后使用和分享时能够快速和高效地提取的一类工具。目前，运行于网络的网络资源管理工具主要有：Mypip、Igooi 和 del. icio. us，本教材将以 del. icio. us 为例来说明该类工具的使用方法。

9. 信息聚合技术——RSS

当前，网络已经成为我们获取信息和知识的主要来源之一，但网络上的信息纷繁复杂，如何能够快速、高效、准确地获取我们需要的信息，对学习者来说就显得尤为重要。信息聚合技术就是一项能够帮助我们把所需信息有效地聚合到一起的技术，其中 RSS 是信息聚合技术的典型代表。

10. 研讨交流工具——Google Groups

Google Groups 是一种继邮件列表（Maillist）和在线论坛（BBS）之后，最新出现的一款网络研讨交流工具，它在功能上集邮件列表和在线论坛于一身，其成员既可以通过一个由 Google 托管的主页，以发帖回帖的方式进行交流，也可以通过 Google Groups 自己的邮件地址以邮件的方式进行研讨。

11. 知识版权保护工具——知识共享（CC）许可协议

相对于传统的版权保护方法，目前在互联网上出现了一种基于网络的知识版权保护工具——知识共享（CC）许可协议（官方网站：http://creativecommons. org/），该协议可以有效地指明互联网上的学术作品的使用权限，方便我们传播、引用和重新演绎该作品。

1.4 《教师教育技术——从理论到实践》的内容与体例

1.4.1 本书内容结构

本书面向非教育技术学的师范专业大学生，从非专业学生角度，设置学习内容，以求非教育技术学专业学生可以学到教育技术的灵魂，并将其应用到自己的学习和未来的教学之中。本书内容结构如图 1-4 所示。

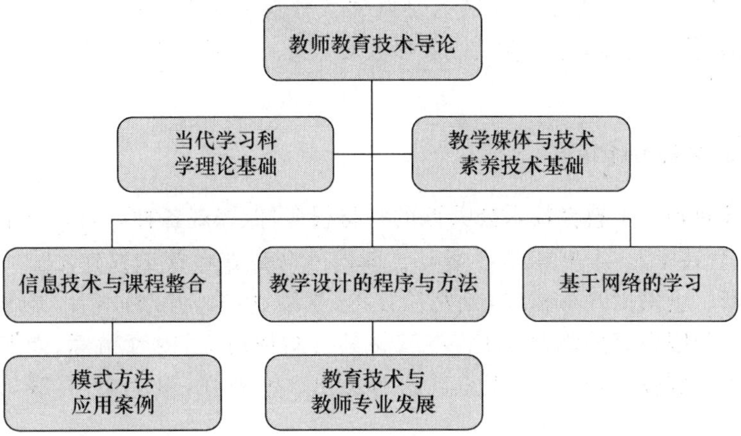

图 1-4　本书内容结构逻辑图

作为非教育技术学专业学生，首先需要了解教育技术的相关概念及内容。只有对教育技术有了一定的基本了解之后，才能够开始进一步的学习。要形成学习教育技术的兴趣，应用教育技术的意识，这就是第 1 章要解决的问题。

本书第 2 章“当代学习科学”和第 3 章“教学媒体与技术素养”，是教育技术的两大基础。第 2 章是学科理论基础，第 3 章是技术素养基础。要想利用技术服务教育，改进学习，就必须首先学习掌握这两大基础。学习科学是这些年来新兴的一个领域，是教育学、心理学、认知神经科学、生物医学工程、脑科学和计算机科学所汇集的交叉学科，旨在解决人是如何学习的，如何促进人更加有效的学习等课题。教学媒体与技术素养，是利用技术学习的基础条件和基本技能。教育技术的特色在于其“技术性”，服务教育、改进学习的手段和方式有很多种，但是试图借助“技术”来实现这一目标，就是教育技术学研究的方向，这也是教育技术学区别于其他学科的地方。在国民生活、经济生产、社会发展中，科学技术是第一生产力。那么同样的道理，在教育领域，科学技术也无疑是第一生产力。教育技术就是教育教学的第一教育力和第一学习力。科学、技术本身不足以革新教育和学习。科学技术连同有效应用科学技术的方式、方法一起作用，才能实现教育的革新。这两章是知识基础层面的学问。

第 4 章“基于网络的学习”，是对学习科学和技术素养两大领域的系统化应用的具体实践。能否利用技术服务教育、改进学习，只有我们自己去亲身实践体验，才能知道是否可行。所以，本章主要让学生学习技术化学习的案例、方法，只有当我们自己从技术性学习中获得实惠的时候，我们才会相信教育技术的有效性和实用性，我们才会利用技术促进别人学习。本章是技能应用层面的学问。

第 5 章“教学设计的程序与方法”，是关于师范生将来从事教师这一职业后，如何利用技术进行教学。本章是方法层面的学问。

第 6 章“信息技术与课程整合的模式”和第 7 章“教育技术与学科整合的应用案例”介绍技术整合学科教学的具体模式与方法。鉴于我们所学的专业不同，第 7 章按照不同学科进行分类举例，通过剖析具体案例揭示出技术整合学科教学的一般模式与方法。这两章是在前面几章后的一个纵深实践，属于深层整合层面的学问。

第 8 章“教育技术与教师专业发展”，是阐述教育技术促进教师成长进步方面的作用与机制。学以致用，持续发展，这是学习《教师教育技术——从理论到实践》这一课程的最终目的。

1.4.2 本书体例创新

目前国内针对师范生教育技术公共课的教材很多，但综观各种教材，体例大致相同。多数冠名《现代教育技术》。本书在学习借鉴了国内外众多教育技术教材之后，对教材的体例进行了大胆创新。全书由八章构成，分别从导论、基础、体验、方法、整合、案例、发展等几大环节设置内容。与国内其他教材相比，本教材具有结构清晰、内容精炼、强调应用等特点。各章内容均突出案例教学，对于知识点的讲解突出非专业性，追求实用、够用，并力求通俗易懂。

思考与习题

1. 学习本课程前后，你对教育技术的理解有什么变化？
2. 你认为应该如何学习教育技术，培养教育技术能力？
3. 你认为应如何结合自身专业学习教师教育技术能力标准？
4. 你认为教育技术应该包括哪些内容？
5. 就如何利用各种新技术促进学习谈谈自己的看法。
6. 教育技术能力与信息技术能力有何区别与联系？

第2章 当代学习科学

学习目标

1. 知道学习科学主要理论流派，并掌握当代建构主义学习理论的主要思想。
2. 了解学习科学的发展方向。
3. 了解几种不同的学习方式，并在实际学习过程中灵活运用。

实践建议

学习理论是我们研究学习、认识学习的基础，广大教师要在实际的教学和学习过程中掌握学习理论中先进的、具有指导意义的思想，如：斯金纳的强化理论和建构主义的“意义建构”，并通过创设不同的学习情境，寻找恰当的学习方式，来提高课堂教学效果。

2.1 学习科学主要理论流派

2.1.1 行为主义学习理论

行为主义学习理论是最早出现的一个流派，是西方学习理论的主体部分，于20世纪20年代产生于美国，到20世纪60年代一直占主导地位。行为主义的主要观点是认为学习是刺激和反应的联结，当给个体一个特定的刺激时，个体便能产生预期的反应，不断的刺激就有不断的反应，学习便在这个过程中发生了。行为主义重视外界的环境和刺激，重视客观条件对个体的影响和强化。其中比较突出的有：桑代克的试误学习理论、巴甫洛夫的条件作用理论、斯金纳的操作学习理论与华生的行为主义学习理论。

1. 桑代克的试误学习理论

桑代克是心理学史上第一位用动物来研究学习的人，起初他训练小鸡走迷津，实验装置也很简单，是用一些书本隔起来的。下面重点介绍一下他著名的迷箱实验。

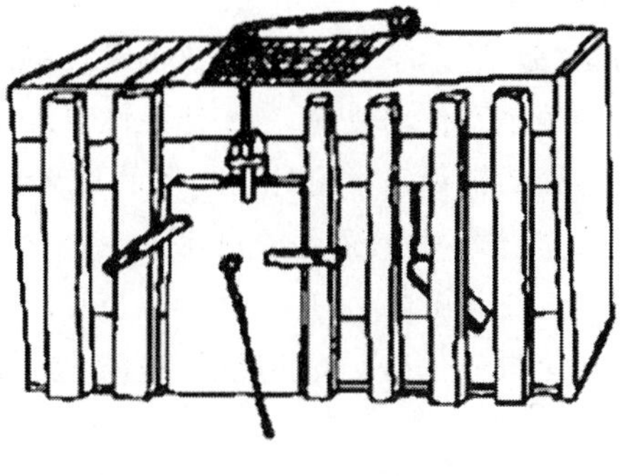

图2-1 桑代克迷箱

资料来源：查普林与克拉威克，1983年

桑代克迷箱如图2-1所示。他把一只饥饿的猫放到迷箱里，迷箱外放有食物，箱内设有一种特殊的装置，绳子的一端连着门闩，另一端安有一块踏板。猫只要按下踏板，门就会开启。刚开始猫被放入迷箱时，它又抓又咬，试图逃出去。

有一次猫偶然碰到踏板，逃出箱外吃到食物。桑代克边观察边记录，把猫再次放入迷箱内，并记录逃出迷箱所用的时间。

经过多次连续尝试，猫逃出迷箱所需的时间越来越少，以致到了最后，猫一进迷箱内，即去按动踏板，跑出迷箱，获得食物。图 2-2 是桑代克实验中五只猫的学习曲线。尽管各只猫每次逃出迷箱所需时间各不相同，但我们仍然可以清楚地看到由慢至快的变化。

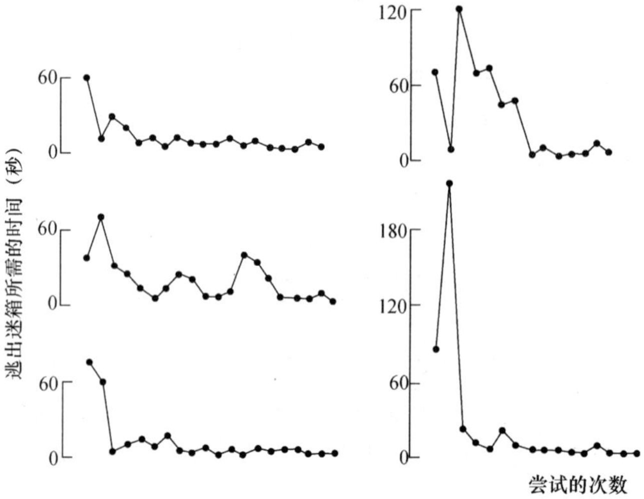

图 2-2　桑代克迷箱实验五只猫的学习曲线

资料来源：Bolles，1979 年

通过不断的反复实验，桑代克认为猫的学习是由刺激环境与正确反应之间形成的联结构成的。猫的学习是有“理智”的，通过不断地改进自己的行为，猫学会了逃出迷箱。为此，桑代克还进行了很多以人为被测对象的实验，以表明人类学习也是一种在几乎没有意识参与的情况下自动地形成的刺激—反应联结的过程。

桑代克认为，动物的基本学习方式是试误学习（通过不断地尝试错误，找到正确的行为反应）。人类的学习方式可能比一般动物要复杂些。他根据人类学习形式的复杂性程度分成四类：(1) 形成动物学习中所发生的那种联结，例如一个 10 个月大的婴孩学习敲鼓；(2) 形成含有观念的联结，例如一个 2 岁儿童听到“妈妈”一词时想到他的妈妈，或看到一块糖时说“糖”这个字；(3) 分析或抽象，例如一个学习音乐的学生试图区分各种音调或对某一声音中的陪音作出反应；(4) 选择性思维或推理，例如学生用语法和句法规则以及词根的意义等方面的知识来学习外语句子的意义。（施良方，2000）

2. 巴甫洛夫的条件作用理论

(1) 基本观点

泛化与分化律：条件反射一旦建立，其他类似最初条件刺激的刺激也可以引起条件反射，称为泛化。

消退律：如果条件刺激多次出现而没有无条件刺激的强化，则已建立的条件反射将逐渐减弱甚至消失。

(2) 实验研究

巴甫洛夫早先致力于狗的消化系统的研究。他发现，当把食物放入狗的胃里时，胃壁就会分泌胃液促进消化。胃液分泌的数量和时间是与放入胃里的食物的种类和数量有关的。巴甫洛夫后来将狗的胃一部分外露出来，外面连接一个囊袋。这样狗实际上就有了两个胃：一个是原来的胃，它的基本功能不受影响；另一个是通过手术连接在外面的小胃（或称为“巴甫洛夫囊袋”），这个囊袋的内部是可以观察到的。巴甫洛夫发现，囊袋分泌的情况与胃的分泌活动完全一样。

巴甫洛夫在实验过程中遇到了一种新的情况。如果把狗的食管切开，从颈部移到外部，这样食物就不会到胃里去。当给狗喂食时，狗的胃液分泌几乎仍然像食物进入胃一样多。经过一遍遍实验，巴甫洛夫发现引起狗胃液分泌活动的，不仅有食物，还可以是狗吃食物的盘子，甚至只要看到以前喂过食物的人，也会引起胃液分泌活动。这种情况完全不同于生理反射的那种分泌活动。巴甫洛夫由此推断存在着两种反射：一种是生理反射，这是一种任何动物都会出现的反射，是动物的本能反应；另一种是心理反射，后来他改称为条件反射。这种反射是特定动物作为特定经验的结果而产生的。例如，所有狗的胃里有食物时都会分泌胃液，但只有那些具有某种经验的狗才会在听到铃声或是其他刺激时产生胃液分泌活动。

现在我们来看看经典条件作用的实验。巴甫洛夫把狗用一套特殊的装置固定住，由连接在狗鄂外侧的管道收集产生的唾液，另有特殊装置测定唾液的总量和滴数。经过实验观察，当狗的嘴里有食物的时候，会产生分泌唾液的反应，这种反应是生物体固有的，巴甫洛夫称其为“无条件反射”。后来巴甫洛夫仅用铃声和肉对狗进行实验，而不让狗吃食物，发现经过一定次数的训练后，狗仅听见铃声就会分泌唾液。铃声就成了刺激条件，铃声所引起的反应就是“条件反射”。巴甫洛夫关于条件作用研究的实验装置如图 2-3 所示。

图 2-3　巴甫洛夫关于条件作用研究的实验装置

资料来源：Cazda，et al.，1980

巴甫洛夫的研究对于心理学的发展产生了巨大的影响，他把精准而又客观的方法引入到对动物学习的研究，条件反应成了行为主义的一个主要部分，成了 20 世纪上半叶学习理论的基础。

3. 斯金纳的操作学习理论

斯金纳在1938年出版的《有机体的行为：一种实验分析》中通过对白鼠和鸽子的观察，经验性地描述了学习的法则，为操作性条件作用原理奠定了基础。

斯金纳自制了一个"斯金纳箱"，在箱内装一特殊装置，压一次杠杆就会出现食物。他将一只饿鼠放入箱内，它会在里面乱跑乱碰，自由探索，偶然一次压杠杆就会得到食物。此后老鼠压杠杆的频率越来越多，即学会了通过压杠杆来得到食物的方法。斯金纳将其命名为"操作性条件反射"，食物即是强化物。在斯金纳看来，强化分为两种，当在环境中增加某种刺激，有机体反应概率增加，这种刺激就是正强化物。例如，当饥饿的白鼠按开关时给予食物，食物便是正强化物。当某种刺激在有机体环境中消失时，反应概率增加，这种刺激便是负强化物。例如，当处于电击状态下的白鼠按开关时停止电击，停止电击就是负强化物。需要注意的是，无论是正强化物还是负强化物，它们的结果都是增加反应概率的出现。

强化的形式可分为：连续强化，即每当合乎需要的反应出现时便给予强化；间隙强化，即在合乎需要的反应出现一段时间之后才给予强化。

斯金纳的操作性条件反射论为人类学习找到了一种可操作、可控制的机制。他应用操作性条件反射理论，创造了"教学机器"，倡导"小步呈现、积极反应、及时反馈、自定步调、提高效果"的程序教学，导致了20世纪60年代的程序教学运动。

(1) 程序教学的原理

要想使学生产生某一预期的行为结果，而这一行为结果发生比较困难，可以采用连续刺激的方法，通过设计好程序不断强化，形成最终行为目标。教育的实质就是设计好教育强化的步骤，对学生进行指导、控制，使学生产生预期行为，达到学习的目的。

(2) 程序教学的内涵

将要学习的知识分成一系列小的学习块，这些"块"之间是有逻辑上的联系的，并且前后衔接，逐步加深。然后让学生逐步学习，在学习过程中伴随着强化和反馈，学习完一部分后再进行下一部分，使学生最终能够掌握所学知识，达到预定的教学目的。

强化理论在教学中有非常重要的指导意义。在学习活动中，采取各种外部手段如奖赏、赞扬、评分、竞赛等，可以激发学生的学习动机，引起其相应的学习行为。一方面要在设计课程内容时，选择最合适的表现形式，突出本学科中心内容，通过最合适的媒体呈现，形成强化机制；另一方面要重视练习的设计，在练习或作业中反复呈现课程的重点、难点内容，使学习者在练习中多次接触，促进刺激—反应之间的联结，不断加深对这些内容的理解。此外，还要注意设计及时的反馈，让学习者在使用时能及时知道自己学习、练习的结果，获得正确的答案。大量研究资料表明，及时的反馈对于学习来说是非常必要和有效的。

斯金纳的强化论及程序教学理论为计算机课件制作、教学设计提供了理论基础，从而对教育技术理论的发展产生了巨大的推动作用，为CAI教学奠定了基础。

4. 华生的行为主义学习理论

华生是早期行为主义的典型代表，他采用观察法、条件反射法、口头报告法、测验法等不同的实验方法，得出了许多关于人类的感觉、情绪、思维、人格等方面的结论，并提出了学习上的频因律、近因律等学习理论。

华生所讲的行为首先是一种可观察到的机体反应。这种机体反应的本质是人和动物对于外界环境的适应。华生把反应分为四类：外显的习惯反应，包括开门锁、打网球、拉提琴、盖房子、与人说话、与人交往；内隐的习惯反应，包括条件反射所引起的腺体分泌、无声言语（即思维）、态度；外显的遗传反应，包括人的各种可以观察到的本能和情绪反应，例如抓握、打喷嚏、眨眼等；内隐的遗传反应，包括生理觉察所研究的内分泌系统和循环系统的各种变化。在华生看来，“知道了反应就可以推测刺激，知道了刺激就可以预测反应”。

华生与雷纳进行了一项称之为“小艾伯特”的实验，当时小艾伯特只有11个月零5天，是日托中心的一个健康、正常的幼儿。作为条件刺激的是一只小白鼠。小艾伯特最初的反应是好奇，试图去触摸它。无条件刺激是用铁锤敲击一段钢轨发出的令人生厌的声音。在白鼠与敲击钢轨的声音一起出现3次后，光是白鼠就会引起小艾伯特害怕和防御的行为反应。在6次条件作用后，小艾伯特见到白鼠时会产生强烈的情绪反应。在小艾伯特1岁零21天时，华生进行了一系列泛化测验即在他面前呈现小白兔、小白狗和白色裘皮大衣等。小艾伯特都表观出很强的情绪反应，类似于对小白鼠的反应。华生认为，这项实验表明，小艾伯特的条件情绪反应将会在相当一段时间里存在，并改变他的个性。

华生是一个极端的环境决定论者。他的最著名的被引证得最多的一段话表明了这一点，他说：给我一打健康而又没有缺陷的婴儿，把他们放在我所设计的特殊环境里培养，我可以担保，我能够把他们中间的任何一个人训练成我所选择的任何一类专家——医生、律师、艺术家、商界首领，甚至是乞丐或窃贼，而无论他的才能、爱好、倾向，能力，或他祖先的职业和种族是什么。

行为主义者信奉学习是建立一种刺激（S）和反应（R）之间的联结，并予以强化的过程。受行为主义影响形成了以“知识”或以“教”为中心的教学设计。以“教”为中心的教学设计有利于教师主导作用的发挥，但按这样的理论设计出来的教学软件以演示为主，交互很少，学生大多数情况下在被动地接收，很少能够参与，因而使得学生的主动性、积极性不能很好地发挥，不利于培养创造能力和自主学习能力。但是行为主义的方法在教学的某些方面是非常有效的，例如，记忆英语单词、做体操等，只有反复练习，才能达到最佳效果。

2.1.2 建构主义学习理论

建构主义是继行为主义发展到认知主义后，学习理论又一个新的里程碑式的发展。建构主义试图从主观的角度揭示学习的机制。建构主义学习理论认为学习是学习者在与环境交互作用的过程中主动地构建内部心理表征的过程。知识不是通过教师讲授得到，而是学习者在一定的情境即社会文化背景下，借助其他辅助手段，利用必要的学习材料和学习资源，通过意义构建的方式获得的。其最早提出者可追溯至瑞士的皮亚杰。他是认知发展领域最有影响的一位心理学家，他所创立的关于儿童认知发展的理论对促进儿童的课堂教育和学习有着深远的意义。

1. “图式”是皮亚杰理论体系中的核心概念

皮亚杰认为学习是通过“图式”发生作用的，图式是指个体对世界的知觉、理解和思考的方式。我们可以把图式看做是心理活动的框架或组织结构。图式是人类认识事物的基础，图式的形成和变化是认知发展的实质。皮亚杰认为认知发展主要有三个过程：同化、顺应和平衡。

(1) 同化

同化原为生理学概念,指食物在体内的消化过程。社会学借用此概念,指不同文化单位融合成一个同质文化单位的渐进或缓慢的过程。在认知发展理论中,同化是指个体对刺激输入的过滤或改变的过程。也就是说,个体在感受到刺激时,把它们纳入头脑中原有的图式之内,使其成为自身的一部分,就像消化系统将营养物吸收一样。(施良方,2000 年)

要使学生运用原有的知识去同化新的知识,教师必须引导学生回忆与新知识有密切联系的原有知识,使学生在学习新知识之前,在他们“已经知道的”与“需要知道的”知识之间架设起桥梁,如在学习光合作用、呼吸作用时可先让学生回忆叶绿体和线粒体的结构。

(2) 顺应

顺应是指学习者调节自己的内部结构以适应特定刺激情境的过程。当学习者遇到不能用原有图式来同化新的刺激时,便要对原有图式加以修改或重建,以适应环境。同化主要是指个体对环境的作用;顺应主要是指环境对个体的作用。

在学生原有知识不能同化新知识的情况下,为促使顺应,教师要善于提示学生新旧知识之间的矛盾,这样有利于新知识的重建。如在即将学习减数分裂时,教师可在有丝分裂基础上有意识地制造矛盾:假如有性生殖细胞的形成过程是有丝分裂,那么受精时有性生殖细胞的两两结合又怎么会使生物体内的染色体数目保持恒定呢?这样学生就会认识到有性生殖细胞的形成过程不能再是有丝分裂,在此基础上就完成了减数分裂这一新概念的重建,使顺应过程顺利进行。

(3) 平衡

皮亚杰认为,平衡是指个体通过自我调节机制使认知发展从一个平衡状态向另一种较高平衡状态过滤的过程。在他的理论中,思维变化是通过平衡过程发生的。这里的平衡概念是:在认知图式和来自环境的信息之间寻求心理平衡。平衡过程的工作机制是:如果我们将一个特定的图式应用于一件事或一种情境,而这个图式发挥作用了,那么思维就处于一种平衡的状态。如果图式没有发挥作用,没有产生理想的结果,那么思维就处于非平衡状态。这种情况促使我们通过同化和顺应寻求解决方法,因此我们的思维发生了变化。

概括地说,思维的机制就是同化与顺应两种适应机能不断从低级的平衡到达高级平衡的过程。平衡既是一种状态,又是一种过程。平衡—不平衡—平衡……这是儿童不断增加适应能力的过程。同化、顺应和平衡将贯穿人的一生。

2. 皮亚杰把认知发展分为四个阶段

(1) 感知运动阶段

自出生至 2 岁左右,是智力发展的感知运动阶段。在此阶段的初期即新生儿时期,婴儿所能做的只是为数不多的反射性动作。通过与周围环境的感觉运动接触,即通过他的行动和这些行动所产生的结果来认识世界,婴儿仅靠感觉和知觉动作的手段来适应外部环境。此期思维的特点是婴幼儿通过他身体的动作和感觉来认识周围的世界,进而发展解决简单问题的能力。其思考方式是手触为真,即只有他能直接用手接触到及感受到的物体才是存在的。婴儿只能局限在他所能接触感应到的经验范围之内。

(2) 前运算阶段

儿童从 2～7 岁左右处于前运算阶段。此期的儿童认知发展的最大特点是自我中心,并开始运用语言、文字、图形等抽象的符号去进行思考活动，也开始有能力幻想，玩一些角色扮演的象征性游戏。但此时的思维尚缺乏系统性和逻辑性。在前运算阶段，物体永久性的意识巩固了，动作大量内化。随着语言的快速发展及初步完善，儿童频繁地借助表象符号（语言符号与象征符号）来代替外界事物，重视外部活动，儿童开始从具体动作中摆脱出来，凭借象征格式在头脑里进行“表象性思维”，故这一阶段又称为表象思维阶段。前运算阶段，儿童动作内化具有重要意义。为说明内化，皮亚杰举过一个例子：有一次皮亚杰带着 3 岁的女儿去探望一个朋友，皮亚杰的这位朋友家有一个 1 岁多的小男孩，正放在婴儿围栏中独自嬉玩，嬉玩过程中婴儿突然跌倒在地下，紧接着便愤怒而大声地哭叫起来。当时皮亚杰的女儿惊奇地看到这情景，口中喃喃有声。3 天后在自己的家中，皮亚杰发现 3 岁的小姑娘似乎照着那 1 岁多小男孩的模样，重复地跌倒了几次，但她没有因跌倒而愤怒啼哭，而是咯咯发笑，以一种愉快的心境亲身体验着她在 3 天前所见过的“游戏”的乐趣。皮亚杰指出，3 天前那个小男孩跌倒的动作显然早已经内化在女儿的头脑中了。

（3）具体运算阶段

儿童约在 7～12 岁处于具体运算阶段。此期的儿童开始摆脱以自我为中心，考虑问题的两个方面或更多方面，看问题也变得客观与实际，逐步具备逻辑思维能力，并具有时空概念，能同时想到过去、现在和将来。儿童的思维运算必须有具体的事物支持，有些问题在具体事物帮助下可以顺利获得解决。皮亚杰举了这样的例子：爱迪丝的头发比苏珊淡些，爱迪丝的头发比莉莎黑些，问儿童：“三者中谁的头发最黑?”这个问题如果以语言的形式出现，则具体运算阶段的儿童难以正确回答。但如果拿来三个头发黑白程度不同的布娃娃，分别命名为爱迪丝、苏珊和莉莎，按题目的顺序两两拿出来给儿童看，儿童看过之后，提问者再将布娃娃收藏起来，再让儿童说谁的头发最黑，他们会毫无困难地指出苏珊的头发最黑。

具体运算阶段儿童智慧发展的最重要表现是获得了守恒性和可逆性的概念。守恒性包括质量守恒、重量守性、对应量守恒、面积守恒、体积守恒和长度守恒，等等。

（4）形式运算阶段

11 岁以上，此期的儿童思维迅速发展，能运用概念的、抽象的、形式逻辑的方式去推理（对具体的事物和一些非具体存在的事物）。当儿童智力进入形式运算阶段，思维不必从具体事物和过程开始，可以利用语言文字，在头脑中想象和思维，重建事物和过程来解决问题。除了利用语言文字外，形式运算阶段的儿童甚至可以根据概念、假设等为前提，进行假设演绎推理，得出结论。因此，形式运算也往往称为假设演绎运算。形式运算思维是儿童智力发展的最高阶段。皮亚杰认为，智力的发展是受若干因素影响的，与年龄没有必然的联系，所以达到某一具体年龄阶段的儿童即使有很大的差异并不构成皮亚杰理论的重大问题。

皮亚杰对影响认知发展的因素，如成熟、物理环境、社会环境以及平衡过程的分析，在理论上是比较全面、辩证的。但由于他忽视了社会过程和认知过程之间的因果关系，认为儿童的认知发展有它自己的规律，只能让儿童自己去探索，自然而然地发展，轻视了教育和教师的作用。

3. 当代建构主义理论的核心观点

“建构主义”这一概念是在 20 世纪 70 年代被提出，并在欧美国家形成了一种庞杂的社会科学理论。

(1) 建构主义的学习观

建构主义理论主张学习是心理的积极运作过程。在他们看来,世界是客观存在的,但对世界的理解和赋予的意义却是由每个人决定的。建构主义更关注学习者如何以原有的经验、认知结构、心理结构和经验为基础来建构知识、建构知识结构。学习意义的获得,是每个学习者以自己原有的知识经验为基础,对新信息重新认识和编码,建构自己的理解。由于学生拥有特定背景知识及情感因素,才使他有可能主动地对新知识作出特定的解释。

(2) 建构主义的教学观

教师在教学过程中不再是知识的提供者,而是一个"协助者",是意义建构的帮助者、促进者,而不是知识的提供者和灌输者。通过适时引导学生,让学生自己去认识、理解新旧知识的差异,达到学习的目的。教师应随着教学环境的变化来调整的自己教学方式,并进行知识建构,以适应学生的学习,并达到师生之间互动和情感交流。

4. 建构主义情境的要素

建构主义认为,知识不是通过教师传授得到的,而是学习者在一定的情境即社会文化背景下,借助学习这个获取知识的过程以及其他人(包括教师和学习伙伴)的帮助,利用必要的学习资料,通过意义建构的方式而获得的。由于学习是在一定的情境即社会文化背景下,借助其他人的帮助即通过人际间的协作活动而实现的意义建构过程,因此建构主义学习理论认为"情境"、"协作"、"会话"和"意义建构"是学习环境中的四大要素或四大属性。

"情境":学习环境中的情境必须有利于学生对所学内容的意义建构。这就对教学设计提出了新的要求,也就是说,在建构主义学习环境下,教学设计不仅要考虑教学目标分析,还要考虑有利于学生建构意义的情境,并把情境创设看做是教学设计的重要内容之一。

"协作":协作发生在学习过程的始终。协作对学习资料的搜集与分析、假设的提出与验证、学习成果的评价直至意义的最终建构均有重要作用。

"会话":会话是协作过程中不可缺少的环节。学习小组成员之间必须通过会话商讨如何完成规定的学习任务;此外,协作学习过程也是会话过程,在此过程中,每个学习者的思维成果(智慧)为整个学习群体所共享 ,因此会话是达到意义建构的重要手段之一。

"意义建构":这是整个学习过程的最终目标。所要建构的意义是指:事物的性质、规律以及事物之间的内在联系。在学习过程中帮助学生建构意义就是要帮助学生对当前学习内容所反映的事物的性质、规律以及该事物与其他事物之间的内在联系达到较深刻的理解。

5. 基于建构主义理论的教学模式

(1) 支架式教学(Scaffolding Instruction)

根据欧共体"远距离教育与训练项目"(DGX Ⅲ)的有关文件,支架式教学被定义为:"支架式教学应当为学习者建构对知识的理解提供一种概念框架(conceptual framework)。这种框架中的概念是为发展学习者对问题的进一步理解所需要的,为此,事先要把复杂的学习任务加以分解,以便于把学习者的理解逐步引向深入。"

这种教学思想是来源于维果茨基的“最近发展区理论”①。建构主义者正是从维果茨基的思想出发，借用建筑行业中使用的“脚手架”(scaffolding)作为形象化比喻。

(2) 抛锚式教学(Anchored Instruction)

这种模式中的“锚”是指一种真实的情境，教师的任务就是重点设计锚，以便学生能够借助各种资料去发现问题、形成问题、解决问题。教师以“锚”为教学的中心，以拓展性资源为教学半径，开发出支持学习者学习的空间。

(3) 随机进入教学(Random Access Instruction)

学习者可以随意通过不同途径、不同方式进入同样教学内容的学习，从而获得对同一事物或同一问题的多方面认识和理解。多次进入的结果，绝不仅仅是对同一知识内容的简单重复和巩固，而是使学习者获得对事物全貌的理解与认识上的飞跃。

6. 建构主义教学论对我国教学改革的启示

(1) 要将“教师中心”的教学模式转变为“学生中心”的教学模式

建构主义的学习理论强调以学生为中心，认为学生是认知的主体，是知识意义的主动建构者；教师只对学生的意义建构起帮助作用，而不要求教师直接向学生传授和灌输知识。

(2) 教师要转变教育观念，引导学生主动探究学习

教学过程中，在重视发挥学生积极主动性的基础上，教师还应鼓励他们参加集体讨论，交流意见，共同研究问题，解决问题，形成探索研究式的学习方式。这样有利于培养有自主性、合作性和创造性的人才。

(3) 有效应用多媒体课件

由于多媒体具有图、文、声并茂的特点，甚至有活动影像，能为“情景”、“协作”与“会话”的创设提供界面友好、形象直观的交互式学习环境，有利于学生主动性的发挥，为建构主义环境下的学习提供了良好的条件。

(4) 评价重心要落在学习的过程上

在传统的教学中，我们总是把教学评价的重心落在教学结果上，落在学生最后的成绩上，导致我们的教育变成了“应试教育”，出现了“片面追求分数”的局面。教学评价应重视评价学生知识的建构过程，这包括如何寻找知识、选择知识、如何建构知识以及表现在这个过程中的探究与创新能力，重点在“学”中。同时强调学生的自我内在评价，最好的评价者就是学生本人，只有通过学生不断的自我反思和评价，才能促进其不断进步。

(5) 应更加关注学生学习的个性化特征

应强调知识学习是一个建构过程，必须突出学习者的主体作用，使其在知识学习中获得合理的个人经验的内化。但是又要看到知识的建构不仅是个人的，也是社会的。因此，课堂上师生的交互和共同的活动显得至关重要，“学习共同体”的形成以及对课堂教学情境的营建成为获得学习成效的重要途径。

(6) 教师应提高个人素质，扮演好“协助者”的角色

教师的作用从传统的向学生传递知识的权威角色转变为学生学习的辅导者，教师不仅

---

① 最近发展区理论是由前苏联教育家维果茨基提出来的。维果茨基的研究表明：教育对儿童的发展能起到主导作用和促进作用，但需要确定儿童发展的两种水平：一种是已经达到的发展水平；另一种是儿童可能达到的发展水平，表现为“儿童还不能独立地完成任务，但在成人的帮助下，在集体活动中，通过模仿，却能够完成这些任务”。这两种水平之间的距离，就是“最近发展区”。

需要在学习内容方面辅导学生，而且需要在新的学习技能和技术方面指导学生，这些对于教师自己也有可能是不太熟悉的。教师必须认识到真实世界的复杂问题可能有多种答案，鼓励学生提出问题解决的多种方案。

21世纪充满了挑战，教育的职能正在发生重大的变革，以传授知识为主的传统职能正逐渐向能力培养的现代职能观转变；教育的重点已从知识的传递转向创新能力、应变能力以及合作能力的培养。建构主义学习理论为教育教学改革提供了新的理论依据，它符合当今教学改革和素质教育的要求，必将对我国的教育教学改革起到积极有效的指导作用。

2.1.3 人本主义学习理论

人本主义思潮主要指20世纪六七十年代兴起的一种教育思潮，是继行为主义和精神分析学派而兴起的"第三思潮"，主要代表人物是马斯洛和罗杰斯。人本主义思潮在教育中的核心主张是"以人为本"，强调发展人的潜能和追求自我实现。学生是课堂的主人，教师的任务是辅助学生学习。

1. 人本主义学习理论的主要观点

(1) 学习观。人本主义学习观强调学习是一种在教师帮助下的自我激发、自我促进、自我评价的过程。学生是学习的主体，是主要参与者。学习过程中学生获得了知识，形成了学习方法，培养了健全的人格。学生在学习过程中的自我感受是非常重要的，是学习活动进行好与坏的重要指标。

(2) 教学观。人本主义教学观非常符合现代素质教育的理念，解决了过去传统教学实行应试教育的弊端，其主要观点有：① 强调学生的个性与创造性，尊重学生的发展；② 强调以人为本，关注学生的直接经验和个人体验；③ 主张以学生为中心，放手让学生自我选择、自我发展；④ 主张学生主动参与，教师给学生更多的时间和更大的空间，充分发挥学生的主观能动性，达到自我实现。

(3) 师生观。老师的角色由传统的知识的传递者变成学生学习的倡导者、辅助者、咨询者。教师要让学生认识到他们的学习内容与自身、社会的关系，使其发现他们学习的内容能够保持和发展自我，与社会生活息息相关，进而激发他们的学习动机。教师应让学生全身心投入到实际的学习当中去，让学生积极主动地探究知识，提高自身的学习积极性和学习效率。对学生学习结果的评价也要采取开放的态度，教师应让学生进行自我评价，时常进行自省和自检，有助于发展学生的独立性、创造性和自主性。

(4) 学习评价观。人本主义学习理论要求学生要学会自我评价，不断自我反思、自我完善，使自身得到更大的提高。将自身知识与社会生活联系在一起，认识到学习对生活的重要性，将所学知识运用到社会实践中去。罗杰斯认为学生是处于学习过程中心的人，只有他自己才能清楚地知道自己是否已作出了最大努力，才能发现哪些方面失败了，哪些方面意义深远和成果累累。自我评价在学生的学习活动中具有十分重要的作用，这种作用的本质就是使学生为自己的学习承担责任，因而能使学生的学习更加主动、更加有效和更加持久。

2. 人本主义心理学的主要代表人物及其主要观点

(1) 马斯洛的主要观点

A. H. 马斯洛(Abraham Harold Maslow)，美国社会心理学家、人格理论家和比较心理学家，人本主义心理学的主要发起者和理论家，心理学第三势力的领导人。他认为，心理学研究(特别是在行为主义和精神分析那里)的终点被放到了人的缺陷和弱点上。他提出心理学不应当仅仅关注精神病患者和动物,而更应该研究健康人或自我实现的人,只有这样,才能更好地把握人类本质。

他把人类的动机称为需求,指出人类价值体系中有两类需要:一是沿生物系谱上升而逐渐减弱的本能需求,称低级需要或生物需要,主要包括生理的需要、安全的需要、归属与爱的需要、尊重的需要。这些都是人生存过程中不可缺少的、普遍的生理和社会需求。二是随生物的进化逐渐显示出来的潜能,称高级需要或心理需要,主要包括认知需要、审美需要和自我实现的需要。这些属于个体健康成长和自我实现潜能所激发的需要。只有在低层次的基本需要得到满足之后才能产生高层次的心理需要。这两类需要可分为几个层次,由低到高以金字塔形状排列,如图 2-4 所示为马斯洛需要层次图。

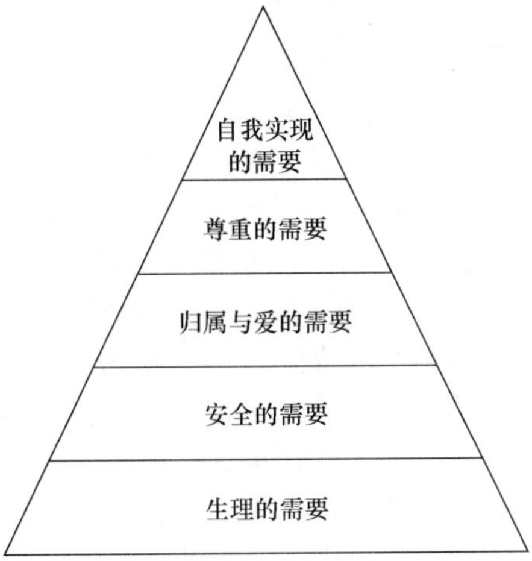

图 2-4　马斯洛需要层次图

① 生理的需要:指人的各种基本需要中最基本的一种需求,包括食物、空气、饮水、睡眠和性等。马斯洛认为,在所有需要中,生理需要占据绝对优势地位,“一个同时缺乏食物、安全、爱和尊重的人,对于食物的需要可能最为强烈”。

② 安全的需要:包括人们对稳定、保护、依赖、免受恐吓的个人安全的追求,也包括社会安全的内容,如对秩序、体制、安定、有所依靠等方面的需求。如果安全需要得不到满足,人们就会产生威胁感和恐惧感,对社会缺乏信任,对自己缺乏信心。

③ 归属与爱的需要:对归宿感、爱情、友谊和摆脱孤独的需要,如人们在生活中对家庭、孩子、同事、朋友之间亲密关系的渴望,希望在家庭和团体中有一个位置。爱的需要既包括给予别人的爱,也包括接受别人的爱。如果一个人这方面的需要得不到满足,就会产生孤独感和被遗弃感。

④ 尊重的需要:这种需要可以分为两大类:一类是自尊的需要,如对于自身实力、成就、胜任感和能力感的期望;另一类是对来自他人的尊重的需要,像对于地位、名誉、声望或感念的欲望。在现实社会生活中,人的自尊需要如果能够得到满足,人们就会更有信心、更有能力。

⑤ 自我实现的需要:自我实现的需要是指实现个人理想、抱负、追求,充分发挥自己潜能的欲望。

马斯洛认为只有低级的需要得到了满足才能推进到更高一层的需要水平，不过这种需要层次并不是固定不变的，只是一种一般的模式，在实际生活中也有很多的例外。

高峰体验是马斯洛人本主义心理学思想中的另一个重要概念。按照马斯洛的说法，高峰体验既是自我实现者重要的人格特征，又是达到自我实现的一条重要途径。他认为，人的高峰体验主要有普通型高峰体验和自我实现型高峰体验两种类型。普通型高峰体验是指所有的人都可能在满足需要、愿望时产生的极端愉快的情绪。自我实现型高峰体验是指健康型或超越型自我实现者拥有的一种宁静和沉思的愉悦心境。高峰体验可以通过审美活动以外的知觉印象的寻求获得，只要是能获得丰富多彩的知觉印象的活动，都可能带来高峰体验，如爱的体验、神秘的体验、创造的体验，等等。

(2) 罗杰斯的主要观点

卡尔·罗杰斯(C. R. Rogers)是当代美国著名的人本主义心理学家。他的主要观点有：

① 提出了意义学习的学习观。罗杰斯把学习分为两类：一类是无意义音节学习。罗杰斯认为这类学习只涉及心智，是一种“在颈部以上”发生的学习。它不涉及感情或个人意义，与完整的人无关。另一类是意义学习。所谓意义学习，不是指那种仅仅涉及事实累积的学习，而是指一种使个体的行为、态度、个性以及在未来选择行动方针时发生重大变化的学习。意义学习具有四个特点：学习的“有意义性”，即学习的对象对学习者来说是一个有个人意义或个人价值的问题，是与学生有密切关系的问题；全身心投入的学习，这种学习强调把逻辑的、理性的学习和直觉的、情感的学习结合在一起，使人的左右脑并用，能够全身心投入到学习中；自我发动的学习，罗杰斯强调学习要从儿童的兴趣出发，儿童有了学习兴趣，就能自发地学习；自我评价的学习，主张让学生自己决定评价的标准和所要达到的目标，通过自己评分，来衡量自己的进步，从而把自我发动的学习变为自我负责的学习。

② 人类生来就有学习的潜能，教育应以学习者为中心，充分发挥他们的潜能。教师应该相信在条件适当的情况下，在教师的有效指导下，学生能够发展自己的潜在能力。学生是学习的主体，是学习的主要参与者，教师应该将课堂还给学生，调动学生的积极性，让他们自己去创造、去发挥。鼓励学生充分自信，从而使学生产生他能超越自己的思想，开发出自己的潜在能力，最终达到学会学习、完善个性这种教育目的。

③ 学习资源的重要性。学习资源是指有助于学生获得学习经验的一切资源，不仅包括书籍、杂志、网络资源、实验设备等物质资源，这些材料既要便于学生运用，又要允许他们自己选择，而且包括可能有助于学生学习和学生感兴趣的人，主要指教师。从学生已有的兴趣和需要出发，提出学生真正感兴趣的问题，逐步引导学生到教学中去。教师要把时间和精力放在为学生提供学习所需要的各种资源上，简化学生利用资源的步骤。罗杰斯认为还应为学生创造良好的学习氛围，使学生在教学情景中感到自信和安全。

④ 提倡从做中学，鼓励学生自由探索。罗杰斯认为，要使学生全身心地投入学习活动，并享受学习过程的乐趣，就必须让学生遇到的和解决的问题与社会或个人意义相关。现实情况却是，很多学校或者说大部分学校的教育越来越脱离现实生活，以“应试教育”为指挥棒，让学生学得枯燥而且毫无意义。罗杰斯提出要构建一种让每个学生都面临非常真实的问题情境来引发学生的动机，让他们意识到真实的挑战。他极力提倡学生学习方法是从做中学，是让学生直接体验到实际问题、社会问题、伦理和哲学问题、个人问题，进行深入思考，并最终解决这些问题。只有这样，学生才能真正地发挥主动性、创造性，取得个人的发展、自

我的实现。

⑤ 强调学习过程中学生的主体地位。罗杰斯始终强调应以学习者为中心，学生是学习的主体，教师的作用主要体现在形成理想的课堂教学气氛，与每个学生就他或她愿意从事工作的种类和数量达成协议，提供学生可以选择的学习资料、仪器等，成为学生产生意义学习动机的促进者。传统的教师高度控制的课堂已不复存在，学生的主体性得到充分的发挥。教师要鼓励学生独立地进行创造性的思考，培养学生创造性思维能力，并使用不同的教学方法，因材施教，调整教师和学生的关系。当学生能觉察到学习内容与他的目的有关时，意义学习便发生了；当学生负责任地参与学习过程时，就会促进学习。学生在学习过程中的个人体验将对学习产生深刻的影响。当"自我效能感"增强时，学生的创造力和积极性能得到更好的发挥。

⑥ 强调学习过程不仅是学习者获得知识的过程，而且是学习方法和健全人格的培养过程。情感和认知是人类精神世界中两个不可分割的有机组成部分，彼此是融为一体的。因此，罗杰斯的教育理想就是要培养"躯体、心智、情感、精神、心力融汇一体"的人，也就是既用情感的方式也用认知的方式行事的知情合一的人。他坚决批判了传统的以传授事实性知识为主的教育，认为这种传统教育只注重人的理智发展，认知能力的发展，片面训练人的认识能力，却忽视了学生精神世界的知情一体性。罗杰斯认为，情感是获取知识的土壤和动力，它能促进学生认知的发展和潜能的开发。罗杰斯的教育目的观远远超越了单纯的知识传授和智力培养，他关注的是人的整体发展，尤其是人的"内心生活"，即人的情感、精神和价值观念的发展。

当然，罗杰斯"以学生为中心"的教育也不乏质疑者。有人认为罗杰斯的教育模式过分理想化，缺乏了教师的指导，大量宝贵的教学时间浪费在学生的"发现"活动中；也有不少人质疑学生是否有能力选择和决定自己的学习目标、学习内容和方法。

3. 人本主义学习理论指导下教学设计的原则

(1) 以学生为中心，重视个人意义的学习

人本主义认为，在适当的条件下，每个人所具有的学习、发现、丰富知识与经验的潜能和愿望是能够被释放出来的。由此，我们在进行教学设计时，应充分信任学生的潜在能力，以他们为中心，激发他们高层次的学习动机，从而使他们能够对自己进行教育，最终把他们培养成"完整的人"。

人本主义学习理论充分肯定了学生的中心地位，这为学生进行有意义的学习创造了条件。因此，我们在进行教学设计时，也要十分重视学生个人意义的学习。这里所说的意义学习是指一种使个体的行为态度、个性以及价值观发生重大改变的学习，它关注学习内容与个人之间的关系。它又包括四个方面的因素：第一，学习具有个人参与的性质，即人的情感与认知全部投入学习活动。这是进行有意义学习的前提。第二，学习是自我发起的。这充分展示了个体在学习中的地位。第三，学习是渗透性的。这意味着学习能使学生的行为、态度，乃至个性都发生变化。第四，学习是由学生自我评价的。这说明学生自己对有意义学习起着重要的作用。由此，只要学生具有了学习的中心地位，他才能全身心地参与学习活动，才能自觉地、深入地进行学习，才能有意识地进行自我评价，从而促进教学活动得以顺利地进行。

(2) 创设真实的问题情境

与建构主义学习理论一样,创设真实的问题情境是基于人本主义学习理论的教学设计的首要任务。它是一种支持学生进行意义学习的各种真实问题的组合。

罗杰斯认为,如果要使学生全身心地投入学习活动,那么就必须让学生面临对他们个人有意义的或有关的问题。但在当今我们的教学活动中,学生与生活中所有的真实问题还存在很大的隔阂,这对学生的意义学习造成了很大的损失。为此,如果我们希望学生成为真正自由的和负责的个体的话,就应该为他们创设各种真实的问题情境。那么,我们在进行教学设计时,该怎样创设真实的问题情境呢？首先,教师要能发现一些对学生来说是真实的同时又与教学活动相关的问题。其次,教师要切实激发学生的学习动机,引导学生挑战各种复杂的问题情境。再次,让学生进行角色扮演,模拟在真实问题情境下的各种角色的行为,以便将来在真正的问题情境中得心应手。最后,如果有条件的话,应让学生到第一线去,让他们直接面对社会各行各业人员所面临的问题。

(3) 充分利用各种学习资源

学习资源,狭义上是指可资学习之源,包括支撑教学过程的各类软件资料和硬件系统;广义上它还包括一切可为教学目的服务的人、财、物,且由学习材料与教学环境两大类组成。与传统教学相比,人本主义学习理论强调教师应把大量的时间放在为学生提供学习所需要的各种资源上。因为当学生觉察到某些学习资源与自身目的有关时,意义学习便可以发生;当某些学习资源有悖于学生自己的看法时,学生学习往往受到抵制。

2.1.4 多元智能理论

1. 多元智能理论概述

加德纳(Howard Gardner)博士是美国哈佛大学教育研究所发展心理学教授,于1979年起参与哈佛大学教育研究学院零点方案(Harvard Project Zero)的研究计划。该方案企图探讨一个伟大的问题:人类潜能的本质与实现。当时的研究成果,加德纳博士于1983年结集成一本名为《心智的结构》(*Frames of Mind*)的书。在这本书中,加德纳教授提出人类的智能是多元化的,每一个人都拥有语言文字智能、数学逻辑智能、视觉空间智能、身体运动智能、音乐旋律智能、人际关系智能和自我认识智能这七种智能。每一种智能在人类认识世界和改造世界的过程中都发挥着重大的作用,而且具有同等重要性。作者还认为每一个人与生俱来都在某种程度上拥有这七种智力的潜能,环境和教育对于能否使这些智力潜能得到开发和培育有重要的作用。加德纳认为,以上各种智力不是以整合的方式存在的,而是相对独立的,各自有着不同的发展规律并使用不同的符号系统。各种相对独立的智力以不同的方式和程度有机地组合在一起。即便是同一种智力,其表现形式也不一样。大多数人可以在加德纳多元智能的内涵中发现自己的多项长处,因此在美国社会广受欢迎。现分别介绍如下:

(1) 语言文字智能(verbal/linguistic intelligence)

语言文字智能是指有效地运用口头语言或书写文字的能力。这项智能包括把文法、音韵学、语义学、语言实用学结合在一起并运用自如的能力。律师、演说家、编辑、作家和记者等是几种特别需要语言智能的职业。对语言智能强的人来说,他们喜欢玩文字游戏。在学校里，他们对语文历史之类的课程比较感兴趣，在谈话时常引用别处读来的信息，喜欢阅读、讨论及写作。这一类的儿童在学习时是用语言及文字来思考，对他们而言，理想的学习环境必须提供下列的教学材料及活动：阅读材料、录音带、写作工具、对话、讨论、辩论及故事等。

(2) 数学逻辑智能(logical/mathematical intelligence)

数学逻辑智能是指有效地运用数字和推理的能力。这项智能包括对逻辑的方式和关系、陈述和主张、功能及其他相关的抽象概念的敏感性。数学家、税务、会计、统计学家、科学家、电脑软件研发人员等是特别需要逻辑数学智能的几种职业。对逻辑数学智能强的人来说，他们在学校特别喜欢数学或科学类的课程，喜欢提出问题并执行实验以寻求答案(假如我每天给我的盆景多浇一倍的水会怎样?)，喜欢寻找事物的规律及逻辑顺序，对科学的新发展有兴趣，喜欢在他人的言谈及行为中寻找逻辑缺陷，对可被测量、归类、分析的事物比较容易接受。这一类的儿童在学习时是靠推理来思考，对他们而言，理想的学习环境必须提供下列的教学材料及活动：可探索和思考的事物，科学资料，操作，参观博物馆、天文馆、动物园、植物园等科学方面的社教机构。

(3) 视觉空间智能(visual/spatial intelligence)

视觉空间智能是指准确地感觉视觉空间，并把所知觉到的表现出来的能力。这项智能包括对色彩、线条、形状、形式、空间及它们之间关系的敏感性，也包括将视觉和空间的想法具体的在脑中呈现出来，以及在一个空间的矩阵中很快找出方向的能力。向导、猎人、室内设计师、建筑师、摄影师、画家等是特别需要空间智能的几种职业。空间智能强的人对色彩的感觉很敏锐，喜欢玩拼图、走迷宫之类的视觉游戏，喜欢想象、设计及随手涂鸦，喜欢看书中的插图，学几何比学代数容易。这一类的儿童在学习时是用意象及图像来思考，对他们而言，理想的学习环境必须提供下列的教学材料及活动：艺术，积木，录影带，幻灯片，想象游戏，视觉游戏，图画书，参观美展、画廊等艺术方面的社教机构。

(4) 身体运动智能(bodily/kinesthetic intelligence)

身体运动智能是指善于运用整个身体来表达想法和感觉，以及运用双手灵巧地生产或改造事物。这项智能包括特殊的身体技巧，如平衡、协调、敏捷、力量、弹性和速度以及由触觉所引起的能力。演员、舞蹈家、运动员、雕塑家、机械师等是特别需要空间智能的几种职业。这一类的人很难长时间坐着不动，他们喜欢动手建造东西，如缝纫、编织、雕刻，或木工或是跑跑跳跳、触摸环境中的物品。他们喜欢在户外活动，与人谈话时常用手势或其他的肢体语言，喜欢惊险的娱乐活动并且定期从事体育活动。这一类的儿童在学习时是透过身体感觉来思考，对他们而言，理想的学习环境必须提供下列的教学材料及活动：演戏、动手操作、建造成品、体育和肢体游戏、触觉经验等。

(5) 音乐旋律智能(musical/rhythmic intelligence)

音乐旋律智能是指察觉、辨别、改变和表达音乐的能力。这项智能包括对节奏、音调、旋律或音色的敏感性。作曲家、演奏(唱)家、音乐评论家、调琴师等是特别需要音乐智能的几种职业。他们通常有很好的歌喉，能轻易辨别出音调准不准，对节奏很敏感，常常一面工作，一面听 (或哼唱) 音乐，会弹奏乐器，一首新歌只要听过几次，就可以很准确地把它唱出来。这一类的儿童在学习时是透过节奏旋律来思考，对他们而言，理想的学习环境必须提供下列的教学材料及活动：乐器、音乐录音带、CD、唱歌时间、听音乐会、弹奏乐器等。

(6) 人际关系智能(inter-personal intelligence)

人际关系智能是指察觉并区分他人的情绪、意向、动机及感觉的能力。这包括对脸部表情、声音和动作的敏感性，辨别不同人际关系的暗示以及对这些暗示作出适当反应的能力。人际关系智能强的人通常比较喜欢参与团体性质的运动或游戏，如篮球、桥牌，而较不喜欢个人性质的运动及游戏，如跑步、玩电动玩具。当他们遭遇问题时，他们比较愿意找别人帮忙，喜欢教别人如何做某件事。他们在人群中感觉很舒服自在，通常是团体中的领导者，他们适合从事的职业有政治、心理辅导、公关、推销及行政等需要组织、联系、协调、领导、聚会等的工作。这一类的儿童靠他人的回馈来思考，对他们而言，理想的学习环境必须提供下列的教学材料及活动：小组作业、朋友、群体游戏、社交聚会、社团活动、社区参与等。

(7) 自我认知智能(intra-personal intelligence)

自我认知智能是指有自知之明并据此作出适当行为的能力。这项智能包括对自己有相当的了解，意识到自己的内在情绪、意向、动机、脾气和欲求以及自律自知和自尊的能力。自我认知智能强的人通常能够维持写日记或睡前反省的习惯，常试图由各种回馈渠道中了解自己的优缺点，经常静思以规划自己的人生目标，喜欢独处。他们适合从事的职业有心理辅导、神职等。这一类的儿童通常以深入自我的方式来思考，对他们而言理想的学习环境必须提供给他们秘密的处所、独处的时间及自我选择等。

必须指出的是，1996 年，加德纳在七种智能的基础上又提出了第八种智能，即自然观察者智能。这是指观察自然界中的各种形态，对物体进行辨认和分类，能够洞察自然的才能。学有专长的自然观察者包括农夫、植物学家、猎人、生态学家和庭院设计师等，达尔文是这一领域最杰出的代表。

2. 多元智能理论对教学的启示

(1) 我们的课程应该以培养学生多元智能为重要目标，以培养创新精神为重点

长期以来，我们的教育以培养传统的学业智力为中心，导致课程结构过于单调，课程内容过于局限，教学模式过于统一，评价方式过于僵化。我国的基础教育课程难度与世界各国相比是偏大的，但学生的创新能力却不强。我国的学生在各种学科竞赛中成绩优异，而实践能力却落后于人。这与我们的学校教育过分注重传统的课业学习智力有很大关系。全面推进素质教育，肩负发展学生智力的使命。但是，素质教育不应只发展学生的传统意义上的课业学习智力，而更应重视发展学生的多元智能。这应成为我国当前教育课程改革的重要目标之一。

(2) 树立新的学生观

智能的多元化表明，每个人各有不同的优势智力发展领域，应全面地认识学生，而不应把人看成是固定不变的，要引导学生发展自己的强项，主动改进自己的弱项。其他智能类型与语言智能，数学逻辑智能应是同等重要的，个性的差异正是人的多种智能组合的不同，社会需要有各种才能的人。多元智能理论要求形成"因材施教"的教学观，每个人都有自己优势的智能，都有最适合自己发展的领域，人人都是可造之才。教师只有针对不同学生的智能特点，采用不同的教学方法和手段，才能发展每一个学生的优势智能，促进每个学生全面发展，只有根据学生天赋、智能组合的不同，才能使每个人在原有基础上有所进步。因此，我国教育工作者要深入系统地学习现代教育理论，确立新的学生观和多元人才观，相信学生只有

智能类型和特点的不同，每个学生都有自己独特的优势发展领域，没有聪明和愚笨之分，学校里没有教育不好的学生。教育工作者只有确立了新的学生观和多元的人才观，才能彻底地摆脱英才教育模式的束缚，才能从内心深处对学生的发展持乐观的态度，才能真心地对待每一个学生，才能帮助学生成为社会所需要的多种类型的人才。

(3) 进行差异教学

多元智能理论强调每个个体不可能拥有完全相同的智能，单个个体有很高的某种智能，却不一定有同样程度的其他智能，这种内隐智能的外显化就是学生的个体差异，只有当这种差异性被考虑到时，教学才是有效的。因此，在教学中，教师要了解每个学生的智能特点，包括优势智能和弱势智能，关注个体差异，实施个性化教学，让不同学习水平和不同学习风格的学生得到不同的发展。譬如，对逻辑数学智能弱的学生，教师一方面要与他们及时沟通和交流，鼓励他们主动参与课堂学习活动，采用个别教学的方式给予指导，及时肯定他们的点滴进步。另一方面，要挖掘他们的强项智能，如果有的学生擅长画画，那么教师可有意安排他们画出几何图形，让他们体验到成功的快乐；如果有的学生人际关系智能强，那么教师就让他负责合作小组同学的组织等，让他们感到"我也行"。对学生的评价既要关注学习结果，更要关注学习过程，关注他们在教学活动中所表现的情感态度，帮助他们认识自我，建立自信。

学生的学习应当是生动活泼的、主动的、富有个性的。例如在数学课堂中，要鼓励学生的自我理解、自我解读，尊重学生的个人感受和独特见解，提倡解决问题的策略多样化，还要让学生去反思探究发现的"过程"："你是通过哪些活动发现这个规律的?""你今天有哪些收获和感受?""还有什么遗憾?"等来促进元认知发展，这实际上也是发展自我认识智能的过程。

(4) 树立多元多维评价观

评价是教育教学活动的一个重要环节，它具有导向作用。评价本身不是目的，而是教育学生达到目标的手段。评价应当重视从实现教育目标的角度去考察学习者的实态。只从一个角度进行测评难免失之偏颇，评价指标、评价方式应当多元化。

多元智能的评价是基于其基本理念："以人为本"且"学生是独一无二"的。由于智力是同实际的生活情境息息相关的，学生的智能类型也是多种多样，他们的智能发展水平也存在着较大的差异，他们在学习中的具体需求也不尽相同，因此教育工作者在教学中就不能用单一的标准(如用传统的智能测验标准)衡量所有的学生，而应当对不同的学生提出有差异的评价标准。评价内容不能仅仅局限于传统的课业学习智力，也应包括情感、态度、价值观、学习方法、学习能力、创新精神与实践能力、与他人的交流与合作、责任感、健康的心理素质和人格，以及对身边事物、社会现实的关注程度等多个方面。在评价的方式方面，不能只注重书面的考试，而应探索多维的评价方式，最好能在真实的情境中加以评估，还要努力发展学习者的自我评价，进行学习行为的自我监督与调整，通过自我奖惩去自觉修正学习行为。教育工作者只有做到教学评价的多元化，在课程实施中把量化评价与质性评价、结果评价与过程评价等方法结合起来，才能发挥评价的作用，帮助每一个学生充分了解和认识自己的潜能，并促进其发展，才能更加关注学生的个性差异，使教学过程成为促使学生个性全面、和谐发展的过程。

2.2 信息时代学习科学的新进展

2.2.1 学习科学的研究现状

人们对学习的研究经历了一个从猜测到科学、从简单到复杂、从低级到高级、从静态到动态的发展过程。

早期心理学主要是对个体的各种感、知觉进行实验研究,至于对思维活动的研究,则只能采用"内省法"。至20世纪20年代前后,心理学界形成了构造主义、机能主义、行为主义、格式塔心理学、认知主义、精神分析、人本主义等诸多流派,他们在学习的本质、机制、影响因素等诸多问题上存在很大分歧,可谓百花齐放、百家争鸣。

而后的建构主义则源自于儿童认知发展的理论,由于个体的认知发展与学习过程密切相关,因此利用建构主义可以比较好地说明人类学习过程的认知规律,即能较好地说明学习如何发生、意义如何建构、概念如何形成,以及理想的学习环境应包含哪些主要因素,等等。在建构主义思想指导下可以形成一套新的比较有效的认知学习理论,并在此基础上实现较理想的建构主义学习环境。

学习科学的发展与脑科学的发展是密不可分的。脑科学,狭义地讲就是神经科学,是为了了解神经系统内分子水平、细胞水平、细胞间的变化过程,以及这些过程在中枢功能控制系统内的整合作用而进行的研究;广义来说是研究脑的结构和功能的科学,还包括认知神经科学等。脑科学研究表明:对于脑的高级功能,诸如感知、运动控制、学习记忆、情绪、语言、意识等的认识,可能会取得突破性的进展,几十年来,对于以细胞、分子为基础的局部神经网络如何组装起来构成庞大的复杂的脑来实现高级功能,既缺少有成效的研究手段,在理论上也只有很模糊的想法。感觉信息如何整合起来用以认知外部世界?意识如何被控制?意识的整体性怎样被保持?突触可塑性与学习和记忆形成、记忆检索是怎样的关系?语言的中枢表象是什么?对于这些问题,我们的了解才刚刚开始。

随着认知科学的兴起,对人类自身特有的心理活动、脑和心智关系以及人工智能的研究已经进入一个全新的阶段。人工智能发展的困境迫使人们开始深入思考人类智能的奥秘和认知的本质与规律,促使科学家更深入地研究人和动物的智能与认知过程,设法模仿人和动物的认知活动。

学习科学已经成为现今炙手可热的研究内容,许多理论研究都与学习科学有着密切关系,如多元智能理论,分布式认知理论,专家认知一学习模式的研究,元认知和元认知策略,概念图和思维导图,认知情境理论研究,等等,学习科学的基本研究指向真实世界的需要。学习科学关注全人类的学习,研究的是所有人在各种状态下的学习活动,特别是老龄、学前、残障、超常等特殊人群的学习,其相关研究为教育理想的实现提供了技术可能性,让千差万别的个体都能进行适合自身的学习活动,为教育促进社会和谐和进步提供解决方案。

2.2.2 学习科学的新发展

索耶在《剑桥学习科学手册》中指出:"学习科学是一个研究教和学的跨学科领域。学习科学家研究多种场景中的学习，不仅包括学校课堂中的较为正式的学习，也包括发生在家庭中、工作中和同伴间的非正式学习。学习科学的目标是更好地理解产生最有效的学习的认知和社会过程，并运用这方面的知识去重新设计课堂和其他学习环境，以让人们更深入、更有效地进行学习。”

自20世纪中后期始，人们越来越清楚地认识到人类学习及其生存环境的复杂性，从而导致了一个新的研究领域——学习科学的诞生。

一些学者认为，认知科学是学习科学的直接孕育者——学习科学最初就是一门认知科学。然而，随着人类文明的发展，各领域、学科的研究成果日新月异，新理论、新方法和新问题不断被提出，传统的认知科学开始显得无能为力，许多新的发现无法用传统的认知科学解释，传统认知科学的弊端也日益显现。加上各个领域和学科之间广泛而频繁的交流和互动，学习科学的萌芽开始出现，一些知名认知科学家开始深刻反思以实验心理学和计算机科学为主要支柱的传统认知科学，在进行科学扬弃的基础上，广泛借鉴和吸收了“建构主义、认知科学、信息技术、社会文化研究和关于知识工作的研究等相关领域的研究成果，汇集和整合了关于脑的研究和内隐学习、非正式学习、正式学习等已有对于学习的研究，采用多种现场研究的方法，对不同情境脉络中的学习发生机制进行了分析和探索，提出了若干关于学习的新观点，并通过创新性项目实践和基于设计的研究，创设新型学习环境，革新学习实践。”（赵健等，2007）

作为一门新兴的交叉学科，学习科学是在多种学科理论日趋成熟的基础上而发展起来的。正如科罗德纳所言，（学习科学的研究共同体）“包括来自于认知科学、科学教育、教育技术、教育心理学、发展心理学和认知心理学、电脑科学（HCI，AI）、信息科学、人类学的‘移民’和‘游客’，甚至有一些来自于教学系统设计。我们中的‘移民’们继续参与到认知科学、科学教育的会议，继续属于我们所移居而来的共同体……”[①]因此，学习科学作为新时代的产物，是围绕“学习研究”这个核心，在与相关学科的交流和互动过程中，不断开拓新的研究空间、逐渐完善学科领域的过程。

1. *学习科学研究的新观点*

传统学习理论关于学习的隐喻大致有三个：① 行为主义理论认为学习是反应的强化。这种观点导致过分强调死记硬背的操练而忽略有意义的学习。② 认知的信息加工学习理论提出学习是知识的获得。根据这样的学习观，教师应该具有丰富的知识，而学生是一个空的容器，知识则像物品一样可以由教师传递给学生，其结果是学生仅仅被视做个体的信息处理者，主动性遭到压制，学习的真实主体缺失了，学生的学习则被孤立化、简单化，不可避免地也沦为无意义的操练。③ 格式塔理论主张学习是对理解的探索。这一主张总体上是正确的，然而，在格式塔心理学中，学习指向的主要是物质的物理性质，这是简单的、意义相当有限的活动，而且格式塔心理学缺乏表述这一思想的清晰语言以及支撑这一思想的相应技术，最终这一观点在当时没有被广泛采纳。

在新的方法和研究对象的支撑下，当代学习科学提出了新的学习隐喻，即“学习是知识的建构”、“学习是知识的社会协商”。当代学习科学提出了新的教学理论，中心要求是：教

---

① Kolodner, J. L. (2004). The Learning Sciences: Past, Present, Future. Educational Technology.

学应该从学生原有的知识以及文化实践出发，注重新旧知识的联系，特别要注意消除学生已有的错误概念对学习的阻碍；知识应当以有意义、有深度、整体的方式来组织；评价应为学生改进思维和理解的质量提供机会，所以要强调形成性评价；有效教学意味着要构建学习的实践共同体，并使之有效运作。这样的教学起码需要两方面的支持条件：其一，教师应是专家型教师。当前关于教师知识结构的认识存在两个误区。要么认为教学存在着普遍适用的规律与方法，只要掌握了这些方法，一个好教师能够教好任何一门学科的课程；要么认为教学知识无足轻重，教师具备学科知识就已足够了。然而，研究表明，教师的学科知识和教育教学知识是相互作用的。专家教师需要既具备如何教好特定学科的教育教学知识，又具备较深的学科知识。学科知识并非越多越好，关键是要对本学科的知识性质有深刻的认识与体悟，知识是要高度组织的、有意义的、条件化的。其二，新教学理论需要现代教学技术手段的支持。数字图书馆、可分析的真实世界数据等为教学提供了巨大的信息库，许多互动性的教学技术能够有效地创设学习情境，可以把难以理解的抽象概念可视化，能够使学生在做中学，并能使他们及时得到反馈、不断提升自己的理解，这样知识的建构就比较容易或者是可能的。应该强调指出，现代教学技术仅仅是手段，必须在当代学习科学和教学理论的统率下，它才是有价值的，否则对促进意义学习作用不大。

由以上概述可以看出，当代学习科学的突破性进展是富有启示、令人鼓舞的。它继承了传统学习理论的合理内核，如格式塔的完形理论、奥苏贝尔的认知同化理论、罗杰斯的人本主义学习理论等。更重要的是，由于重新界定了研究对象并运用了更合理的研究方法，当代学习科学取得了本质突破，使学习科学第一次能够比较科学地解释和指导真正的人类的学习。今天的社会是学习型社会，学习的重要性为每一个人所认识。另一方面，现代教学技术也为有效学习提供了越来越强大的物质支持。因此，尽管会遇到不少困难，但完全可以预言，学习科学的新发现必将带来一场人类有史以来最深刻的学习革命。

2. 学习科学研究的新特点

(1) 在研究内容上将越来越重视环境对学习的影响

Stephen Pinker 说："人类的心智不是一台通用计算机，而是在进化过程中为了解决问题所形成的具有适应性的本能。"环境对大脑有着相当大的影响，这在感觉发展阶段中可以明显地看到，在这一阶段，器官对外部的刺激非常敏感。复杂的社会动物并没有从遗传中获得父辈的学习经验，但当遇到生存问题时，社会动物所具有的生物性准备(biological preparedness)就发展得很快，所以，大脑功能及其认知结构的发展取决于环境的影响。重视环境对学习的影响，这是学习科学发展的重要趋势之一。诚如高文教授所言：有关认知与学习的情境理论已成为一种能提供有意义学习并促进知识向真实生活情境转化的重要学习理论。基于情境认知与情境学习的理论研究和实践模式的开发正越来越受到心理学、人工智能、人类学等领域研究者的关注。

(2) 基础研究、应用研究与开发研究相结合

有关学习的研究进展已将科学与实践的关系带入一个新时代。研究人员正在走出实验室，去关注学习发生的真实情境。学校中的教师、学生、家长、日常生活中的普通人、各行各业中的从业者和专家都已经成为研究中互动的对象。正式学习与非正式学习、学校中的学习与工作场所中的学习一起进入了研究者的视野，补充和丰富了实验研究传统，并使研究者

有可能将基础研究与应用研究、开发研究密切结合起来。研究中对作为新技术的信息通讯技术的关注更使得基础研究上的投资能通过开发研究在实际应用中得到回报。

(3) 学习理论流派纷呈

由于学习科学研究的跨学科性,因此研究者既可以从某一专业角度解释人的学习的本质,也可以通过跨学科的合作进行理论的互补与创新。因此,在今天的学习科学研究领域中,涌现出很多不同的学习理论流派,这在学习理论相对短暂的历史上是少见的。但更加引人注目的是,如此众多的理论流派在有关知识与学习的理念和方法上竟是如此的一致,它们共享着如此多的理论假设和共同基础。总之,今天的研究者不仅对杜威、维果茨基、皮亚杰等的研究成果进行继承与发扬、批判与反思,而且还十分注意在历史传承的基础上依靠新的思想、新的方法、新的技术推陈出新。

3. 学习科学的发展方向

学习研究委员会(学习科学开发委员会)认为未来的学习研究应关注学习科学的研究基础、学习科学的新方法论、学习科学研究中的合作、学习科学研究中教师的专业发展。

(1) 在学习科学的研究基础方面,建议关注研究性课程以及在真实环境中影响研究知识向有效教学方法转换的因素;帮助学龄前儿童发展表征结构,以便在入学早期和后期学习之间搭起一座桥梁;组织合作学习环境,开发多样性的课程结构作为学习的积极资源;确定能够有效测量科学学习的评价类型,分析建构主义课程与其他社会因素间的相互作用以及新技术对学习成绩的影响。

(2) 在学习科学的新方法论方面,学习研究委员会建议开发一些原创性的(特别是以加强学习科学方法论基础为目的)支持性机制。这样的机制应该包含跨领域间的合作、实习制度、访问学者项目、初级学者的跨学科方法培训。开发能够对学习科学领域进行科学研究的新方法和新的量化指标,新的研究应致力于在学习科学中将定量研究方法与定性研究方法进行全面的整合。

(3) 在学习科学研究中的合作方面,学习研究委员会建议政府机构和研究基金组织应明确地支持在学习科学领域进行多学科的合作。要达到这个目标,需要建立有利于学生和科学家一道工作的跨学科培训的机制,以培养新一代学习科学工作者。

学习研究委员会建议建立国家数据库以鼓励合作。除了通过万维网在线联系以外,科学家们彼此之间应该共同分享数据库,并使用他们能在线访问的国家数据库。国家数据库能够促进跨学科的合作和跨学科数据的使用,鼓励人们对数据库可检测性问题进行更广泛的探索,通过保留准确性和同一性的记录来提高数据的质量,通过共享研究数据来提高成本效率。

(4) 在教师的专业发展方面,学习研究委员会建议通过研究来揭示人们是如何学习成为有效教师的。需要研究来决定各种类型的专业发展活动的效能,包括职前、在职研讨、工作坊、暑期学院等形式。为了确定教师学习共同体的发展过程和机制,研究还应该涉及不同教师学习共同体的专业性活动。

总而言之,人们对有效学习的观念发生了根本性的变化,教学的重心已经从如何教转向如何学,从结果转向过程,从机械操练转向知识的理解和运用,记忆不再被看做是简单的联想,学生也不再被看成是接受知识的容器,而是知识的建构者和生成者。社会文化情境、学习共同体、非正规学习、理解性学习、现代技术、教师学习、专家知识和脑科学已经成为当今学习研究关注的重点。正如高文教授所描述的，“当今世界正面临着一场‘学习的革命’，我们将彻底改革几个世纪以来人们已经习以为常的、旧的、传统的教育观念和教学模式，创造出一种在真正意义上尊重人的主体性、激发人的创造性、相信并注意开发人的潜力、便于人与人交际与合作的崭新的教育观念和学习模式”。

2.3 学习方式变革

2.3.1 顺从学习与自主学习

1. 顺从学习

传统教育中，正如我们大家所经历的一样，教师讲解所要讲述的内容，学生接受教师所讲的内容，把这些内容记在脑子里，然后，在被提问时或考试时把这些学过的内容回忆出来。教师或课程开发者在许多方面支配着整个教学过程或对教学过程负责，这种类型的学习称为“顺从学习”，“非自主学习”或“他主学习”。(奥托·彼得斯，1998)

传统教育中，教师以自我为中心，很少考虑到学生的感受，学生成了学习过程中的旁观者，丧失了学习的主动性。

忽视学生的主体地位，造成学生被动、顺从学习是传统教育的一个弊端。这种缺乏主体意识的学习给教育带来了许多不良影响，因此以学生为主体的“自主学习”已经成为教育改革的核心。

2. 自主学习

(1) 自主学习的概念

自主学习是指学习过程受学习者本人支配，而教师只是学习的辅助者、咨询者，学习者必须对他们自己的学习全部负责。

由于国内外学者的理论立场和研究方法、手段不同，对自主学习概念的理解也不尽相同。总之，自主学习既可以理解为由学生自己决定学习内容、学习方法、学习强度、学习结果评价的学习方式，也可以理解为学生能够指导、控制、调节自己学习行为的能力与习惯。

(2) 自主学习的特征

① 自主性

每个人都有一定的自主意识，具有独立的个性，能够自觉能动地进行自主活动。在自主学习中，学生在学习活动中具备学习的主体意识，能够自觉、主动地投入学习之中，掌握学习的策略与方法，对学习活动进行调节，及时反馈、自主评价。

② 独立性

独立性相对于依赖性，他主学习把学习建立在人的依赖性的一面，而自主学习把学习建立在人的独立性的一面上，可以说学生的学习是从依赖走向独立的过程。自主学习要求学生不以教师的意志为转移，在各个方面尽可能脱离对教师与他人的依赖，由自己独立做出选择、决策，展开学习活动。自主学习贵在独立，它是学生学习知识、掌握技能的重要环节，通过学生的自主实践表现出来。

③ 能动性

自主学习建立在学生的能动性上，能动性是相对于受动性而言的。自主学习以尊重、信任、发挥人的能动性为前提，它区别于他主学习，是学生积极、主动、自觉地从事和管理自己的学习活动，而不是在外界各种压力下被动地从事学习活动。自主学习的能动性并不是先天形成的，需要对学生进行培养与训练，培养学习能动性最根本的是激发学生的内在需要，如动机、责任、自我实现、自我超越等。

④ 个别性

每个人的独立性，首先来自于先天素质差异，同时，由于每个人成长的环境不尽相同，人在社会化的过程中的个人选择也不同，因此，逐渐形成了各自鲜明的个性特点。在学习中面对同一学习内容，不同学生的学习起点不同，知识基础不同，情感准备不同，学习能力倾向不同，学习内容的选择、学习速度及所需要的时间也不同。自主学习尊重学生学习上的差异性，给予学生选择学习内容与寻求学习资源的自主权，允许学生按自己的学习方式、方法学习，这一过程中教师应给予学生及时的指导与帮助。

⑤ 相对性

自主学习具有相对性。因为，从现实情况来看，绝对的自主与绝对的不自主学习是较少的。大多数的学生都是有些方面自主，有些方面又是不自主的。比如学生在学校学习，学习内容、学习时间都不可能由学生完全决定，不可能摆脱对教师的依赖。因此我们要从学生的实际学习情况出发，分清在哪些方面是自主的，哪些方面是不自主的，这样才能有针对性地对学生学习进行自主性培养。

(3) 自主学习能力的培养

我们应该着重从以下几个方面着重培养学生的自主学习能力：

① 更新教学观念

转变观念是关键。应改变学习中以教师为中心的传统观念，确立以学习者为中心的思想。教师需要顺应教学模式的变化，主动转换角色，使自己不仅是知识的传授者而且还是信息资源管理者、学生的学习顾问和学生学习的促进者。同时，教师还要帮助学生改变对教师依赖的局面，积极鼓励学生主动参与到学习过程中去。最终教师角色是学生学习的组织者、引导者和合作者。

② 建立民主和谐的师生关系，重视师生间情感沟通

著名教育家赞可夫说："我们要努力使学习充满无拘无束的气氛，使儿童和教师在课堂上能够'自由地呼吸'，如果不能造就这样良好的教学气氛，那任何一种教学方法都不可能发挥作用。"传统课堂中，师道尊严会扼杀儿童的创造力与禀赋，我们必须建立新型的民主和谐的师生关系，教师与学生的地位平等，他们共同参与学习和讨论；教师真诚尊重并且平等地对待每一位学生。课堂教学作为一种信息传递和反馈的交流过程，不仅是知识信息的交流过程，也是师生双方情感交融与共鸣的过程。只有师生双方不断地进行情感交流，才能激发学生参与课堂教学的热情。在宽松、和谐的语言学习气氛中，学生没有精神压力和负担，他们带着愉快的心情学习，大大调动了学习的积极性和主动性。

③ 激发和培养学生学习的兴趣

兴趣是最好的老师，学习成绩与学习兴趣有显著的相应关系，浓厚的学习兴趣能产生

强大的学习动力，能促使学生积极投入学习活动。兴趣来自于问题，而问题是思维的起点和前提。要调动学生学习的积极性和主动性，需要巧设问题，并把问题作为主线贯穿于整个教学过程中，使学生的被动学习转变为主动探索。

④ 巧设情境．引导学生主动参与课堂教学活动

情景导入是学生感知教材的前奏阶段，这对激发学生的求知欲望、增强学生的学习兴趣和发展学生的智力能力具有重要作用，对促进素质教育，提高教学质量产生积极影响。在课堂教学中模拟生活情景，会使学生有身临其境之感，吸引学生较快进入学习状态，促使他们在课堂上保持活泼、激昂、进取的心理状态。

⑤ 提高学生的自我效能感、成就感

心理学研究认为，成功体验是个体在学习中取得成功所产生的自我满足、积极愉悦的情绪感受。当学生学习取得成功时，就会产生一种满足、快乐、自豪等积极的情绪体验，从而增强学习信心，进一步提高学习兴趣，产生一种“好了还要好”的自我激励。教师及时发现学生的进步并当众作出表扬对学生是一种莫大的鞭策，它能让学生感觉到老师注意到了自己的进步，从而激励学生努力学习，不断进步。

⑥ 引导学生积极思考

一方面，要引导学生积极思考，提出问题从而解决问题，充分发挥他们的创造力与想象力。爱因斯坦说过：“提出一个问题往往比解决一个问题重要，因为解决问题也许仅仅是教学或实验上的技能问题，而提出问题却需要创造性和想象力。”

另一方面，要让学生学会反思，进行自我评价。自主学习是提倡学习者全面参与学习过程，包括学习内容、过程、策略的选择、目标的确立以及对这一系列活动的反思和修正；强调学习者个体在学习中的重要作用，学习者通过对自身学习活动的不断反思，调整策略而获得最佳学习效果。（金晓阳，何宏，2007）

2.3.2 接受学习与探究学习

1．接受学习

传统教学重视学科经典内容的讲授，在教学过程中，基本上以教师、课堂、书本为中心，采用单一的讲授、灌输的方式，学生更多的是被动地接受“是什么”的知识，人们把学生的这种学习叫做接受学习。

其实，接受学习包括有意义的接受学习和机械的接受学习（被动的接受学习）。人们经常把接受学习就理解为被动的接受学习。奥苏贝尔用有意义学习理论加以科学的分析，指出它不能与机械学习画等号，而完全可以是有意义的。接受学习是机械的还是有意义的，取决于学习发生的条件。当学生具有意义学习的心向，即把新知识与认知结构中原有的适当观念关联起来的意向，并且学习材料具有逻辑意义，可以和学生认知结构中的有关观念联系，这样的学习便是有意义的接受学习。（邵瑞珍，1983）

但是，实际生活中的许多问题，学生技能与学习方法的掌握不能仅仅靠接受学习。人们对接受学习积极思考的同时，也越来越关注探究学习。

2. 探究学习

(1) 探究学习的概念

《美国国家科学教育标准》对探究的定义是："探究是多层面的活动，包括观察，提出问题；通过浏览书籍和其他信息资源发现什么是已经知道的结论，制定调查研究计划；根据试验证据对已有的结论作出评价；用工具收集、分析、解释数据，提出解答、解释和预测以及交流结果。探究要求确定假设，进行批判和逻辑的思考，并且考虑其他可以替代的解释。"

探究学习指学生通过自主地参与获得知识，掌握研究科学所必需的探究能力，同时，形成认识科学的基础——科学概念，进而培养探索未知世界的积极态度。(钟启泉，1998)

探究学习不仅要模拟科学探究之"形"，更要渗透科学探究之"神"，科学探究的精神主要表现在：

① 好奇心

好奇心是人类固有的本性，是儿童的天性——喜爱提问是童心的体现。苏霍姆林斯基说得好："在人的心灵深处，都有一种根深蒂固的需要，这就是希望自己是一个探索者、发现者、研究者，而在儿童的精神世界中，这种需要特别强烈。"自觉无知、乐于探索、穷根究底是好奇心的高层次表现，是探究学习的精神动力。

② 怀疑精神(批判精神)

在教育中，学生的怀疑精神突出表现为：不满足于现成的答案和说明，敢于对权威、对教材、对教师提出质问和怀疑。培养学生怀疑批判精神要特别注意克服理性霸权和教师权威的消极作用。理性霸权所孵化的知识暴力，挤压着学生的心理空间和精神空间；而来自教师权威的压力会导致学生丧失自信最终使批判精神不能得以张扬和生发。

③ 求证精神

学生不唯书、不唯师，敢于和善于质疑、批判和超越书本和教师，这是探究精神的突出表现。与此同时，养成尊重事实、实事求是、讲究证据的科学态度也是探究学习的重要目标。

(2) 探究学习的特征

① 主动性

学生的学习是在好奇心驱使下，主动探索、主动思考，积极查找相关资料，亲身体验必学的相关知识。这种学习学生能够主动地热情地参与到教学活动中，并自我激励，设置学习目标，做独立的研究，进行自我引导，因此学习效率倍增。而在接受学习中，强调接受和掌握，死记硬背，反复机械训练，学习活动掌握在他人的手中。这种学习窒息人的思维和智力，摧残学生的身心健康。为此，我国新一轮基础教育课程改革强调要形成学生积极主动的学习态度，关注学生的学习兴趣，倡导学生主动参与，培养学生的创新精神与实践能力。

② 问题性

教学过程中，学生是带着问题进行学习的，这些问题是他们感兴趣的，而且与他们必学的科学内容相联系，能够引发他们主动进行实验探究、收集数据和利用数据对科学现象作出解释。问题可由学生自己提出，也可由教师提出。在课堂上，一个有难度但又让人能尝到"果实"、足以引发探究的问题，能激发学生的求知欲望，并能引出另一些问题。例如，在高中物理《人造卫星宇宙速度》的课堂教学时，可问："天上的人造卫星为什么不会掉下来?"在《动量守恒定律》的课堂教学时，可问："在光滑的水平面上有一辆平板车，一个人站在车上用大锤敲打车的左边，在连续的敲打下，这辆车能持续地向右运动吗?”教师提出这样几个“起始问题”，引发学生进入课堂探究。

“问题”往往被视为探究式教学的核心，培养学生发现问题、提出问题的能力也被视为教学的重要任务。因此，有人称探究式教学为“问题导向式”的教学，也有人称之为“任务驱动式”的教学。

③ 过程性

探究式教学关注探究的过程，关注学生的经历和感受。学生通过探究过程训练思维，掌握方法，培养动手能力。而传统的接受式教学中，注重结果，注重现成结论的直接应用，认为研究过程是科学家的事，学生没必要再浪费时间去研究，而且学生现有水平也不够。许多教师甚至演示实验也不做了，只要求学生记住实验结论，以便腾出更多的时间讲解例题和练习，从而“快速高效”地提高考试成绩。这样做领导满意，家长乐意。其实，学生的体验和表现比实验结论更重要，即使不能像科学家那样一定能获得令人满意的研究结果，甚至是失败了，他们也可以通过探究总结经验教训，习得研究方法，学会交流和合作。应该说，探究是一个人的学习、生存、生长、发展、创造所必须经历的过程。

④ 合作性

探究式教学的合作性，体现在师生、生生之间互相配合、互相帮助、共同协作，为共同目标而努力，从而培养团队精神。通过合作交流探讨，彼此相互激发思维，提高交流表达能力和人际交往能力。而传统接受式教学中，课堂交往少，学生彼此孤立，许多学生自私自利，集体荣誉感淡薄，认为帮助同学学习是浪费时间，而且会在将来的考试中为自己增加一个竞争对手。未来的社会是竞争的社会，更是合作的社会，学生通过探究式学习培养的合作精神，对人生将来的发展是相当重要的。

⑤ 实践性

探究式教学的实践性就是强调探究式学习以活动为主，在学习中实践，在实践中创新，所学知识与社会、生产、生活实际相联系。在接受式教学中，学生整天围绕书本转，不能也不知如何将所学知识应用到实际生活中，如许多优秀高中学生不敢更换灯泡，读不懂家用电度表的示数，不懂按说明书调整电视信号，等等。探究式教学不同于接受式教学，不能只是做而论道，要实践，要活动。过去我们往往把实践狭隘地理解为与体力活动或动手技能相关的操作活动，现在随着自动化程度的不断提高，动手操作的技能在科学实验中的重要性相对下降，更重要的是能发现问题，能够制订一套方案去解决问题。当然实践并不一定是操作，而且包括从提出问题到求得结论、作出评价的整个过程，不仅操作，而且思考、计划、找资料、理论探讨、收集数据、分析整理、归纳总结、写报告、写文章，都是实践。

3. 接受学习与探究学习的区别与联系

接受学习和探究学习在具体的教学实践过程中各有其优点和缺点，具体比较如表 2-1 所示。教学实践的目的不仅使学生学会课堂讲授的显性知识，而且还需通过实践环节使学生获得课堂上不能讲授的隐性知识。从这种意义上来讲，接受学习和探究学习不是两种根本对立的学习方式，恰恰相反，它们都是学生在习得知识的过程中不可或缺的重要手段。也正如奥苏贝尔所认为的，每一个学习者都必须依据对周围世界中事件的观察和发现，又依据接受学习。而且一个学生不可能只凭探究法学习，正像发明家不是一天到晚都有发明创造一样。探究学习并不排斥讲授法、回答法、讨论法以及各种形式的练习。

表 2-1 接受学习与探究学习比较

	接受学习	探究学习
优点	1. 学习效率高，能在较短的时间内掌握较多的书本知识(显性知识)，是获取显性知识的重要手段。 2. 学生能掌握系统的显性知识。 3. 有助于培养学生从书本中获取知识的习惯和能力。 4. 对教学设备，设施要求低，经济易行。	1. 能增进学生的独立思考和主体体验，是获取隐性知识的重要手段。 2. 能激发学生的内在学习动机，培养探究兴趣。 3. 有助于学生理解知识的形成过程，掌握探究的方法，养成科学的态度。 4. 有助于学生对知识的理解性掌握。
缺点	1. 适宜较高年级而不适宜低年级教学。 2. 不适宜新学科或新领域的学习。 3. 不利于培养学生的创新精神和探究能力。	1. 学习效率低，不宜作为获取大量显性知识的手段。 2. 主要适用于逻辑性较强的学科。 3. 要求学生具备应有的探究经验并能建立假设。 4. 对设备条件和教师素质要求高。

回顾我国传统课堂教学实践历程，可以说，以传授显性知识为主的讲授性教学在很大程度上构成了我国传统教学方式的主体，而采用探究教学使学生通过体验性的探究学习来获取隐性知识则长期被人们所忽视。在知识观上，过分强调认知目标、知识与技能等显性知识成为课堂教学关注的中心，认为显性知识的价值是本位的、首位的，而把智力、能力、情感、态度等隐性知识的价值看成是附属的，可有可无的。在知识的习得方式上，传统学习方式过分突出和强调接受和掌握，冷落和贬低发现和探究，从而在课堂教学中导致了对学生学习过程的极端处理，使学生学习书本知识变成仅仅是直接接受现成的书本知识，学生学习成了被动地接受、记忆的过程，课堂教学成为阻抑“人”的生命活力的“人工窒息机”。

近年来，我国教育界对这种现状进行了反思，提出了以培养学生的创新精神和实践能力为核心、以促进学生全面发展为目的的素质教育新理念，并以此为基础推动了新一轮的基础教育课程改革。

从知识观来看，新的教育理念强调：改变课程内容“难、繁、偏、旧”和过于注重书本知识的现状，加强课程内容与学生生活以及现代社会和科技发展的联系，关注学生的学习兴趣和经验，精选终身学习必备的基础知识，改变课程过于注重知识传授的倾向，强调形成积极主动的学习态度，使获得基础知识与基本技能的过程同时成为学会学习和形成正确价值观的过程。新课程标准均把目标定位在知识与技能，过程与方法，情感、态度和价值观三个维度。这说明，新的教育理念把隐性知识(过程与方法、情感、态度和价值观)的学习提高到了与显性知识(知识与技能)学习同等重要的地位。从知识的习得方式上来看，新的教育理念强调：改变课程实施过于强调接受学习、死记硬背、机械训练的现状，倡导学生主动参与、乐于探究、勤于动手，培养学生搜集和处理信息的能力、获取新知识的能力、分析和处理解决问题的能力以及交流与合作的能力。由此可见，本次课程改革要改变的是学生获得知识、形成技能的过程与方法，而不是否定接受学习本身，它只是要求学生知识的获得与技能的形成不能以损害学生的情感和态度为代价。

总之,探究学习与接受学习是基于不同假设基础之上而积淀出来的两种教学改革主张。它们在不同类型知识的教学方面,都有其独特之处,我们不仅不应当厚此薄彼,而且要取长补短,以促进两种学习方式的完善与发展。所以,在新课程的实施过程中,那种完全否认接受学习的作用与价值,认为探究学习高于一切,是解决每个学生学习问题的灵丹妙药,从而将其与接受学习对立起来的观念是片面的、极端的,其做法也是错误的。“教学永远是教和学的统一活动”,传授知识始终是教学的基本功能之一。教师根据教学内容的知识类型及学生特征,创造性地运用包括讲授教学和探究教学在内的多种教学方式,把学生从单一、被动的学习方式中解脱出来,实现通过课堂教学,培养学生的创新精神和实践能力、促进学生全面发展的素质教育目的。(夏志清,2005)

2.3.3 协作学习与个别学习

1. 协作学习

学生学习的组织形式包括个别化组织结构(学习者之间的关系是互相独立的)和协作组织结构(学习者之间协同工作并共同分享学习目标)。协作学习形式更受专家学者的推荐。有研究结果表明,协作学习组织形式更能提高学习业绩。

(1) 协作学习的基本概念

协作学习(Collaborative Learning,简称 CL)是学生以小组形式参与、为达到共同的学习目标、在一定的激励机制下最大化个人和他人习得成果,而合作互助的一切相关行为。

小组协作活动中的个体(学生)可以将其在学习过程中探索、发现的信息和学习材料与小组中的其他成员共享,甚至可以同其他组或全班同学共享。在此过程中,学生之间为了达到小组学习目标,个体之间可以采用对话、商讨、争论等形式对问题进行充分论证,以期获得达到学习目标的最佳途径。

(2) 协作学习模式的教学策略

① 前期准备策略

● 更新观念,提高认识。认识是行动的先导,要搞好协作学习,教师首先要站在时代发展的高度,更新教育观念,认识开展“协作学习”模式改革的重要意义,把握“协作学习”的本质特征,熟悉“协作学习”的操作要领,勇于在实践中加以运用。

● 合理搭配,成立小组。按照“组间同质、组内异质”的原则,将学生按性别、能力、成绩等方面合理搭配,组成协作学习小组,保证组内各成员的差异性和互补性。小组内各成员要适当分工,开展公平竞争,并轮流担当小组长,负责收集、整理和发布信息。

● 鼓励互动,促进交往。协作学习要求学生具有一定的社会交往能力和写作能力,为此,教师在平时的教学活动中,要善于激发学生交往的愿望,鼓励他们敢于和老师、同学及其他人交往,在人际互动中形成较强的社交和协作能力。

● 组织活动,营造氛围。根据学生的好胜心理,可以小组为单位组织各种内容的学习活动,如课堂讨论、学习竞赛、角色扮演、案例分析等,并定期评价小组成员活动的情况。教师评价时要面向全组,而不是面向个人,使学生认识到成绩是大家的,失误了大家要共同承担。这样可促使各组成员团结协作,在小组之间形成比、帮、超的良好风气。

② 教学实施策略

● 情境创设，设疑激趣

情境创设，亦即创设问题情境，就是在教学内容和学生求知心理之间制造一种“不协调”，向学生呈现与当前学习主体的基本内容相关的情境。建构主义特别提倡情境学习，主张学习应在真实的情境中进行，教师引导学生借助情境中的各种资料去发现问题、形成问题、解决问题。问题情境的创设，可以通过阅读或交谈而给学生以思想启发，这是一种语言的方法；可以通过形象体现而给学生以问题的启发，这是一种直观的方法；可以在实际操作活动中发现问题，这是一种操作的方法；也可以不是以某种具体的信息，而是以一种气氛、一种情境，在这种气氛、情境的感发下而得以思想的启迪和问题的再现。“疑”既是学生认知的“困惑”境界，又具有引发动机的非认知功能。“疑”的产生源于教材、课题与学生认知之间的矛盾，因而小组协作学习便以设“疑”入手，激发学生探求兴趣，加以步步展开。

● 小组讨论，汇报交流

小组讨论的主要内容有：概念问题的辨析；优化解决问题的策略；校对答案，形成正确结论；总结方法，推广解题策略；探讨知识的规律性等。小组讨论的基本方式有两种：一是由一位同学做中心发言，其他同学修正补充；一是各抒己见，由小组长归纳，讨论答案要点由一位同学负责写下来，以备全班交流时使用。各小组讨论时，教师要巡回指导，及时发现问题，提供必要帮助。在小组完成讨论后，教师要组织全班汇报交流，若小组间仍有不同看法而时间又许可，则可继续就此展开组际交流。

● 小结评价，点拨引导

结合小组讨论和全班交流情况，教师要及时进行小组评价。对于学生提出的问题和看法，教师要以鼓励为主，不一定用所谓的“标准答案”统一要求，通常是通过提出参考性意见以引起学生进一步思考。对于回答出色的小组和个人，教师要用赞扬性语言给予评价。评分可以写在黑板上固定的评分栏里，由课代表记载入册，一定时间后对积分领先的小组及个人表现出色的学生给予全班表扬或墙报刊示。评价时教师要特别注意指出学生是否善于抓紧时间紧扣问题展开讨论，是否认真倾听别人发言，是否能够把握别人发言中的要点等，这些评价也要采用褒贬鲜明的语言和规定的符号。经过组内成员协作和小组之间协作，如果学生仍然对有些问题理解不深入、不准确，有些重点问题没有涉及，这时教师要发挥主导作用，进行点拨引导，补充归纳，将学生的探究活动引向深入。

● 认知延伸，升华提高

学生通过愉快的协作积极探索，达到了对知识的正确理解，但这并不意味着协作的终结，教师还要在此基础上，结合学生学习的“最近发展区”，促进认识的延伸，升华提高他们已有的知识结构。认知延伸的设计是多方面的，可根据学生所学的知识，引导学生开展各种比赛、组织多种游戏活动、组织学生到校外进行调查，收集整理课外资料等。

2. 个别学习

个别学习这一概念，在我国是随着以应用计算机网络多媒体技术为主要特征的现代远程教育的兴起而得以强调的，对于教育改革、教学改革的有效深入开展起了很大的催化作用，更重要的是促进了教学活动内涵的革新与创造。

(1) 个别学习的基本概念

个别学习，又称个体学习、个性学习，是指学习者根据自己的学习风格，在个性化的学习环境中进行的自主性学习活动。

从一般意义上说，个别学习的概念是相对于班组学习的概念产生的，其内涵可以包括非班组学习的、没有教师面授的所有学习活动。

个别学习的概念源于个别教学的概念。所谓个别教学就是"学校教学中以指导学生个别学习为主，而不以班级教学为基础的各种教学形式的总称"。①

(2) 个别学习内容的创建与开发

"让课程适应每个个体学员"，是完全个别学习实现的基本要求。可以从两个层面来考虑实现这个基本要求：一方面，要有相当全面的课程科目供学生选择，并要求呈现的方式是多种媒介的，以增加这种选择的方便性和灵活性；另一方面，要求课程内容及其结构方式适应学生进行个别的学习，使学生学习不被固定的课程内容所束缚。

创建全面的课程科目，其具体目标是：既要有必修课程的板块，又要有选修课程的板块；既需要编写开发反映全面学习材料的课程，又需要学习指导和课程所有单元说明的详尽内容；既要有印刷文字为媒介所反映的基本内容，又要有网络、计算机等其他媒介所反映的基本内容。当前要特别重视网络课程的开发和建设，原因就是这种课程能为学生提供立体式的选择，在培养学生个体能力、合作精神和创造性能力方面有着独特的功能。

个别学习内容的适应性开发，可以从三个方向上进行尝试：① 开发交互式课程，以对话式、会谈式、提问式的方式来设计、编排课程内容，融课堂教学情景于课程内容之中或者在课程内容中注入学生主动交互的各种动因。② 开发单元式课程，以知识点为基本内容，提供要求明确、目标清晰的各门各类的学习单元，使学生自主进行灵活多变的安排并组成他们自己的课程组合，如果技术允许则可以进行软件开发，并放置网上运行或制作成光盘发行。③ 开发智能性课程，运用具有智能控制功能的软件如计算机游戏软件，把课程内容嵌入其中，形成学生认知并且自己可以测试学习效果的学习软件。总之，把原来的教材变为学材，利于学生助学是个别学习内容开发的总的一个方向。(方舟，2002)

3. 个别学习与协作学习的区别与联系

(1) 个别学习的不足之处可以通过协作学习来弥补

① 个别学习对学习者个人能力要求过高。对单个学生来说，他的学习能力、知识水平都有一定的局限，当他遇到巨大困难时，即使通过自身努力能解决这些问题，也必须花费更多的时间和精力。要想更快更好地学到更多的有用知识，就必须通过协作学习，才能达到事半功倍的效果。在影响学生学习的诸因素当中，学生的个性因素在个别学习中扮演着重要的角色。若学生学习兴趣不浓、学习动机不强，而此时又没有传统教学中教师的主动干预和监督，学习效果将会受到严重影响。而协作学习为学习者提供的归属感、参与感，能增强学生的学习动机，激发学生的学习兴趣，提高学生的学习自觉性。

② 个别学习中缺乏足够的交互性。若长期把个别学习作为唯一的学习方式，可能会缺少生生之间、师生之间的相互交流，学生局限在自己的思考范围内，无法与他人沟通，无法获

---

① 陈丽. 远程教育学基础[M]. 北京：高等教育出版社，2004.

取更多的信息以及更广阔的思路。而协作学习可以实现建构主义学习理论中对“情境”、“会话”、“协作”的要求，能为学生构建更多的“情境”，这种情境是由学生和学生、学生和教师共同建构的学习环境，还可以通过资源解决问题，提供多种人际沟通手段，从而在以学生为中心的学习中实现从简单到复杂的“意义建构”，促进学生更好地学习，培养学生多方面的能力。

(2) 协作学习能维持学生的学习动机，但某些方面需要个别学习的补充

① 协作学习的前提是学生已经具有社会文化的背景知识和从事社会活动的经验。因此协作学习的组织工作和学生的学习准备至关重要，要根据协作学习的目标与任务及其协作学习成员的个性特征创设良好的协作学习环境。而个别学习的组织和实施就相对简单、方便。

② 协作学习对教师和学生的要求都比较高。协作学习的主体还是学生，任何学生都要虚心向别人学习，对同学们的提问，要求有问必答，并要求尽可能给出正确的答案。协作学习中以“学”为中心，老师的职责不再只是传授知识，而变成了学习的组织者、指导者，教师不再像以前那样可以按事先“备课”的内容进行讲授，因此教学过程将变得更加复杂，要解答的问题将会更多，这些都要求教师具有更渊博的知识及更好的组织、管理和协调能力。

因此，在教学中，个别学习需要协作学习的配合，协作学习建立在个别学习的基础之上，二者相辅相成，互相促进。利用协作学习，克服个别学习遇到的种种困难，降低个别学习的难度，增进学生的学习动机和学习成效。利用个别学习，弥补协作学习带来的种种弊端，减少协作学习的缺失，提高知识的获取、巩固效果，达到教学目标，使教学既能符合学生的个性差异，注重学生的个别发展，又能促进学生更有兴趣地学习，增进学生之间、师生之间的交流、合作。

思考与习题

1. 对于斯金纳的强化理论，你有哪些看法？
2. 你是怎样理解建构主义学习理论的？
3. 关于“尊重学生主体性”，建构主义和人本主义有哪些异同？
4. 你是怎样理解多元智能理论的？
5. 不同的学习方式有哪些优缺点，请举例说明。

第3章 教学媒体与技术素养

学 习 目 标

1. 理解媒体、教学媒体的含义、特征与分类。
2. 了解各类教学媒体的优势与不足。
3. 掌握教学媒体选择原则。
4. 掌握信息素养的内涵。
5. 学会使用搜索引擎和数字图书馆。
6. 掌握 Office 2007 软件应用及其教育与学习功能。
7. 掌握各种社会性学习软件与技术的特点和使用方式。
8. 掌握金山词霸、几何画板等教育软件。

实 践 建 议

1. 上网建立一个 Blog 并将其用到本课程的学习中。
2. 上网使用搜索引擎和数据库,查阅本专业的新动态。
3. 体验本章中提到的各种社会性软件。

3.1 教学媒体概论

3.1.1 教学媒体的含义、特征与分类

1. 教学媒体的含义

在教与学活动过程中所采用的媒体被称为教学媒体。教学媒体是承载和传播教学信息的中介,教学信息只有通过"铭刻"于一种媒体上才能使教师与学习者之间有所交流,才能使教学信息本身以知识经验、思想信念、生活习俗、价值体系等形式得以传播下去。

教学媒体是教学系统的要素之一,它是承载和传播教学信息的载体和工具。在传播过程中应当遵循与教学相关的规则。它包括两个含义:第一,教学媒体所储存与传递的信息以教学为目的,其特定对象为教师或学生。教学媒体的选择取决于教学目标。第二,教学媒体是由那些能用于教与学活动过程中的媒体发展而来的。一般意义上的传播媒体只有经过改进,符合教学要求并用于教学活动时,才能成为真正的教学媒体。

2. 教学媒体的特征

(1) 固定性

教学媒体的重要作用就是能将信息以符号的形式记录和存储下来,以便需要的时候再现出来。不同教学媒体保存记录教学信息的方式不同。例如,同样是文字和图像符号,印刷媒体直接将符号固定在纸张上,电子媒体需要将其转换为光、电磁信号,固定在胶片或磁带上。媒体的固定性使得以往的教育理论、知识经验等无形的东西得以保存并通过教师或媒体传授给学生。

(2) 散播性

教学媒体可以超越人力所及,能够跨越时间和空间的限制进行教学信息的传播。正是由于教学媒体的散播性,人类的知识体系才得以不断壮大,人类才能在原有的基础上不断发展进步,学习的概念不再囿于校园和书本,而具有开放性、终身性。

(3) 重复性

教学媒体,无论硬件还是软件都可以重复使用。重复使用一方面可以节省教育投资,另一方面重复观看有利于教师对知识重点和难点重新回放,加强学习者的理解和记忆。此外,教学软件的可复制性使得知识不仅仅掌握在教师手中,学习者可以自行对其进行拷贝,以便自学或温故知新。

(4) 组合性

教学媒体是可以组合使用的。当单一的教学媒体不能满足教学需求时,可以考虑对其进行媒体组合。具体说来有三种表现形式:第一种是将媒体技术结合而成一种新的媒体,如声画同步幻灯、交互视频系统;第二种是几种媒体的简单复合,轮流使用;第三种是利用数字化技术将多种表现媒体,如图、文、声、动画、视频等集合在一起统一处理,如多媒体计算机、网络媒体。

3. 教学媒体的分类

根据不同的基准,教学媒体可以分为多种类型。依据作用于人的感官的不同,教学媒体可以分为非投影视觉媒体、投影视觉媒体、听觉媒体、视听觉媒体和综合媒体等五类。

非投影视觉媒体又称为传统教学媒体,包括印刷材料、图画、图示材料、模型和实物等。

投影视觉媒体包括幻灯机、投影机等,以及相应的教学软件。

听觉媒体包括录音机、收音机、电唱机、激光唱机(CD 机)等,以及相应的教学软件。

视听觉媒体包括电影放映机、电视机、录像机、影碟机(DVD、VCD)等,以及相应的教学软件。

综合媒体包括多媒体计算机和计算机网络等,以及相应的教学软件。

3.1.2　各类教学媒体的优势及不足

1. 非投影视觉媒体

(1) 印刷材料

印刷材料主要指教科书、参考书以及各种读物。

印刷材料具有以下优点：① 学生可以自定步调进行学习。课程材料可以按不同的方式进行设计，以便进行个别化教学或自学。② 使用方便。学生可以自由选择，从容研读，并可在材料上做出标记、注释，以便日后查阅。教师和学生都可以随时用来复习和参考。③ 制作成本低，易于分类、保存、修改和分发。④ 教科书、学术著作的出版，通常都经过严格的审定，一般具有较高的水平，学术上可以信赖，信息量大。

印刷材料也有一定的局限性：① 印刷制作的周期较长，信息不能及时迅速传播；② 不能表达运动的画面；③ 主要用文字表达，抽象程度较高，需要一定的阅读基础。

（2）图片

图片包括静止图画（图像）和图示材料（图形）两部分。静止图画（图像）指的是表现人、物、事的照片或与照片类似的图片；图示材料（图形）指的是非摄影的、二维的、专门设计用来向学生传递信息的材料，通常含有文字的和符号的视觉提示。课堂教学中常用的图片包括绘画、图表、图解、广告图和漫画等五类。

图片具有以下优点：① 可以把抽象的思想转化为更现实的形式，使教学从戴尔的经验之塔的言语符号层次转变为具体的静止画面层次；② 易于得到，可以从书籍、报纸、杂志中获得，甚至挂历也是一种资料来源，书店、媒体中心和图书馆也能提供；③ 使用简便，不需要任何设备；④ 价格便宜，事实上常常可以少花钱甚至不花钱而得到；⑤ 应用广泛，可用于各层次的教学和训练中。

图片也有一定的局限性：① 很多静止画面较小，在人数较多的场合无法使用；② 静止图画是平面的，不具有三维性；③ 不能表现运动过程。

（3）实物教具和模型

实物教具和模型包括实际的物体和标本，是一种与直接的、有目的的学习经验联系最密切的视觉媒体，它几乎能对所有的感官都有所刺激。

2. 投影视觉媒体

（1）幻灯

幻灯由幻灯机和幻灯片两部分组成。

幻灯具有以下优点：① 价格便宜，重量轻，易于操作、管理和贮藏；② 便于大量复制、分发；③ 编制简单，易于掌握。

幻灯也有一定的局限性：① 幻灯片易污损；② 室内光线会影响画面的清晰度。

（2）投影

投影由投影器和投影片两部分组成。

投影具有以下优点：① 投影器的光很强，普通室内光线情况下便可使用；② 放映者可面对学生操作，和学生保持目光的接触；③ 可被投影的材料很多；④ 教师可以自制投影片；⑤ 重量轻，携带方便，操作简便。

投影也有一定的局限性：① 投影效果在很大程度上取决于放映者；② 它是为大班教学而设计的，一般不用于个别学习。

3. 听觉媒体

听觉媒体包括广播、录音、CD、MP3 等。

听觉媒体具有以下优点：① 听觉媒体是比较便宜的教学媒体；② 听觉材料容易得到，使用简单；③ 因失明或没有阅读能力的学生，可通过听觉媒体来学习；④ 听觉媒体可以提供比印刷材料更富戏剧性的口头信息；⑤ 便于复制。

听觉媒体也有一定的局限性：① 听觉材料的表述顺序基本上是固定的；② 单纯听录音，没有视觉材料相配合时，不容易使学生较长时间地集中注意力；③ 如果学生的听觉技能和经验背景同学习材料相差很大时，不容易确定一个合适的提供信息的步调；④ 由教师制作听觉材料，质量难以保证。

4. 视听觉媒体

将视、听结合，形成一种新的媒体，称为视听觉媒体，如电影、电视、录像以及影碟等。

视听觉媒体具有以下优点：① 可以将运动画面和声音结合在一起，同时作用于两种感觉器官，可促进学生更有效的学习；② 采用特殊的视觉语言，能增强学习效果，克服学习中的局限性，在表达情感的材料中更能增加对学生的感染力；③ 可重现过去、展示过程；④ 提供了连续动作，将思想与行动结合在一起。

视听觉媒体也有一定的局限性：① 信息是单向传播的；② 学习者不能在行为上参与教学活动，比较被动、消极；③ 所有的学生都接收相同的信息，并按计划严格安排；④ 设备价格较昂贵。

5. 综合媒体

综合媒体也称为交互型媒体，它不仅具备视听媒体的各项优点，而且可以和使用者通过人机交流的交互作用，使得学习过程形成一个全新的模式。综合媒体主要有多媒体计算机和计算机网络等。

综合媒体具有以下优点：① 有利于激发学生的学习动机；② 具有的色彩、音响、动画图形和图像能够增加真实性，并能够使练习、实验、模拟等教学活动具有更大的吸引力；③ 能够对学生的学习行为提供快速的个别化反馈；④ 利用计算机的存储能力能将学生过去的操作行为记录下来，在计划下一步学习时使用；⑤ 计算机能够进行个别化教学；⑥ 更多的信息资源可以很容易地由教师和学生支配和使用。

综合媒体也有一定的局限性：① 购置硬件的费用比较贵；② 缺乏高质量的教学软件；③ 在计算机辅助教学中，学生按照计算机所安排的程序学习，不利于培养学生的创造性及解决问题的能力；④ 进行计算机辅助教学，教师必须事先接受有关计算机技术的培训。

3.1.3　教学媒体在教学中的作用

教学过程是复杂的、动态的，由于教学内容、教学对象、教学方法的不同，教学媒体所起的作用也会有所不同。对于同一种媒体而言，由于使用方式的不同，对所要实现的教学目标产生的作用也可能会不同。更何况每一种教学媒体的特性都不尽相同，各种媒体都有自己的优缺点，适应任何教学目标、教学内容、教学对象的最优的“教学策略”是并不存在的。当

然,对于某些具体的教学目标来说,还是存在某种媒体,其教学效果明显优于其他媒体。我们将媒体在教学中的作用概括如下:

A. 提供事实,建立经验;

B. 创设情境,引发动机;

C. 举例验证,建立概念;

D. 提供示范,正确操作;

E. 呈现过程,形成表象;

F. 演绎原理,启发思维;

G. 设难置疑,引起思辨;

H. 展示事例,开阔视野;

I. 欣赏审美,陶冶情操;

J. 归纳总结,复习巩固;

K. 其他(包括突出、强化教学重点,突破、化解教学难点)。

在上述教学媒体作用的表述中,均采用了并列的句型:前半句表示媒体的使用目标;后半句表示媒体在教学中能够起到的作用。

3.1.4 教学媒体的选择和使用

1. 选择教学媒体的理论基础:戴尔的"经验之塔"

戴尔(Edgar Dale)认为,人的经验有的是以直接方式得来的,有的是由间接方式得来的。各种经验大致可分为三大类十二个阶层,如图 3-1 所示。

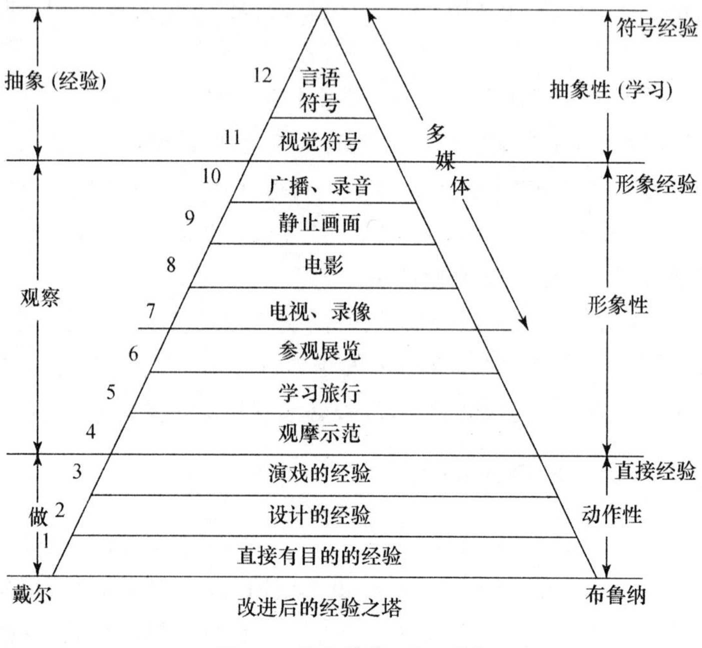

图 3-1 戴尔的"经验之塔"

2. 选择教学媒体的依据

(1) 依据教学目标

每个知识点都有具体的教学目标，为达到不同的教学目标常需使用不同的媒体去传递教学信息。

(2) 依据教学内容

各门学科的性质不同，适用的教学媒体会有所区别；同一学科内各章节内容不同，对教学媒体也有不同要求。

(3) 依据教学对象

不同年龄阶段的学生对事物的接受能力不一样，选用教学媒体必须顾及他们的年龄特征。

(4) 依据教学条件

教学中能否选用某种媒体，还要看当时当地的具体条件，包括资源状况、经济能力、师生技能、使用环境、管理水平等因素。

3. 选择教学媒体的原则

(1) 最优决策原则

美国传播学家施拉姆(Wilber Schramm)提出的决定媒体选择几率的公式，是选择媒体的最优决策的依据。

$$\text{媒体选择的几率}(P)=\frac{\text{媒体的功效}(V)}{\text{需付出的代价}(C)}$$

(2) 有效信息原则

从戴尔的“经验之塔”我们可以看出，各种教学媒体所提供的学习经验层次是不同的，有的属于具体的经验，有的属于替代的经验、间接的经验，有的则属于抽象的经验，因而，不同的教学内容应选择不同的教学媒体来体现，或者说，不同的教学媒体适合表现不同的教学内容。

学生的认知结构是逐步形成的，它不但与年龄有关，更与他们的知识、经验、思维的发展程度有关。因此，只有当所选择的教学媒体所反映的信息与学生的认知结构，以及教学内容有一定的重叠时，教学媒体才能发挥有效的作用，如图 3-2 所示。

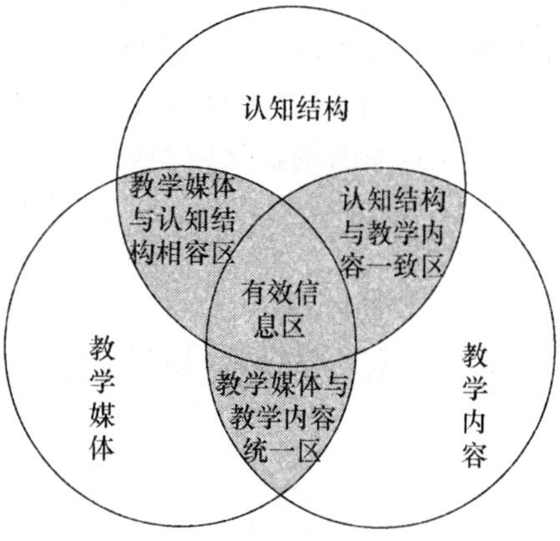

图 3-2 有效信息图

(3) 优化组合原则

各种教学媒体都有各自的优点，也有各自的局限性，没有一种可以适合所有教学情况的“超级媒体”。

各种教学媒体的有机组合将会扬长避短、优势互补、取得整体优化的教学效果。但是，媒体的组合要以取得最佳的教学效果为出发点，而不只是形式上的相加。(李龙，2000)

4. 教学媒体的使用

(1) 教学媒体使用的方式

A. 设疑—演示—讲解；

B. 设疑—演示—讨论；

C. 讲解—演示—概括；

D. 讲解—演示—举例(或学生讨论)；

E. 演示—提问—讲解；

F. 演示—讨论—总结；

G. 边演示、边讲解；

H. 边演示、边议论；

I. 学习者自己操作媒体进行学习；

J. 自定义。

(2) 教学媒体演示的最佳时机

A. 学生的心理状态在有意注意与无意注意相互转化时；

B. 学生的心理状态由抑制向兴奋转化时；

C. 学生的心理状态由平静向活跃转化时；

D. 学生的心理状态由兴奋向理性转化时；

E. 学生的心理状态进入“最近发展区”，树立更高的学习目标时；

F. 鼓励与激励学生的未知欲望时；

G. 鼓励学生克服畏难心理、增强信心时；

H. 满足学生表现成功的欲望时。(李龙，2000)

(3) 教学媒体应用实践中应该注意的问题

随着教育技术普遍受到重视及其在教学中的广泛应用，广大教师越来越重视教学媒体，并在实践中不断尝试新技术、新媒体。但教学媒体如果运用不当，只是流于形式，不仅不能真正发挥其作用，也给广大教师增加很多负担。要科学地运用这一技术，应该在教学实践中注意以下问题：① 明确教学媒体使用的目的。教学媒体使用的目的是促进学生的学习，因此教师要深入分析教学中存在的问题，并围绕教学问题的解决而选择和使用媒体。② 立足于正确的媒体观。在选择、使用媒体时，要以实现教学目标为第一需要。③ 注重教学媒体使用的规范性。④ 体现教学媒体使用的创造性。

3.2 信息检索与应用

3.2.1 信息素养概论

“信息素养”(information literacy)的本质是全球信息化需要人们具备一种基本能力。

1989 年,美国图书馆学会(American Library Association ,ALA)给“信息素养”下的定义是:能够判断什么时候需要信息,并且懂得如何去获取信息,如何去评价和有效利用所需的信息。这样的看法目前已形成一种共识。信息素养是一种基本能力,是一种对信息社会的适应能力。美国教育技术 CEO 论坛 2001 年第四季度报告提出,21 世纪的能力素质包括基本学习技能(指读、写、算)、信息素养、创新思维能力、人际交往与合作精神、实践能力。信息素养是其中一个方面,它涉及信息的意识、信息的能力和信息的应用。具体来说,它主要包括以下四个方面:① 信息意识。对新信息的敏锐,时刻追求新知识的热情。② 信息思考力。对获得的信息进行辨识、选择,创新知识的能力。③ 信息技能。获取、处理信息的能力,包括检索、组织和使用等技能。④ 信息道德。继承已有研究成果,尊重知识产权,不抄袭剽窃。

3.2.2　使用搜索引擎——以 Google 为例

搜索引擎是互联网工具的重要一员。我们以 Google 为例介绍一下搜索引擎如何使用以及使用技巧。当我们遇到问题的时候,使用搜索引擎,就可能使问题得以解决。比如,查询未来天气、公交路线、手机号码等。总之,要养成使用搜索引擎的意识和能力,遇到不清楚的问题可以借助搜索引擎。

1. Google 简介

Google 的使命是整合全球信息,使人人皆可访问并从中受益。完成该使命的第一步始于 Google 创始人 Larry Page 和 Sergey Brin 在斯坦福大学的学生宿舍内共同开发了全新的在线搜索引擎,然后迅速传播给全球的信息搜索者。Google 目前被公认为是全球规模最大的搜索引擎,它提供了简单易用的免费服务,用户可以在瞬间得到相关的搜索结果。Google 搜索引擎界面如图 3-3 所示。

图 3-3　Google 搜索引擎

2. 如何使用 Google

(1) 如何使用 Google 搜索找到所需内容

首先,巧妙地选择关键字。选择说明性的、特定的字词,例如,选择[2004 年的足球统计信息]而不是[足球],或选择[2008 年北京奥运会]而不是[奥运会]。如果您要查找完全匹配的内容,请尝试词组搜索。如果对查寻字词加引号,您得到的就是所输入的确切字词的搜索结果,例如,输入["友好漫游器"]而不是[友好漫游器]。

其次,如果要查找一些特定内容,如航班状态、本地企业或对某个数学问题的答案,您可以通过 http://www.google.cn/features.html 进一步了解详细信息。

(2) Google 高级搜索

您可以通过点击 Google 主页上的“高级搜索”链接进入该页，网址为 http://www.google.cn/advanced_search。

高级搜索使搜索更容易，您在了解 Google 搜索基本知识后，就可能会想要尝试使用高级搜索，它提供了大量选项，可以使搜索更加精确并能获得更多有用的结果。高级搜索页面外观如图 3-4 所示。

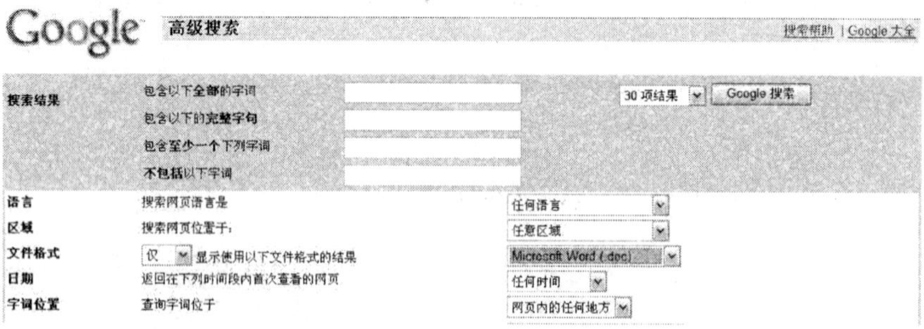

图 3-4　Google 高级搜索页面外观

例如，如果我们只希望搜索 Word 文件，那么就可以在“任意格式”下拉框中选择“Microsoft Word(.doc)”选项，如图 3-5 所示。对于其他用法，读者可以在 Google 上动手试验。

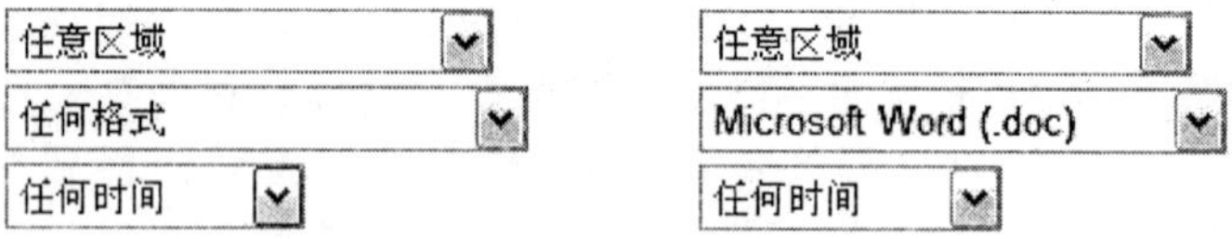

图 3-5　Google 高级搜索使用说明

(3) 使用 Google“更多”

一般人使用 Google 的时候，往往忽视了点击“更多”，如图 3-6 所示。Google 更多的网址为 http://www.google.com/intl/zh-CN/options/。

图 3-6　Google 搜索使用说明

在“Google 更多”中有许多特色项目，例如地图、翻译、学术搜索、论坛、日历等。Google 可以直接用到教学和学习中，例如计算机专业的学生可以关注一下 Google 代码搜索，地理学科可以关注 Google 地图，在英语课和日常学习中使用 Google 翻译。

(4) 成为 Google 高手——利用“使用帮助”

Google 搜索帮助的网址为 http://www.google.com/support/? hl=zh_CN。读者可以在使用帮助的提示下，进行功能体验。

3. 使用其他搜索引擎

下面给出另外两个常见的搜索引擎：baidu 和 yahoo。各个搜索引擎大致的使用及功能相同。读者可以上网自行体验，如果遇到问题可以求助于“使用帮助”。

Bai du 百度 http://www.baidu.com/

百度使用帮助 http://www.baidu.com/search/jiqiao.html

YAHOO! 中国雅虎 http://www.yahoo.cn/

3.2.3　使用数字图书馆

当我们对某一主题感兴趣时，或者希望进行某项科学研究时，如何获取学术性资料和文献，是一项非常重要的工作。这时候，我们就可以借助于“数字图书馆”。

1. 认识数字图书馆——以东北师范大学图书馆为例

进入东北师范大学主页，单击“图书馆”，如图 3-7 所示。

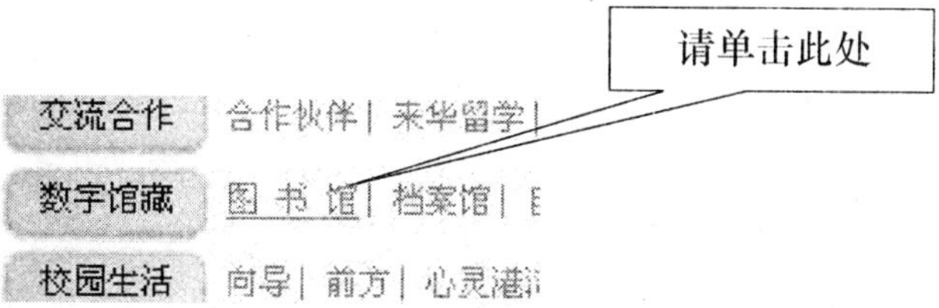

图 3-7　点击东北师范大学主页“图书馆”

也可通过直接输入网址 http://www.library.nenu.edu.cn，进入东北师范大学图书馆。

2. 使用中外文数据库

中外文数据库网址为 http://www.library.nenu.edu.cn/Resource/Database.htm。

例 1：使用中国知识资源总库——CNKI 系列数据库。

(1) 进入数字图书馆右下角的数据库快速通道，如图 3-8 所示，选择“中国期刊网系列”，单击选择“中国期刊全文数据库”。进入 CNKI 数据库 http://202.198.141.10/kns50/index.aspx。

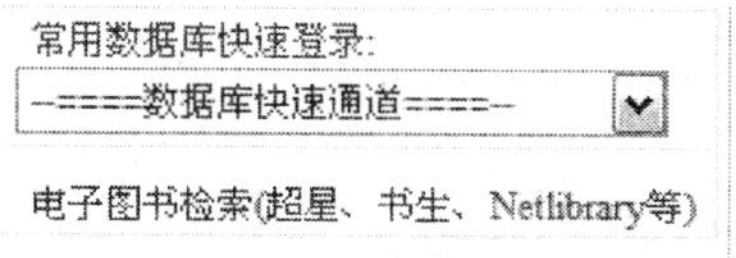

图 3-8　数据库使用

(2) 使用搜索

就像使用搜索引擎一样，要想完全发挥数据库的强大功能，不能仅仅在“检索词”处输入关键词，还要进一步挖掘带有下拉菜单标志的功能，如图 3-9 所示。

图 3-9　数据库关键词搜索

例如：我们想知道某一位作者（如何克抗）在2006—2007年发表在核心期刊的论文情况，就需要进行如下操作：在检索项中选择“作者”，在检索词中填上“何克抗”，时间选择从2006到2007，范围选“核心期刊”，匹配选“精确”。操作步骤如图3-10所示。

图3-10　数据库关键词搜索

搜索结果如图3-11所示。

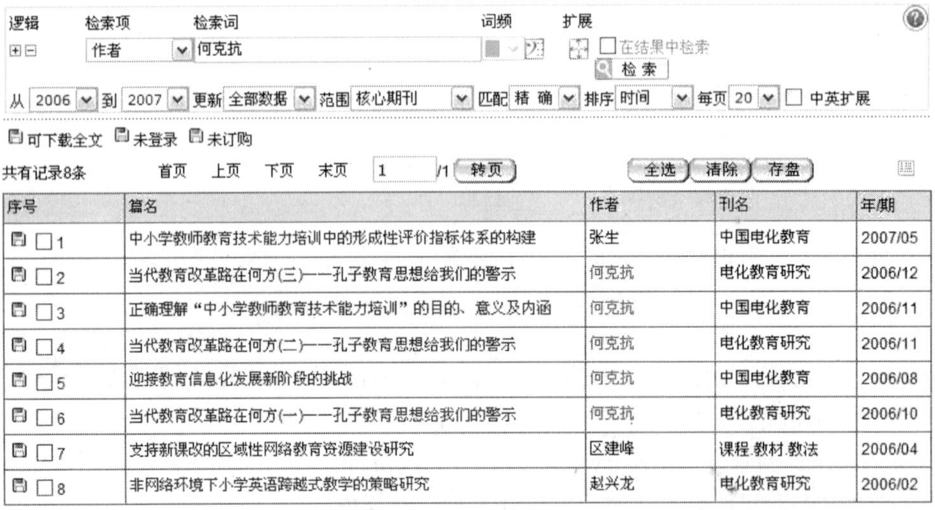

序号	篇名	作者	刊名	年/期
1	中小学教师教育技术能力培训中的形成性评价指标体系的构建	张生	中国电化教育	2007/05
2	当代教育改革路在何方(三)——孔子教育思想给我们的警示	何克抗	电化教育研究	2006/12
3	正确理解“中小学教师教育技术能力培训”的目的、意义及内涵	何克抗	中国电化教育	2006/11
4	当代教育改革路在何方(二)——孔子教育思想给我们的警示	何克抗	电化教育研究	2006/11
5	迎接教育信息化发展新阶段的挑战	何克抗	中国电化教育	2006/08
6	当代教育改革路在何方(一)——孔子教育思想给我们的警示	何克抗	电化教育研究	2006/10
7	支持新课改的区域性网络教育资源建设研究	区建峰	课程.教材.教法	2006/04
8	非网络环境下小学英语跨越式教学的策略研究	赵兴龙	电化教育研究	2006/02

图3-11　数据库搜索结果显示

此外，单击“全选”，“存盘”，可以生成规范格式的参考文献目录，如图3-12所示。

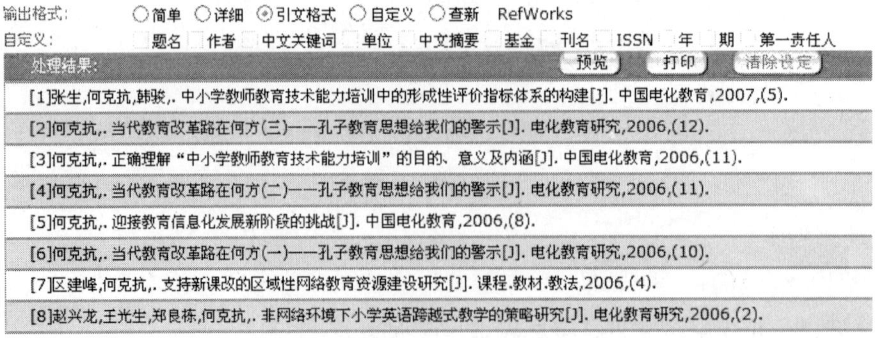

图3-12　数据库输出参考文献

（3）使用“高级搜索”

要想进一步挖掘功能就要使用“高级搜索”。掌握高级搜索，秘诀在于尝试点击处，逐项进行试验，如图3-13所示。

图 3-13　数据库高级搜索使用

(4) 成为高手——利用"操作指南"

成为高手的一个核心要诀是：要勇于尝试，善于挖掘深层功能，将各项功能都亲自使用一番。要想成为真正的数据库高手，就要善于自我学习，勇于探索。单击"中国期刊全文数据库"页面上方的"操作指南"，你就可以全面地学习数据库的使用技巧了。在学习 Google 的时候，名称是"使用帮助"，而在这里叫"操作之南"。学习这些技术性实践性工具的时候，一个很重要的经验就是要对各个连接都去尝试点击，试验功能。要善于利用系统自带的"帮助"，进行学习与使用。

例 2：使用外文知识资源总库——EBSCOhost 系列数据库。

外文数据库与中文数据库相比，大同小异。数据库的界面可以以中文显示，所以，在使用外文数据库的过程中，与中文数据库不同的地方在于，需要使用英文关键词进行搜索。搜索方式和准则同中文数据库是大致相同的。

进入数字图书馆，通过"常用数据库快速登录"，选择 EBSCO 系列数据库，可以看到数据库的界面。

进入"EBSCO 系列数据库"，如图 3-14 所示，网址为 http://search. ebscohost. com/Community. aspx? authtype=ip&ugt=723731763C1635173716350632753E3224E367D36313649361E325E335133503& return=y。

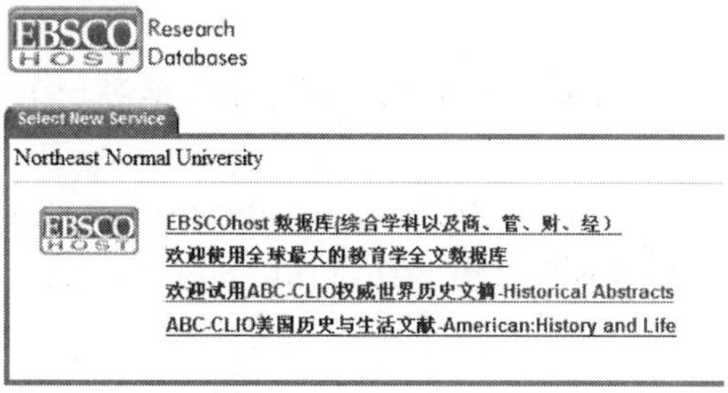

图 3-14　外文数据库范例

我们以第一个数据库为例，进行学习试验，如图 3-15 所示。

图 3-15　外文数据库搜索使用说明

目前呈现的界面是“高级搜索”界面，此外，还有基本搜索、视觉搜索等选项，大家可以自行体验。需要说明的是，“选择一个字段(可选)”处(如图 3-16 所示)，TX 指全文，AU 指作者，TI 指标题，SU 指科目，AB 指关键词，至于其余各项，读者可以根据英文意思来进行理解。我们一般常用的字段，就是上面这五种。

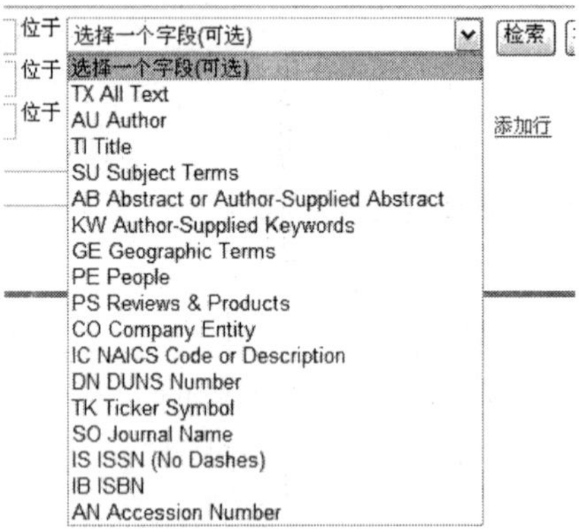

图 3-16 外文数据库搜索字段说明

数据库使用总结：数据库本身并不难学习和使用，熟能生巧是最好的老师，各种数据库都是在使用过程中熟练掌握的。

3.2.4 拓展自主学习

网上有很多关于如何使用搜索引擎和数据库，进行学习、科研、论文写作的课程和培训，大家可以自主下载进行学习。其中比较典型的有：

1. 东北师大图书馆的培训指南 http://www.library.nenu.edu.cn/Service/Duzhepeixun.htm

2. 深圳市科技图书馆(深圳大学城图书馆)网上培训学习 http://lib.utsz.edu.cn/wangshangxuexi.shtml

3. 南开大学图书馆 http://www.lib.nankai.edu.cn/pxyjz1.htm

4. 北京工业大学信息素养网络课程 http://lib.bjut.edu.cn/daohang/tilt_final/intro/tilt.htm

任务实践

1. 体验学校的数字图书馆，将使用心得写下来，将自己遇到的问题和困难记录下来。

2. 查阅自己所关心的一个主题，做一篇科研小论文(5000 字左右)，要求引用最新且是权威专家的文献，并且中英文献至少各 5 个。

3. 使用 Google、数据库等自行查阅 CSSCI、SCI、SSCI、AHCI 等名词释义，并对它们进行比较研究。

3.3　基础软件微软 Office 2007 的教育应用

长久以来，微软公司的 Office 系列办公软件一直致力于研发最为大众所接受的办公软件，并以其功能强大、使用便捷等特点，赢得了广泛的青睐。利用 Word 编写个人文档，Power Point 制作演示文稿，Excel 做数据统计等基础简便的操作使 Office 系列办公软件早已成为我们日常学习和工作不可或缺的好帮手。

2007 年 1 月，微软公司推出了 Office 系列办公软件的最新版——Office 2007。Office 2007 对软件的界面和功能都做了大幅度的修改，使软件界面更加美观，使用更加便捷，功能上也更加丰富。为了让大家更好地了解、学习并使用 Office 2007 系列软件，我们将在下面的章节中对 Office 2007 中的部分常用软件做以简要介绍，并结合大家的日常学习和工作，以实例说明这些软件的使用方法。

3.3.1　Word 2007 ——写作工具

Word 一直以来都是大众使用率最高的 Office 系列办公软件，微软公司在此次 Office 系列软件的升级过程中，对 Word 做了较大的变革。在软件界面上，Word 2007 的主界面采用新的设计，菜单系统采用了更易使用的 Ribbons 菜单。打开一个文档后，在最下方会显示出页数、字数统计、浏览版式和页面缩放比例，而所有的功能则更加直观地摆放在界面最上方。同时，Word 2007 也可根据界面大小的变化自动缩放菜单内容，并尽力做到在界面上保留关键功能的显示，其中原来的【文件】菜单被放在了左上角的 Office 标志上。在功能上，Word 2007 除保留了原 Word 的基本功能外，还增加了许多新的功能，主要有：博客撰写功能、数字签名功能、Word 到 PDF 格式的转换功能、文档共享审阅功能、SmartArt 绘图功能、公式编辑功能，等等。

作为在校大学生，在学习期间需要撰写各种各样的论文，如学术论文、毕业论文等，下面就从以下几个方面为大家讲解一下如何使用 Word 2007 撰写论文。

1. 论文的页面设置

在撰写一篇论文之前，首先应该根据学校或者出版商的要求设置论文的版面和样式，这样做可以使论文看起来更加规范，同时也方便日后对论文的格式作出修改。下面就以撰写东北师范大学硕士毕业论文为例，来讲解一下如何在 Word 2007 中设置论文的页面。

(1) 设置文档的纸张和页边距

根据《东北师大研究生学位论文规范（暂行）(2005 年)》的要求，在【页面布局】选项卡的【页面设置】组中，点击【纸张大小】选项，选择“A4”；在【页边距】选项中，选择“自定义边距”，具体设置为上下边距均为 2 厘米，左右边距 2.5 厘米，页眉 1.5 厘米，页脚 1.75 厘米。

(2) 设置论文样式

样式就是格式的集合，按照《东北师大研究生学位论文规范（暂行）(2005 年)》的要求，需要再设定一级标题、二级标题、三级标题、正文、题注及参考文献的样式。具体设置方法如下：

在【开始】选项卡中的【样式】组中，依次定义一级标题、二级标题、三级标题、正文、题注及参考文献的样式。以正文的样式定义为例，在【样式】组中，选择“正文”，单击右键，选择“更改”，在弹出的“修改样式”对话框里对样式进行如图 3-17 所示的定义。

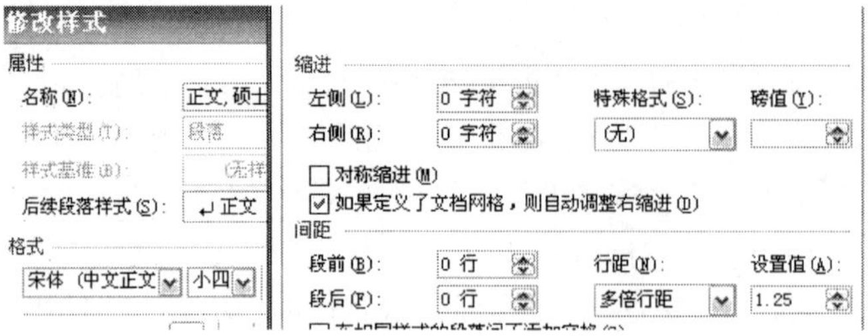

图 3-17

其他一级标题、二级标题、三级标题以及题注和参考文献的样式都可依照以上方法进行定义。定义完成后，在撰写论文的时候，选中论文中相应的内容，然后在【样式】组中选择相应的样式，就可以把当前的样式应用到所选的内容之上。

2. 论文的参考文献引用

论文撰写过程中，参考文献的引用一直以来都是比较令人头痛的问题，在 Word 2003 及以前的版本中，这方面的功能是比较欠缺的，所以往往需要借助第三方软件来协助完成参考文献的引用。而在 Word 2007 中，就可以借助【引用】选项卡中的【引文与书目】组，轻而易举地完成此项工作。

例如，想要把王以宁教授 2004 年发表在《中国电化教育》第 9 期的《后现代主义思潮对教育技术的影响》一文作为论文的参考文献，就可以通过如下步骤完成对参考文献的引用：

(1) 创建引用源

在【引用】选项卡的【引文与书目】组中，选择【管理源】一项，然后在“源管理器”中选择“新建”，在弹出的“创建源”对话框中按图 3-18 所示填写。

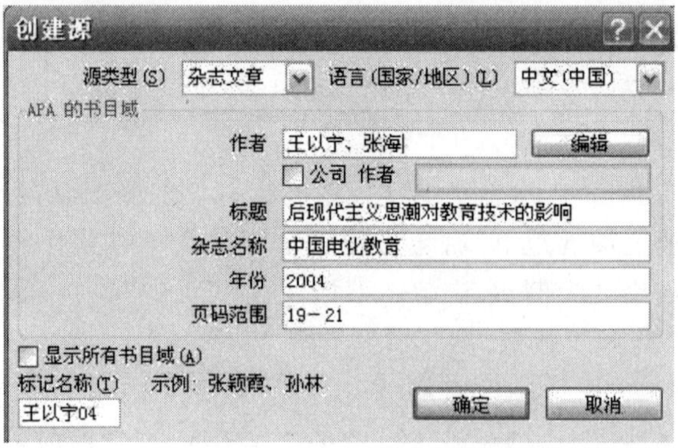

图 3-18

完成引用源的创建后，就会在源管理器中看到所创建源的详情，包括主列表、当前列表、引文预览和书目项的预览，如图3-19所示。

另外，还可以通过【引文与书目】组中的【样式】选项，设置引文的样式，图3-19中选择的引用样式为 APA，除此以外还有 MLA、ISO 690 等样式。

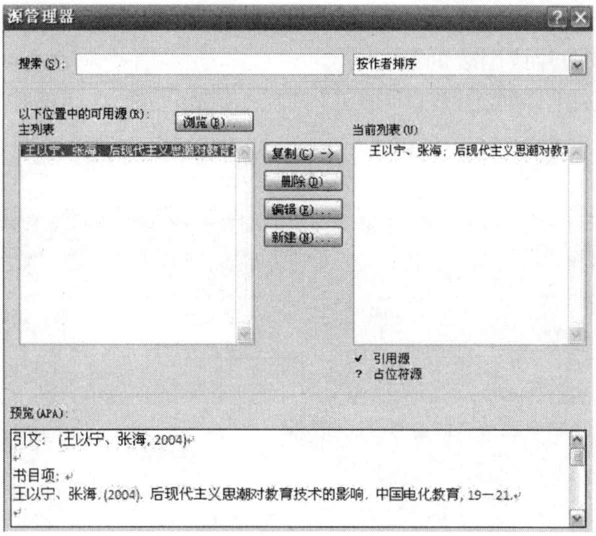

图 3-19

(2) 插入引用

完成引用源的创建后，在想要插入引文的地方，选择【引文与书目】组中【插入引文】一项，并选择相应的文献。

(3) 列出参考文献

完成整篇论文的撰写工作后，要在论文的末尾列出参考文献，这时候，只需选择【引文与书目】组中【书目】一项，然后选择“插入书目”即可在论文的末尾自动生成参考文献列表。

3. 论文的公式编辑

Word 2007 提供了强大的公式编辑功能，除去它本身所提供的众多常用公式，使用者还可以根据常用数学结构(如分数、根式、积分、大型运算符等)轻松创建自己所需的公式。例如，想插入泰勒公式的展开式，只需在【插入】选项卡中的【符号】组中，选择【公式】一项，在已有公式列表中选择泰勒展开式“$e^x=1+\frac{x}{1!}+\frac{x^2}{2!}+\frac{x^3}{3!}+\cdots,-\infty<x<\infty$”即可。如果想插入已有公式以外的公式，可以在【公式】选项中选择“插入新公式”，便可自行编写。Word 2007 提供了各种各样的公式符号来帮助使用者创建所需的公式。编写了复杂公式以后，使用者还可以将其保存在常用公式库中，以便再次使用的时候可以直接插入，不必再去重新编辑了。

4. 论文图片和表格的管理

在撰写论文的过程中，经常需要插入大量的图片和图表。如果采用手动方式为这些图片和图表增加编号，则当使用者对一幅图片或图表的编号作出修改以及插入新图片或图表的时候，其他图片或图表的编号以及在正文中对其编号的引用便无法自动更新，这就给文章的修改带来了极大的困难。而以为图片或图表插入题注的方式对其进行编号，并在正文中使用交叉引用来引用这些编号，则可以很好地解决这一问题。当需要对图片或图表的编号作出修改或者插入新的图片或图表的时候，其编号和正文中引用的内容会自动随之进行更新。

下面就介绍一下如何以插入题注的方式为图片或图表编号，以及如何在正文中通过交叉引用的方式引用该图片或图表的编号。

(1) 选中新插入的图片或图表，单击鼠标右键，在弹出的对话框中选择“插入题注”，如图 3-20 所示。

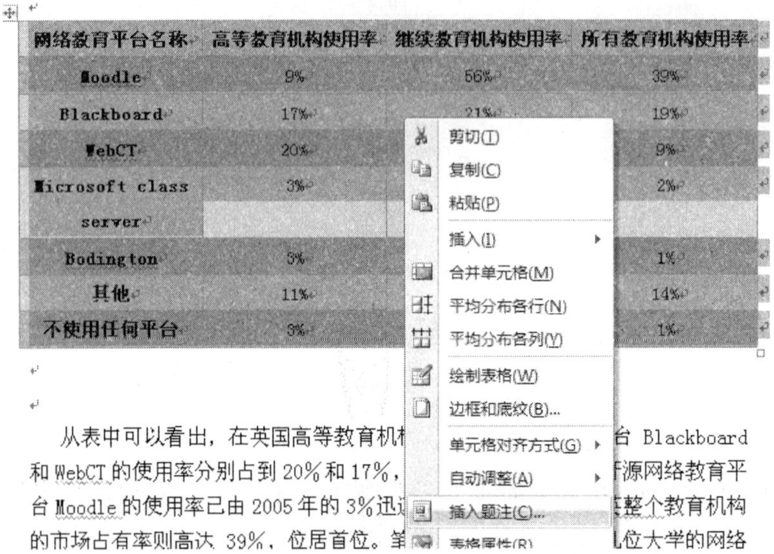

图 3-20

(2) 在弹出的“题注”对话框中，如图 3-21 所示，选择题注标签名称和插入位置，也可以新建标签名称，这样根据文档中相应题注标签的编号，会在“题注(C)”一栏中自动生成插入题注的内容，点击“确定”，即可完成对该图片或图表的编号。

(3) 如果要在文档中引用该图片或图表的编号内容，在【插入】标签的【链接】组中选择【交叉引用】一项，在弹出的“交叉引用”对话框中，选择引用类型、引用内容和具体引用的题注，点击“插入”，完成对该图片或图表编号的引用，如图 3-22 所示。

图 3-21

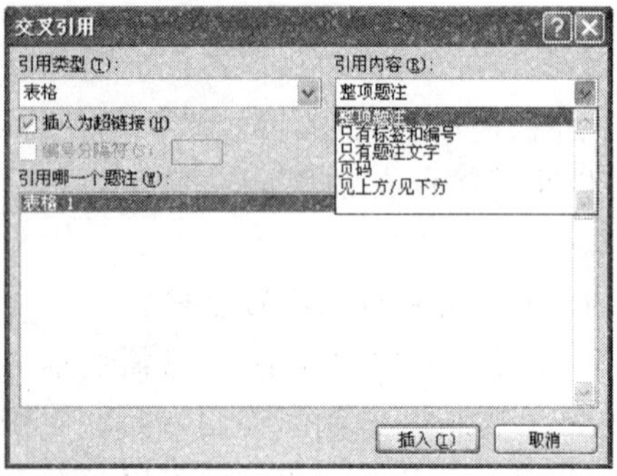

图 3-22

(4) 在修改论文的过程中，如果要插入新的图片或表格，在插入题注的时候，文档会根据相应的题注标号自动更新图片或图表的编号，然后按“Ctrl+A”选择整篇文档，再按“F9”更新相应的交叉引用的内容。

5. 论文页眉和页脚的设置

在撰写论文的时候，经常需要为论文不同部分添加不同的页眉和页脚。例如一篇毕业论文包括封面、摘要、目录和正文四个部分，通常封面不需要添加页眉和页脚，摘要和目录需要添加罗马数字序号的页脚，而正文部分则需要添加阿拉伯数字序号的页脚，如图 3-23 所示。

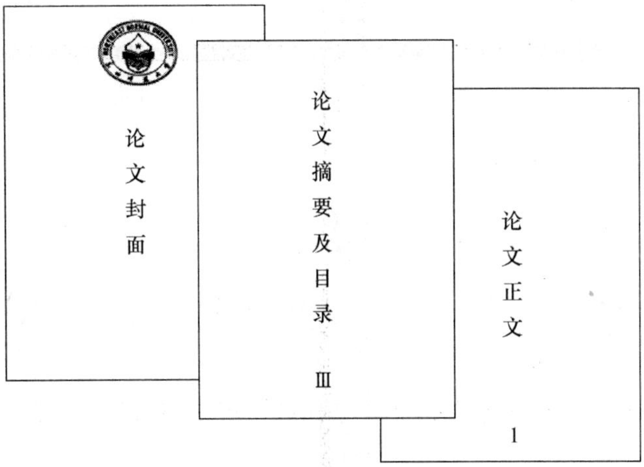

图 3-23

通常设置页脚的时候都是针对整篇文档的，要实现上述的针对文档的不同部分设置不同的页脚，就需要进行文档分节设置，具体设置步骤如下：

(1) 将鼠标定位在需要插入分节符位置的上方，在【页面布局】选项卡中的【页面设置】组中，点击【分隔符】选项，在弹出的下拉菜单中选择“下一页”，如图3-24所示。

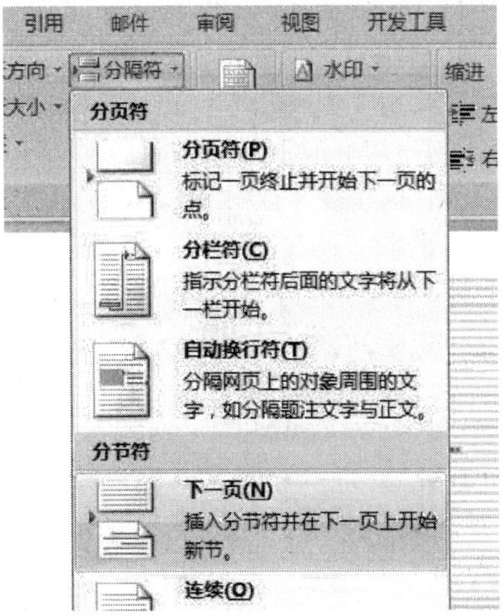

图 3-24

(2) 在【开始】选项卡中的【段落】组中点击按钮，就会看到文档的分节符，这表明文档已经被分为两节。在分节符所在页的底部双击鼠标，就会看到如图3-25所示的页眉页脚的编辑区域。

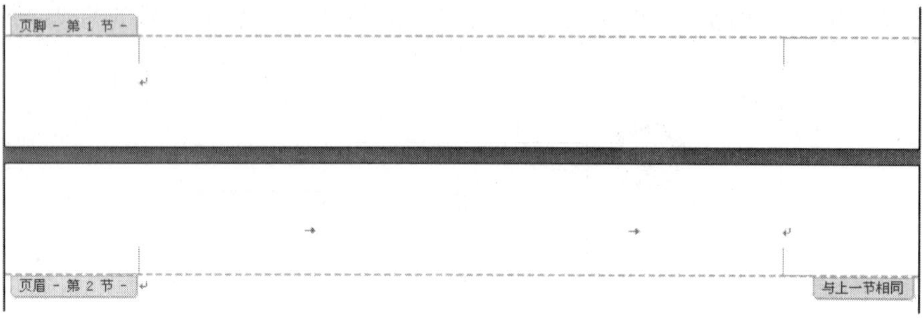

图 3-25

(3) 然后在【设计】选项卡中，点击 链接到前一条页眉 ，取消节之间的页脚设置关联，这样就可以为不同的节设置不同的页脚。

(4) 如果要取消当前文档的分节设置，点击 按钮，拖动鼠标选中分节符，将其删除即可。

6. 论文的安全设置

在论文的写作过程中，为了避免论文被恶意修改或者抄袭，通常需要对论文进行相应的安全设置，添加数字签名无疑是对文档进行安全保护的一个好方法。所谓数字签名就是通过使用计算机加密来验证数字信息，如文档、电子邮件和宏。数字签名有助于保证文档的真实性和完整性，添加了数字签名的文档将不允许被修改。下面就简要介绍一下在文档中添加数字签名的方法。

(1) 创建数字证书。一般来说，数字证书是从商业证书颁发机构和内部安全管理员或信息技术专业人员处获得的，普通用户可以使用 selfcert.exe 工具亲自创建数字签名。Microsoft Office 2007 软件自带一款用于创建私有数字证书的工具，在桌面依次点击“开始”—“所有程序”—“Microsoft Office”—“Microsoft Office 工具”，点击“Microsoft Office 工具”中的“VBA 项目的数字证书”，弹出“创建数字证书”的对话框，如图 3-26 所示，填写证书名称，然后确定，就可以创建一个私有的数字证书。

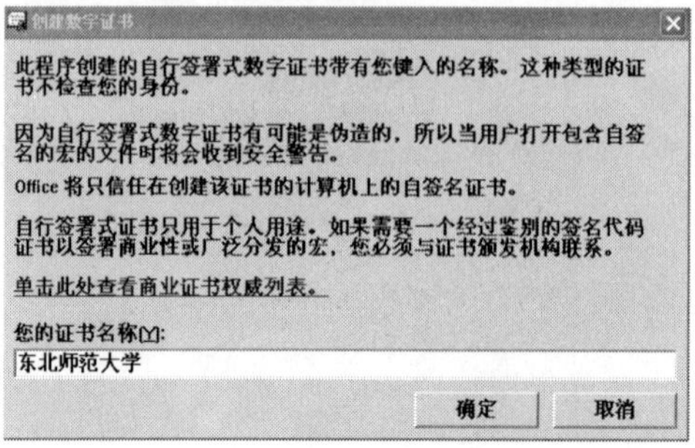

图 3-26

(2) 添加数字签名。打开要应用数字证书的文档，单击 Microsoft Office 按钮，指向“准备”，然后单击“添加数字签名”。在弹出的对话框中选择相应的证书，单击“签名”，即可完成数字签名的添加。添加完数字签名后，在文档的下面会出现如图 3-27 所示的图标。

图 3-27

(3) 删除数字签名。打开包含要删除签名的文档，单击 Microsoft Office 按钮，指向“准备”，然后单击“查看签名”，在“签名”任务窗格中，指向要删除的签名，单击右侧出现的箭头，然后单击“删除签名”即可。

3.3.2　PowerPoint 2007——展示工具

PowerPoint 2007 具有全新的用户界面，整个任务栏由选项卡、组和命令按钮组成，看起来更加直观，也方便我们快速地完成各种命令操作。与早期版本的 PowerPoint 相比，它可以帮助使用者更快更好地创建演示文稿。另外，PowerPoint 2007 还提供新效果、改进效果、主题和增强的格式选项，以及设计师标准的 SmartArt 图形，这些都会让创建出的演示文稿看起来更加生动。

下面就介绍一下如何使用 PowerPoint 2007 创建并演示一篇极具感染力的演示文稿。

1. 通过 PowerPoint 模板创建演示文稿

PowerPoint 2007 提供了丰富的演示文稿模板，帮助使用者快速地创建演示文稿。点击按钮，然后选择“新建”，就会弹出“新建演示文稿”对话框，如图 3-28 所示。

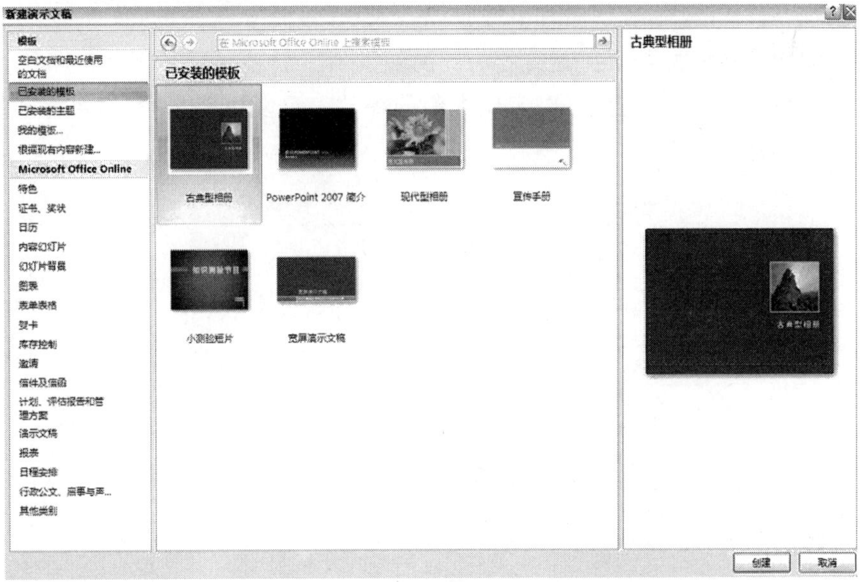

图 3-28

在这里，既可以通过已安装的模板来创建演示文稿，也可以通过 Microsoft Office Online 下载演示文稿模板以供使用。在“新建演示文稿”对话框中，选择相应的模板，然后点击“创建”，即可完成演示文稿的创建。

2. *在演示文稿中插入带播放控制的视频文件*

在演示文稿中插入视频不是 PowerPoint 2007 新增加的功能，早期版本的 PowerPoint 中就有该项功能，而且插入视频的过程也很简单。但在演示文稿中插入视频文件的时候，经常需要对视频文件进行播放控制，这就需要增加相应的控制按钮来控制视频文件的播放、暂停和停止。具体步骤如下：

（1）插入视频文件。在【插入】选项卡中的【媒体剪辑】组中，点击【影片】按钮，并选择相应的视频文件，完成视频文件的插入，如图 3-29 所示。

（2）添加影片播放控制。在【插入】选项卡中的【插图】组中，点击【形状】按钮，插入一个椭圆。然后选中椭圆对象，单击鼠标右键，选择“编辑文字”一项，在输入提示符下输入“播放”二字，这样就创建了一个“播放”按钮。重复以上的步骤，创建“暂停”和“停止”按钮。

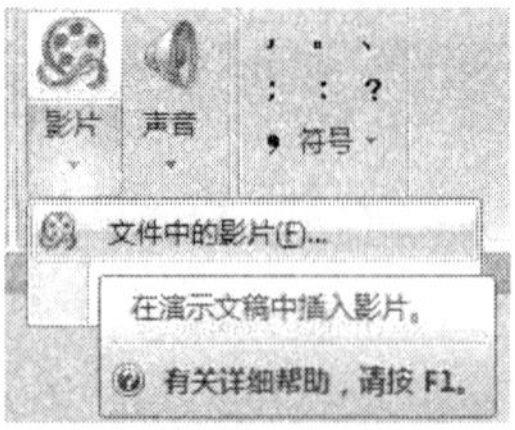

图 3-29

（3）选中视频框，在【动画】选项卡中【动画】组中，点击【自定义动画】按钮，就会在右侧显示“自定义动画”的任务窗口。在“自定义动画”的任务窗口点击“添加效果”按钮，在“影片操作”中选择“播放”，如图 3-30 所示。

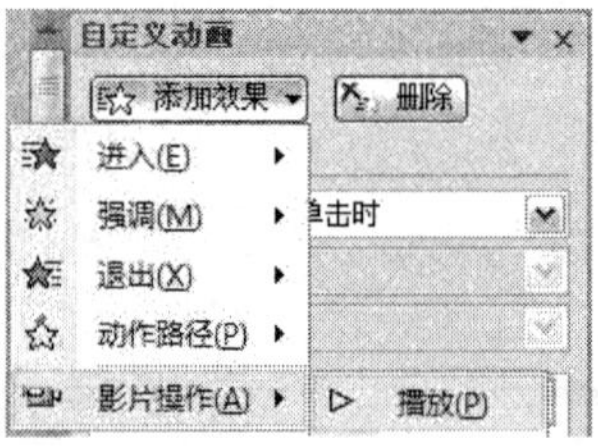

图 3-30

（4）点击该任务条右侧的下拉按钮，选择“计时”命令。在弹出的“播放影片”对话框的“计时”选项卡中，点击“触发器”按钮，选中“单击下列对象时启动效果”选项，并在其右侧的下拉列表中选择“椭圆 12：播放”，如图 3-31 所示。这样，我们就指定了刚刚创建的播放按钮为视频播放动画的触发器。放映幻灯片时，只要单击播放按钮就可以实现视频的播放。重复以上步骤，即可完成“暂停”和“停止”动画的创建。

图 3-31

3. *在演示文稿中将文本转换为 SmartArt 图形*

在 PowerPoint 2007 中，新增了 SmartArt 图形绘制功能，利用此功能，可以创建一系列精美的图形，也可以将演示文稿中的文本转换为 SmartArt 图形。具体步骤如下：单击包含要转换的幻灯片文本的占位符(文本周围带有虚线或阴影线边缘的框),然后在【开始】选项卡的【段落】组中,单击按钮,在 SmartArt 图形库中,点击所需的 SmartArt 图形布局,即可将文本转换为精美的 SmartArt 图形,如图 3-32 所示。转换完成后,还可以通过【设计】选项卡中的【SmartArt 样式】组来设定图形样式。

图 3-32

4. *在演示文稿中插入其他应用程序的内容*

有时候为了演示需要,经常需要把其他应用程序的内容导入到 PowerPoint 里来,以使演示讲稿看起来更加生动。在这里,以 Flash 文件导入为例来说明这一过程。

(1) 在 PowerPoint 中显示要插入 Flash 动画的幻灯片,单击按钮,选择“PowerPoint 选项”,单击“常用”,然后在“PowerPoint 首选使用选项”下,选中“在功能区显示‘开发工具’选项卡”复选框,然后单击“确定”。

(2) 在【开发工具】选项卡中的【控件】组中,点击按钮,在控件列表中,选择“Shockwave Flash 对象”,并单击“确定”,最后在幻灯片上拖动以绘制控件,并通过拖动尺寸控点调整控件大小。

(3) 右键单击刚刚插入的 Flash 控件,选择“属性”。在“按字母顺序”选项卡上,movie 属性的值列(“movie”旁边的空白单元格)中,键入要播放的 Flash 文件的完整驱动器路径,包括文件名(例如 C\:education. swf),或键入网络链接(URL)。另外,还可以在“属性”窗口中设置 Flash 动画播放的相关参数。例如,若要在显示幻灯片时自动播放文件,则将 Playing 属性设置为 True;如果 Flash 文件内置有“开始/快进”控件,则可将 Playing 属性设置为 False;如果不希望重复播放动画,则请将 Loop 属性设置为 False。

5. *保存并发布演示文稿*

在完成整个演示文稿的制作后,需要把演示文稿打包发布,以便在没有安装 Microsoft Office PowerPoint 2007 的计算机上运行演示文稿,通常采用的方法是将演示文稿打包成 CD。在 PowerPoint 中,打开要打包发布的演示文稿,单击按钮,指向“发布”旁边的箭头,选择“CD 数据包(K)”。在“打包成 CD”对话框中,点击“选项”,选择所需选项,最后单击“复制到文件夹”或“复制到 CD”,如图 3-33 所示,这样 PowerPoint 会将演示文稿打包发布到指定的目标位置。

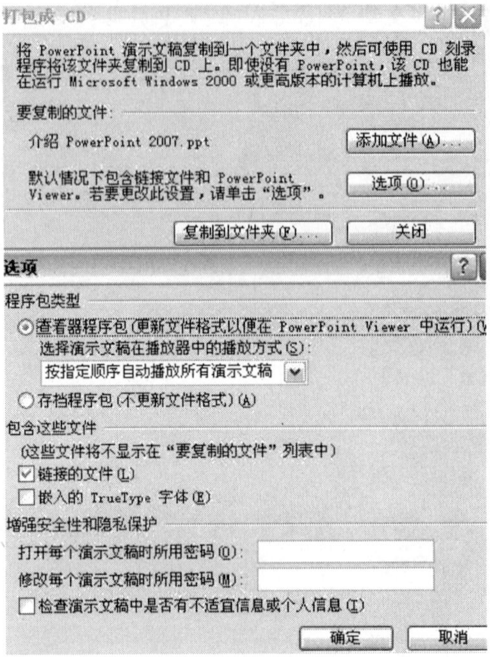

图 3-33

另外，还可以将演示文稿发布为网页的形式。单击按钮，指向“另存为”旁边的箭头，选择“其他格式”，在弹出的“另存为”对话框中，选择发布类型为“网页(＊.html ＊.htm)”，然后点击“发布”按钮。在弹出的“发布为网页”对话框中，如图 3-34 所示，设置相应的发布属性，最后点击“发布”按钮即可将演示文稿以网页的形式发布。

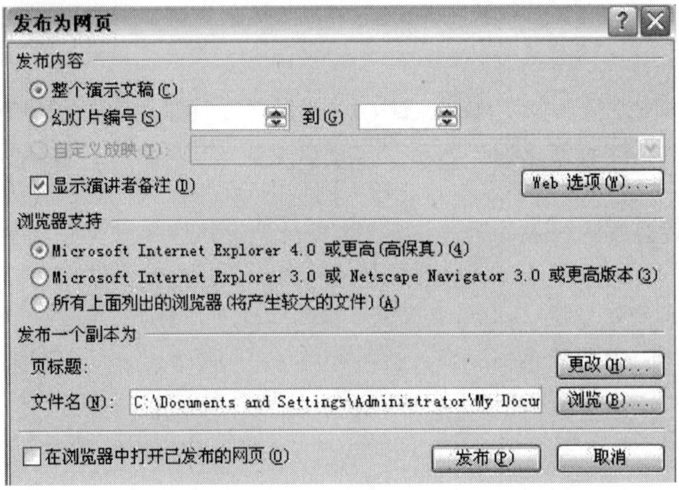

图 3-34

6. 采用演示者视图展示演示文稿

PowerPoint 2007 除了保留原有的演示方式外，还增加了通过演示者视图来演示文稿的功能。所谓演示者视图,就是可以从一台显示器上运行 Microsoft Office PowerPoint 2007 演示文稿,而让观众在另一台显示器上观看该演示文稿。

运行演示者视图,需要有两台显示器,演示者通过演示者视图可以做以下事情:使用缩略图,可以不按顺序选择幻灯片,并且可以为观众创建自定义演示文稿;预览文本,可以看到下一次单击会将什么内容添加到屏幕上;演示者备注以清晰的大字体显示,因此可以将它们用做演示文稿的脚本;在演示期间可以关掉屏幕,随后可以在中止的位置重新开始,例如,在中间休息或问答时间,可能不想显示幻灯片内容。演示者视图界面如图 3-35 所示。

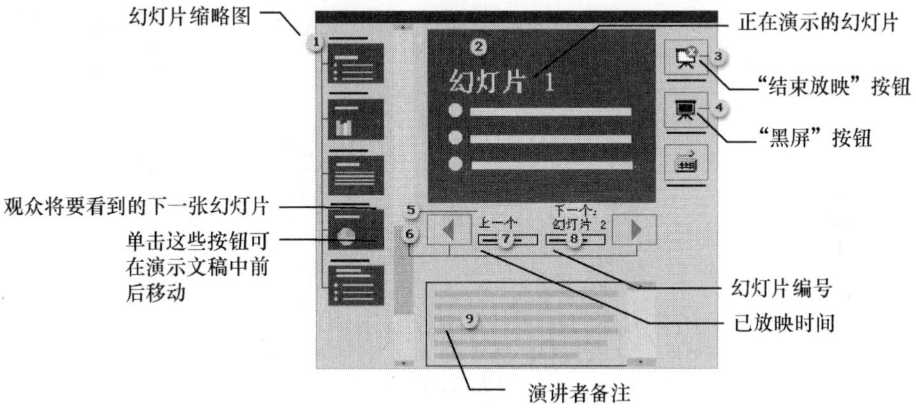

图 3-35

使用演示者视图演示文稿需执行下列操作:

(1) 在【幻灯片放映】选项卡中的【设置】组中,单击【设置幻灯片放映】按钮。

(2) 在"设置放映方式"对话框中,选择所需选项,然后单击"确定"。

(3) 要开始放映演示文稿,在【视图】选项卡中的【演示文稿视图】组中,单击【幻灯片放映】按钮。

3.3.3 Excel 2007 ——数据工具

要制作以及分析数据,Microsoft Office Excel 无疑是最为便捷的工具。Excel 2007 相对于早期的版本主要有以下的改动:首先,跟 Word 2007 一样采用了新的菜单和工具栏,并且在左下角增加了一个添加 sheet 按钮。另外在统计区,除了显示和值以外还增加了选择的行列数以及平均数。其次,Excel 2007 使用了新的制图引擎,可以利用它制作出更专业的图表和图形。其三,Excel 2007 还增加了两个新的图表样式 Stock 和 Bubble。Stock 是类似股票的样式图,而 Bubble 是球形和圆形图。最后,在数据分析方面,Excel 2007 可以直接通过数据源或是其他方式连接到数据库,并且能保持表格和数据库直接的长时间连接,保持同步更新,使用户可以更深入地分析数据。通常与之连接的数据库可以选择三种常用的方式:Access、WEB 和 Text 文档,也可以选择与微软的 SQL Server、XML 连接,通过连接向导,使用 DSN 方式还能连接更多的数据格式。

下面以考试成绩统计分析为例来讲解 Excel 2007 的使用方法。如图 3-36 是一个班级期末考试英语成绩表,共有 20 名学生参加考试,要求是统计出该班英语成绩的总分、平均分、及格率、差分率、优分率以及各分数段的百分比。

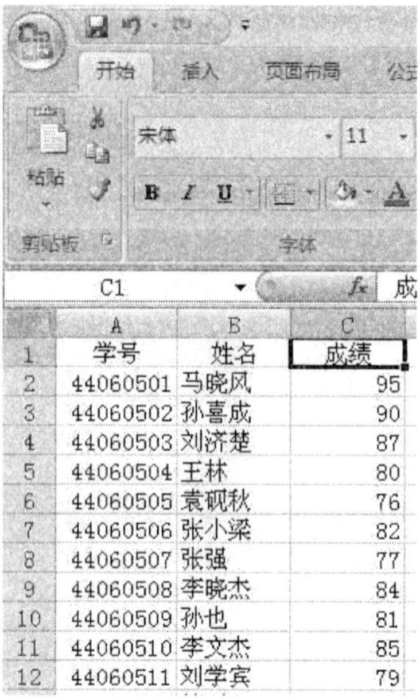

	A	B	C
1	学号	姓名	成绩
2	44060501	马晓风	95
3	44060502	孙喜成	90
4	44060503	刘济楚	87
5	44060504	王林	80
6	44060505	袁砚秋	76
7	44060506	张小梁	82
8	44060507	张强	77
9	44060508	李晓杰	84
10	44060509	孙也	81
11	44060510	李文杰	85
12	44060511	刘学宾	79

图 3-36

在完成成绩录入后，不需要像以前版本的 Excel 软件里借助公式来求总分和平均分了，使用者只需选中成绩所在列，就会在软件右下角自动显示总分和平均分。

成绩分布频数的统计。在进行成绩分布频数统计的时候，主要采用 FREQUENCY 函数。FREQUENCY 函数可以计算数值在某个区域内的出现频率，然后返回一个垂直数组，我们可以利用这个函数来统计考试成绩的频数分布。不过，由于 FREQUENCY 函数返回的是一个数组，因此它必须以数组公式的形式输入。

FREQUENCY 函数的语法：FREQUENCY(data_array,bins_array)

Data_array：是一个数组或对一组数值的引用，我们主要通过该值计算频率，如果此处不包含任何数值，那么函数 FREQUENCY 将返回一个零数组。

Bins_array：是一个区间数组或对区间的引用，该区间用于对 data_array 中的数值进行分组，如果此处不包含任何数值，那么函数 FREQUENCY 返回的值与 data_array 中的元素个数相等。

采用 FREQUENCY 函数来统计成绩分布频数的具体步骤如下：

1. 插入列

在适当位置手工插入区间分割点、人数、百分比这三列，如图 3-37 所示。

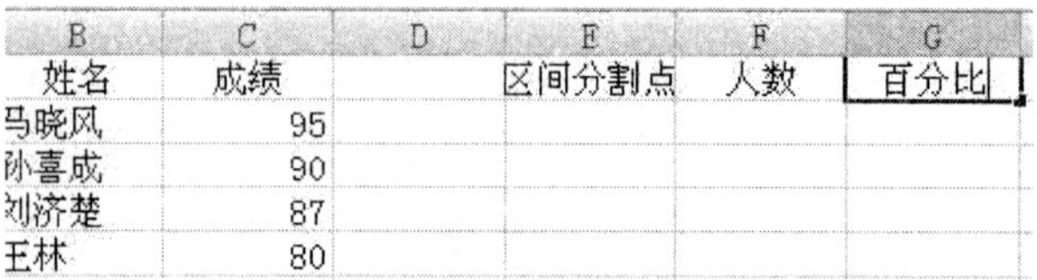

B	C	D	E	F	G
姓名	成绩		区间分割点	人数	百分比
马晓风	95				
孙喜成	90				
刘济楚	87				
王林	80				

图 3-37

2. 设置区间分割点

区间分割点的设置是极为重要的一个步骤，这里以应该参考“分数段”进行设置，例如“59”表示考试成绩小于或等于 59 分的分数个数，“69”表示考试成绩介于 60～69 分的分数个数，其余的依此类推，如图 3-38 所示。

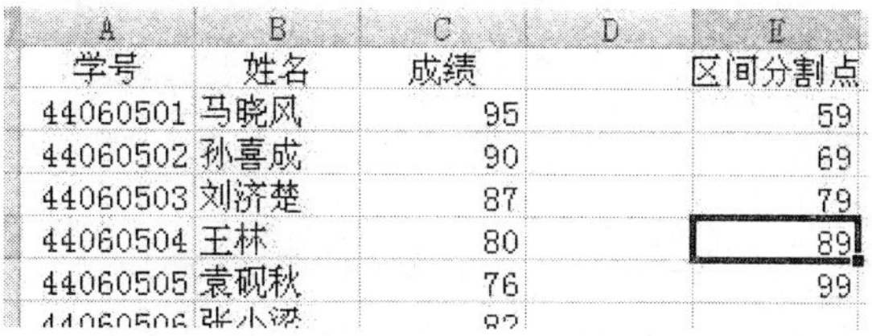

A	B	C	D	E
学号	姓名	成绩		区间分割点
44060501	马晓风	95		59
44060502	孙喜成	90		69
44060503	刘济楚	87		79
44060504	王林	80		89
44060505	袁砚秋	76		99

图 3-38

3. 输入数组公式

选择准备放置各分数段人数的单元格区域，这里选择“F2：F7”，选择结束后按下 F2 键。然后，在【公式】选项卡中，选择插入函数，在弹出的“插入函数”对话框中的“搜索函数”位置输入“FREQUENCY”，就会弹出“函数参数”的对话框，输入相应的参数，如图 3-39 所示。

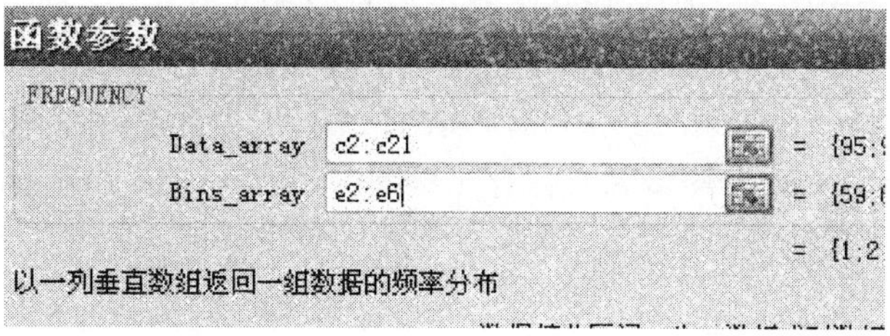

图 3-39

这里要特别说明一下，在选择准备放置各分数段人数的单元格的时候，选择了“F2：F7”而非“F2：F6”，如图 3-40 所示，多出的一个单元格主要用于返回大于 99 分的学生人数，原因是因为返回的数组中的元素个数（分布频数）比 bins_array（分段点）中的元素个数多 1，多出来的单元格将返回大于最末一个间隔值的数值个数，否则返回结果会出错。

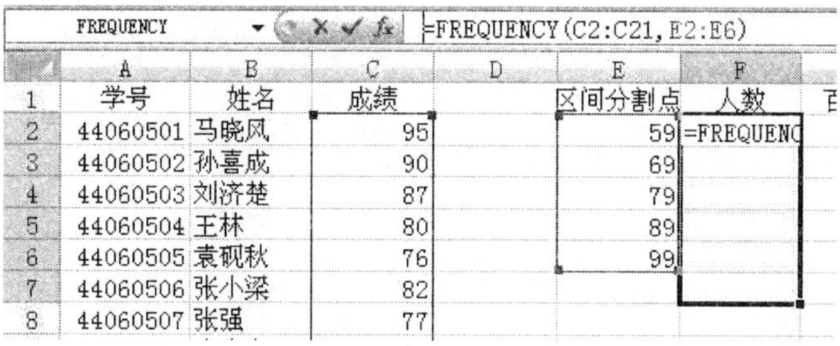

	A	B	C	D	E	F
1	学号	姓名	成绩		区间分割点	人数
2	44060501	马晓风	95		59	=FREQUENC
3	44060502	孙喜成	90		69	
4	44060503	刘济楚	87		79	
5	44060504	王林	80		89	
6	44060505	袁砚秋	76		99	
7	44060506	张小梁	82			
8	44060507	张强	77			

图 3-40

4. 返回数组个数

由于 FREQUENCY 返回的结果是数组形式，因此公式输入完成后必须按下“Ctrl＋Shift＋Enter”组合键进行确认，其标志是出现一对大括号“{}”，计算结果如图 3-41 所示。

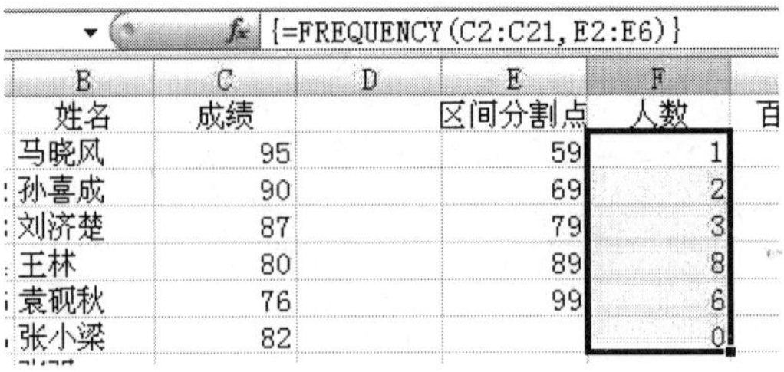

图 3-41

5. 计算百分比

选中 G2 单元格,输入"=F2/20",将单元格数值设置为百分比格式,这一步工作可以在【开始】选项卡中的【数字】组中完成,这样就可以计算出该分数段的百分比数。

3.3.4 Publisher 2007 ——出版工具

Publisher 从字面上就能理解,主要用于制作出版物、印刷品、小册子,以及带有精美样式的 Web 页和 Email。Publisher 在功能上虽然无法与专业的出版软件相比,甚至显得有些初级,但这正是 Publisher 的特点——简单易用,只需简单的几步,便可以制作出简单实用的海报、简历封皮以及名片等。Publisher 2007 在原有版本的基础上,增加了快速启动和打开出版物功能,用户可以通过单击一个按钮从一种类型的出版物变为另一种类型的出版物;另外在 Publisher 2007 中,可以查看页面、信封和标签大小。所有的尺寸大小都以其常见打印名称(如 A4 和尺寸 10)及其尺寸列出,如果找不到所需的内容,可以创建所需的页面大小。Publisher 2007 还增加了以 PDF 格式或 XPS 格式保存出版物的功能,以提高出版物的制作效果。

下面就以制作一张售书海报为例,来简单介绍一下 Publisher 2007 的使用方法。

1. 填充"业务信息"

所谓"业务信息",是一个有关个人或者企业信息的集合体,类似一个小数据库的概念。在 Publisher 文件编造的过程中当然可以按照需要输入各种信息数据,但是如果想在众多不同类型的文件中同步做到变动(比如单位电话的变更)的更改则很困难。有了这样的一个信息集,对同一类型条目的管理就很方便了,有关于此的更改也会十分简便。

首先在软件右侧的"业务信息"一栏中选择"新建",在弹出的"新建业务信息集"对话框中,填写具体内容,如图 3-42 所示,最后点击"保存",完成业务信息的创建。

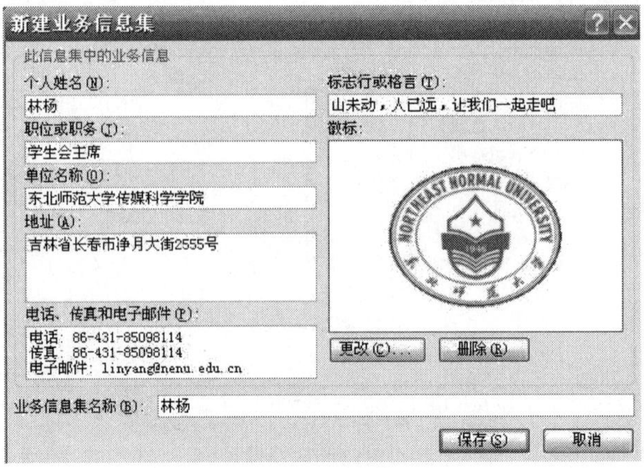

图 3-42

2. 选择模板

Office Publisher 2007 提供了上百种制作模板供使用者使用，另外 Microsoft Office Online 还提供了大量最新的模板供使用者下载使用。在这里我们选择出版物类型为海报，在海报模板里选择书籍出售模板，如图 3-43 所示。

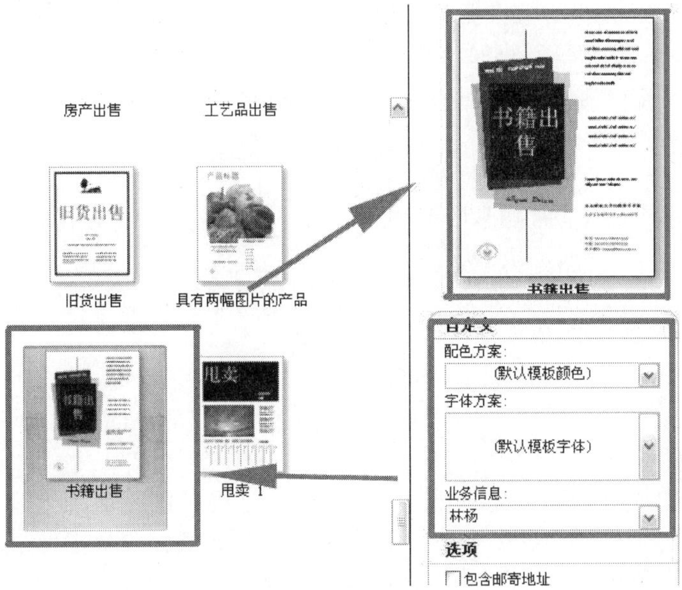

图 3-43

选定完模板后，在自定义一栏中的"配色方案"和"字体方案"不需更改，在接下来的海报编辑的过程中我们会做详细地修改，最后点击"创建"按钮，进入出版物编辑页面。

3. 海报自定义格式更改

初步的海报效果是模板自动生成的，很多地方还不是很完善，很难达到使用者的实际要求，接下来就需要自定义设置，针对此海报的配色、字体和其他细节进行修改，所有的设置都可以在"设置出版物格式"中完成。

在"配色方案"一栏中，可以对海报的颜色搭配进行更改；在"字体方案"一栏中，可以对海报中标题、正文等部分的字体进行更改；在"传单选项"一栏中，可以对海报的页面尺寸进行更改。如果需要改动模板的版面设置，或者需要增加一些内容，都可以通过点击右侧海报预览窗口中相应部分进行修改和增加删除等操作。

3.4　社会性学习软件与技术

伴随着互联网技术的迅速发展与 Web 2.0 技术的普及，各种社会性学习软件层出不穷，它们的出现正在悄悄地改变着我们原有的学习情景。网络提供给了学习者海量的信息，这不同于学校学习，没有了学校围墙的限制，我们可以在浩瀚的网络海洋里纵横驰骋，用身边的工具去自由地选择需要学习的内容，记录我们学习的点点滴滴，与他人交流我们的学习心得。然而，面对网络中多如牛毛的社会性学习软件，该如何选择和使用适合自己的学习软件，这将是我们步入网络化社会互联学习关键的一步。所以，在接下来的章节里，我们将带领大家熟悉并使用一些社会性学习软件。

3.4.1 沟通互动技术

沟通互动技术，就是指为大家提供交流和协作机会，以达到互相交流学习的目的的一类技术，它的实现要借助于一定软件，目前应用较为广泛的沟通互动软件有腾讯 QQ、微软 MSN、Skype 等。下面我们就两款在同学们中间应用较为广泛的沟通互动软件为例，来说明一下它们的教育应用。

1. 腾讯 QQ

腾讯 QQ 软件是大家非常熟悉的即时通讯软件，自 1999 年 2 月面世以来，其注册用户数量飞速增长，到 2006 年底腾讯 QQ 注册用户已达 5.8 亿之多。而腾讯 QQ 的功能也由创立之初单一的文字聊天功能，逐渐发展为目前的语音视频聊天功能、文件传输功能、群组功能、音乐视频共享功能、远程协助功能等众多的功能。

目前，很多拥有 QQ 账号的同学，都在使用 QQ 进行娱乐活动，殊不知 QQ 拥有的众多功能还能够应用于学习，用以构成我们网络化社会互联学习的一部分。下面我们就以 QQ 的远程协助功能为例来讲解一下它的教育应用。

在学习的过程中，我们经常会遇到一些实际的计算机操作问题，这时候，我们首先会想到去翻阅相关书籍，但这类问题很多是书本所不能解决的，我们就要求助于老师或同学。而此时，QQ 的远程协助功能就可以助我们一臂之力。利用 QQ 的远程协助功能，操作远程的计算机就像操作自己的电脑一样，可以进行远程软件安装、系统设置等。下面简要介绍一下 QQ 远程协助功能的使用方法：

(1) 要向 QQ 好友求助使用远程协助，首先要打开与该好友聊天的对话框，然后在聊天对话框上方的“应用”选项卡中选择“远程协助”，如图 3-44 所示。

图 3-44

(2) 请求远程协助后，会在对方的聊天对话框中出现如图 3-45 所示的请求，对方点击“接受”，就会建立彼此间的连接。

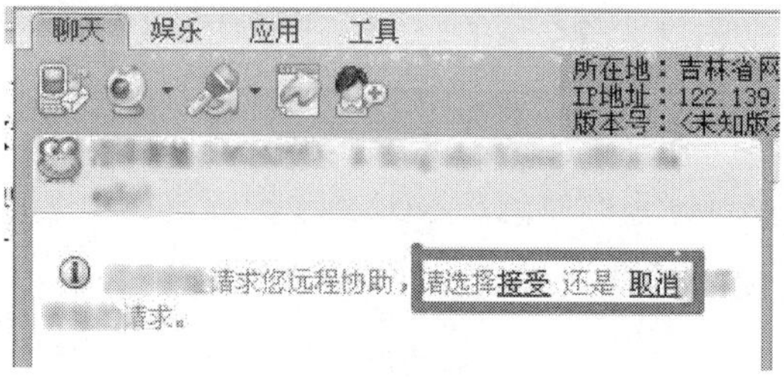

图 3-45

(3) 建立连接后,需要请求对方对你的电脑进行控制,这时,点击聊天对话框右侧的"申请控制"按钮,如图 3-46 所示。

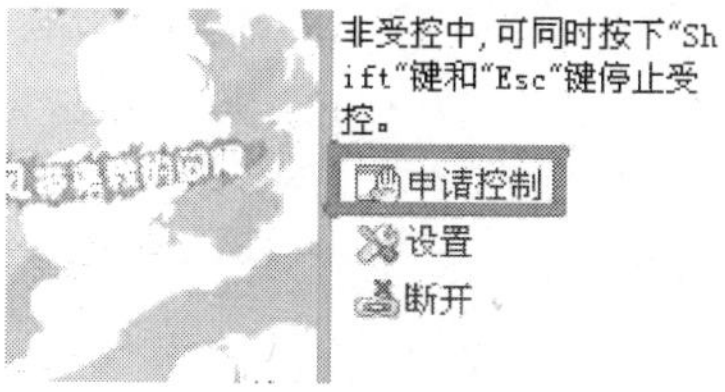

图 3-46

(4) 当双方就远程控制达成一致后,对方对你的远程协助正式开始后,就可以帮助你解决一些实际的计算机操作问题,如软件安装、系统设置等。当远程协作完成后,你可以使用快捷键"Shift+Ctrl"停止受控,结束远程控制。

2. 微软 MSN

在使用各种各样即时通讯工具的时候,经常会遇到因为未安装相关软件或软件无法正常运行而无法与朋友进行交流的情况。为了解决这一问题,微软公司推出了一款名为 Windows Live™ Messenger IM Control 的插件,该插件的主要功能就是能够通过网页的形式显示用户 MSN 登入状态以及实现从网页向 MSN 发送信息。我们可以将该插件嵌入到我们的个人网页、Blog 中去,这样,在访问者未安装 MSN 的情况下,也可以通过 Messenger IM Control 插件与你即时交流互动。下面我们就详细介绍一下该插件的使用方法。

(1) 访问 http://settings.messenger.live.com/applications/websettings.aspx,用自己的 MSN 账号登录。

(2) 在"设置"选项卡中选择"允许 Internet 上的任何人查看你的联机状态并给你发送消息",然后点击保存按钮,如图 3-47 所示。

图 3-47

(3) 接下来进入创建 HTML 代码的步骤,你可以选择状态图标控件或者 messenger 控件,相应的 HTML 代码就会显示在代码显示框中,复制你所需要的控件代码到你的个人网页或者 Blog 中,访问者就可以通过你的个人网页或者 Blog 看到你 MSN 的状态,并能够通过网页与你进行即时通讯。

3.4.2　实践反思技术——Blog

教育反思，是目前教育改革所重点强调的，无论是教师还是学生，都需要不断地反思自己的工作和学习，清晰地了解自己当前的教学和学习状态，在此基础上完善自己的教学和学习，促进自身的发展。Blog 作为一种新兴的社会性学习工具，以其电子化、集成化、开放性等特点，非常适合运用于教师或学生的教育反思。目前，社会上有各种各样的 Blog 平台，建立一个 Blog 的过程也非常的简易。下面，我们就以在中国教育人博客(http://blog.edu.cn/)上建立自己的 Blog 为例，来讲解一下如何建立和发布自己的 Blog 以及如何建立 Blog 群组。

1. 如何建立自己的 Blog

注册为中国教育人博客的用户，然后用注册完的用户名和密码登录，进入到你的用户管理界面，如图 3-48 所示。在用户管理界面中，你可以设置自己 Blog 的名称、类别等参数，还可以编辑 Blog 公告、友情链接，点击页面右侧图片可以预览博客模板，点击模板图片下面的“应用此模板”按钮就会在你的博客中应用此模板。

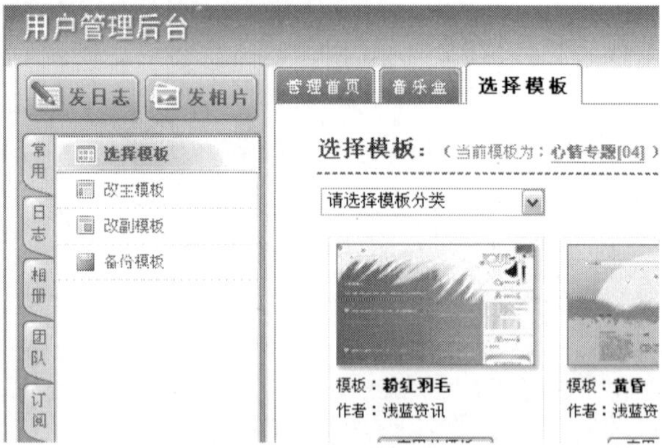

图 3-48

2. 如何发布 Blog 日志

点击用户管理界面左上方或者日志选项里的发布日志，之后可以看到如图 3-49 所示页面。

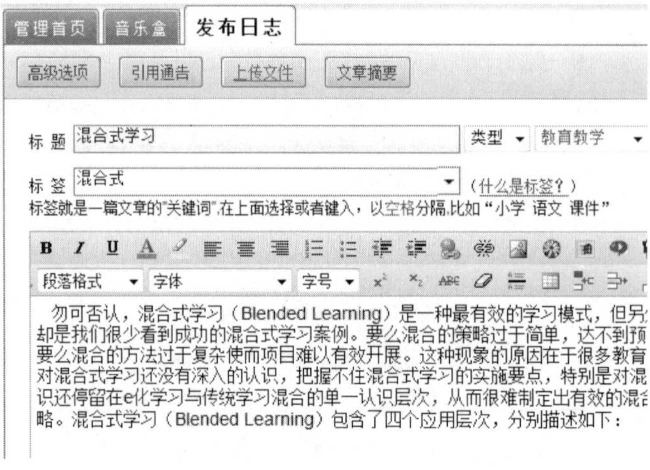

图 3-49

在日志的输入框中的相应位置，输入日志的标题、标签、日志分类以及日志的内容。其中标签(英文名称是 tag)就是一篇文章的“关键词”，我们可以将日志文章选择一个或多个词语来进行标记，这样一来，日志文章就会和标记有相同标签的日志文章同列显示，这也无形中增加了 Blog 被访问的几率。日志分类主要有系统分类和我的分类两种，其中系统分类是由网站的管理员设置的，不可更改，主要是为了便于大家就同一内容进行交流而设；而我的分类是由自己设定的，主要是为了便于用户管理和查找自己的日志而设。在录入日志结束后，点击“发布日志”按钮，就可以将日志发布出去了。如果暂时不想发布这篇日志，可以点击“保存草稿”，将日志自动保存到草稿箱中，以后如果想发布这篇日志，可以在草稿箱中找出这篇日志，进行发表。

3. 如何创建 Blog 群组

利用 Blog 我们还可以把有着共同学习兴趣的人组成 Blog 群组，实现协作学习，共同就大家感兴趣的话题展开讨论。我们可以按照以下步骤创建自己的 Blog 群组：

首先，点击用户管理界面左侧的“群组”选项卡，选择“创建群组”，就会在页面右侧出现如图 3-50 所示的创建群组页面。

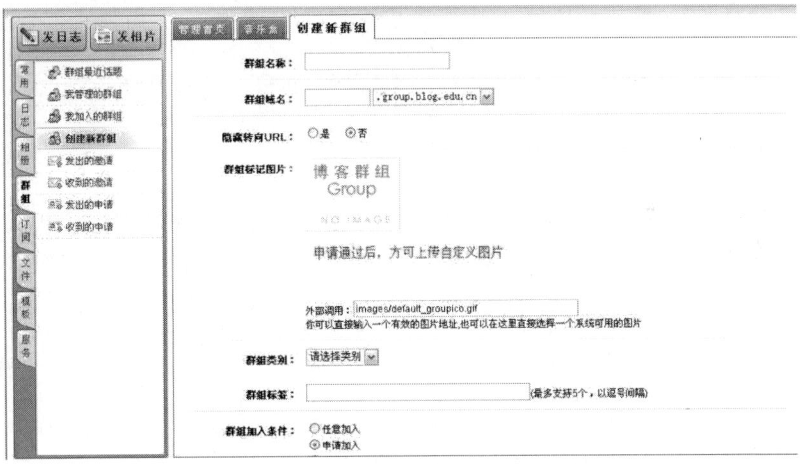

图 3-50

在该页面中，你需要为你所创建的群组起一个名字，并设定群组的访问域名，该域名用于群组的 Web 访问；在接下来的部分，你需要设定群组的标记图片、群组的类别、群组的标签(设置标签可以让别人更好地搜索到你的群组，最多设置 5 个，以逗号分隔)、群组加入条件、群组访问权限等参数。待全部填写完毕后，点击“确认提交”按钮，即可完成群组的创建。创建完群组后，可以通过左侧的“群组”选项卡下的各个项目管理群组，向其他人发出加入群组的邀请等操作。

3.4.3　思维汇聚技术——Concept Map

思维汇聚技术就是将人们的思维过程和结果通过图形、文字等进行形象化、外化的思维方式和技能技巧。我们大家所熟悉的思维汇聚技术就是概念图(Concept Map)，它是某个主题的概念及其关系的图形化表示，概念图是用来组织和表征知识的工具。它通常将某一主题的有关概念置于圆圈或方框之中，然后用连线将相关的概念和命题连接，连线上标明两个概念之间的意义关系。概念图可以采用手工绘制的方式，但在现在这个计算机技术高速发展的时代，我们通常采用一些工具软件来绘制概念图，如 Inspiration，MindManager。下面我们就以 Inspiration 为例来说明如何绘制电解池课堂教学实践的教学设计概念图。

我们采用的软件版本是 Inspiration 7.6，首先我们来熟悉一下 Inspiration 7.6 的软件界面，如图 3-51 所示。使用者可以处理、组织和排列可视化的各种信息，主要功能都列在了顶部的图表工具条、底部的格式工具条和左侧的符号控制面板中。

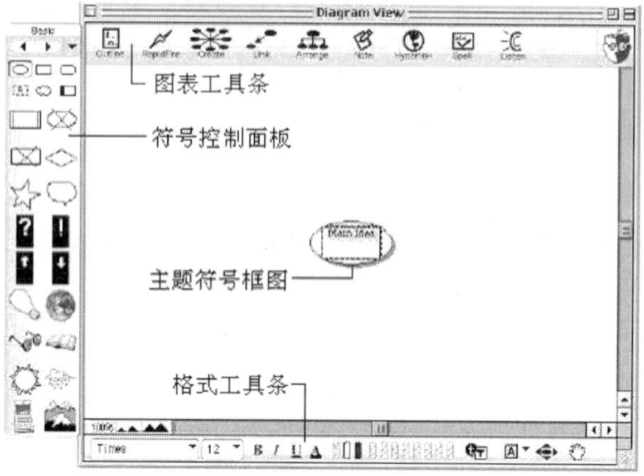

图 3-51

（1）当打开 Inspiration 软件时，在工作区中央就显示出一个符号框图，默认状态下里面写着“Main Idea”字样，这就是开始主题，我们在这里键入本节课的主题“电解池”。

（2）接着创建这堂课的导论部分，点击图表工具条上的按钮，就会生成一个已经连接好的符号框图，在该符号框图中输入“导论”。接着，为“导论符号框图”创建一个注释，选择该框图，然后点击按钮，在弹出的注释文本框中输入注释内容，确定后就会在该框图右上角出现一个注释按钮，点击即可显示注释内容。

（3）在“导论符号框图”下面创建下一层符号框图，分别为“日常现象”和“新闻故事”，方法同步骤 2。

（4）在“新闻故事框图”上，需要利用速射工具（RapidFire）创建所能记忆起来的和电解池有关的新闻故事，之所以用速射工具，主要是因为它可以自由地放置符号框图，没有必要进行组织排列，因此可以迅速地记录下创建者所能想到的东西。具体方法是，点击“速射”按钮，然后输入所能想到的新闻故事关键词，然后按回车键即可。

（5）到此为止，导论部分的概念图就绘制完成了，然后可以按照以上步骤的方法，把课程其他部分的教学设计完成。

3.4.4 协同创作技术——Wiki

协同创作技术，就是指大家在学习过程中，就大家共同关心和感兴趣的话题进行协作学习，分享学习经验所使用的技术。目前比较流行的协同创作技术就是 Wiki。

Wiki 一词来源于夏威夷语的"wee kee wee kee"，即英语"quick"的意思。在这里 Wiki 指的是一种网上协同创作的超文本系统，可由多人共同对网站内容进行维护和更新。我们只要在简单了解少量的 Wiki 语法的前提下，就可以通过网页浏览器对 Wiki 文本进行浏览、创建、更改。与其他超文本系统相比，Wiki 有使用方便及开放性的特点，所以 Wiki 系统可以帮助我们在一个社群内共同收集、创作某领域的知识，发布大家都关心和感兴趣的话题。

下面以天下维客(http://www.allwiki.com)为例，来讲解一下如何使用 Wiki。

(1) 编辑已有的 Wiki 页面

编辑一个 Wiki 页面十分容易，只要点击页面上方的"编辑本页"或右侧的"编辑"链接即可修改该页。进入修改页面，就会在文本框上面看到如图 3-52 所示的工具栏，从左至右依次为加粗按钮、斜体按钮、内部页面链接按钮、外部页面链接按钮、插入标题按钮、插入图片按钮、插入声音按钮、数学公式按钮、屏蔽语法按钮、插入签名按钮、插入分隔线按钮。这里需要特殊说明的是，插入内部页面链接按钮，也可以用来产生新的页面；插入图片和声音需要先上传到服务器，然后才能插入，引入外部图片和声音只需粘贴链接到文本框即可；插入签名，需要事先在参数设置→用户数据里设置签名，然后才能插入。利用该工具栏我们就可以完成对已有页面的编辑。

图 3-52

(2) 创建新的 Wiki 页面

有两种方法：一种是先在文本框中输入要创建页面的名字，然后点击工具栏的按钮，即可创建一个新页面；另一种就是直接输入"新页面的名字"，也可以创建一个新页面。

(3) 创建如图 3-53 所示的符号列表结构

图 3-53

只需在文本框中输入：

* 第一级列表

** 第二级列表

*** 第三级列表

**** 第四级列表

就可以生成如图 3-53 所示的符号列表了，每一行用一个星号(*)开始，星号越多，表示列表的层级更深入，新起一行表示列表结束。

(4) 创建如图 3-54 所示的数字列表结构

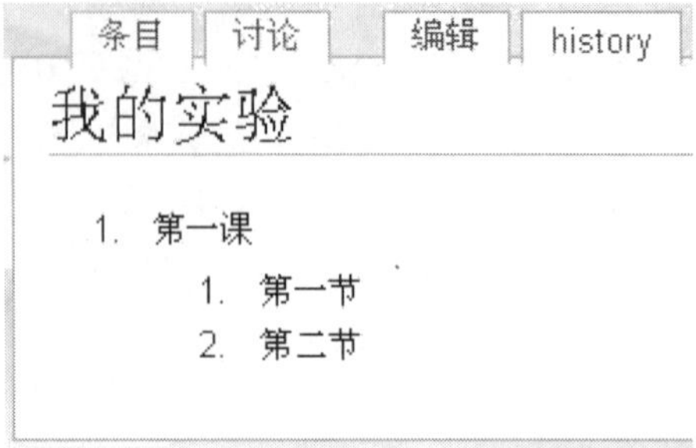

图 3-54

只需在文本框中输入：

＃第一课

＃＃第一节

＃＃第二节

3.4.5 教学评价技术——Rubric

教学评价是整个教学环节中的重要一环，如今的教学评价不再是单纯地为了对学生的学习水平进行考查，更重要的是通过评价，对学生的学习行为进行反馈调节，改进教学方法，促进学生学习。随着信息技术的普及和网络技术的迅速发展，在传统教学评价方法的基础上，出现了一些基于网络的教学评价技术，如电子档案袋(eportfolios)、量规(rubric)等。在这里，我们着重为大家介绍一下量规，它是一个真实性评价工具，是对学生的测验、成长记录或者表现进行评价或者等级评定的一套标准；同时它也是一个有效的教学工具，是连接教学与评价之间的一个重要桥梁。运用量规进行教学评价可以帮助教师和学生定义"高质量"的学习，使学生明确学习的要求和目标；可以帮助学生比较深入地思考和判断自己作业的质量，提高独立思考的能力；还可以使评价方式由单纯的教师评价变成教师评价、学生自评和同学互评相结合，提高教学评价质量。

那么，如何设计一个用于教学评价的量规呢？总体来说可以分为以下五个步骤：

第一步：观看样本。向学生展示一些好的和差的样本，讲明好之所以好的特征和差之所以差的特征。

第二步：列出评价标准。从讨论样本开始，列出一系列优秀样本的必要特征。

第三步：把所选择的评价标准分为不同的质量级别，并一一陈述，先描述最好的和最差的一级，然后描述中间的级别。

第四步：通过让学生评价第一步中的样本，让他们实践最初的标准，并向学生问一些澄清性的问题，要他们对自己的评价发表评论。

第五步：运用问题和评论来修改评价表。

另外，在设计量规的时候，要根据教学目标来设计量规的不同准则，用具体的、可操作的语言清楚地描述量规，尽量让学生参与到设计量规的过程中来，根据需要选择量规的形式和类型。

3.4.6 沟通互动伴侣——Twitter

当你长时间受困于一个学习难题的时候，突然间得到了关于这个难题的解决办法，你是否想过立即把它发布到互联网上，让同学分享你的解决方案和喜悦？用 Twitter 就可以实现这一切。

Twitter 是一款革命性的产品，在牛津字典里，twitter 的意思是“give a call consisting of repeated light tremulous sounds”。使用 Twitter，你可以随时随地地通过 web 页面、即时通讯工具(IM)或者手机，把你的短消息(message)发送给你的朋友或者追随者(followers)。每条消息被限制在 140 个字符之内，因此每一条消息都可以作为一条 SMS 短消息发送。当消息被发送完毕后，你所有的跟随者(followers)将会在他们的个人 Twitter 页面看到你发送的消息，或者在他们的移动设备中也可以看到。

Twitter 的出现，让我们可以随时随地地开展协作学习，即时地将自己的学习成果和经验与同学进行分享，共同进步。

下面我们就以国内知名 twitter 类网站“饭否网(http://www.fanfou.com)”为例来说明一下 twitter 的使用方法。

(1) 注册为“饭否网”用户，注册成功后，你注册的邮箱会收到一封来自“饭否网”的验证邮件，点击邮件中的链接进行验证，验证完成后，你将正式成为“饭否网”的用户。

(2) 登录到你的首页，通过点击右侧的 绑定 MSN/GTalk/QQ! 和 绑定手机! 按钮，创建 Twitter 与即时通讯工具和手机的连接。

(3) 这样，你就可以通过 MSN 或者 QQ 等即时通讯工具或者手机发送信息到“饭否网”你的主页上，如图 3-55 所示。而同时你的好友也会在他的主页和已绑定的即时通讯工具和手机上收到你的信息。

图 3-55

3.4.7 摘要工具——Google Notebook

网络时代来临之前，书本是人们获取知识的主要来源，读书看报的时候，我们都习惯性地用笔记本对自己感兴趣的信息做以摘要。然而，随着网络时代的到来，互联网成为获取知识的一种主要来源，浏览网站的时候，经常会遇到一些我们需要的信息。对于这些信息，我们通常要把它们存储起来，方便日后查询使用。而在储存的时候，除了选择把它们存储在本地的存储设备上以外，把它们存储在网络上也是一个不错的选择，这样，我们就可以随时随地地查询使用这些信息了。Google Notebook 就是一款能够满足我们这种需求的网络摘要工具，它就像一本存放在网络上的笔记本，使用者可以在任何接入互联网的计算机上使用它。

如何在进行网络浏览的时候使用 Google Notebook 工具做摘要呢？

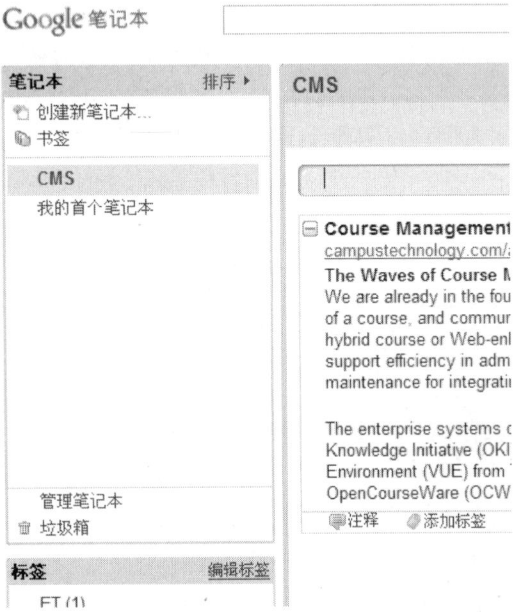

图 3-56

(1) 使用 Google Notebook 前，必须先注册成为 Google 的用户，然后用自己的 Google 账户登录 Google Notebook 主页，如图 3-56 所示。

(2) 安装浏览器扩展插件。点击自己 Google Notebook 主页上方的“下载浏览器扩展插件”链接，下载相应浏览器的扩展插件。在这里我们下载的是 IE6.0 的扩展插件，然后进行安装。安装完成后，会在浏览器的工具栏上增加一个图标并在右键菜单上增加了记录此页（Google 笔记本）一项。

(3) 这样在浏览网站的时候，遇到我们需要做摘要的信息，我们就可以点击图标，然后会弹出 Google Notebook 页面，如图 3-57 所示，在网页中选中我们需要做摘

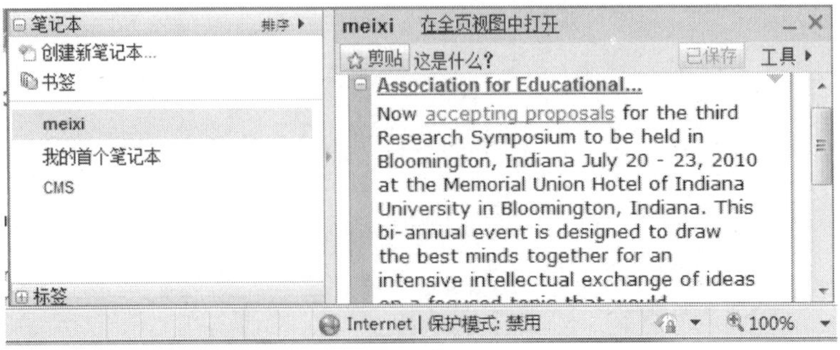

图 3-57

要的信息，然后点击 Google Notebook 页面下方的图标，就可以将选中的信息添加到自己的 Google 笔记本中了。此外，你还可以为新增加的信息添加注释和标签(tag)，方便以后查询使用。

3.4.8 网络资源管理工具——del. icio. us

网络资源管理工具就是指能够将互联网上的资源有效地收集、组织、整理，以备日后使用和分享时能够快速和高效地提取的一类工具。这类工具可以分为两种，一种是运行在计算机本地的；另一种是运行在网络上的。这两种网络资源管理工具有着很大的不同，主要表现在：运行在计算机本地的网络资源管理工具，资源存储位置是在计算机硬盘上，使用的时候仅可以在存储资源的计算机上使用，资源分类比较粗糙，无评论和社会交际功能；而运行在网络上的网络资源管理工具，资源存储位置是在网络上，可以在任意一台接入互联网的计算机上使用，而且可以进行基于类别和标签的细致分类，具有评论和社会交际功能。目前，运行于网络的网络资源管理工具主要有：Mypip、Igooi 和 del. icio. us，下面我们就以 del. icio. us 为例来说明该类工具的使用方法。

(1) del. icio. us，它的这个域名是把英文 delicious(美味的)适当的分开来作为域名，所以中文把它翻译成美味书签。访问 http://del. icio. us/，注册成为 del. icio. us 的用户，如图 3-58 所示。填写用户名(username)、密码(password)等信息，然后点击注册按钮(register)，提交注册信息。

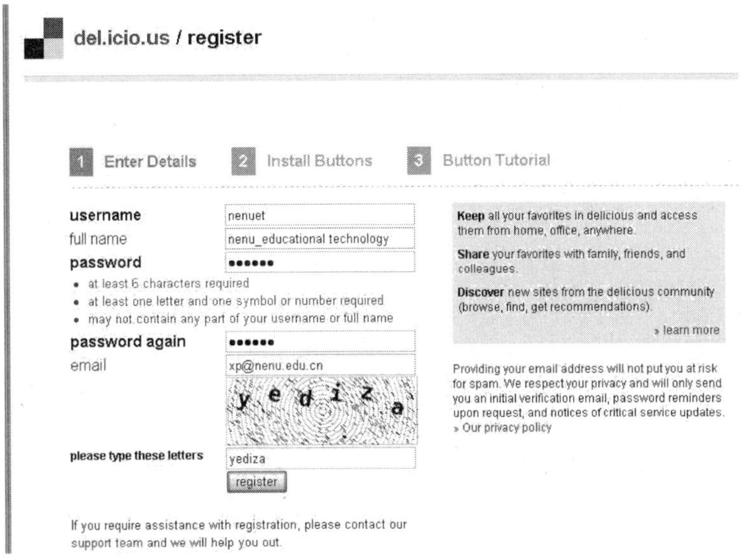

图 3-58

(2) 安装浏览器扩展插件，如图 3-59 所示，点击安装插件按钮 **Install Buttons Now »**，进行插件安装，安装完成后，重新启动浏览器，会在浏览器工具栏上出现 del.icio.us TAG 图标，表示插件已经安装成功。

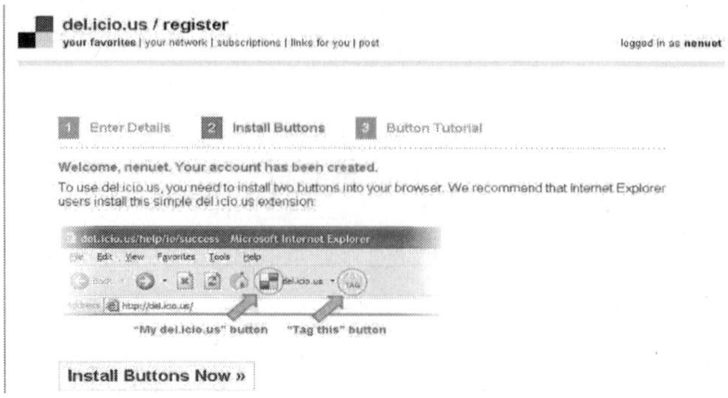

图 3-59

(3) 这样，在访问网站的时候，遇到自己想要收藏的网站，就可以点击浏览器工具栏上的 TAG 图标，就会弹出如图 3-60 所示的对话框，填写注释(notes)和标签(tags)后，点击保存(save)按钮，即可完成对该网站的收藏。

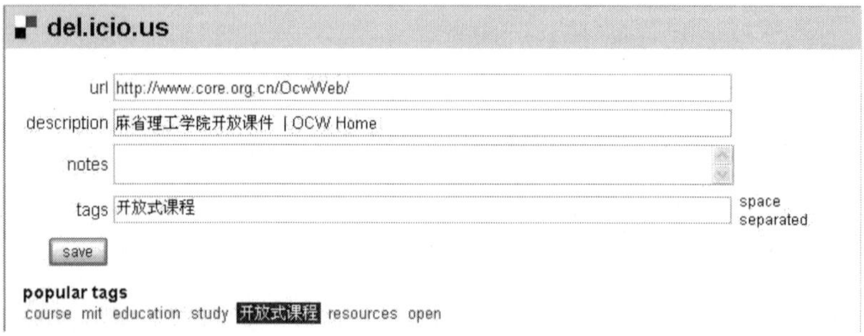

图 3-60

3.4.9 信息聚合技术——RSS

现在，网络已经成为我们获取信息和知识的主要来源之一，但网络上的信息纷繁复杂，如何能够快速、高效、准确地获取我们需要的信息，对学习者来说就显得尤为重要。信息聚合技术就是一项能够帮助我们把所需信息有效地聚合到一起的技术，其中 RSS 是信息聚合技术的典型代表。RSS(Really Simple Syndication)技术，在 20 世纪 90 年代由 Netscape 公司提出，是一种发布和同步网站内容的技术规范，是目前使用最广泛的 XML 应用。RSS 技术的出现，改变了我们以往获取网络信息的方式，有了 RSS，我们不必每天去访问很多网站来获取我们想要的信息，而只需使用 RSS 阅读器，就可以快速地获取我们需要的所有信息了。RSS 技术在教育中的应用也比较广泛，它可以使教育信息资源像新闻信息资源一样进行整合发布，实现分布式教育信息发布，大大减少了我们搜索获取教育信息的时间。

经常阅读 Blog 的同学，都有过这样的感受，每天都会发现自己喜欢的 Blog，然后就会毫不犹豫地添加到自己的收藏夹中，久而久之，收藏夹里的 Blog 数目繁多。为了寻找各个 Blog 上的最新消息，我们必须频繁地在各个 Blog 间进行切换，有时候打开一个 Blog，却发现 Blog 的主人并没有添加新的内容，而有时候又忘记去某一个 Blog 上看看，因而失去了在第一时间获取新信息的时机。如果使用 RSS 阅读器来阅读 Blog 的话，就会避免上述问题。

下面我们就以“Google 阅读器”为例讲解如何使用 RSS 阅读器来订阅 Blog。

（1）在使用“Google 阅读器”之前，你首先要注册一个 Google 的账户，然后用已注册的账户登录，进入“Google 阅读器”页面，如图 3-61 所示，页面左侧为管理菜单，右侧为订阅条目显示区域。

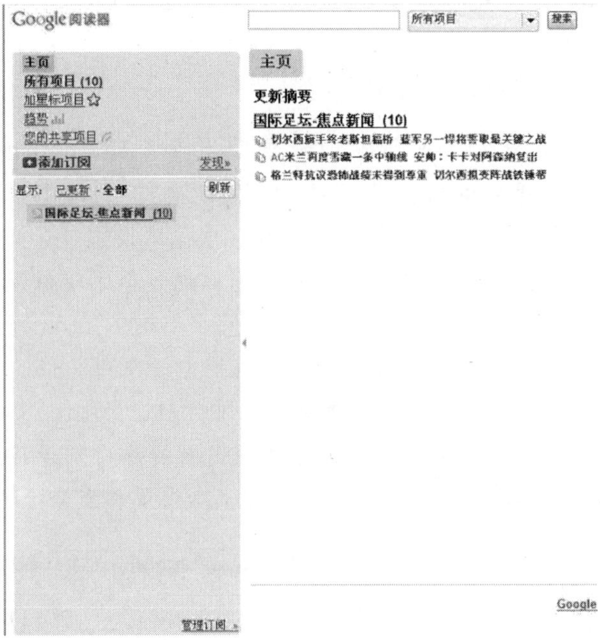

图 3-61

（2）点击“Google 阅读器”页面左下方的“管理订阅”，可以进入订阅管理页面，如图 3-62 所示，在这里，你可以设置自己的使用偏好，管理订阅和标签，并可以进行订阅条目的导入和导出操作。

图 3-62

（3）例如，我们想订阅庄秀丽老师的 Blog（http://sociallearnlab.org/blog/），我们就可以在“Google 阅读器”的主页面中，点击“添加订阅”按钮，在弹出的对话框中输入庄秀丽老师的 Blog 的地址：sociallearnlab.org/blog/，然后点击“添加”按钮，即可完成对该 Blog 的订阅。

（4）在使用“Google 阅读器”进行阅读的过程中，我们要学会一些快捷键的使用方法，这样可以大大提高我们的阅读效率。例如：“j”，显示下一个条目；“k”，显示上一个条目；“m”，将条目标记为已读状态；“t”，为所读条目增加标签，等等。

3.4.10 研讨交流工具——Google Groups

Google Groups 是一种继邮件列表(Maillist)和在线论坛(BBS)之后,最新出现的一款网络研讨交流工具,它在功能上集邮件列表和在线论坛于一身,其成员既可以通过一个由 Google 托管的主页,以发帖回帖的方式进行交流,也可以通过 Google Groups 自己的邮件地址以邮件的方式进行研讨。

1. 创建一个 Google Groups 论坛

(1) 用自己的 Google 账户登录(http://groups.google.com/),点击 Google Groups 主页右侧的 创建论坛... 按钮,进入论坛设置页面,填写论坛名称、论坛电子邮件地址、论坛说明以及访问级别选项,然后点击"创建我的论坛"按钮完成论坛设置。

(2) 接下来进入添加会员页面,在这里我们既可以通过电子邮件邀请会员,也可以通过电子邮件直接添加会员,两种方式都需要在电子邮件文本框中填入会员的电子邮件地址并撰写邀请帖或欢迎帖,直接添加会员,还须为会员选择电子邮件订阅选项。另外,也可以选择跳过此页面,直接完成论坛创建,以后再邀请或添加会员。

(3) Google Groups 论坛创建完成后,创建者用自己的账户登录,可以通过论坛的管理菜单,如图 3-63 所示,对论坛进行管理,包括论坛的基本设置和成员管理等。

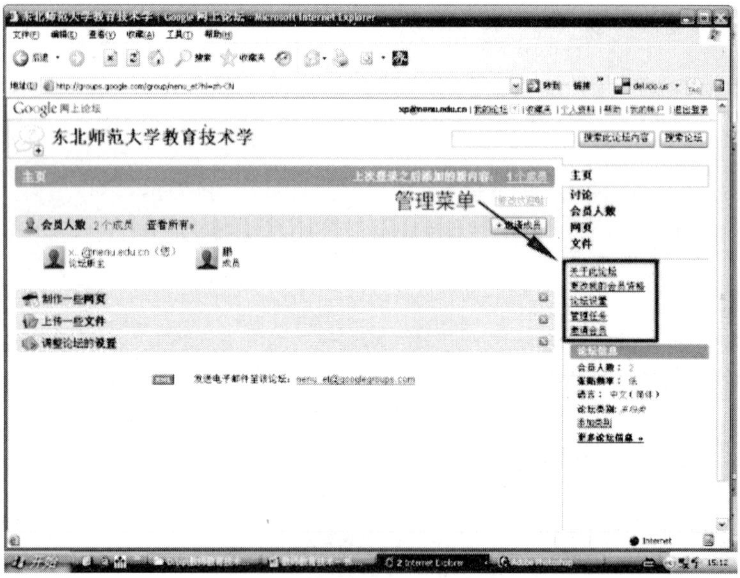

图 3-63

2. 如何加入一个 Google Groups 论坛

通过 Web 界面加入一个论坛,只需登录到自己的 Google 账户,并访问想要加入的 Google Groups 论坛,然后点击页面右侧的"加入此论坛"链接,如图 3-64 所示。并在接下来的页面中选择订阅此论坛的方式,填写在论坛使用的昵称,即可加入该 Google Groups 论坛。

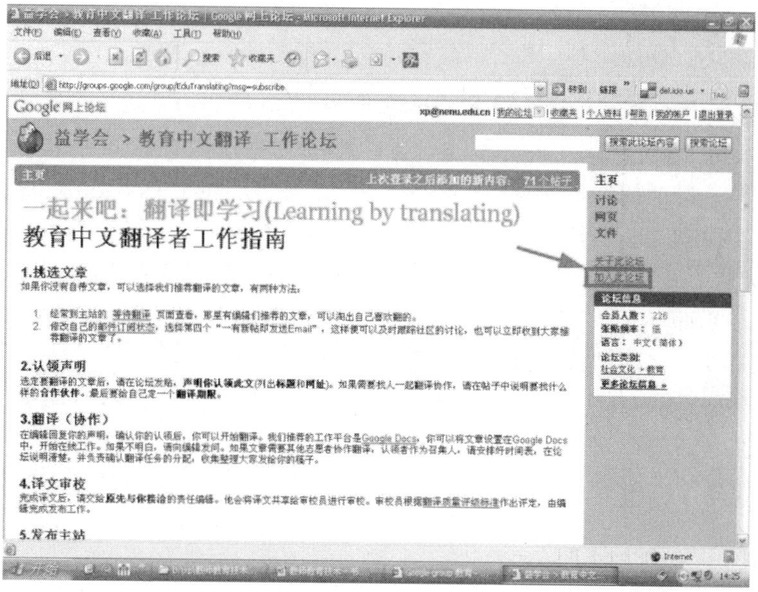

图 3-64

另外，还可以选择通过电子邮件加入一个 Google Groups 论坛。具体方法是发送电子邮件至“[论坛名称]-subscribe@googlegroups. com”。例如，如果你希望加入名为“nenu_et”的论坛，请发送电子邮件至“nenu_et-subscribe@googlegroups. com”，即可加入。

3.4.11　知识版权保护工具——知识共享(CC)许可协议

一直以来，版权问题对于我们来说都是一件棘手的事情，随着互联网的普及，越来越多的个人学术作品被传播到互联网上，有些人忽略版权法和合法使用规范，在没有征得作品所有者同意的情况下，肆意传播并修改他人的学术作品。相对于传统的版权保护方法，目前在互联网上出现了一种基于网络的知识版权保护工具——知识共享(CC)许可协议(官方网站：http://creativecommons. org/)，该协议可以有效地指明互联网上的学术作品的使用权限，方便我们传播、引用和重新演绎该作品。

使用知识共享(CC)许可协议，教育者和学生可以合法地“共享”、“再使用”以及“混合”作品。原则上，知识共享提供免费的方法让作者、科学家、艺术家以及教育家更容易地为他们的创作品标明他们希望被引用的尺度。你可以用 CC 改变你的版权声明，例如从“保留所有版权”变成“保留部分权利”。

首先，我们先对知识共享(CC)许可协议的元素做以简要说明：

署名：你允许他人对自己享有著作权的作品及演绎作品进行复制、发行、展览、表演、放映、广播或通过信息网络向公众传播，但在这些过程中对方必须保留你对原作品的署名。

非商业性使用：你允许他人对你享有著作权的作品及演绎作品进行复制、发行、展览、表演、放映、广播或通过信息网络向公众传播，但仅限于非商业性目的。

禁止演绎：你允许他人对你的作品原封不动地进行复制、发行、展览、表演、放映、广播或通过信息网络向公众传播，但不得进行演绎创作。

相同方式共享：只有在他人对演绎作品使用与你的原作品相同的许可协议的情况下，你才允许他人发行其演绎作品。

在我们的作品中，我们可以将知识共享(CC)许可协议的以上元素做以组合，来规定作品的使用权限。例如，就代表只要他人注明你的姓名并在以你的作品为基础创作的新作品上适用同一类型的许可协议，该人就可基于非商业目的对你的作品重新编排、节选或者以你的作品为基础进行创作。基于你的作品创作的所有新作品都要适用同一类型的许可协议，因此适用该项协议，对任何以你的原作为基础创作的演绎作品自然同样都不得进行商业性使用。

下面简要介绍一下如何为自己的网络作品添加知识共享(CC)许可协议：

(1) 访问知识共享(CC)许可协议的主页 http://creativecommons.org/，在首页点击 License Your Work 按钮。

(2) 在接下来的页面中，为你的作品添加相应的权限，如图 3-65 所示，然后点击“选择一项许可协议”按钮。

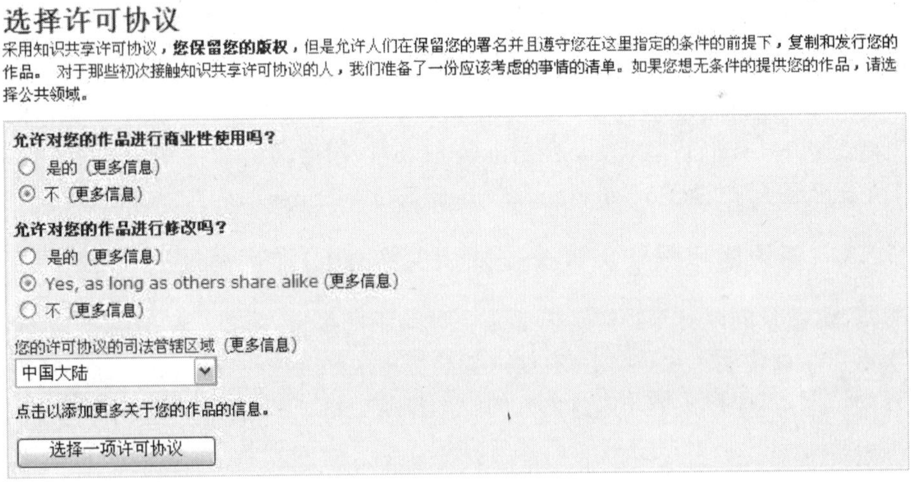

图 3-65

(3) 选择要在网络作品上显示的知识共享(CC)许可协议的图标，并复制相应的代码到你的网络作品页面，即可完成知识共享(CC)许可协议的添加。

3.5 学科教育软件举例

3.5.1 金山词霸 2009 牛津版

金山词霸是我们日常学习和工作种比较常用的文科工具软件之一，金山词霸目前的最新版本为金山词霸 2009 牛津版，它在原有版本功能的基础上，增加了许多实用的新功能：在屏幕取词功能方面新增了 OCR(Optical Character Recognition，光学字符识别)取词功能，利用该功能可以有效地识别和提取图片格式的文字；另外，金山词霸 2009 牛津版还新增了译中译功能，即支持在取词窗口进行二次取词；支持 24 种语言全文翻译及网页翻译，这与之前版本的金山词霸比起来，在翻译功能上要强大很多，首次支持多语种全文翻译及网页翻译功能，利用内置领先的谷歌翻译技术，翻译结果更加准确；内置纯英式、纯美式及电脑合成发音，无论是单词还是句子都可以朗读。金山词霸 2009 官方主页：http://cp.iciba.com/index02.shtml。

金山词霸 2009 牛津版的软件界面，与之前版本的金山词霸比起来，其软件界面简约而实用，且界面可以随意拖动大小，改变了以往翻译软件界面庞大的诟病，如图 3-66 所示。

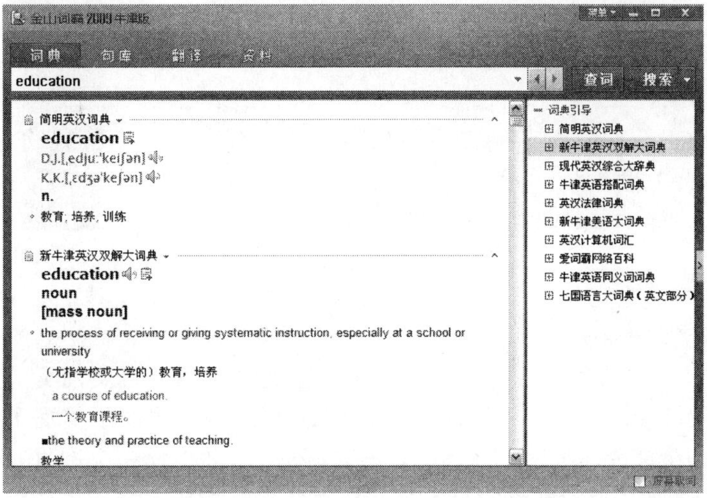

图 3-66

对于金山词霸 2009 牛津版一些简单的查词功能及软件设置，在这里就不再累述了。下面就金山词霸 2009 牛津版的一些新增实用功能做以简要介绍：

(1) OCR 取词功能

在以往版本的金山词霸中，针对图片格式的英文单词是无法实现取词翻译的，但在金山词霸 2009 牛津版中新增了 OCR 取词功能，这使我们可以很轻松地对图片文字或加密英文资料实现屏幕取词。下面我们就以一本英文报告的 PDF 扫描件为例，来演示一下金山词霸 2009 牛津版的 OCR 取词功能。如图 3-67 所示，金山词霸 2009 牛津版对该报告的 PDF 扫描件很好地实现了取词功能。

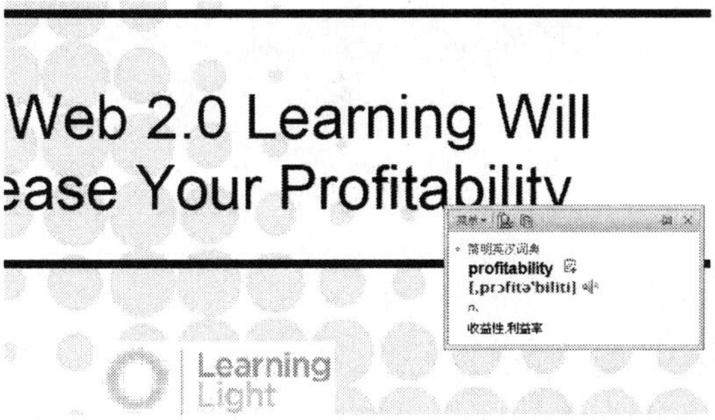

图 3-67

(2) 译中译功能

我们在使用以往金山词霸的取词功能的时候,在取词窗口中会显示出该词的翻译,但如果在取词窗口中出现了我们不认识的单词,我们往往只能通过"复制"、"粘贴"的方式,在查询窗口中进行查询。金山词霸 2009 牛津版新增的译中译功能,则允许在取词窗口中进行二次取词,极大的方便了我们日常的使用。如图 3-68 所示,对于"processing system"的翻译就是应用了译中译的功能。

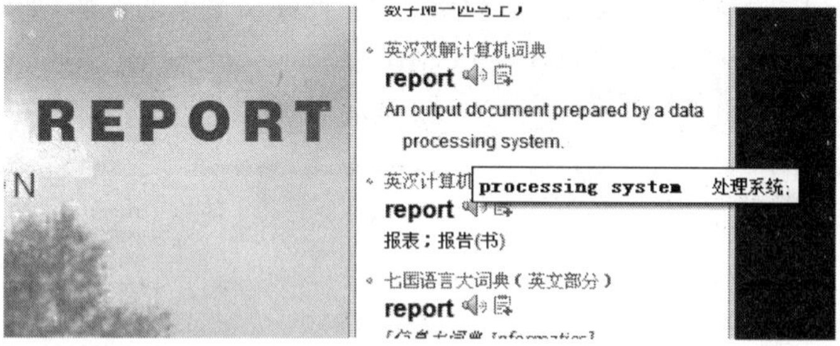

图 3-68

(3) 全文翻译及网页翻译

以往版本的金山词霸是不支持对文字段落和整篇文章以及英文网页进行翻译的,要实现这些功能,只能在金山快译中进行。但现在金山词霸 2009 牛津版实现了这些功能,并且支持 24 种语言的全文翻译和网页翻译。如图 3-69 所示,要翻译一个网页,只需在金山词霸 2009 牛津版软件界面中,选择【翻译】选项卡,在下面的地址栏中输入相应的网址,即可将英文网站翻译成中文。

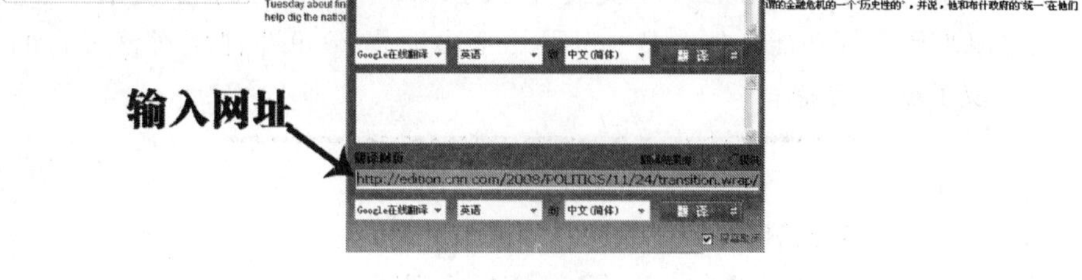

图 3-69

3.5.2 几何画板

几何画板是由美国 Key Curriculum Press 公司制作并出版的几何软件,是目前应用较为广泛的理科教学软件,它的全名是"几何画板——21 世纪的动态几何"。几何画板是一个适用于几何(平面几何、解析几何、射影几何等)教学的软件平台,它为老师和学生提供了一个探索几何图形内在关系的环境。它以点、线、圆为基本元素，通过对这些基本元素的变换、构造、测算、计算、动画、跟踪轨迹等，显示或构造出其他较为复杂的图形。它的特色首先是能把较为抽象的几何图形形象化，但其最大的特色是“动态性”，即可以用鼠标拖动图形上的任一元素（点、线、圆），而事先给定的所有几何关系（即图形的基本性质）都保持不变，这样更有利于在图形的变化中把握不变，深入几何的精髓，突破了传统教学的难点。另一方面，利用动态性和形象性，在老师的引导下，还可以给学生创造一个实际“操作”几何图形的环境。学生可以任意拖动图形、观察图形、猜测并验证，在观察、探索、发现的过程中增加对各种图形的感性认识，形成丰厚的几何经验背景，从而更有助于学生理解和证明。因此，几何画板还能为学生创造一个进行几何“实验”的环境，有助于发挥学生的主体性、积极性和创造性，充分体现了现代教学的思想。

几何画板的主要功能有：

(1) 画出各种欧几里得几何图形；

(2) 画出解析几何中的所有二次曲线；

(3) 画出任意一个初等函数的图像；

(4) 对所有画出的图形、图像进行各种变换，如平移、旋转、缩放、反射等；

(5) 对所作出的对象进行度量，如线段的长度、圆弧的弧长、角度、封闭图形的面积等；

(6) 显示或隐藏任意一个对象；

(7) 显示一个对象（点或直线）的轨迹。

几何画板（软件版本为 4.07 中文版）软件界面，如图 3-70 所示。

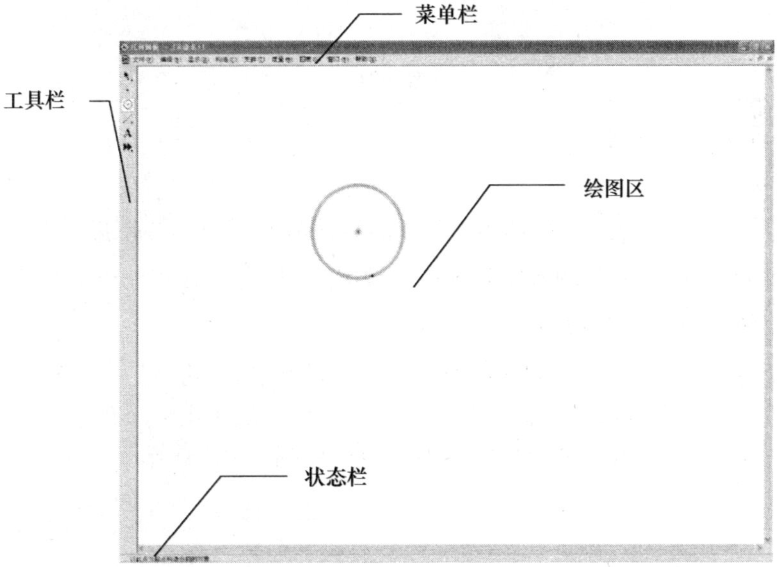

图 3-70

工具栏中按钮简介：

 选择对象——选择绘图区的几何图形，并可以对几何图形进行移动、旋转和缩放操作。

 画点——可以在画板绘图区任何空白的地方或“线”上画点。“线”可以是线段、射

线、圆、轨迹、函数图像。

画圆——画圆工具。

画线——画线段、射线和直线。

加标注——给几何对象加相应标签。

自定义工具——可以自定义自己需要的工具，如画正方形工具等。

几何画板应用举例：

例 1　绘制等边三角形

【操作步骤】

(1) 在工具栏中选择工具，将光标移动到绘图区单击一下按住并拖动鼠标到另一位置，松开鼠标；在原处单击并按住鼠标向左拖动到起点(即开始构造圆的起点)松开鼠标，画出如图 3-71(a)所示的两个半径相等且相交的圆。

(2) 选择工具，将两圆圆心和交点用线段连接起来，如图 3-71(b)所示。

(3) 按“Esc”键，取消画线段状态，单击两个圆周，按“Ctrl＋H”，即可形成如图 3-71(c)所示的等边三角形。

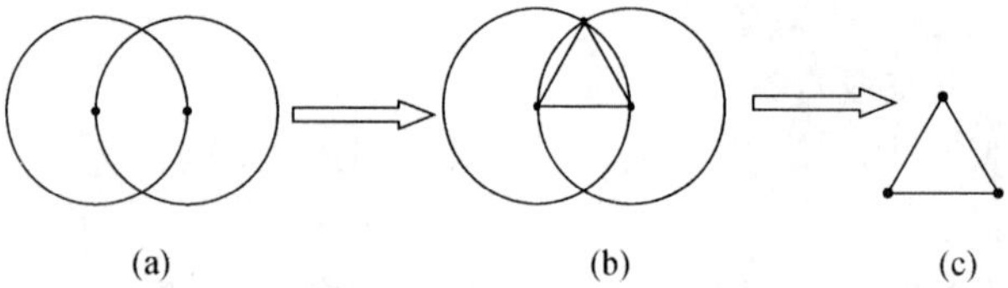

图 3-71

例 2　绘制平行四边形

【操作步骤】

(1) 在工具栏中选择工具，画出平行四边形的两个邻边。并使用标注工具标上字母，如图 3-72(a)所示。(标注的具体方法：选择工具，将鼠标移动到线段的端点，当鼠标形状由变为的时候单击鼠标)

(2) 使用工具，选取点 A 和线段 BC，在菜单栏中选择“构造”，在下拉菜单中选择“平行线”，画出过点 A 且与线段 BC 平行的直线；用同样的方法画出另一条过点 C 且与线段 AB 平行的直线；在两条直线的相交处单击一下得交点，如图 3-72(b)所示。

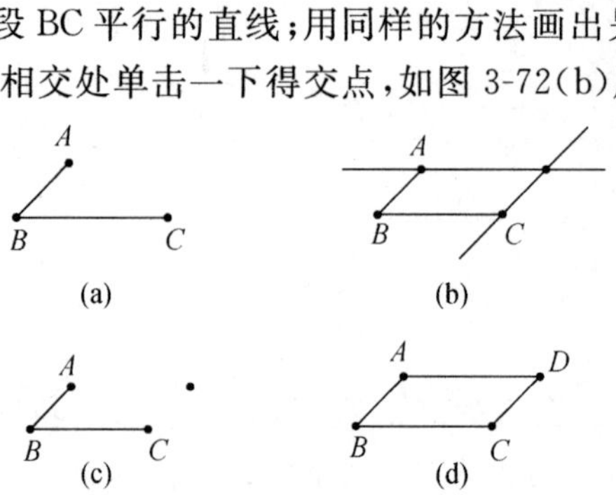

图 3-72

(3) 选取两条平行线，按“Ctrl＋H”隐藏两条直线，并将交点标记为 D，如图 3-72(c)所示。

(4) 使用线段工具，连接 AD 和 CD，即可完成平行四边形的绘制，如图 3-72(d)所示。

例 3　绘制圆弧

圆弧的绘制可以采用多种方法，大体来说有以下两种方法：

【操作步骤】

(1) 使用画圆工具绘制一个圆，然后再用画点工具在圆上绘制两点，使用选择对象工具，选择两点和圆，如图 3-73 所示。

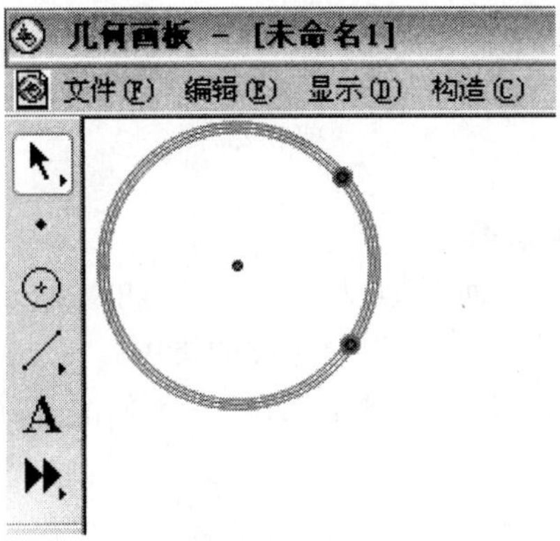

图 3-73

接下来，在菜单栏中选择“构造”，在下拉菜单中选择“圆上的弧”，即可绘制出按逆时针方向从选定的第一点和第二点之间的弧，如图 3-74 所示。注意选择点的顺序不同，绘制的圆弧不同。

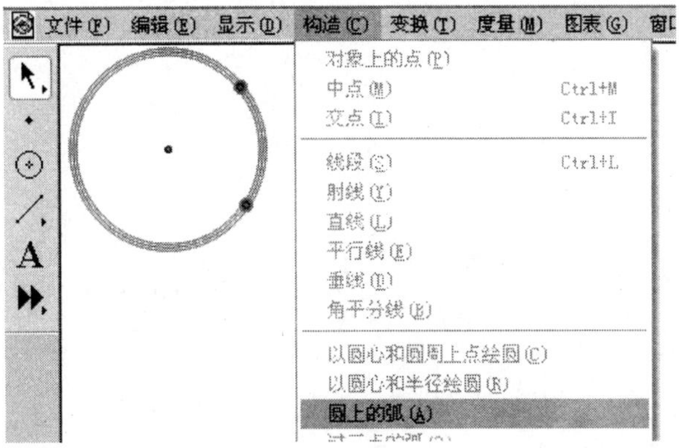

图 3-74

(2) 使用画点工具绘制三个点，使用选择对象工具选择三个点，然后在菜单栏中选择“构造”，在下拉菜单中选择“过三点的弧”，也可以绘制出一段圆弧，如图 3-75 所示。同时也要注意选择点的顺序不同，绘制的圆弧也不同。

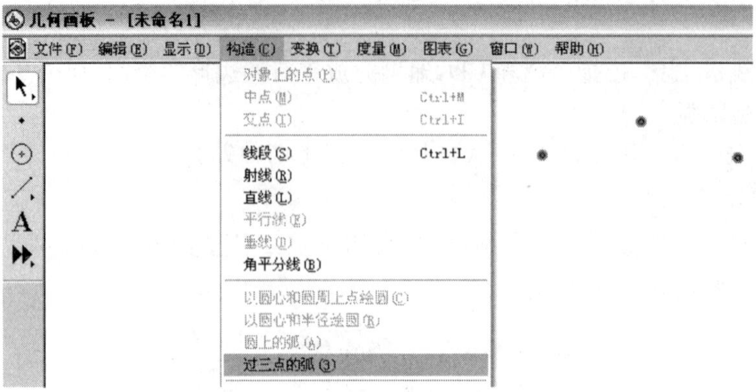

图 3-75

例 4　相似三角形的模拟讲解

几何画板还提供了对某一几何图形以某一标记为中心，按照一定的标记的比进行缩放的操作，这一功能可以用于相似三角形相关课程的讲解。

【目的】通过拖动直线上 F 点，使三角形 ABC 发生如图 3-76 所示的相似变化。

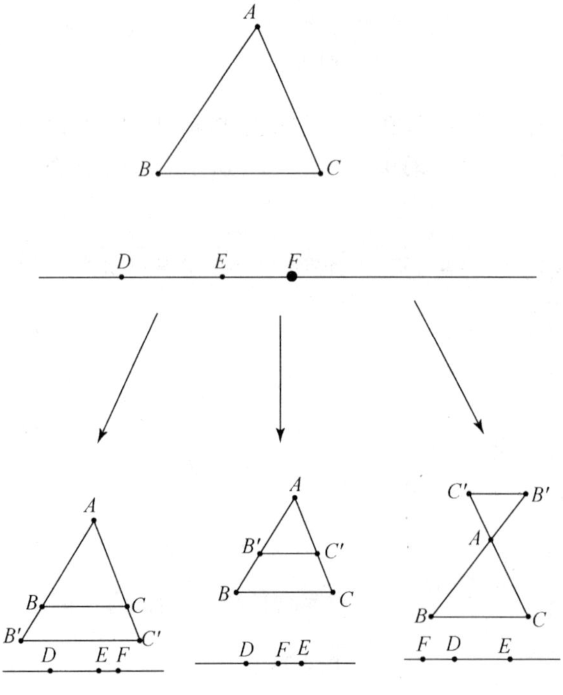

图 3-76

【操作步骤】

(1) 使用工具，绘制三角形 ABC。

(2) 使用工具,在三角形 ABC 的下方绘制一条直线,并选择直线的两个端点,按“Ctrl+H”,隐藏直线的两个端点。

(3) 使用工具,在直线上绘制 D,E,F 三点,如图 3-77 所示。

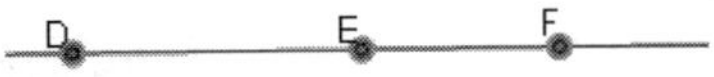

图 3-77

(4) 使用工具,依次选择 D,E,F 三点,然后在菜单栏中点击“变换”,在下拉菜单中选择“标记比”,标记一个比,如图 3-78 所示。

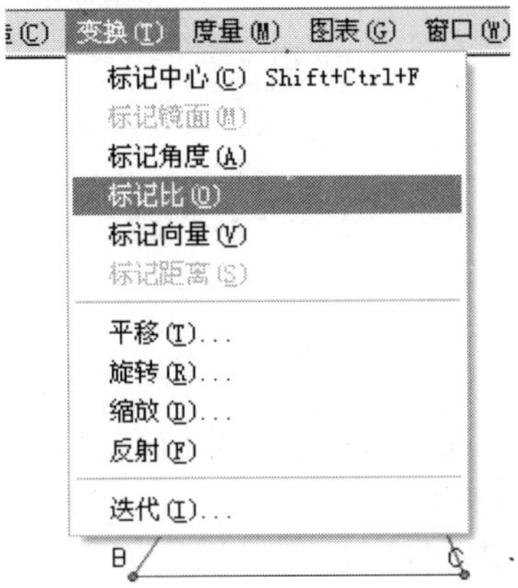

图 3-78

(5) 使用工具,选取三角形 ABC 的三条边和三个顶点,然后在菜单栏中点击“变换”,在下拉菜单中选择“缩放”,如图 3-79 所示。

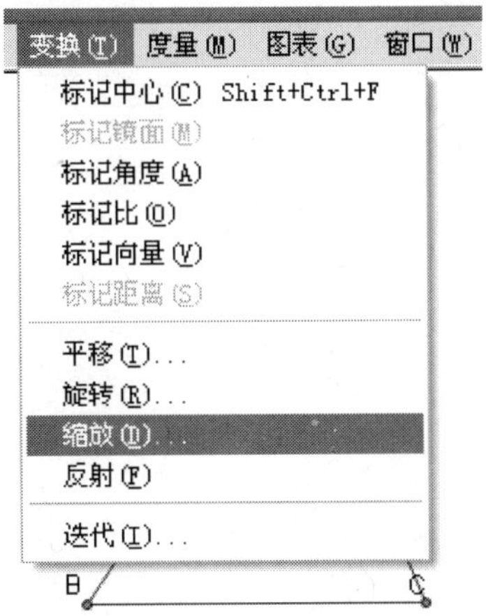

图 3-79

(6) 在弹出的“缩放”对话框中,按如图 3-80 所示设定,并点击三角形 ABC 的顶点 A,确保旋转中心为 A,也就是进行缩放的中心标记。最后,在直线上拖动 F 点,就会看到如图

3-76所示的相似变化。

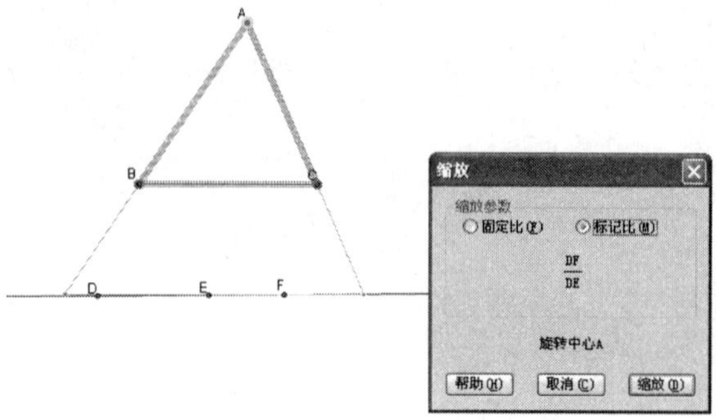

图 3-80

思考与习题

1. 什么是媒体与教学媒体？
2. 什么是戴尔的“经验之塔”？
3. 围绕自己所学的专业，使用Google和数字图书馆查阅最新研究动态。
4. 阐述Office 2007的主要软件及其教育应用。
5. 举例说明社会性学习软件与技术的新特点。

第 4 章　基于网络的学习

学 习 目 标

1. 理解网络教育的概念，了解国内外基于网络的学习的发展现状。
2. 掌握 e-Learning 概念，理解 e-Learning 的基本模式。
3. 掌握网络教学平台的基本功能，了解几种国内外知名的网络教学平台。
4. 掌握 M-Learning 含义，了解 M-Learning 国内外发展现状。
5. 掌握移动学习的实现方式。
6. 掌握 Blended Learning 的含义及教学过程。
7. 了解 e-Research 定义及学术研究英文数据库。
8. 理解基于网络的学习案例和资源。
9. 掌握网络课程和网络课件的概念及网络课程的基本构成。
10. 掌握网络课程开发的一般过程。
11. 理解网络课程的教学设计和系统设计。

实 践 建 议

通过上网浏览，了解几种国内外知名网络教学平台的功能；学习有关 Webquest 内容的网站，设计一个本专业相关内容的 Webquest 网站；上网查找几个 M-Learning 的案例，加深对 M-Learning 的理解；浏览校园网内部或 Internet 上的学术研究英文数据库，为今后开展科研工作打下良好基础；登录到 MIT 开放课程主页，查看本专业相关的课程目录，学习一到两门课程，并从教学内容、教学方式等方面与本校学习的相应课程作比较；登录到中国高教精品课程网站，查看网络课程的构成，并从多角度与 MIT 开放课程作比较；试用 Moodle 设计和开发本专业的一门课（或部分知识点）的网络课程。

4.1　基于网络的学习概述

4.1.1　什么是远程教育

远程教育(distance education)是指教与学在时空位置上相互分离的教育方式，是通过多种传播手段向学习者传递知识信息、组织教学的过程。在远程教育中，学习内容可通过信函、教材、图片、录音带及录像带、光盘、在线课程、音视频会议电视、交互式电视等同步或异步传输至远端。

远程教育的主要特征如下：

(1) 教学过程中师生在时间与空间上处于相对分离状态。

(2) 由教育机构组织实施远程教育，即提供学习计划、学习材料，这种材料比常规教育的材料准备得更为充分。

(3) 应用包括计算机在内的多种教育技术和媒体，并通过媒体传送预制的教学内容，联系师生。

(4) 在师生间或学习者间提供双向通信，以开展咨询、答疑、信息反馈、学习评价等学习交流活动。

(5) 教学行为和师生角色发生变化。教学从传统的班级教学模式转变为开放式、终生式教育，从面对面交流的集中式教学向借助于媒介(广播、电视等)进行自主学习和协作性的学习方式转化。教学过程从以"教"为中心，转变为以"学"为中心。教师由教学活动的组织者、实施者转变为学习的帮助者和指导者，学生则由知识的被动接受者转变为学习活动的主动参与者。

(6) 以学习者为中心，强调自主的个别学习和小组形式的合作学习。学习活动以自主学习为主，小组协作学习为辅。在整个学习过程中，学生自主选择学习时间、地点、课程、方式等，通常不设固定的学习集体。

(7) 存在人工设计的反馈、评价与互动机制。

远程教育是一种开放式的教育体系，它为知识经济时代的终生教育、终生学习提供了良好的条件。随着现代信息技术在远程教育中越来越广泛的应用，远程教育已演化为融现代信息和多媒体技术为一体的新型教育方式——网络教育。

4.1.2 什么是网络教育

网络教育与远程教育有着密切的联系。从某种意义上来说，网络教育是远程教育的一个分支，是远程教育的一种新的教育方式。对于网络教育，国外有多种不同称谓，如 e-Learning，web-based learning，network based education，online education，virtual education，web-based instruction，cyber education 等。在国内，网络教育也称为"网上教育"、"现代远程教育"等。这些称谓虽不完全同义，但都与网络应用相关。

美国于 1999 年出版的《远程教育指导》一书指出：现代远程教育是指"不在同一教室的教师和学生通过音频、视频和计算机技术等进行授课和交流的过程，它不受时间和空间的限制，学生可以集中在远方的同一教室进行学习，也可以在家里通过基于网络的虚拟环境进行学习和交流"。

网络教育就是指学生在老师的引导和协助下，利用多媒体技术、计算机技术和网络技术获得学习指导和信息资源，并采用最有效的方式实现学习目标的新型教育模式。网络教育充分利用现代信息技术所提供的、具有全新沟通机制与丰富资源的学习环境，实现一种全新的学习方式，这种学习方式将改变传统教学中教师的作用和师生之间的关系，从而根本改变教学结构和教育本质。

网络教育以计算机网络技术为支撑，具有时空自由、资源共享、系统开放、便于协作等优点。它已不再局限于强调"远程"特性，而是强调以网络为手段的教育方式。网络教育几乎包括了现代技术可以应用到网络的所有领域来获取资源的教育形式，如基于网络技术的移动通讯所支撑的学习形式。

本书中提到基于网络的学习主要包括 e-Learning、M-Learning 和 Blended Learning。

4.1.3 国内外基于网络的学习发展现状

1. 国外基于网络的学习发展现状

国外基于网络的学习发展比较成熟，许多国家都在教学中广泛地应用了网络教学。以美国为例，从 1998 年开始，许多学校将网络大规模应用于教学，到 2000 年 5 月，已经有了全面的网络教学支持系统，2001 年至今，网络教学已经成为教学中不可缺少的部分，并且不断完善，在教育中发挥着越来越重要的作用。

基于网络的学习的内容主要包括：课程文档、课件的在线生成；文档的共享、课前预习与课后复习；在线或线下的考试、测验、限时提交；实时或非实时的答疑、问题讨论；自动生成题库；分数的统计；学习效果的统计、跟踪、评估等。

2001 年，美国麻省理工学院（MIT）的网络课件开放工程（OCW）是国外网络教学普及的一个典型例子。MIT 计划用 10 年的时间在互联网上公开其几乎所有的课程资料，供全球任何地方的任何学习者免费使用。这一行动引起了社会上强烈的关注和反响，得到了许多人的支持和赞扬。MIT 的课件开放不仅方便了学习者个人的自学活动，而且可以让全球的高校教师在这些资料的基础上进一步发展已有的课程或开发新的课程。通过这种方式，MIT 可以与全世界高等教育与学术机构及其人员进行交流，从中获得更多的新思想、新内容和新方法，最终达到发展和创新 MIT 教育的目的。

英国开放大学的知识媒体研究所（KMI）具有强大的制作与研究力量，他们与课程组紧密结合，共同设计与构建知识媒体，开发基于因特网的远程控制实验装置和一些网上课程。对于一些科学课程的试验，学生可以在家里通过 Internet 远程控制 KMI 中的试验模型。

国外比较重视每一个人的个性，注重培养适合个体的个性化发展，体现在教学网站上，就是普遍运用适应性教学方式，尽量满足不同学习者的需要。美国德克萨斯大学系统数字图书馆资助开发的在线 IL 教程 TILT（Texas Information Literacy Tutorial）是一个较为成功的网络适应性教学网站，自 1999 年推出以来，曾获美国 SXSW（South by Southwest）交互式网站竞赛“最佳教育站点”奖和 ACRL（Association of College and Research Libraries）“教学创新”奖，被 CJCLS-BIC 认为是通过 Web 进行信息素养教学的“一个杰出的范例”。TILT 的最大特点是教学内容的个性化和适应性，在进入网站开始正式学习之前，学生会被要求选择一个自己感兴趣的有关 Internet 的热点话题，这些供选择的话题来源于学生调查。不同的话题对应不同的学习内容，要求学习者运用所学的基本内容去探索和试验，成为主动的学习者，形成自己的概念模式和研究策略。这种基于问题的学习环境有利于学习者对教学内容持久地关注和投入。TILT 网站综合运用各类多媒体、Flash 动画等手段，将抽象概念形象、具体、生动地表述出来，激发用户的学习兴趣，促进用户学习，而且文字简明扼要，界面清新一致，基调轻松活泼，创设了一个寓学于乐的环境。

加拿大安大略省教育研究院开发的 CSILE（Computer Supported Intentional Learning Environments）是一个由文本和图形组成的协作学习环境和公共数据库，是第一个支持协作学习和探究学习的网络系统。在使用 CSILE 的过程中，可由教师和学生建立公共数据库，学生可以进入由教师创立的数据库。为了协作建构知识,设计了不同种类的标注形式和支持方式,以提高公共数据库的潜能。学生可以建立"注解",这个注解是他们对正在研究的主题的观点或者是一条信息。这些注解用不同类别标明,例如疑问或新知识,其他学生能够检索到这些注解,并对这些注解作出评论。在教师的支持下,学生可参与对话过程,并在对话中使用各种信息和资源生成新知识。在 CSILE 中,教师可以把数据库作为一段时间内学生思维和电子交谈的一个记录,教师可以通过浏览数据库检查学生对知识的理解与掌握情况,并检查学生的交流技能。CSILE 已经在小学、中学、研究生的科学课与历史和社会研究课上使用,收到了良好的效果。

2. 国内基于网络的学习发展现状

我国网络教学发展很快,在基础教育方面,近年来各地自发地涌现出一大批中小学教育网校。在高等教育方面,教育部已经批准 68 所重点高校进行网络远程教育的试点工作,大部分高校、教学机构等单位都建设有自己的网络教学或教育资源库。2003 年教育部启动高等学校教学质量与教学改革工程精品课程建设工作,计划用五年时间(2003—2007 年)建设 1500 门国家级精品课程,利用现代化的教育信息技术手段将精品课程的相关内容上网并免费开放,以实现优质教学资源共享。

4.2 基于网络的学习种类

4.2.1 e-Learning

20 世纪 90 年代开始,随着多媒体技术和网络通信技术的发展,出现了新的学习方式 e-Learning,人们希望通过实施 e-Learning 发展出一种能够适应 21 世纪教育需求、最大限度地发挥学习者主动性和积极性的全新教学模式和教育体制。

1. e-Learning 概念的定义

在教育领域中一般认为,e-Learning 是指主要通过因特网进行的学习与教学活动,它充分利用现代信息技术所提供的、具有全新沟通机制与丰富资源的学习环境,实现一种全新的学习方式;这种学习方式将改变传统教学中教师的作用和师生之间的关系,从而根本改变教学结构和教育本质①。

关于 e-Learning 一词的翻译,目前有三种不同的译法:网络化学习、电子化学习和数字化学习。按上述定义,e-Learning 本来是指网络化学习(强调基于 Internet 的学习),但在实际应用中,有时又把基于多媒体资料的数字化学习也包括在 e-Learning 的范畴。因此有专家认为把 e-Learning 翻译为"数字化学习"是比较合适的。

与 e-Learning 相关的术语很多,包括:

- 网络学习(Web-based Learning):指通过 Web 网页形式浏览学习材料的一种学习形式,包括使用光盘或其他媒体打包的材料。
- 在线学习(Online Learning):指通过计算机访问学习内容的学习方式,学习内容可以是在 Web 或 Internet 上,也可以是简单地存放在光盘或计算机硬盘上。

---

① 何克抗. e-Learning 的本质——信息技术与学科课程的整合[J]. 电化教育研究,2002(1).

● 远程学习(Distance Learning)：指在空间上分离的教师与学习者进行交互，并保证教师能对学习者给予及时反馈的学习形式。简单地邮寄或广播学习材料给学习者不是远程学习，在远程学习中，教师必须能从学习者接收反馈。

2. e-Learning 的基本模式

基于网络的学习是一个积极的信息获取、加工和综合的过程，网络教学通常应符合一定的模式，以便能够有效使用各种不同的手段和策略来获取、加工信息，从而提高教学的效率和效果。下面我们对基于网络的教学模式的基本类型加以介绍。

(1) 讲授型模式

这种教学模式来自于传统的课堂教学。该模式可以利用各种手段(如视频会议系统、卫星广播等)在网络上实现类似于传统课堂教学形式的集体学习，达到不受传统课堂的人数、时间(可以是实时的，也可以是非实时的)和地点的限制，大规模地进行“讲授”。实时就是通过高速的传输系统(如卫星、专线、有线电视等)实现远程同步交互的课堂教学。非实时是指通过建立网站提供教学资源(包括视频、音频、教学课件等)，进行学习指导。

在 Internet 环境下应用讲授型模式进行教学，通常分为同步和异步两种类型。

① 同步方式

学生可在同一时间聆听教师讲课，师生之间可以有一些简单的交互，但是教师与学生却可以不在同一地点。这种教学模式的优点在于它和传统教学模式比较一致，对教师教学要求较低且课堂学习氛围较好，比较适合目前的学习习惯。由于课堂授课时间有限，一个教师同时要面对众多的学生，因此它缺乏实质性的师生交互。

在现代远程教育系统中，该教学模式通常需要采用基于视频会议系统来实现，它可以在 Internet 中实时地传输视频、音频信息。教学过程中，教师在配有摄像机、话筒、电子白板、投影仪的授课教室(也称主播教室)中讲课，学生在配有同样设备的远程学习教室中听课。目前，在 Internet 上的视频会议系统已经有成熟产品，但由于 Internet 共享带宽的基本特色，使得视、音频传输质量与网络负载的情况相关。为了解决这些问题，可以采用基于专用线路的实时交互式视频会议系统。

② 异步方式

该方式又可以分成以下两种形式：

● 由教师将教学要求、教学内容以及教学评测等教学材料，编制成 HTML 文件，存放在 Web 服务器上，学生通过浏览这些页面来达到学习的目的。在 Internet 环境下，这种教学模式可以很简单地实现，只要利用 WWW 和 E-mail 服务就可以满足基本要求。

● 将教师课堂授课的情况实际拍摄、制成流媒体的课件存放在 VOD(视频点播)服务器上供学生在线点播，学生不需在指定时间与指定地点，就可以随时随地地得到教师的课堂授课。

在异步方式的网络教学过程中，学生在学习过程中若遇到疑难问题，可以用 E-mail 或 BBS(电子布告牌系统)询问教师，还可通过网络阅读一些教师提供的参考资料。此外，学生还可以通过 BBS 或 E-mail 与其他同学讨论交流。该模式的特点在于教学活动可以全天进行，学生可以根据自己的实际情况确定学习的时间、内容和进度，随时向教师请教。该模式的主要缺点是缺乏实时的交互性，对学生的学习自觉性和主动性要求较高。

(2) 个别辅导模式

在Internet环境下,教学的个别辅导模式通常采用CAI(计算机辅助教学)软件来行使教师的教学任务,并通过网上的通信手段实现教师与每个学生的信息交互。

在Internet上应用CAI软件通常有以下方式:

● 把各种CAI软件或网络课件以软件资料库形式存放在Internet的服务器上,供学生通过FTP(文件传输)方式自由下载。由于学生首先将教学内容下载到本地计算机上,再进行个别学习,因此此种模式下Internet仅起到资料库和传输的作用。

● 直接在网上运行用Java、Flash、流媒体等制作的网络课件。由于这些课件可以通过Internet传输,并被学生计算机上的浏览器所呈现,同时,上述形式的网络课件可以充分发挥多媒体的效果,因此大大增强了教学材料的交互性与实时性。这种方式对基于Internet的网络教学应用具有十分重要的意义。

在个别辅导模式下,学生和教师之间的交流可以通过E-mail非实时地实现,也可以通过Internet上的在线交谈(例如BBS、OICQ)方式实时实现。非实时形式的优点在于学生可以随时向教师请教,但不能马上得到辅导;实时实现方式可以得到教师的即时讲解,就像面对面一样,但它要求学生和教师同时连入网络。

(3) 讨论学习模式

随着Internet技术和服务功能的不断发展,在Internet上实现讨论学习的方式已经有多种,目前最简单、实用的方法就是利用现有的BBS以及在线聊天系统(例如OICQ、CHAT)。讨论学习模式通常由专职教师主持或引导,具体说来,可以由各个学科的专业教师在站点上建立相应的学科(或课程)主题讨论组,每个学生可以在自己学习的特定主题区内发言,并能针对别人的意见进行评论,每个人的发言都即时地被所有参与讨论的学生看到。主持人应该随时对讨论过程进行监控,防止讨论偏离主题,以保证讨论和发言能符合教学目标的要求。在线聊天系统能够实时地显示学生的发言,并支持表情与动作显示,学生可以针对某人的发言作出有表情的评论。BBS系统具有用户管理、讨论管理、文章讨论、实时讨论、用户留言、电子信件等多种功能,可以很容易实现讨论学习模式。

一般来说,讨论学习模式的教学设计可以有异步讨论和在线讨论两种不同情况。进行异步讨论时,由于学生有充分时间对所讨论的问题进行思考,因此可以通过文章的形式发言,而且讨论也比较深入全面。对于同步讨论,由于发言内容能够实时呈现,并且整个在线讨论的时间有限,所以发言都是简短的语句,讨论的展开过程也没有固定程式,这时教师必须随机应变并加以掌握与控制。

(4) 探索学习模式

探索学习模式也称基于Internet的资源型学习模式,它是指学生主要利用Internet信息资源进行自主学习的过程。在这里,教师通过Internet或直接给学生发布研究的问题或待探索的主题,学生借助Internet网络、图书资料和其他多媒体信息资源,进行自主探究学习、研究与讨论,从而实现教学目标。

探索学习的基本出发点是认为学生在解决实际问题的过程中学习要比教师单纯讲授知识有效。在这里,学到的不仅仅是知识,还包括解决问题的技术,独立思考的技能等。探索学习模式实现的技术简单,成本相对低廉,而又能有效地激发学生的积极性、主动性和创造性,能够在一定程度上克服传统教学过程的弊病。

在探索学习模式的实施过程中，WWW 是一个很好的支持工具，它可以让处于不同地理位置的学习者获取信息、与人交互，以同步（实时）或异步（延迟）的模式通过多媒体的形式来达到讨论的目的。在探索式学习环境中，应该提倡和支持带有深层思考的交互。

（5）协作学习模式

协作学习是一种由某些学生协作完成某个给定学习目标的教学形式。在协作学习过程中，学习者之间以融洽的关系、相互合作的态度，共享信息和资源，共同担负学习责任，个人学习的成功与他人的成功密不可分。基于 Internet 的协作学习则是指利用 Internet 以及多媒体等相关技术，由多个学习者针对同一学习内容彼此交互和合作，以达到对教学内容比较深刻地理解与掌握的过程。

在基于 Internet 的协作学习过程中，基本的协作模式有四种：竞争模式、协同模式、伙伴模式与角色扮演模式。

① 竞争模式

竞争模式是指两个或多个学习者针对同一学习内容或学习情景，通过 Internet 进行竞争性学习，看谁能够首先达到教学目标的要求。在基于竞争模式的 Internet 协作学习中，首先由学习系统提出一个问题，并提供学生解决问题的相关信息。学习者在开始学习时，先从网上在线学习者名单中选择一位竞争对手（也可选择计算机作为竞争对手），并协商好竞争协议，然后开始各自独立地解决学习问题。由于竞争的需要，学习者在学习过程中，会很自然地产生求胜本能，所以学习者在学习过程中将会全神贯注，从而提高自己的学习效果。在学习过程中，由于学习者可看到竞争对手和自己所处的状态，因此学习者可根据自己和对方的状态调整自己的学习策略。

② 协同模式

协同模式是指由多个学习者共同完成某个学习任务，在这个过程中，学习者发挥各自的认知特点，相互争论、相互帮助、相互提示或者进行分工合作。学习者对学习内容的深刻理解和领悟就在这种和同伴紧密沟通与协调合作的过程中逐渐形成。基于 Internet 的协同学习系统，可让多个学习者通过网络来解答系统所呈现的同一问题。他们之间的交流和协作通过公共的工作区来实现，一般都要进行紧密的合作或分工才有可能解决问题。在开始之前，每个学习者都必须与其他学习者讨论、交流彼此的观点并共享集体的智慧，最终在学习者之间达成一致的行动方案。

③ 伙伴模式

伙伴学习系统与现实生活中的同学关系类似，它可以使学生在学习过程中感觉到他并不是孤独的，而是有一位伙伴可以互相支持、互相帮助。当一方有问题时，他可以随时与另一方讨论。利用 Internet，使得学生可供选择的学习伙伴更多了，而且具有更多的便利条件。在这种系统中，学习者通常先选择自己所学习的内容，并通过网络查找正在学习同一内容的学习者，选择其中一个并经双方同意结为学习伙伴。当其中一方遇到问题时，双方便相互讨论，从不同角度交换对同一问题的看法，相互帮助和提醒直至问题解决。当他们觉得疲倦的时候，还可以在聊天区闲聊一会儿，使得学习过程不再枯燥和孤单，而是充满乐趣。由于个人的思考范围有限，若能够在学习过程中和伙伴相互交流将可达到事半功倍的效果。

④ 角色扮演模式

所谓角色扮演协作学习，就是让不同的学生分别扮演指导者和学习者的角色。学习者解答问题，指导者则检查学习者的解题过程是否正确。学习者若在解题过程中遇到困难，则由指导者帮助、提示与解决。在学习过程中，上述学习者和指导者的角色可以互换。

事实上，每个人都有过这样的体验——对某个问题给别人作了详细讲解之后，自己对该问题往往会加深理解或有新的体会，即在帮助别人学习的过程中，也能提高自己。因此，精心组织的角色扮演学习模式不失为一种有效的协作学习方式。

3. e-Learning 的教学过程及其特点

e-Learning 的教学过程就是为实现一定的教学目的，由若干教学环节和以网络为基础的学习活动和教学活动组成的进程。由于师生在时间和/或空间上相对分离，学生应以自学为主，教师的讲授要么通过视频或网络会议的方式进行，要么被制作成视频流课件，让学习者点播，很难有基于课堂的"教学单元"活动。

在课程导入阶段，教师的工作除了确定课程目标、制订计划、选定教材和确定考试方式外，还需要选择相关的教学资源。这是因为 e-Learning 相对于其他教学形式，资源丰富程度更高，教学信息来源更广泛，需要筛选的教学内容更庞杂。

由于学习者缺乏自主性及某些教学内容的特殊性，教学活动组织也就成为必要的环节。当师生在时间/空间上分离时，因为不存在基于课堂的"教学实施"活动，所以网上学习活动的组织成为 e-Learning 教学的必要环节。

由于学习者学习技能的不足和解决学习者学习中必然会遇到的问题，"学习支持"将作为一种必不可少的要素出现在教师与学习者的交互过程之中。加之 e-Learning 的时空分离程度远大于课堂教学，因此对于学生的学习支持服务就成为一个关键问题。同时，学习支持服务贯穿整个教学过程，无论是教学准备、教学引入还是教学实施以及最后的测评阶段，学习支持服务都将起到保障的作用。e-Learning 教学过程中的评价主要是对学习者的评价和对教学效果(或网络学习组织)的评价，一般采用形成性评价与总结性评价相结合的方式进行。

从 e-Learning 的教学过程(包括组织形式与学习过程)来看，e-Learning 有以下突出优点：① 覆盖面广，传播手段灵活多样，学习不受时空限制，可以随时、随地为学习者提供教育服务；② 提供了丰富的学习资源来支持学习者的学习；③ 学习者可以根据自己的知识基础自定进度地进行学习，使被动的接受变为主动的学习；④ 可以为由于各种原因而无法进入正规学校、学院或大学的人提供受教育的机会。

同时，这种教学形式也存在着难以克服、比较明显的缺点：① 减少甚至没有了面对面的交互，这不利于教师和学生的情感交流；② 学习者在学习过程中常常会感到孤独；③ 要求学生有较强的自学能力和自律能力。

4. 网络教学平台

在网络教育的开展过程中，网络教育的实施效果往往是人们最关心的问题之一。而网络教育实施的好坏，在很大程度上取决于所构建的网络教育环境、所采用的网络教育系统是否最大限度地满足了个性化学习的需求。网络教学平台是一种基于计算机的标准化学习系统，主要用来支持网络学习的内容传递，促进在线师生间的交流，实现个性化学习。网络教学平台也被称为虚拟学习环境(VLE)或学习管理系统(LMS)。

网络教学平台通常由学生学习平台、教师教学平台、教学管理平台三大子平台组成。在功能上，主要包括网络课程开发、网络教学实施、网络教学分析、网络教育资源的管理和维护。网络课程开发包括对多种类型文件的导入导出并提供相互链接和有机整合等；网络教学实施包括强大的交流工具(包括同步的 CHAT 和异步的 E-mail 等)、智能答疑系统、作业管理系统和在线考试系统等；网络教学分析包括学习行为采集和分析、学习成绩定期统计等；网络教育资源的管理和维护包括对各种网络教学资源的存储管理。下面介绍几种国内外知名的网络教学平台。

(1) Blackboard

Blackboard 公司(http://www.blackboard.com/us/index.bbb)成立于 1997 年，起源于康乃尔大学，该公司致力于为全球的教育机构提供在线教育解决方案。Blackboard 是一款功能和服务都很强大的优秀的商品化课程管理系统软件。Blackboard 在线教学管理平台是目前市场上唯一支持百万级用户的教学平台。2006 年，Blackboard 的全球占有率为 76%，美国占有率为 81%，有 60 余个国家、4000 余所大学及其他教育机构在使用 Blackboard 产品。2003 年 9 月，Blackboard 正式进军中国，与 CERNET 合作创建了 CERNET-Blackboard(塞尔毕博，网址 http://www.cbb.edu.cn 或 http://www.cerbibo.com)公司，旨在为中国的教育机构提供先进的数字化教育解决方案和服务。中国有 200 余所高校使用该平台，其中包括 25 个 985 高校。Blackboard 平台以课程为核心，每一个课程都具备独立的学习区、交流区、考试区、管理区，如图 4-1 所示。

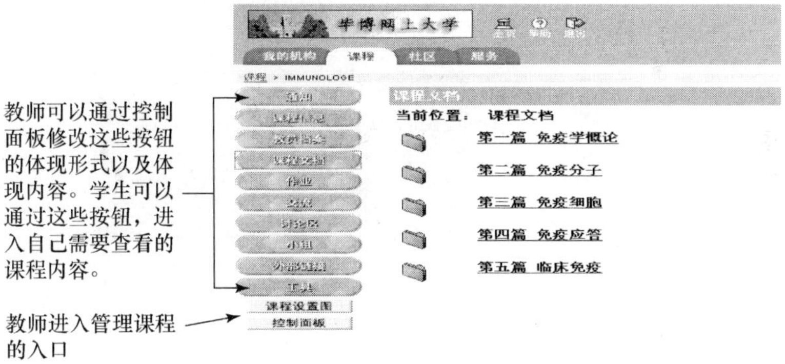

图 4-1　网络教学平台界面示意图

Blackboard 网络教学平台的功能模块如下：

① 内容资源管理

● 查看通告、日程、任务和多门课程分数。

● 使用简单：教师只需了解浏览器、电子收发信箱的使用，就可创建和管理课程。

● 实现课程学习内容和学习辅助工具的分离，提高课件的重用性，并使课件来源多样化；支持上载和发送各类格式文件的内容，形成课程内容。支持 IMS、SCORM、Microsoft LRN 等国际网络教育标准。

● 数字收发箱：接收、储存、管理学生作业，学生之间的文件互换。

● 电子黑板：记录笔记功能，可随时随地上网学习。

② 在线交流功能

● 支持多种教学模式：同步教学、异步教学、教师引导下的学生自主学习，如图 4-2、图 4-3 所示。

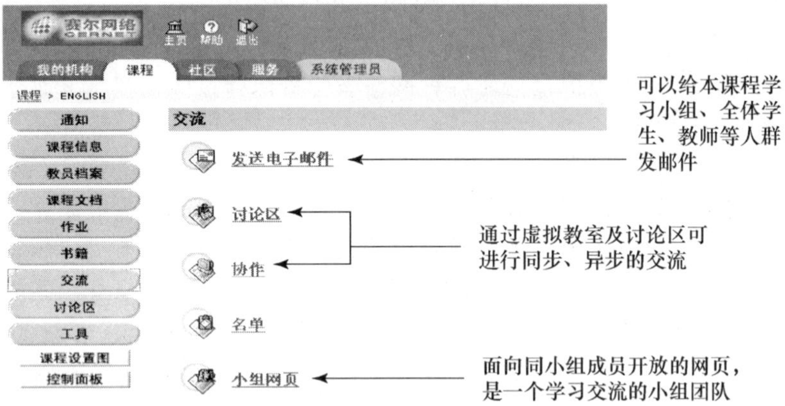

图 4-2 在线教学交流区主界面

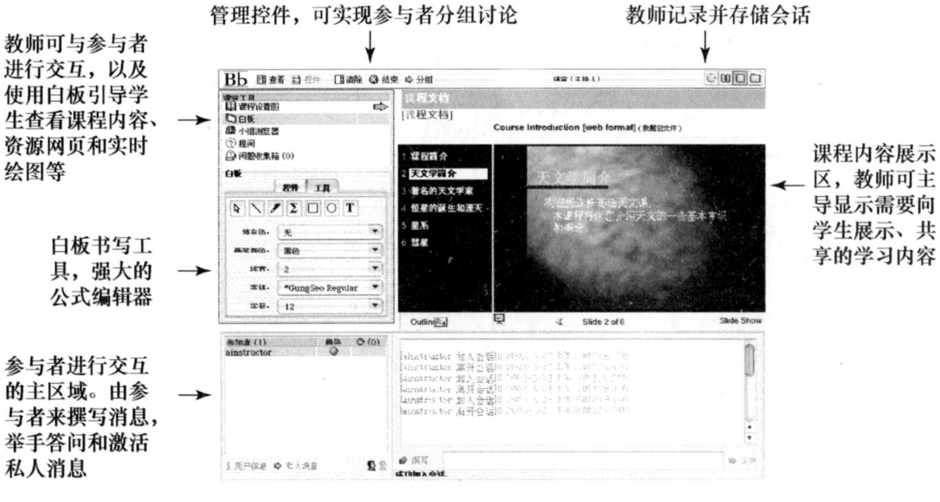

图 4-3 交流区协作项内的虚拟教室界面

● 讨论区：通过在线论坛，激发学生以提问、讨论的方式进行互助学习。

● 虚拟教室：进行实时辅导、答疑、教学交流，具有实时文本交互功能，教师通过电子白板可引导学生学习课程内容和网上学习资源，主导虚拟教学全过程。

● 学习小组：设立学习小组，每个小组可启动受保护论坛、虚拟教室和文件交流等。

● 群发邮件：邮件组将根据课程、用户身份分组，自动生成邮件组。

③ 考核管理功能

● 试题库管理功能：可编辑生成八种题型，可随机生成试卷，并可多次重复使用，如图 4-4 所示。

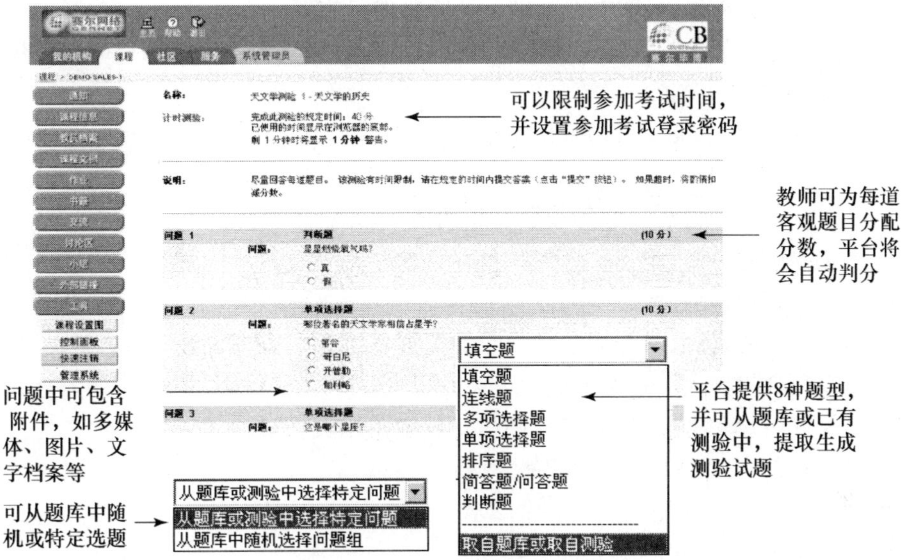

图 4-4　平台测试功能界面

● 创建实时测验：提供受密码保护的测验、限时的测验。平台对客观试题可自动判分，学生可立即获得测试结果。教师可通过平台对主观试题判分。

● 测验定时功能：可设置考试时间，到时间试卷自动关闭。以及考试开放时间。

● 在线成绩簿：通过电子成绩簿，横向、纵向的汇总管理分析用户成绩和考核细目。创建自动统计分析学生答案的数据报告，加权综合测评分数。

④ 系统管理功能

● 灵活、方便的用户、角色管理功能以及分级授权管理机制，如图 4-5 所示。

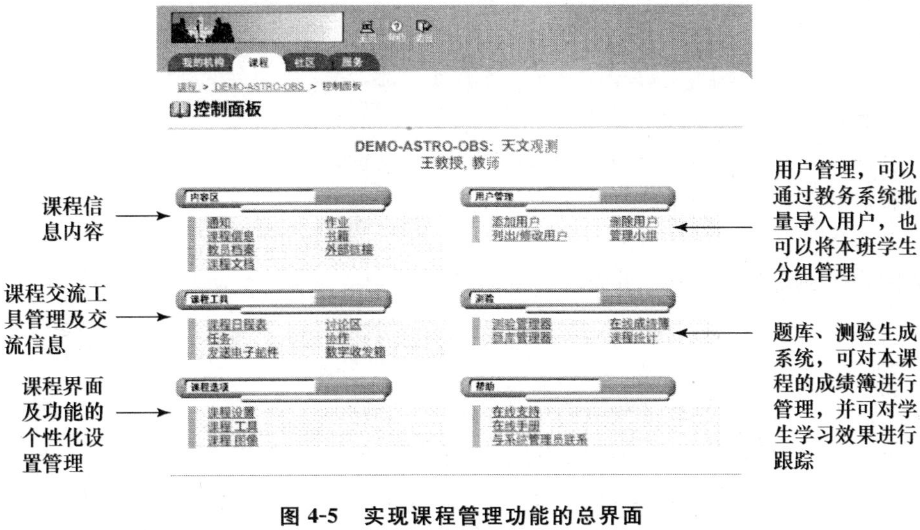

图 4-5　实现课程管理功能的总界面

● 系统注册和课程创建，对课程的综合管理。

● 跟踪统计学生的学习进度和学习效果，生成系统整体的统计报告。

● 资源管理：题库管理，课程管理可实现资源的最大共享。

Blackboard 网络教学平台可实现针对学生、教师、系统管理员身份用户的应用功能。

① 学生的主要应用功能

● 个人信息维护、功能完善的日历系统和任务系统；

● 课程内容自动归类；

● 具有作业提交和讨论交流等信息发布功能；

● 查看课程信息、课件学习、电子教案学习、教学参考资料和学习资料使用；

● 电子学习笔记；

● 进行学习交流讨论、参加同步和异步的课程答疑并可查询答疑记录；

● 根据作业列表完成并提交作业；

● 参加课程测验和考试、查询所学课程的成绩及相关细目；

● 使用虚拟教室的课程白板等功能。

② 教师的主要应用功能

● 教学信息维护、发布课程公告信息；

● 定义课程用户的属性，如助教、评分者和内容提供者等；

● 进行包括课件、电子教案、教学参考和学习资料等的课程资源管理，课件制作，发布和浏览信息；

● 作业信息统计、布置作业、批改作业；

● 组织管理并跟踪答疑；

● 通过跟踪统计分析学生的学习过程和作业测验成绩来评估学生学习效果，自动生成综合加权计算的统计报表；

● 通过虚拟教室实现同步课程讨论、通过课程论坛和电子邮件等进行异步交流；

● 进行题库管理、设置测试、试卷统计分析；

● 虚拟教室的课程白板功能；

● 基于 IMS 的 XML 内容模块导入/导出等功能。

③ 系统管理员的主要应用功能

● 个性化定制平台界面风格、功能等系统全局设置；

● 通过网桥扩展实现系统功能集成设置；

● 发布学校范围内的任务和公告信息；

● 用户管理功能可根据学校的实际情况设定、添加、删除、管理并查询用户；

● 课程管理功能包括：建立新课程、删除课程、重置课程、课程打包备份和恢复、课程设置和多级课程分类；

● 通过设置课程的开放时间进行学期管理；

● 统计并管理整个平台的使用情况，进行用户数量统计；

● 生成针对整个系统或个人的访问人次、浏览量和访问区域等的统计报表功能；

● 修改和管理系统所有用户的密码；

● 管理助理管理员并分配权限，如系统支持人员、课程创建者和账户管理员；

● 为其他 IT 系统提供服务和接口等功能。

(2) Learning Space

Learning Space(http://www.lotus.com)是由 IBM 针对远程教学内容建立于群件系统 Domino 之上的集学习环境、课程开发和课程管理为一体的网络教学系统。它具备基本的交互功能，如在线聊天、讨论组等，以及简单的课程开发功能。Learning Space 只能制作一些简单的文本演示课件，但它为课件制作提供了生成模板，可以简化教师的制作过程。它所具备的基本的课程管理功能可管理学生和教师的学习注册、访问权限以及课程目录、课程的建立和登记。其主要用户是企业培训部门。例如，在国内，神州数码建立了基于 Learning Space 的培训系统。

(3) Moodle

Moodle(中文译为魔灯)是澳大利亚教师 Martin Dougiamas 基于建构主义教育理论而开发的网络教学平台，是完全免费的开放源代码软件。Moodle 是 Modular Object-Oriented Dynamic Learning Environment(模块化面向对象的动态学习环境)的英文缩写，是用来建设基于 Internet 的课程和网站的软件包。Moodle 官方网站为 http://moodle.org/，Moodle 原创作者的网站为 http://dougiamas.com/。

Moodle 是目前世界上最流行的课程管理系统(CMS)之一，由于它是开放性软件，其开放的理念使得全世界的教师和爱好者都可以参与到系统的设计开发中，其功能愈来愈强大，成为国际上首选的能够替代 Blackboard 的适合中小学基础教育选用的学习环境。

依据 Moodle 官方网站提供的截止到 2007 年 10 月的数据，使用 Moodle 的站点来自 196 个国家总数达 35445 个，开设 1504742 门课程，使用者超过千万人，形成了相当规模的 Moodle 社区，社区注册人数超过 34 万。Moodle 提供的语言支持超过 75 种。Moodle 不仅被大学使用，在中小学、非盈利性组织和私人公司也被使用，还被教师，甚至孩子的父母使用。

Moodle 具有简单、精巧、高效、易用的界面，几乎可以在任何支持 PHP 的平台上安装。其全面的数据库抽象层技术，支持几乎所有的主流数据库，并能容纳成千上万门课程。Moodle 网络教学平台主要由网站管理模块、用户管理模块、课程管理模块、作业模块、聊天模块、投票模块、论坛模块、测验模块、资源模块、问卷调查模块、专题讨论模块这 11 个模块组成。各个模块都体现了网络教学的特点和要求。

Moodle 提供了管理员、教师和学生的功能，分别见表 4-1、表 4-2 和表 4-3。

表 4-1　管理员功能

课程管理	用户管理	系统配置
设置课程类别	设置注册方式	站点信息
创建课程	管理用户账号	参数配置
选课	设置用户权限	插件设置
任命教师		界面风格

表 4-2 教师功能

教学设计	教学准备	教学实践	教学评价和反馈
确定教学目标	发布课程公告	引导学生自主探究	作业评定
确定教学大纲	上传设计网络课件	组织讨论	论文评定
制订教学计划	导入素材	专家答疑	专题测验
设计教学活动	添加讲义	在线教师答疑	网上活动评定
设定教学策略	添加活动	测试考试	网上学习记录评定
确定评价指标		布置作业	

表 4-3 学生功能

学习前准备	课程学习	学习评价 (评价自己的学习情况)
浏览课程简介	阅读学习材料、观看课件和教学资料	察看作业情况
浏览课程大纲	自主探究	察看测验成绩
浏览教学计划	提问、答疑	察看个人活动记录
浏览课程公告	在线讨论	察看教师给予的评价
注册	小组协作	
报名、选课	完成布置的作业、自测练习	
等待审核和缴费	参加联机考试	

Moodle 创建的网络课程主要有三种格式：星期式、主题式、社区讨论式。包含丰富的教与学活动，如论坛、测验、资源、投票、问卷调查、作业、聊天室、互动评价、心得报告、博客等，全面跟踪学生学习过程，能够在同一页面内统计每个学生的活动，显示图形报告，包括每个模块的细节(最后访问时间、阅读次数)，还有参与的讨论等，便于对学生进行全面评价。教师可以自定义评分等级并用来在论坛和作业打分。

Moodle 不仅仅是一个技术平台，也是一个体现新的教育理念的操作平台；不仅仅是一个先进的“课程管理系统”，更是一个将教育理论与实践相结合的，支持教师和学生组织实施教学活动的“学习管理系统”。教师们学习使用 Moodle 的过程，也就是学习体验新的教育理念和掌握新的教学方法的过程。而且，Moodle 的操作使用十分方便，技术门槛低，便于普通教师使用。

(4) WebCL

WebCL(Web-Based Cooperative Learning System，基于网络的协作学习平台，http://www.webcl.net.cn)是北京师范大学知识科学与工程研究所基于协作学习的理念而开发的、全面支持网络教学的支撑平台。WebCL 的主要功能如下：

● 支持任务和分组

通过对布置任务、划分小组、组内开展协作学习、展示和评价协作学习成果等协作学习环节的支持，WebCL 可实现协作学习的全过程。

● 支持资源管理

利用 WebCL 平台，教师可以直接上传课件，也可以将互联网上的任何可访问的资源通过 WebCL 组织起来，使这些资源能够供学生使用。

● 支持多形式、多层次的交互

WebCL 为学生之间、师生之间提供了多种交互形式，包括在线消息、公告、聊天室、讨论区、调查等。更为重要的是 WebCL 可以从公共、班级、小组等多个层次提供交互支持。

● 支持作业管理

教师可以轻松地在线创建作业，作业类型可以为单选、多选、填空、问答以及文档提交等形式。部分题型的自动评判功能大大降低了教师的工作量，也为学生提供了及时的反馈。另外，教师可以轻松查阅学生作业的完成情况，掌握学生的学习进度。作业上交的截止日期的设置功能能够有效地控制学生的学习进程。

● 支持多种评价方式

在协作学习方面，教师可以组织专家组对小组的作品进行评价，学生可以对自己的协作表现进行自评，小组成员之间还可以进行互评。在个别学习方面，电子学档的设立不但能够记录学生的学习过程，而且能够为学生提供反思学习的空间。

● 人性化的个人私有空间

WebCL 为用户提供了日历安排、电子邮箱、网络硬盘和个性设置等个人空间。学生可以在线安排事务，并可得到系统地提醒；学生可以在平台上存储私有文件以供平时所需，学生可以定制个性化的系统入口以使登录更方便、快捷。

4.2.2　M-Learning

1. M-Learning 含义

移动学习(M-Learning)是一种在移动计算设备帮助下的能够在任何时间、任何地点发生的学习，移动学习所使用的移动计算设备必须能够有效地呈现学习内容、提供教师与学习者之间的双向交流，并且能够方便随身携带、随时随地使用。移动计算设备包含 PDA(Personal Digital Assistant，个人数码助理)、WAP(一种无线应用协议)手机、MP4 以及手持电子书阅读器等。e-Learning 模式的远程教育给人们带来了自由自主、资源共享的学习时代，而 M-Learning 模式的远程教育则给用户提供真正的随时随地、个性化学习、开放式学习。移动学习是一个完整的教学体系，它从组织内容方面包含了学习材料的制作与分发、教学组织与教务管理、基于移动设备的远程交流互动、学习周边的信息服务等；从软件支撑方面包含了移动教学平台、课件制作工具、移动交互软件、信息服务平台等；从技术范畴方面包括短信、彩信、WAP、移动图像、电话视频流、移动互联网、PDA 环境软件开发。

2. M-Learning 国内外发展现状

移动学习已经成为远程教育的一大发展趋势，目前，这种学习方式在欧洲十分流行。但在国内，移动学习发展相对滞后，一方面是由于这种移动教学对技术要求较高，需要开发专门的互动软件平台；另一方面是由于成本比较高，只适合于学生规模比较大的学校。上海电视大学首家推出用手机开展远程教学。

(1) 国外发展现状

20 世纪末，利用移动通信设备开展学习活动的研究已在美国悄然兴起。从 2001 年开始，移动学习受到了全世界各个国家的极大关注，特别是在欧洲，先后组织了 30 多个移动学习的项目，对移动学习的教学对象、教学方法、技术手段等进行了探讨。由于发达国家的移动通信技术较为发达，学生的经济较为宽裕，城乡学生的手机、PDA 等移动设备利用率较高。因此，他们在移动教育上的研究重点在于：探索移动教育下的学习方式，寻找移动通信环境下的教学、学习和指导模式。在移动课程资源的使用上，以延续远程教育的课程资源开发成果为主。

一些国家的组织和大学开始了移动学习的尝试。挪威 Bekkestua 的 NKI 是欧洲远程教育课程的主要提供者之一，也是 e-learning 课程在欧洲的最大供应者。他们已经把原有的 400 门 e-Learning 课程改版为 M-Learning 课程，并开始向注册付费的学员提供这些课程。南非的比勒陀利亚大学所做工作的重要性在于，他们解决的是在校大学生的上课问题。其实早在 2002 年比勒陀利亚大学就通过手机完成了三项远程教育计划，当时大多数学员住在缺少远程通信基础设施的偏远农村，而且所有人又都是全日制职工。但是他们中 99.4%的人有手机，可以靠手机联系，通过短信服务修学分。阿萨巴斯卡（Athabasca）大学的学生利用笔记本电脑、智能手机和新一代移动设备上“XML 计算综述”课。爱尔兰都柏林的教育项目已经再次获得欧洲委员会的移动教育授权。他们将进行的研究主要包括：开发“移动教育开发包”，向大学推广移动教育；开发指导学校如何联系学生的“移动学习教学管理包”；出版介绍移动学习的书籍，召开移动学习的国际会议；开发 20 套学术性的课程指导；开发 10 种作为主流课程的移动学习模型等。

在这些实践中，移动教育的对象包括：在校大学生和业余进修的学员。使用的移动设备以手机和 PDA 为主。学习方式主要是接受短信服务、通过 PDA 学习由 e-learning 改版的课程。移动设备根据实际情况让学员就地取材，而不是由项目组提供。

(2) 国内发展现状

我国教育部高教司已于 2001 年 12 月发出了关于“移动教育”的理论与实践研究项目立项的通知。在全国高等学校教育技术协作委员会的主持下，“移动教育”工程正在紧锣密鼓地开展着。“移动教育”项目的核心内容有两个：一是建立“移动教育”信息网，利用中国移动的短信息平台，向广大师生提供教育科研、教学管理、生活资讯等方面的信息服务，同时让他们能够享用更加优质优惠的移动电话服务；二是建立“移动教育”服务站体系，在各主要大学建立“移动教育”服务站，为参与“移动教育”项目的用户提供各种服务，以及电信卡、手机、笔记本电脑、掌上电脑、无线网络设备等与“移动教育”项目相关的产品。

自 2005 年底以来，移动学习由研究阶段逐渐地过渡到商业推广阶段。特别是随着手机厂商的激烈竞争，学习型手机的推出，像波导公司的“手机中的学习机”，康佳的“能打电话的掌上学习机”、诺基亚 6180 、9210 、8310 、3300 等移动平台均可以用到移动学习中，以及移动学习硬件平台的日趋完善和软件企业开发了大量的基于手机的学习平台软件和课程资源，使得移动学习在 2006 年进入了一个新的转折点。

移动信息通信技术的教学活动应运而生，如：新浪、网易、搜狐、TOM 等国内大型知名网站都先后推出了自己的手机短信息（SMS）或 WAP 方式的外语学习辅导服务，每天的信息量高达数百万条，成为外语教育中异军突起的一匹黑马。著名的新东方外语网校更是直接推出了手机课程栏目，将移动教育引入全方位的英语教育中，取得了较好的效果。

北京移动为教育行业提供了移动学习解决方案，该方案涵盖了教务管理、教学组织、资源制作及分发等内容，它可以为普通高校、网络学院等高等院校提供基于短信/ WAP 的教务通知、教学互动，基于无线互联网环境的网络化教务管理和教学组织的解决方案，以及基于手机环境点播、下载的多媒体课件资源制作及发布系统等。

3. 移动学习的实现方式

移动学习根据使用通信协议的不同，分为基于连接浏览的移动学习，基于短信息的移动学习，基于校园无线 Internet 的移动学习。

(1) 基于连接浏览的移动学习

该方式是学习者利用移动学习终端 PDA，经过电信的网关后接入互联网，PDA 可以为学生创设出一个舒适、令人愉快的学习环境，通过 WAP 协议访问教学服务器，进行浏览、查询、实时交互，类似于普通的互联网用户。由此可以看出，基于连接浏览的移动学习方式不但可以传输文本，还可以传输一些图像信息。这样学生就可以在火车、地铁、汽车、机场等任何可以移动的地方，只要他们想学习又处于空闲就可以进行学习。PDA 是一种理想的移动学习工具，可以用 HTML 语言编写课程材料，或者用性能更好的微软阅读器(Microsoft Reader Works)开发，为学习和阅读电子书籍提供了适宜环境。

(2) 基于短消息的移动学习

这种学习可以是学习者之间的、学习者与教师之间的、学习者与互联网之间的、甚至是学习者与某台服务器之间的。通过短消息学习可以实现问答学习、成绩查询、活动通知、课程辅导等。还可以采用“群发”或者“短信通道”作为学习管理服务和学生活动服务的组成部分。

(3) 基于校园无线 Internet 的移动学习

这种学习是局部的，可以在某个教学楼、某个校园里或者是某个教室中。这种移动学习可以根据教学的需求采用不同的控制形式。比如：针对教室的移动学习可以采用集中控制的方式，设置一个无线控制点；而针对教学楼的移动学习则可以采用中继控制，通过在教学楼中的有线装置，实现楼内的无线网络互联；如果是整个校园的移动学习则可以采用混合的控制方式，这种方式不仅支持文本、图片，由于其校内传输的高效性使得一些动态的图像、音频、视频等多媒体教学内容都可以任意地浏览学习。

4. 移动学习的限制

虽然移动设备得益于其便携性，而且在有些国家还有即时可得性，但移动技术仍然存在一些问题。如由于显示屏限制导致的音视频质量不佳，由于单指输入带来的困难，有限的信息长度和电源，与传统的文化背景抵触(如不符合传统的教学与学习观念)，有限的在线时间，以及具有多媒体能力的移动设备拥有者有限等。

大多数研究者表示，PDA 和 WAP 手机等移动设备只是目前在学习手段上的一种扩展，它们不能够替代现有的学习工具。更重要的是，并非所有的学习内容和学习活动都适合使用移动设备。

4.2.3　Blended Learning

e-Learning 作为一种“全新”的学习方式，能完全取代学校教育中传统的面对面教学的学习方式吗？这是值得教育界乃至整个社会都关注的一个问题。

1. Blended 混合了什么?

在英语中,blend 是"混合"与"掺杂"的意思,同时也有"配合"与"调制"、"调和"与"融合"等意思,其含义不是简单地"混合"在一起,含有相互"配合"与"融合"的意思,其意义比较深远。

对于即将采用 BL(Blended Learning)教学的教师来说,仅仅理解了"混合"的基本含义还不够,还需要从学习理论、学习资源、学习环境、学习方式与学习风格等角度来理解混合式学习。

(1) 学习理论的混合

教育理论涉及学习理论、教学理论、教育心理、教育评价、教育测量、教育传播、教学设计等许多方面,其中起主要作用的是学习理论与教学理论。就学习理论与教学理论而言,它们又有各种不同的流派,而且各种流派都有各自不同的优缺点,都有各自适合的应用领域与范围。在教育科学中目前还不存在一种普遍适用的、十全十美的理论。所以一般来说,指导教育实践与教育改革的理论应当有多种而不是只有一种。但是,在不同历史时期内,一个国家或一个地区的教育存在的问题是不一样的——不同时期有不同的主要矛盾。换句话说,不同时期的教育改革必定针对不同的目标,而为了更有效地达到这个目标,往往要采用与该目标直接相关的理论。

(2) 学习资源的混合

学习资源有来自印刷材料、光盘、录像带、磁带、互联网的,也有来自收音机、电视机,甚至是手机的。特别是互联网为学习者提供了前所未有的学习资源支持。通过利用这些资源,学习者可以完成不同的学习任务。

(3) 学习环境的混合

学习者不但可以在真实的物理环境中,即教室里进行学习,也可以在虚拟环境中,即网络中进行学习,比如虚拟学习社区、网上课堂、论坛等。对于学生来说,校园的内涵将包括物理校园和虚拟校园。

(4) 学习方式的混合

学习者在学习过程中,可以采用多种学习方式进行学习。学习方式包括上课听教师的讲解、参加研讨会和学习班、独立阅读、与同学讨论交流、上网查找资料、看光盘、发邮件或打电话向别人咨询、写读书笔记和学习心得、做练习、小组合作完成学习任务等。为达到不同的学习目标或同一个学习目的,学习者可将多种学习方式混合使用。

(5) 学习风格的混合

学习者在学习过程中要调动视觉、听觉、触觉等多重感官参与到学习活动中,通过参与、合作、竞争等活动进行各种学习体验,最终达到预期的学习目标。

2. Blended Learning 的概念

混合式学习就是面对面的课堂学习(face to face)和数字化学习(online Learning 或 e-Learning)两种方式的有机整合。混合式学习的核心思想是根据不同的问题、要求,采用不同的方式解决问题,在教学上就是要采用不同的媒体与信息传递方式解决问题,而且这种解决问题方式的目的就是要付出最小的代价，取得最大的效益。① 这里的混合不是要素之间的简单叠加，而是各个要素“搅拌”之后的有机融合。

无论是将教育思想、教学方法进行混合，还是将学习资源、学习方式进行混合，只有对“混合”的内涵有所认识，教师才能设计出有效的混合式学习的教学活动，并潜移默化地、自觉地将混合式学习的思想融入教学中。

3. Blended Learning 教学过程

对于传统教学来说，教学过程一般包括课程导入阶段、具体教学过程阶段和考试评价阶段。对于 BL，教学过程的关键环节与传统课堂教学类似，包括四个环节：课程导入、活动组织、学习支持和教学评价。

(1) 课程导入

课程导入是教学过程的起始阶段，主要为学生与教师通过一定的手段就学习目标、教学组织和考试方法等方面进行交流，以使师生就本课程的教学目标、课程内容、网络/课堂活动组织形式、学习支持方法与考试评价方法等方面形成共识，教师还要对学习者如何学好这门课程进行学习方法的指导。

(2) 活动组织

根据知识分类与教学目标，在具体教学组织过程中有多种活动形式，如：以集体学习为主的活动可分为同步讲授与异步讲授；以小组学习为主的活动可以有协作学习、讨论交流；以个体为主的活动有资料收集、反思和在线阅读；小组和个人都可以参与的活动有案例分析和问题解决。

通过组织各种活动，可以给学习者提供检验自己理解所学知识是否正确的机会；通过活动，学习者可以学会如何与他人合作解决问题、在线与他人讨论交流等；通过活动，学习者可以自己在线阅读、反思、上网查找资源、分析问题等。各种不同形式的活动（或任务），不但渗透着教学方法的运用（有时会体现一种教学法，有时会体现多种教学法，有时只是教学法的一个组成部分），而且还渗透着不同教学媒体的运用。对不同类型的知识需要使用不同的组织方法和教学方法，而这些教学方法要通过活动进行组织并呈现。只有有效设计与组织实施这些活动，才能充分地体现出 BL 的实质。

(3) 学习支持

在学习者学习的过程中，为解决学习者学习技能的不足或帮助学习者克服在学习中遇到的困难，这就需要向他们提供学习支持，给他们提供学术性或非学术性的帮助。这种帮助可以来自教师，也可以来自小组内部或其他小组同学，目的是让学习者顺利地完成学习过程。学习支持服务贯穿整个教学过程，无论是课程导入，还是活动实施以及最后的教学评价，它都起到了保障的作用。

(4) 教学评价

检查和评定预期的教学效果就是教学评价。教学评价主要是指对学习者的总结性评价和对教师、教学设计（课程）方案、教学过程、活动组织的评价。

BL 教学形式的诸多特点使得 BL 的评价方式更加丰富、评价手段更加多样。它既包含有

① 李克东，赵建华. 混合学习的原理与应用模式[J]. 电化教育研究，2004(8).

传统的评价方式,又包含有网络的评价方式;既可以依据小组的成绩进行评价,也可以依据个人表现予以评价;既可以通过读书笔记来进行评价,也可以通过电子学档进行评价。所谓电子学档(e-Portfolio)又称电子作品集,是指在某一学习阶段或基于任务的学习活动中,学习者学习过程中在计算机和网络上存储、传输、演示、应用、反思的数字化的若干学习记录、学习成果和作品的汇集。

4.2.4 e-Research

1. e-Research 定义

e-Research 是指利用互联网及相关技术所形成的大规模、分布式、协作性的自然科学或非自然科学的研究,该研究可以是国家范围的或全球范围的。e-Research 要求网络具有很高的分布式计算能力和巨大的分布式存储能力。e-Research 是由澳大利亚提出的,对应美国的网络信息基础设施(cyberinfastructer)、欧洲的网格(grid)和英国的 e-Science。

在美国,网络信息基础设施这个术语被用来描述运算及网络基础设施,它们使诸如协作研究体,协作实验室,网格共同体/网络,虚拟科学共同体以及 e-Science 共同体这样的研究环境成为现实。网格是指作为虚拟系统呈现给使用者的分布式运算资源(数据库、专业科学设备、运算能力、知识服务)的集合。网格在 e-Research 的发展中起了重要的作用,它使全球范围内的数据、运算能力和专业设备的共享成为可能。

2. 学术研究英文数据库介绍

(1) Elsevier ScienceDirect Online(SDOL)(http://www.sciencedirect.com/)

Elsevier 科学出版公司是世界著名的出版公司,已有 100 多年的历史。除了出版图书外,还是当今世界最大的学术期刊出版商,内容涉及生命科学、物理、医学、工程技术及社会科学,其中许多为核心期刊。

(2) SCOPUS(http://www.scopus.com/scopus/home.url)

由 ELSEVIER 公司于 2004 年底推出的 Scopus 是目前全球规模最大的文摘和索引数据库。

Scopus 涵盖了由 4000 多家出版商出版发行的科技、医学和社会科学方面的 15 100 多种期刊。

相对于其他单一的文摘索引数据库而言,Scopus 的内容更加全面,学科更加广泛,特别是在获取欧洲及亚太地区的文献方面,用户可检索出更多的文献数量。通过 Scopus,用户可以检索到 1966 年以来的 3000 多万条摘要和题录信息,以及 1996 年以来所引用的参考文献。

(3) Academic Research Library(ProQuest 学术研究数据库)(http://proquest.umi.com/login)

美国 ProQuest Information and Learning 公司(原 UMI 公司)是世界一流的信息收集、组织和发行商。ARL 是 ProQuest Information and Learning 公司专为大学图书馆和研究图书馆开发的综合性学术期刊全文图像数据库。

本数据库为综合性学术期刊数据库,至 2008 年 9 月份,共收录了 4000 多种综合性期刊和报纸的文摘/索引,其中近 3000 种是全文期刊。其涵盖的学科包括:商业与经济、教育、保护服务/公共管理、社会科学与历史、计算机、科学、工程/工程技术、传播学、法律、军事、文化、医学、卫生健康及其相关科学、生物科学/生命科学、艺术、视觉与表演艺术、心理学、宗教与神学、哲学、社会学及妇女研究等领域。通过它，可检索到自 1971 年以来的文摘和自 1986 年以来的全文。

（4）ProQuest Education Journals（ProQuest 教育学期刊全文数据库）（http://proquest.umi.com/login）

ProQuest Education Journals 是 ProQuest 公司出版的目前世界上收录教育学全文期刊最多、最全面的教育学全文数据库。该数据库收录涉及初等、中等及大学教育方面的 800 多种重要教育学期刊全文，如：Educational Theory，Urban Education，Harvard Educational Review，Child Welfare，Teaching and Change 以及 Education for Health 等，并提供数百个教育课题的研究信息。

ProQuest Education Journals 全面覆盖教育学方面的所有学科，带给教育工作者和教育管理人士最新的教育资讯，如成人教育、AIDS 教育、艺术教育、虐待儿童、儿童福利、儿童文学、计算机教育、健康教育、发展心理学、远程教育、吸毒教育、异常儿童教育、儿童早期教育、人类发展、残疾人教育、数学课程、宗教教育、技术与学习、科学新闻报道等。

ProQuest Education Journals 每日更新，确保用户可以访问教育学的最新期刊信息。ProQuest Education Journals 收录的全文文章可回溯至 1986 年，为教育工作者比较和对比教育学的发展变化提供大量的信息资源。

（5）ProQuest Biology Journals（ProQuest 生物学全文数据库）

该数据库是生物学领域的重量级数据库，包含了业界权威期刊 330 多种，其中全文期刊 290 多种。它覆盖的主要学科有：环境、生物化学、神经学、生物技术、微生物学、植物学、农业、生态学及药物学、大众健康。收录的全文文章可回溯至 1992 年。

（6）Springer Link［http://springer.lib.tsinghua.edu.cn（清华镜像站），http://www.springerlink.com（国外服务器网址）］

德国施普林格（Springer-Verlag）是世界上著名的科技出版集团，通过 Springer Link 系统提供学术期刊及电子图书的在线服务。其网上出版系统 Springer Link 收录近 500 种学术期刊，内容涉及数学、物理、天文学、化学、医学、生命科学、工程技术、计算机科学、环境科学、地理、经济、法律等学科，其中许多为核心期刊。

（7）OCLC（Online Computer Library Catalog）FirstSearch 数据库（http://firstsearch.oclc.org/FSIP）

FirstSearch 是 OCLC 的一个联机参考服务系统，通过该系统可检索到 70 多个数据库，从 1999 年开始，CALIS 全国工程中心订购了其中的基本组数据库。OCLC 总部设在美国的俄亥俄州，是一个非赢利组织，目的是推动更多的人检索世界上的信息，实现资源共享，并减少使用信息的费用。

4.3 基于网络的学习案例和资源

4.3.1 基于网络的学习案例

案例1:

WebQuest

WebQuest是由美国圣地亚哥州立大学教育技术学院教授伯尼·道奇(Bernie Dodge)和汤姆·玛蒂(Tom March)在1995年开发的一种基于因特网的资源型学习模式。在WebQuest中,呈现给学生的是一个特定的假想情景或者一项任务,通常是一个需要解决的问题或者一个需要完成的项目,课程计划中为学生提供了一些因特网资源,并要求他们通过对信息的分析和综合来得出解决方案。一般情况下,一个完整的WebQuest由引言、任务、资源、过程、评价和结论等6个模块组成,其中每一个模块都自成一体,设计者也可以通过改变各模块来实现不同的学习目标。

1. 引言/绪言/主题

该部分首先提出一个具有开放性的主题,该主题最好来源于现实生活的真实任务,让学生具有清晰的目标,在一个真实情境中运用所学知识解决问题或作出决策,从而更好地感悟智慧。其次,该部分要鼓励学生回顾学生先前掌握的知识,激发学习者探索的动机。

2. 任务

"任务"模块是课程教学目标的具体化,对学习结束时学生将要完成的事项进行描述。任务由教师来设计,给学生一个明确的学习目标,使学生集中精力调动各种能力完成任务,为协作学习的交流和互动做好准备。任务的最终结果可以是一件作品(PowerPoint演示文稿、一个网站),也可以是一个解释某一特定主题的书面或口头的报告,还可以是其他形式的学习成果。总之,WebQuest的任务并不是仅仅让学生回答问题,而是要求学习者必须运用高级思维技能才能完成。这些高级思维技能包括创造性、分析、综合、判断和问题解决等。

3. 资源

"资源"模块是一个由教师创建的有助于学生完成任务的网站页面链接条目列表,其中大部分链接是指向因特网上其他站点的与当前主题相关的网页。另外还包括本地(与Webquest在同一服务器上)的电子图书、电子文档、电子刊物、电子邮件信息和参考书目等。总之,资源模块会提供最新的高质量的多种样式的信息资源,为不同学习水平和学习风格的学生提供信息,以此引发学习者的注意,提升学习者的兴趣水平。Webquest资源让学习者能够较快地集中收集信息,学生进而能够分配更多的时间用于解释、分析信息。

4. 过程

在"过程"模块中,教师将完成任务的过程分为若干个循序渐进的步骤,并对每个步骤向学习者提供简短而又清晰的建议,其中也包括将总任务分解成多个子任务的策略。实际上,"过程"模块为学生提供了一个"脚手架"(scaffolding),引导学生经历体验专家的思维过程,实现学生高水平的认知。"脚手架"意味着将困难、复杂的项目划分成若干个片段,让学生能够继续研究相对单一的任务，引导他们通过研究相对简单的步骤，从而能够运用他们的知识。教师在监督学生学习的过程中，可以针对学生的学习现状适时、适量地提供一些学习指导，促使学生的学习过程能够顺利完成。

5. 评价

在 Webquest 教学活动时，教师要激发学生高级思维活动，所以，有效地评价学生的工作是非常重要的。Webquest 一般采用评价量规进行评价。评价的时候要注意以下问题：让学生参与评价量规的制定，要求学习者进行自我评价，学生同伴之间进行评价。

6. 结论

Webquest 的"结论"部分提供总结经验的机会，鼓励学习者对学习过程进行反思，拓展和概括所学知识。学习者也可以向教师提出许多问题，这些问题能帮助教师将相关知识拓展到全体学习者。

WebQuest 有两种基本类型：一种是短期 WebQuest，是专门为 1～3 课时的课程单元而设计的，其教学目标是知识的获得和整合，要求学习者能够掌握大量新的信息，并且理解它们；另一种是较长期 WebQuest，一般将持续一周到一个月，其教学目标是知识的拓展和提炼，要求学习者通过制作一些可供他人在线或离线交互的多媒体作业来证明自己对这些知识的理解。

WebQuest 的使用方法、教学模板和设计课例可以在英文网站"http://WebQuest.org/search/index.php"和中文网站"http://www.being.org.in/WebQuest/"获得。

案例 2：

塞丁霍尔大学互联互动的网络学习环境①

塞丁霍尔大学(Seton Hall University)建立于 1856 年，是美国最古老的主教区大学。从 2000 年 12 月开始，Blackboard 教育软件系列成为塞丁霍尔大学信息基础设施的一个重要组成部分。塞丁霍尔大学是公认的技术创新者，早在 1995 年就启动了移动计算机项目，现在该项目可以为校内所有的本科生和教员提供笔记本电脑。塞丁霍尔大学也一直使用 Blackboard 软件进行创新活动，支持核心课程的教学，达到吸引学生和降低辍学率的目的，并提供评估学生学习的新手段。Blackboard 软件的应用已无处不在，渗透到塞丁霍尔大学从教室到社区等各个领域。

1. 以学生为中心的学习

使用 Blackboard 教学管理平台 TM(Blackboard Learning SystemTM)不仅使教学得以创新、教学效率得以提高，同时还改善了学生的学习体验。正如塞丁霍尔大学协作中心主任、教授助理 Kelly Shea 所言："Blackboard 改变了我的授课方式。使用 Blackboard，我可以用更有效的方式来组织教学，更好地答复学生的问题。"Shea 十分信赖 Blackboard 教学管理平台中讨论区的功能，她要求学生在讨论区发表自己的文章，同学间互评互议，之后 Shea 再给出她的看法。"有的学生不愿意说但是愿意写——Blackboard 给了他们一个交流思想

① http://www.cerbibo.com/cgjy/gjal.html

的场所。学生们很喜欢对他人的意见作出回应，这样你就创造了一种社区氛围，不论是在教室里还是在 Blackboard 环境中的人们都能够融洽地相处。学生们喜欢使用这种直观且易用的产品。”

2. 评估和成效管理

塞丁霍尔大学用 Blackboard 资源管理平台 TM（Blackboard Content SystemTM）来展示学生的学业成就。塞丁霍尔大学 CIO Stephen Landry 说：“我们正在从提供简单的成绩单和管理报表向考评综合能力方向转变。这种测评方式从本质上发生了变化，用它来考评学生在整个大学期间的表现。”Blackboard 资源管理平台中的电子档案夹是显示学生是否达到核心课程标准要求的重要方法。

塞丁霍尔大学的教育与公共事业学院也使用了 Blackboard 的电子档案夹，因而满足了国家教师教育认证委员会（NCATE，the National Council for Accreditation of Teacher Education）的认证要求。学生们用电子档案来表明他们已经具备了哪些特定的能力。

3. 良好的交流促进学业提高

塞丁霍尔大学在使用 Blackboard 门户社区平台 TM（Blackboard Community SystemTM）的过程中开发了一个重要的项目，叫早期质量监控系统（EWS，Early Warning System）。EWS 最初被推荐给教授一年级课程的老师，当学生的表现没有达到要求的时候会提醒学生和指导老师。EWS 帮助教学人员随时根据学生参与和完成课程的情况，顺利地找出学业表现不佳的学生。有关的通知会同时发送给学生和塞丁霍尔大学的新生学习管理机构，并要求学生和他们的老师及助教联系。使用 EWS 取得了很大的成功，收到早期通知的学生中有 72%通过了课程。

塞丁霍尔大学还在 Blackboard 积木块技术（Blackboard Building Blocks）架构的基础上建立了“学业统计表”，它为学生们提供他们学业进展情况的概要。学生们可以看到的信息包括：平均分（GPA）；毕业还需要再修多少学分、再学什么课程；获得资助需要做哪些撰写论文的工作等。

4. 建立社区联系

Blackboard 门户社区平台 TM 使用也在不断增加，它可以向指定的学生、教师和管理机构，甚至全体学生发送信息。比如，塞丁霍尔大学的政治科学系就对该平台提供的创建社区的工具非常感兴趣，可以用它来建立系内交流，通告重要事情。

塞丁霍尔大学学生事务办公室发布学生活动的公告，通知学生校内发生的事情，健康服务部也会通知学生注射免费的流感疫苗，提供其他保健方面的信息。学校还在规划一个 Blackboard 社区宣传区，向校内机构如公共安全部门和校园管理部门展示他们可能感兴趣的软件功能特色，把产品进一步推广到其他部门。

塞丁霍尔大学同时还将 Blackboard 的应用延伸到校园之外。学校应用开发组已经在 New Jersey Transit 网站和 Blackboard 门户社区平台之间建立了一个构建模块，以方便学生身份验证，获得学生折扣价的包月费。

5. 未来发展方向

在塞丁霍尔大学，Blackboard 产品的未来应用将侧重于在课程中充分利用由出版商提供并且符合 Blackboard 平台标准的 Blackboard Course CartridgesTM 和 Blackboard Chalk TitlesTM。Blackboard 还计划让将来的学生更方便地获得学习和教学资源。

案例 3:

上海电大推“移动校园”，8 万学生用手机远程学习①

2006 年 11 月 15 日中午，随着上海电视大学的教师在学校的一台专用电脑系统上打上一道英语题目，并按“确定”后，数千电大学生的手机上收到了这条短消息。随后又在第一时间内，数千学生对选项进行了回复。教师在收到学生的回复后，对学生的答题正确率进行统计，了解学生对知识点的掌握情况，同时再将正确答案和题目解析发到学生的手机上，然后进行下一题训练。

以上这一幕就是上海电视大学正在实施的“移动校园”计划，即教师在正常课堂教学之外利用手机无线网络和学生保持联系。根据 2006 年 7 月份的一次统计，在该校总共 10 万在校生中，已有 8 万大学生加入这一计划并从中受益。他们每天要收到来自班主任和任课教师的四五条手机短消息。

上海电大的移动校园计划主要包括两大部分：实时通知和教学辅导。实时通知功能主要指班主任和学生保持联系。由于电视大学的特殊性，有时候学生不需要到学校里上课，班主任借助移动校园平台对学生发布各种通知，比如何时交作业、何时考试、调整上课时间地点等。教学辅导功能是学校目前正在大力开发的辅助教学手段。通过任课老师每天给学生发“每日一练”来帮助学生进行滚动式复习。学生有不懂的问题还可以直接打电话或发送短消息给任课老师。

移动校园中的“每日一练”的科目已经从一开始的公共英语课拓展到了金融学课程。下一步还将拓展到马克思主义理论等公共基础课上，帮助学生温习知识点。

案例 4:

行学一族　诺基亚无线时代的学习新方式

2007 年 5 月，诺基亚在中国推出移动互联网最新应用“行学一族”。“行学一族”是中国第一个互动在线移动学习服务，它整合了众多权威教育和出版机构的学习内容，充分发挥了融合移动通讯和互联网的优势，使边走边学、随时随地学习和交互学习真正成为可能。“行学一族”倡导共同学习的教育理念，拥有丰富精彩的学习内容，并以文字、图形和声音呈现，其最大特色在于实时和互联。只要在你的手机上下载诺基亚推出的手机英语学习软件“行学一族”，你就可以随时随地，想学就学。“行学一族”的特点如下：

- 利用零散时间，通过手机随时、随地、高效、快乐地进行英语学习。
- 基于 K-JAVA 客户端方式，提供图文音画并茂的多媒体英语课程下载和随身学习笔记功能。
- 它享有外研社、新东方、戴尔英语、21 世纪报、EnglishPod 等国内外众多权威教育和

① http://news.sohu.com/20061116/n246429174.shtml

出版机构的资源支持，并兼容实用性和娱乐性，不仅涵盖炙手可热的 TOEFL、GRE、雅思等各类词汇和考试真经，更汇聚商务英语、时尚、美容、体育、健康英语等。

● 除英语课程外，还提供服饰美容、美丽秘籍、体育健康等时尚资讯。

● 多个互动社区平台（手机和 PC），用户可以通过手机从互联网上下载最新的学习信息，通过互动的“行学社区”向名师求教，接受他们的学习指导；或者与“族人”沟通，自发组织“兴趣小组”，一起探讨学习之道；如果对学习课程有意见和好的建议，可以在“投诉建议”发表评论。

● 用户可以通过手机或互联网登录 http://www.mobiledu.cn/，就可以定制自己的个性课程。定制 2 元的课件或选择 2 元包月课程，通过手机话费收取。行学一族手机学习平台网站如图 4-6 所示。

图 4-6　行学一族手机学习平台界面

4.3.2　基于网络的学习资源

1. 电子书籍

电子书是相对于我们平时看得见摸得着的纸制书而言的，从网上可以下载到电脑上阅读。电子书基本上都是从纸制书扫描上去的，免费阅读电子书，需要用专门的阅读器，如 ADOBE READER、CAJ 等，网上可以下载。目前，使用网上的电子书籍通常是免费的。然而，随着读者越来越多地利用网上资源以及有关版权法修改的问题，预计将来有可能实行收费制度。

相关的网站：

● 我爱 E 书：http://www.52ebook.com/

我爱 E 书网是一个专业性电子书教程下载站点，网上最大的多媒体电子书城。提供电子书下载、电子书交易、教程在线、网络资讯、各类电子书相关服务，是一个大型免费电子图书下载网站，提供文学、小说、电脑、明星、影视、经济、社会、科幻、侦探、时尚、艺术、漫画、幽默、科普、哲学、报纸杂志、英文经典的电子书。

● 我爱电子书：http://www.52eshu.com/

全国最大的免费电子书下载基地，全部是 exe 格式、pdf 格式和 chm 格式的电子书籍，提供大量 ebook 电子书籍免费下载，每日更新。提供小说传记、电脑教程、文学作品、明星影视、经济社会、漫画幽默、科普哲学、杂书荟萃、掌上书库等各类免费电子书籍下载。同时提供电子书共享论坛，用户可以互相共享电子书籍，制作并上传原创电子书籍。

● 电子书下载：http://www.xpbook.com/

该网站是考题吧，可以下载相关的考试题，如英语认证、学历考试、工程考试、资格考试、经济考试和公务员考试等的相关试题。同时还提供电子图书和课件下载。

其他电子书籍网站还有：

● 爱书吧：http://www.ibook8.com/
● 手机电子书：http://www.sjshu.com/
● 小说读一读：http://www.duyidu.com/
● 读书中文网：http://www.rbook.net/

2. 电子期刊

电子期刊主要有三种类型，分别是电子报纸、电子杂志和期刊、电子新闻和信息服务(NIS)。电子期刊是近年来随着计算机事业的迅速发展，特别是由于计算机跨入多媒体世界而出现的一种新型出版物。这种新型出版物就其内容而言，具有纸读杂志的属性，是有固定栏目、按顺序连续出版的刊物。但是，由于它借以存在的载体发生了根本的变化，已不再是普通的凸版纸、胶版纸，而变成了具有信息时代特征的期刊，同时与数据库技术结合起来，能方便地存储和检索，这就使得电子期刊与一般的纸读杂志相比，具有无可比拟的优越性。

电子期刊的特点：① 更新更快；② 与数据库技术结合，存储检索方便；③ 传播形式更多、更快、覆盖面更广；④ 价格更便宜，个性更突出；⑤ 节约办公材料、效果更好。

相关网站介绍：

● 龙源期刊网：http://cn.qikan.com/index.html

龙源期刊网是以北美和中国为基地、面向全球开通的中文电子期刊、电子杂志以及数字杂志服务，是数字期刊的发行平台，有上万本杂志汇聚于该网站。

● MeMail 免费电子杂志 http://www.memail.net/

提供财经、软件、影视、音乐、游戏、笑话等免费的电子杂志，供用户免费订阅。

● 维普资讯网：http://www.cqvip.com/

维普资讯网是最大最全的中文科技期刊论文资源门户网站，提供针对“中文科技期刊数据库”等多个数据库的检索及全文浏览，资源涉及 8000 多种中文期刊、400 多种中文报纸及一部分外文期刊数据，囊括了理、工、农、医、文史哲的全部专业，包括诸如医药、农业、环保、自然科学(生物、化学、数学、物理学、天文地理)、工业(计算机、自动化、冶金、材料、机械、化工、建筑、水利、电子、电力、交通、航空航天、纺织、食品、能源、矿业)、图书情报、财经(经济、管理)、教育、文学、历史、艺术等行业的海量数据资源及信息，同时提供部分论文全文的免费阅读、下载。

● 其他网站还有：

中国电子杂志网：http://www.jiagoo.com/

中国期刊网：http://www.chinaqking.com/

3. 网络数据库

网络数据库(Network Database)其含义有三个：① 在网络上运行的数据库。② 网络上包含其他用户地址的数据库。③ 信息管理中，数据记录可以以多种方式相互关联的一种数据库。网络数据库和分层数据库相似，因为其包含从一个记录到另一个记录的前进。与后者的区别在于其更不严格的结构：任何一个记录可指向多个记录，而多个记录也可以指向一个记录。实际上，网络数据库允许两个节点间的多个路径，而分层数据库只能有一个从父记录(高级记录)到子记录(低级目录)的路径。

因此，网络数据库是跨越电脑在网络上创建、运行的数据库。网络数据库中的数据之间的关系不是一一对应的，可能存在着一对多的关系，这种关系也不是只有一种路径的涵盖关系，而可能会有多种路径或从属的关系。

相关网站：

● 中国知网：http://www.cnki.net/index.htm

中国知网是中文学术资源门户，收集7000多种期刊、大学研究院所的博硕士学位论文、学术会议论文集、精品图书等资源。主要由中国期刊全文数据库、中国优秀硕士学位论文全文数据库、博士学位论文全文数据库、中国重要会议论文全文数据库、中国重要报纸全文数据库、中国图书全文数据库、中国年鉴全文数据库、中国期刊全文数据库(世纪期刊)等组成。

● 万方数据资源：http://www.wanfangdata.com.cn/

万方数据库包括：学位论文全文、法律法规全文、会议论文全文、外文文献、数字化期刊、科技信息、商务信息等。

● 数字化期刊数据库：http://c.wanfangdata.com.cn/periodical.aspx

该库是万方数据资源系统的重要组成部分，由万方数据自主建设，基本包括了我国文献计量单位中自然科学类统计源刊和社会科学类核心源期刊的全文资源，成为人们了解Internet上中文期刊的重要窗口。该库内容采用国际流行的HTML格式和PDF格式制作上网，整体数字化期刊遵循电子期刊以刊为单位的原则，按理、工、农、医、人文排列，交叉入类、刊名查询，符合读者的阅读习惯，可以多角度、全方位地进入期刊主页浏览，具备了网上期刊资源门户的特征。

● 中国学位论文文摘数据库

该库始建于1985年，收录了我国自然科学和社会科学各领域的硕士、博士及博士后研究生论文的文摘信息，内容包括：论文题名、作者、专业、授予学位、导师姓名、授予学位单位、馆藏号、分类号、论文页数、出版时间、主题词、文摘等字段信息。

4. 虚拟图书馆

虚拟图书馆是一个比较广泛的概念，可以泛指各种有组织的网上信息库。虚拟图书馆是一种网络信息利用工具，它针对某一学科或领域的研究者的需要，将互联网上与之有关的各种资源线索，包括与该学科或领域有关的研究机构、实验室、电子书籍、学术期刊、会议论坛、专家学者等的Web地址，进行系统地收集、核实并加以组织，以网站、网页或数据库形式提供给用户浏览或者检索。使用虚拟图书馆查找信息的场合为：当时间短促，不允许浏览由搜索引擎查得的巨量的信息时；当希望看到比较可靠的网络信息；当希望对某个领域有个整体的、较全面的了解时。

我们这里所讲的虚拟图书馆主要指由比较严肃的学术和科研机构建立的网上信息库，这些信息库往往集中于一个或几个专题，广泛收集网上的学术作品和相关网站地址，按一定规则进行分类编目，有的用超文本建立索引，有的用关键词检索。此类虚拟图书馆由于有专业人员对信息进行筛选和组织，信息质量比较高，具有很高参考价值。目前，多数虚拟图书馆是免费的。例如：

- 清华大学虚拟图书馆：http://www.lib.tsinghua.edu.cn/chinese/virtual/

清华大学虚拟图书馆是为了方便广大教师、学生及其他有兴趣的研究人员进行科学研究而设立的一个网络信息资源库。通过虚拟图书馆，可以十分便捷地了解国际学术动态。

- 超星数字图书馆：http://www.ssreader.com/

全球最大的中文数字图书馆，可以利用超星阅读器查找和阅读自己所需要的书籍。

- 澳门虚拟图书馆：http://www.cyberctm.com/cn/entertainment/macez/redirect.php?rid=2283

澳门虚拟图书馆主要由三大部分组成：澳门图书和期刊、网上学术论坛、网上书画廊，为了解澳门提供全天候的便捷通道。

5. 百科全书

百科全书是参考工具书之王。它是概述人类一切门类或某一门类知识的完备工具书，是知识的总汇。它是对人类已有知识进行汇集、浓缩并使其条理化的产物。百科全书一般按条目(词条)字顺编排，另附有相应的索引，可供迅速查检。最著名的百科全书——大英百科全书在 1996 年 6 月份的时候就已经有了在线服务。

到目前为止，相比印刷的百科全书，电子百科全书在某些方面还存在一定的局限性，尤其是在照片和其他的多媒体元素方面。不过将来肯定会发生彻底的改观，使百科全书能够提供更广泛及时的信息(包括三维动画、声音和视频等)。百科全书的一大优点是它基于超文本设计，这样易于浏览查询。对用户而言，友好的搜索界面是最重要的，因为它保证了用户的信息查找迅速准确。必须指出的是，电子百科全书只是在试用阶段才是免费的。不过，如果要充分发挥百科全书的潜力，教育机构应该慎重考虑允许学生可以比较容易地获得其中的信息。

- 百度百科：http://baike.baidu.com/

这是一部由全体网民共同撰写的百科全书。百度百科始于 2006 年 4 月，已收录大家贡献的 920738 个词条。

- 国家百科全书网：http://countries-book.db66.com/

其内容包括世界地图搜寻、世界记事、各地文化艺术、环球精华和世界之最。

6. 教育网站

教育网站是指通过收集、加工、存储教育信息等方式建立信息库或者同时建立网上教育平台与信息获取及搜索等工具，通过互联网服务提供单位(ISP)接入互联网或者教育电视台，向上网用户提供教学和其他有关教育公共信息服务的机构。如用于课堂教学的附加材料、学生的论文，甚至是完整的网上课程。

教育站点的内容通常包括了中小学教育的各个方面。教师为了上课的需要，可以利用主要的搜索引擎，通过选择恰当的目录或关键字来进行信息搜索。教育站点通常也是免费的。

7. 教育新闻组

这些基于电子邮件的讨论列表是根据不同的用户感兴趣的主题，一级一级组织起来的。利用新闻组，学生可以同世界各地的用户交换信息。新闻组的规模有大有小，教师在为学生推荐个人新闻组时应该考虑到这一点。

在教育的环境中可以利用新闻组完成两类基本任务：首先，它们可以帮助查找信息（如阅读张贴在新闻组中的关于某一课题的文章或者通过张贴文章来寻求帮助）；其次，新闻组支持不同文化间的交流（如外语课程）和跨地区的学生/学校之间的合作（如比较大的项目和作业课题）。

8. 虚拟软件库

虚拟软件库专门收集 Freeware 和 Shareware，可以自由下载使用，但 Shareware 对使用期限有一定限制。软件库中不乏教育软件。

4.4 基于网络的学习体验

4.4.1 体验 1：美国麻省理工学院（MIT）开放课程

网络课件开放工程的英文全称是 Open Courseware，简称 OCW，由麻省理工学院教育技术委员会设计、开发与管理。该工程始于 2001 年 4 月，计划用 10 年的时间把 MIT 几乎全部的、在教学实践中使用的、总共 2000 多门课程的资料制作成网络课件分批放在国际互联网上，供全球任何地方的任何学习者免费使用。这些课件的资料包括每一门课程的主讲教师的信息、课程讲义、教学大纲、阅读书目、作业、教学法等，以统一风格的界面呈现，提供搜索和反馈的功能。图 4-7 是麻省理工学院开放课程主页。

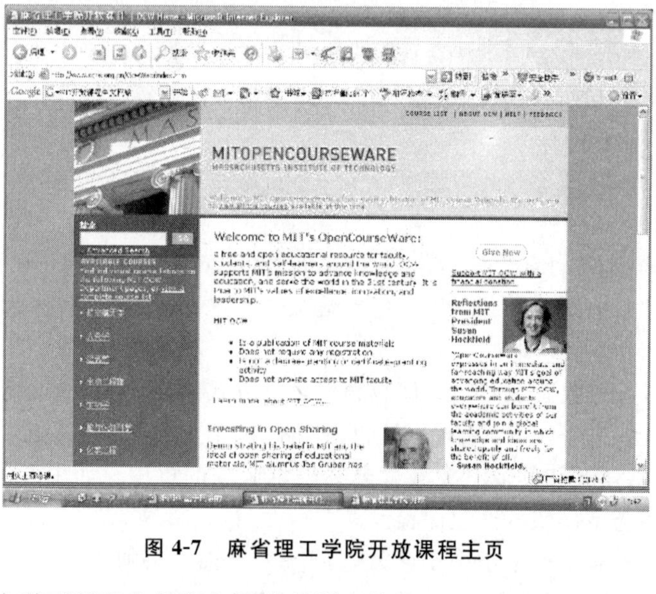

图 4-7 麻省理工学院开放课程主页

MIT 提供从本科到研究生教育各层次的课程资源，以多媒体的形式呈现。第一批开放的资料来自生物学系、电气工程与计算机科学系、语言学与哲学系、海洋工程学系、物理学系、斯隆管理学院、城市研究与规划系等 20 个院系的 100 门课程。在这之后，课程材料将逐渐涵盖 MIT 所有的课程，包括工程学、自然科学、管理学、建筑与规划、人文、艺术与社会科学等 5 个领域的 33 个不同学科的课程。MIT 把教学资料制作成网络课件放在网络上，免费向全世界提供 MIT 的教学内容和教学方法，这样，一方面方便学习者个人的自学活动，另一方面可以让全球的高校教师在这些资料的基础上进一步发展已有的课程或开发新的课程。更重要的是，MIT 想以此作为与全世界高等教育与学术机构及其人员进行交流的平台，通过国际交流，MIT 可以从中获得更多的新思想、新内容和新方法，最终达到发展和创新 MIT 教育的目的。OCW 的第一批课程资料已于 2002 年 9 月 30 日正式开放，至 2003 年 3 月和 2003 年 9 月已分别开放 250 门课程和 500 门课程的资料。至 2007 年已开放 1494 门课程。

为了满足中国对于高质量、国际水平的教育资源的需求，发挥 MIT OCW 这样的优秀开放式教育资源的巨大价值，使更多的中国人受益，中国开放教育资源协会（China Open Resources for Education，简称 CORE，网址 http://www.core.org.cn/core/default.aspx）带头承担起 OCW 本地化这一极富挑战性和艰巨性的任务。MIT OCW 中文网站是 http://www.core.org.cn/OcwWeb/Global/all-courses.htm，或是 http://www.myoops.org/cocw/mit/index.htm。除了麻省理工学院外，约翰霍普金斯大学、犹他州立大学、索菲亚大学等学校也开放了部分课程。

4.4.2　体验 2：国家精品课

2003 年 4 月，教育部启动高等学校教学质量与教学改革工程精品课程建设工作，计划用五年时间（2003—2007 年）建设 1500 门国家级精品课程，利用现代化的教育信息技术手段将精品课程的相关内容上网并免费开放，以实现优质教学资源共享，进一步促进教授上讲台，提高高等学校教学质量和人才培养质量，提升我国高等教育的综合实力和国际竞争能力。中国高教精品课程网站（http://www.core.org.cn/core/localcourse/course_subject.aspx），已向全国高等学校免费开放。

精品课程是具有一流教师队伍、一流教学内容、一流教学方法、一流教材、一流教学管理等特点的示范性课程。它包括三个方面的主要内容：一是教学队伍建设，要逐步形成一支以主讲教授负责的、结构合理、人员稳定、教学水平高、教学效果好的教师梯队，要按一定比例配备辅导教师和实验教师；二是教学内容建设，包括教材建设，教学内容要具有先进性、科学性，要能及时反映本学科领域的最新成果；三是要使用先进的教学方法和技术手段，相关的教学大纲、习题、实验指导、参考文献目录等要上网并免费开放，实现优质教学资源共享。

4.4.3　制作本学科网络课程

1. 网络课程和网络课件的概念

网络课程是指通过网络表现的某门学科的教学内容及实施的教学活动的总和。网络课程包括两部分：按一定的教学目标、教学策略组织起来的教学内容和网络教学支撑环境。其中，网络教学支撑环境主要是指支持网络教学的教学资源、软件工具以及在网络教学支撑环境下实施的教学活动。图 4-8 是东北师范大学开发的《现代教育技术》网络课程首页。

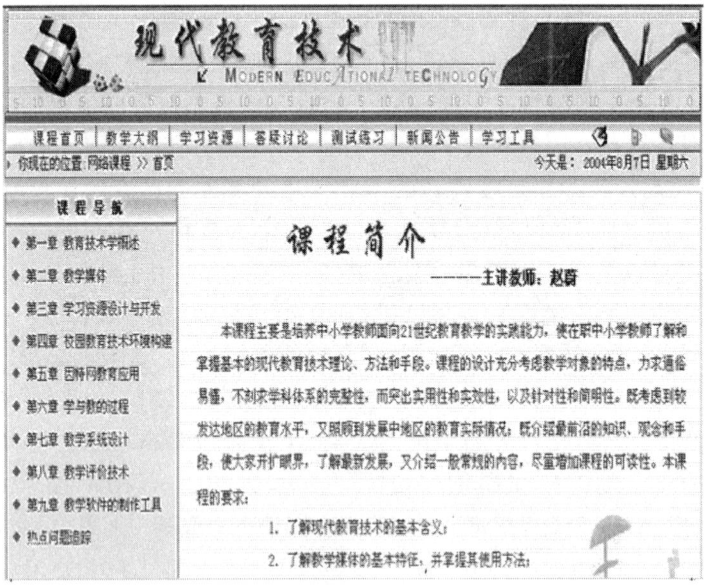

图 4-8　东北师范大学《现代教育技术》网络课程首页

网络课件是对一门课程中的一个或几个知识点实施相对完整教学的基于 Web 的教学软件，是网络课程的一个子集。

网络课件从应用形式上可以分为课堂演示型网络课件、个别学习型网络课件和协作学习型网络课件；从内容表现方式上可以分为平面型（主要由文本和图片构成，有的加上简单的 Flash 动画，如图 4-9 所示）、视频点播或直播（如图4-10所示）、互动模拟型（主要是实际操作性的课程，如计算机或实验课等，如图 4-11 所示）、其他类型（如 Flash 动画课件、Authorware 网络课件等，如图 4-12 所示）。

图 4-9　平面型网络课件

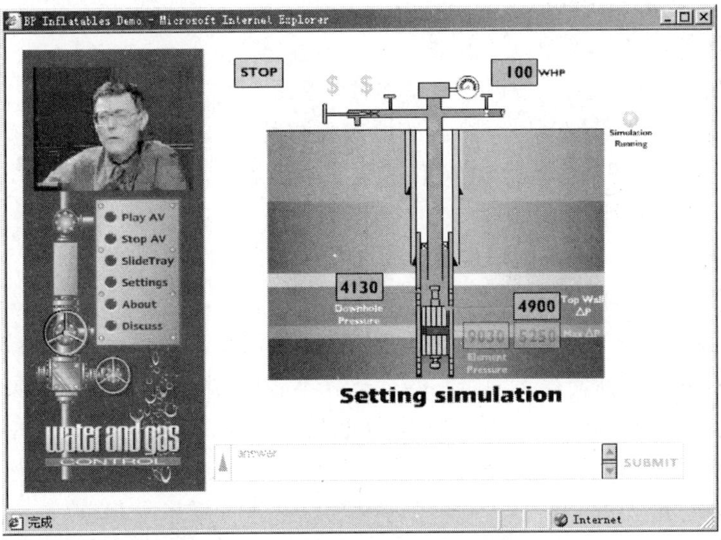

图 4-10　视频点播或直播网络课件

图 4-11　虚拟环境网络实验

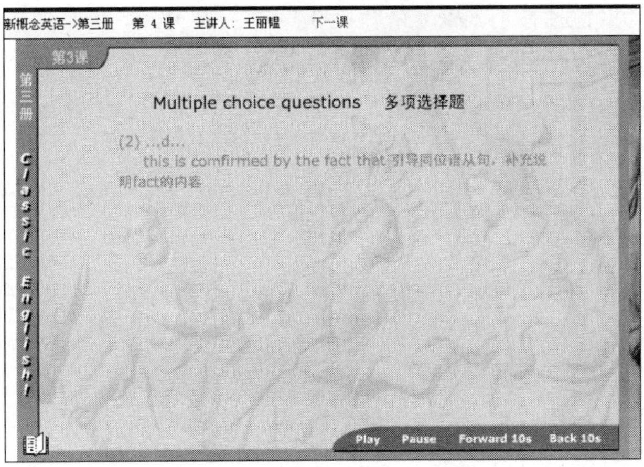

图 4-12　Flash 网络课件

2. 网络课程的基本构成

(1) 教学内容

网络课程的教学内容是以知识点为基本教学单元，以文本、图像、动画、音频和视频为综合表现手段的课程内容，具有科学性、系统性和先进性等特点，表现形式应符合国家的有关规范标准，符合本门课程的内在逻辑体系和学生的认知规律。每一个教学单元的内容一般包括如下内容：学习目标、学习方法说明、教学内容、练习题、测试题和相关资源（包括相关文章、网站、案例、视频、动画等教学资源）。

(2) 网络教学支撑环境

① 教学资源。教学资源是教育信息化的基础，是需要长期建设与维护的系统工程。教学资源的复杂性和多样性使得人们对它的理解各不相同，出现了大量不同层次、不同属性的教学资源，因而不易管理和利用。为了更有效地建设好各级各类教学资源库，促进各类资源库系统之间的数据共享，提高教育资源检索的效率与准确度，保证资源建设的质量，教育部教育信息化技术标准委员会发布了《现代远程教育技术标准术语规范（草案）》，对教学资源进行了准确的规定。其中网络课程中的教学资源专指与网络课程相关的媒体素材、题库、课件、试卷、案例、文献资料、常见问题解答库和资源目录索引等资源。

② 软件工具。软件工具是指支持实施网络课程教学活动的各个环节的支撑工具，它是一个统一的教学/学习、内容整合、网上辅导及讨论、自我测验的系统平台。

③ 教学活动。教学活动是在网络上通过网络课程实施的教学活动。它包括答疑（实时或非实时）、实时讲座、分组讨论、布置作业、作业讲评、协作解决问题、探索式解决问题、自测练习、考试阅卷和教学分析等。

3. 网络课程组成模块

① 教学内容模块，包括课程简介、目标说明、教学计划、学习指导、知识点内容、典型案例、多媒体素材等。

② 虚拟实验模块，包括实验情景、交互操作、结果呈现、数据分析等。

③ 学生档案模块，包括学生密码、个人账号、个人特征资料以及其他相关资料等。

④ 诊断评价模块，包括形成性练习、达标测验、阅卷批改、成绩显示、结果分析等。

⑤ 学习导航模块，包括内容检索、路径指引等。

⑥ 学习工具模块，包括字典、词典、资料库、电子笔记本等。

⑦ 协商交流模块，包括电子邮件、电子公告牌、聊天室、讨论室、教师信箱、问答天地、疑难解答等。

⑧ 学习资源模块，包括参考文献、视音频资源、案例、相关网址、电子教案、题库等。

4. 网络课程开发的一般过程

① 需求分析，对课程开发的背景、社会需求、运行环境、可行性等进行分析。

② 教学设计，包括学习者特征分析、课程教学目标设计、课程内容设计与组织、教学活动设计等。

③ 系统设计，包括结构设计、交互设计、导航设计、界面设计等四个方面。

④ 脚本设计，在教学设计和系统设计的基础上进行脚本设计，脚本详细地说明了每一屏学习内容的呈现方式以及教学活动的流程。

⑤ 课程制作,经过教学设计、系统设计和脚本设计阶段后,课程设计者对教学目标、教学对象、教学内容的组织、教学活动设计、呈现方式以及整个网络课程的结构已经非常清晰,这时可以进入网络课程的制作阶段。课程制作包括素材采集、素材制作、数据入库、网页制作、程序设计与调试。

⑥ 试用和评价,这里讲的评价主要是形成性评价,形成性评价实际上要贯穿于前面各个阶段之中,每一步工作完成后都要进行评价。通过评价发现每一步工作存在的问题,并及时纠正这些问题。整个课程制作完成以后,要对课程进行试用,通过试用发现教学设计方面和课程制作方面的问题,根据反馈的问题和意见继续完善网络课程。

5. 网络课程的教学设计

(1) 学习者特征分析

在对学习者的分析过程中,要了解课程对象各方面的特征：如学习者的年龄和心理特征,学习者的学习需求,学习者目前的知识、技能状况,学习者的学习态度等。

(2) 教学目标的设计

网络课程的教学目标是对学习者通过网络学习以后应该表现出来的可见行为的具体的、明确的表述。在设计网络课程教学目标时,应遵循整体性、灵活性、可操作性等原则,即：在网络课程教学目标的设计中,需要把课程的教学目标分解到章、节甚至知识点;根据学习者在学习基础、学习能力方面存在的差异制订灵活而富有弹性的课程教学目标;为了便于开展教学评价,制订的教学目标必须明确、具体、详细。

(3) 网络课程的教学内容设计与组织

网络课程的教学内容设计是教学设计的重要环节,是网络课程建设的主体。因为课程的内容决定其表现形式,所以,只有首先确定网络课程的教学内容,才能进一步进行系统和媒体设计。教学内容设计就是将网络课程所表现的知识内容按照网络教学环境的需要和网络课程的教学目标进行分解、重组,并根据不同的知识内容特点,选择各种不同的资源类型,使教学内容以更适宜于网络教学的形式和手段表现出来。

① 网络课程教学内容的设计步骤

- 根据选定的教材或参考资料,确定教学单元。
- 依照教学单元,进行知识分解。
- 根据知识点,确定所需准备的资源、习题的数量及类型。
- 依照教学单元和知识点,使用表格或图示描述网络课程的内容结构。

② 内容组织方面应该注意的问题

- 网络课程的内容一般以 Web 页面的形式呈现,应充分利用各种媒体信息,根据具体知识的要求采用文本、声音、图像、动画等多种表现形式,使学习者获得最佳的学习效果。

- 网络课程的内容采用模块化的组织方法,模块的划分不仅具有相对的独立性,而且具有开放性和可扩充性。模块内容基本以教学单元或知识点为依据,每一个教学单元的内容应包含如下几部分：学习目标、教学内容、练习题、测试题(每一章)、参考的教学资源、课时安排、学习进度和学习方法说明等。

- 在疑难关键知识点上提供多种形式和多层次的学习内容。根据不同的学习层次设置不同的知识单元体系结构。

● 课程结构应为动态层次结构，而且要建立起相关知识点之间的关联，确保用户在学习或教学过程中可根据需要跳转。

③ 设计与课程内容相关的学习资源

网络课程应该为学习者提供丰富的学习资源，这是网络课程的优势之一。若没有丰富的相关学习资源支持，就不利于学生进行探索和发现，不利于促进多角度思考，不能满足众多学习者的个性化需求。因此，网络课程设计应该是一种基于资源型的课程设计，它有两个并列的主体：一是课程的主体教学内容，二是丰富的相关学习资源。

相关学习资源的设计应遵循一些基本原则：① 学习资源要与课程内容密切相关，避免与课程教学目标无关的资源分散学习者学习的注意力与参与度；② 要以良好结构的方式来组织学习资源，以便学习者能快速地定位自己所需的资源；③ 学习资源应有丰富的信息量，提供给学习者足够的探索发现的空间；④ 学习资源应有丰富的表现形态，它应涵盖媒体素材（音频、视频、动画、文本、图形）、案例素材、文献资料等多种形式，满足学习多样性的需要；⑤ 学习资源内容应具有良好的多样性，不同资源应有不同的阐述角度以及不同的阐述观点，在内容的深度上也应有不同的层次，满足不同认知层次的学习者需求；⑥ 学习资源之间应有相对的独立性；⑦ 学习资源应有一定的涵盖面，对课程的每一个教学知识点都应有一定数量的资源支持。

④ 教学活动设计

教学活动是网络课程的核心内容，在一门完整的网络课程中至少需要设计如下教学活动：实时讲座、实时或非实时答疑、同步或异步讨论、布置作业、作业讲评、协作解决问题、探索式解决问题。教学活动的安排应根据课程内容来确定。

● 设计异步讨论的主题

网络教学有良好的异步交互特性，通过网络可以有效地对某一个论题进行深入的讨论。我们每个人都有过课堂讨论的体验，但课堂讨论由于时间有限、参与人数多等原因，讨论发言都很简要，一般都是几段话，这种时间有限的讨论往往浮于表面层次，感性成分居多而很难进行非常理性的思考，因为课堂讨论没有足够的时间进行充分的思考，难以深入。而基于网络的 BBS（电子公告牌）系统，它是以发表文章为基本的讨论交流形式，这种交流不受时间的限制，参与讨论的学习者可以对讨论的问题进行充分的思考，通过不同观点和立场的碰撞与交流，学习者可以对一个复杂事物达到一个相对全面且深刻的理解。通过文章来表达自己的思想，可以大大提高学生的逻辑思考能力以及驾驭文字表达自己思想的能力。异步讨论可以大大促进学生对某些复杂事物的认识深度以及自主思维的深度，但前提是被讨论的问题要有一定深度和广度的讨论空间，要能够诱发不同的观点，不同层次的思维。这样讨论才能有效地展开，才会引起学习者的兴趣，激发学习者的参与。

● 设计同步讨论的主题

同步讨论类似于面对面的讨论方式，学习者之间可以跨越地理位置进行实时的交流。实时讨论比较适合用于激发碰撞新观念、新想法，教师进行实时答疑和辅导。同步讨论主题的设计应能启发新思路、新观点，讨论话题应有一定的密集性，不能过于分散。

● 设计课程答疑库

学习者在使用网络课程进行自主学习时，没有了教师的直接指导，及时的答疑和帮助就显得尤为重要。在进行课程设计时,可将课程中经常遇到的问题及其答案罗列出来,放到网络课程的答疑库中。这样,当学习者遇到类似的问题时可以从答疑库中及时获得答案,消除了学习过程中的许多障碍,同时也减轻了教师在教学过程中答疑的工作量,缩短学习者获得解答的时间。

⑤ 网络课程的学习评价设计

网络课程的学习评价是网络教学活动中至关重要的环节,是检验网络教学效果的重要标志。在网络教学活动中,评价不仅可以检验教学效果、为师生调控教与学的行为提供客观依据,还可以激发学习者的学习动机和学习热情。在网络课程设计中,必须根据网络教学的规律和特点,依据客观性、整体性、指导性和科学性的原则,从学前、学中、学后三个阶段去设计评价方式,即设计诊断性评价、形成性评价和总结性评价。在具体实施时,可采取定量与定性相结合的手段。

6. 网络课程的系统设计

① 网络课程的结构设计

网络课程的结构设计是指在教学目标、教学内容和教学策略的指导下,进行网络课程的总体建构,实现教学目的。其意义在于为学习者创设一个有助于其进行自主学习的个别化学习环境和帮助学习者与他人(其他学习者和教师)进行协作交流的协作学习环境。个别化学习环境主要是为学习者提供一个经过精心策划的、以超文本方式组织的知识结构和评价体系,并在此基础上为学习者提供一些必要的学习资料,如资源库、案例库等;协作学习环境的创设可以通过在线和离线两种方式来实现。

② 网络课程的交互设计

交互是教学活动中不可缺少的环节,交互质量的高低在很大程度上决定了教学质量的高低。网络课程中的交互功能体现的是教师、学习者和教学平台三者之间的多向交互,通过信息的交流,为学习者创造了互动的学习环境,使学习者的学习效率达到最优化。根据交互的主体,可以把网络课程中的交互分为四种形式:学习者与教师之间的交互、学习者与学习者之间的交互、学习者与教学平台之间的交互以及教师与教学平台之间的交互。我们可以进一步将这四种交互形式归纳为人际交互和人机交互。

③ 网络课程的导航设计

网络课程的最终表现形式就是一个网站。导航设计在整个网站的建设中占有非常重要的地位,直接关系到是否能帮助浏览者正确到达他们想去的地方,便捷地找到所需要的信息。

网络课程的导航设计是要为学习者的自主化学习提供指南,即让学习者能够清楚地了解教学内容的结构体系,产生整体认知感,了解当前所学内容在网络课程的知识结构体系中所处的位置,使学习者能快速、简洁地找到所需的信息,并能根据学过的知识、走过的路径确定下一步的前进方向和路径。从某种程度上讲,导航设计也是教学策略的一种体现,是一种避免学习者偏离教学目标、引导其提高学习效率的策略。一个适合于自主学习的便捷导航系统至少应该包括课程的结构说明、课程目录结构、相关学习单元或知识点的快速链接、学习历史与状态记录、便捷的检索系统、功能菜单、在线帮助等。

导航的种类很多,常用的有按钮导航、光标导航、菜单导航、标签导航、查询导航、地图导航、提示导航等。课程设计者应根据不同的目的,选择不同的导航类型。

④ 网络课程的界面设计

界面是学习者与计算机进行人机交互的接口,学习者通过感受网络课程界面上的色彩、图案、布局等创意,形成对课程的第一印象,然后再通过界面上提供的各种信息和功能进行学习。因此,屏幕界面是学习者对软件最初、最重要的印象。友好的屏幕界面能使网络课程易于接受,同时也方便学习者掌握和使用。设计界面时,要根据教学内容和使用对象的特点,做到界面友好,操作方便,交互性、可控性强。网页界面设计要以方便学习者学习为原则,不能为了表现技术而忽视了教育性。在具体的开发过程中,要对网络课程界面的基本元素,如网络课程的名称、课程的标识图案、页眉、页脚、导航、主题内容等做构图、色彩、字体、背景等多方面的考虑。页面设计可分为版面布局、色彩的搭配、字体的设计、表格的运用等几部分。

A. 版面布局

布局,就是以最适合浏览的方式将图片和文字排放在页面的不同位置。一般分三步:一是设计草案,这属于初创阶段,不讲究细腻工整,不必考虑细节功能,只以粗陋的线条勾画出创意的轮廓即可;二是粗略布局,遵循突出重点、平衡协调的原则,将各功能模块放在页面上合适的位置;三是定案,将粗略布局精细化、具体化。

在布局过程中,可以遵循的原则有:

a. 正常平衡——亦称"匀称"。多指左右、上下对照形式,主要强调秩序,能达到安定诚实、信赖的效果。

b. 异常平衡——即非对照形式,但也要平衡和韵律,此种布局能达到强调性、不安性、高注目性的效果。

c. 对比——所谓对比,不仅利用色彩、色调等技巧来做表现,在内容上也可涉及古与今、新与旧、贫与富等对比。

d. 凝视——所谓凝视是利用页面中人物视线,使浏览者仿照跟随的心理,以达到注视页面的效果,一般多用明星凝视状。

e. 空白——空白有两种作用,一方面对其他网站表示突出卓越,另一方面也表示网页品位的优越感,这种表现方法对体现网页的格调十分有效。

f. 尽量用图片解说——此法对不能用语言说服或用语言无法表达的情感特别有效。图片解说的内容,可以传达给浏览者更多心理因素。

B. 色彩的搭配

彩色的记忆效果是黑白的3.5倍。也就是说,在一般情况下,彩色页面较完全黑白页面更加吸引人。我们通常的做法是:主要内容文字用非彩色(黑色),边框、背景、图片用彩色。这样页面整体不单调,看主要内容也不会眼花。

a. 非彩色的搭配

黑白是最基本和最简单的搭配,白字黑底,黑底白字都非常清晰明了。灰色是万能色,可以和任何色彩搭配,也可以帮助两种对立的色彩和谐过渡。

b. 色彩的心理感觉

色彩千变万化,不同的颜色会给浏览者不同的心理感受。

红色——是一种激奋的色彩，有刺激效果，能使人产生冲动、愤怒、热情、活力的感觉。

绿色——介于冷暖两种色彩的中间，有和睦、宁静、健康、安全的感觉。它和金黄、淡白搭配，可以产生优雅、舒适的气氛。

橙色——也是一种激奋的色彩，具有轻快、欢欣、热烈、温馨、时尚的效果。

黄色——具有快乐、希望、智慧和轻快的效果，它的明度最高。

蓝色——是最具凉爽、清新、专业的色彩。它和白色混合，能体现柔顺、淡雅和浪漫的气氛。

白色——具有洁白、明快、纯真、清洁的效果。

黑色——具有深沉、神秘、寂静、悲哀、压抑的效果。

灰色——具有中庸、平凡、温和、谦让、中立和高雅的效果。

每种色彩在饱和度、透明度上略微变化就会产生不同的感觉。以绿色为例，黄绿色有青春、旺盛的视觉意境，而蓝绿色则显得幽宁、阴深。

c. 网页色彩搭配的原理

- 色彩的鲜明性。网页的色彩要鲜艳，容易引人注目。
- 色彩的独特性。要有与众不同的色彩，使浏览者对页面印象深刻。
- 色彩的合适性。色彩要和表达的内容气氛相适合，如用粉色体现女性站点的柔性。
- 色彩的联想性。不同色彩会产生不同的联想，蓝色想到天空，黑色想到黑夜，红色想到喜事等，选择色彩要和网页的内涵相关联。

d. 网页配色的禁忌

- 不要将所有颜色都用到，尽量控制在三种色彩以内。
- 背景和前文的对比尽量要大，绝对不要用花纹繁复的图案做背景，以便突出主要文字内容。

C. 字体的设计

默认的浏览器定义的标准字体是中文宋体和英文 Times New Roman 字体。也就是说，如果你没有设置任何字体，网页将以这两种标准字体显示。同时，这两种字体也可以在任何操作系统和浏览器里正确显示。

字体的设置相对来说比较简单，下面介绍一下网页中字体的一般设计原则。

- 不要使用超过三种以上的字体。字体太多则显得杂乱，没有主题。
- 字号要合适，字号过大会浪费版面空间；字号过小，既不能吸引用户的注意力，还容易使眼睛疲劳。
- 不要使用不停闪烁的文字。不停闪烁的文字容易使人烦躁，产生视觉疲劳。
- 不同内容的字号要有所区别，原则上标题的字体较正文大，颜色也应有所区别。
- 特殊的字体要转成图像。

D. 网页中表格的运用

表格(table)是页面的重要元素，是页面排版的主要手段。但由于浏览器在读取网页html原代码时，是读完整个 table 再将它显示出来。也就是说从<table>标签开始，要读到</table>标签时，才能将表格中的内容显示在屏幕上。而且显示也有优先级，先读到的先显示。这样的话，如果一个大表格中含有多个子表格，必须等大表格读完，才能将子表格一起显示出来。我们在访问一些站点时,等待多时无结果,按"停止"按钮却一下显示出页面就是这个原因。

因此,我们在设计页面表格的时候,应该做到:

- 整个页面不要都套在一个表格里,尽量拆分成多个表格;
- 单一表格的结构尽量整齐;
- 表格嵌套层次尽量要少,越复杂、嵌套层次越多的表格下载速度越慢。

7. 用 Moodle 创建一门网络课程

首先,登录到 http://www.moodlechina.org/网站,下载最新版本的魔灯(Moodle),按照压缩包里的说明进行安装,并拥有一个合法的管理员账户或教师账户。因为管理员账户具有最高权限,可以在管理员、教师、学生等各种角色之间方便地切换,所以我们以管理员账户创建网络课程。

创建的网络课程名称是"魔灯的学习和实践",共包括 8 个主题。学习者通过这门课程的学习掌握用 Moodle 创建网络课程的方法。此门网络课程包括学习内容、学习资源,布置作业,以及同步答疑、异步讨论等教学环节。

具体要完成的任务有:添加一门课程;为第一个主题添加简介;添加学习目标和课前指导;添加教学录像、演示文稿课件、FLASH 动画等学习资源;创建一个聊天室;创建一个论坛;布置作业。

(1) 添加一门课程,创建第一个主题

以管理员账户登录,点击图 4-13 中的"课程"(方框 1,以后皆用方框标示出重要操作,数字表示操作顺序)。然后单击"添加/修改课程",在方框 3 处输入课程类别"计算机应用软件",单击"添加新类别"。

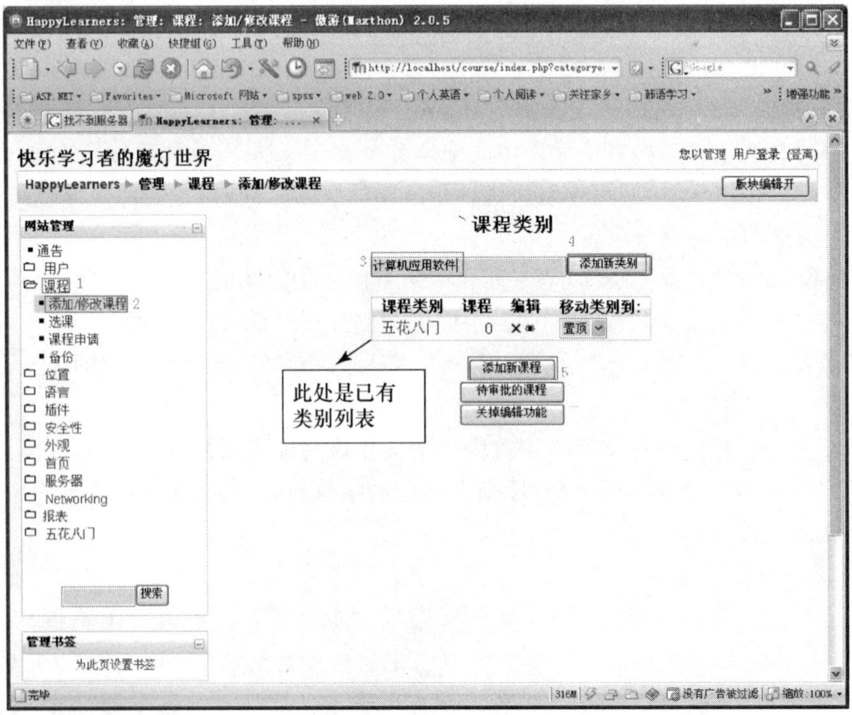

图 4-13 添加新课程类别课程界面

单击图 4-13 中的“添加新课程”，弹出“编辑课程设定”界面，如图 4-14 所示。依次做如下设置：在“类别”一栏选择刚刚添加的新类别“计算机应用软件”，在“全名”一栏输入课程名称“魔灯的学习和实践”，在“简称”一栏输入课程简称“魔灯学习”（简称一定要简短，当界面空间不够时，以简称代替），在“概要”中描述课程的主要内容、学习目标、学习对象等，在“格式”一栏选择“主题格式”。因为我们计划将该课程分为 8 个主题来学习，所以在“星期/主题的数目”选择“8”。在“课程开始日期”一栏选择你希望本课程能被学习者选择学习的日期。在 “最大上传文件”一栏，选择“16MB”（上传文件时，单个文件的大小不能大于这个设定）。单击界面最底端“保存更改”按钮，这时弹出“分配角色”首界面，如图 4-15 所示。

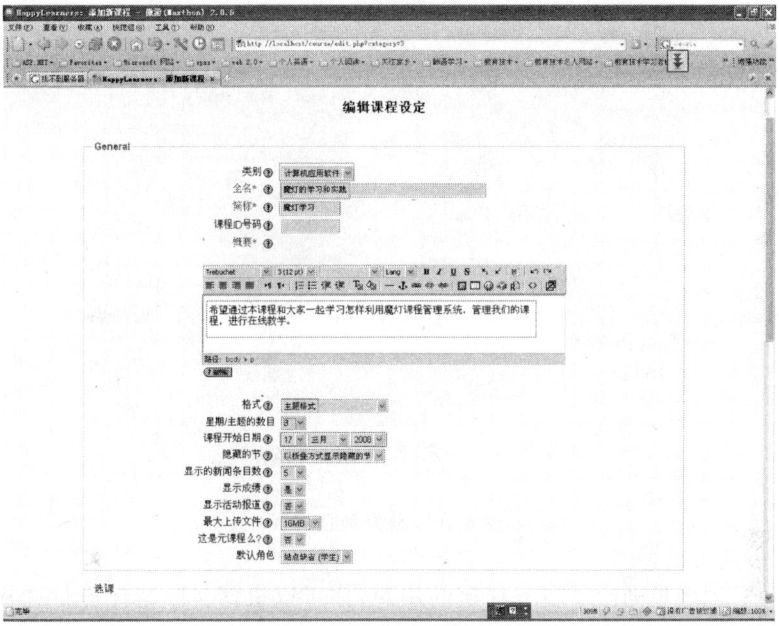

图 4-14　编辑课程设定界面

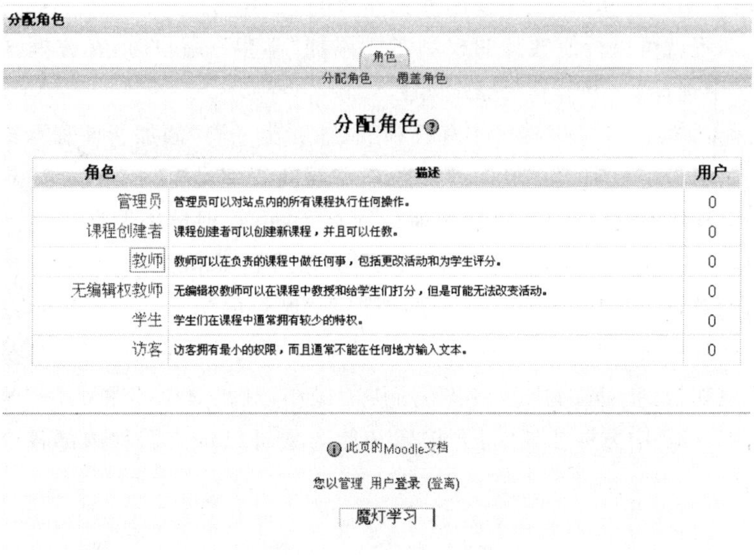

图 4-15　分配角色首界面

我们为本门课程添加一位教师用户和学生用户。单击图 4-15 中 “教师”,弹出“分配角色”界面,如图 4-16 所示。

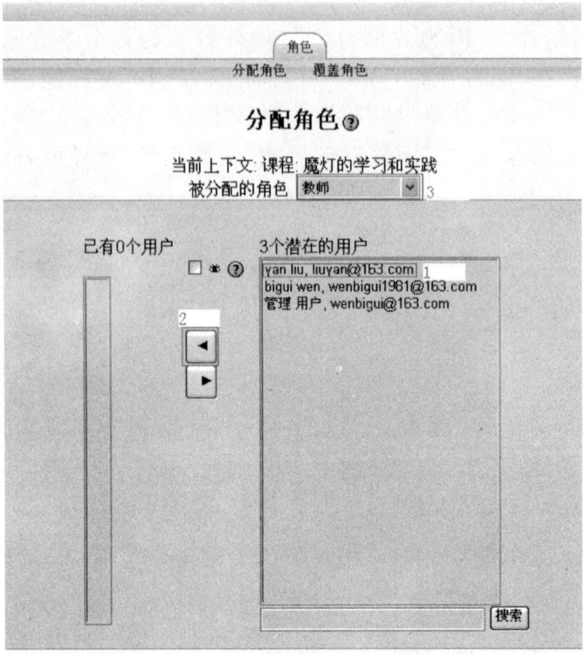

图 4-16　分配角色界面

“潜在用户”列表里列出了所有注册的用户,你可以根据实际情况进行选择。比如这门课的任课老师是图 4-16 中方框 1 标出的“yanliu”,则只需要单击“1”处的名字,再单击“2”处向左的箭头按钮,用户“yanliu”就会被添加在左边的“已有用户”列表中。这个用户再次登录的时候对这门课程就可以行使教师的权利了。添加“学生” 用户时,在方框 3 处“被分配的角色”下拉列表中选择“学生”,其余操作同上。

注意:只有以管理员账户登录,才有权利“添加新类别”,“添加新课程”,给课程“分配角色”,并给各个角色设定权利。一般的教师账户需要向管理员申请开设一门新课程,并填写图 4-14 中的“编辑课程设定”表。如果管理员同意了,由管理员来做好其他工作,并通知教师。当申请教师再一次登录时,就可以在课程列表里看到所申请的课程了。

回到网站的首页,可以看到刚才添加的新课程“魔灯的学习和实践”,单击“魔灯的学习和实践”,进入课程首页,如图 4-17 所示。注意方框 1 处,由于现在是以管理员身份登录,所以你可以在这里切换到不同的角色。以下所讲的操作,对教师和管理员用户来说,没有太大的区别。单击图 4-17 中方框 2 处“打开编辑功能”,便可以进入课程内部各个主题的设置,如图 4-18 所示。

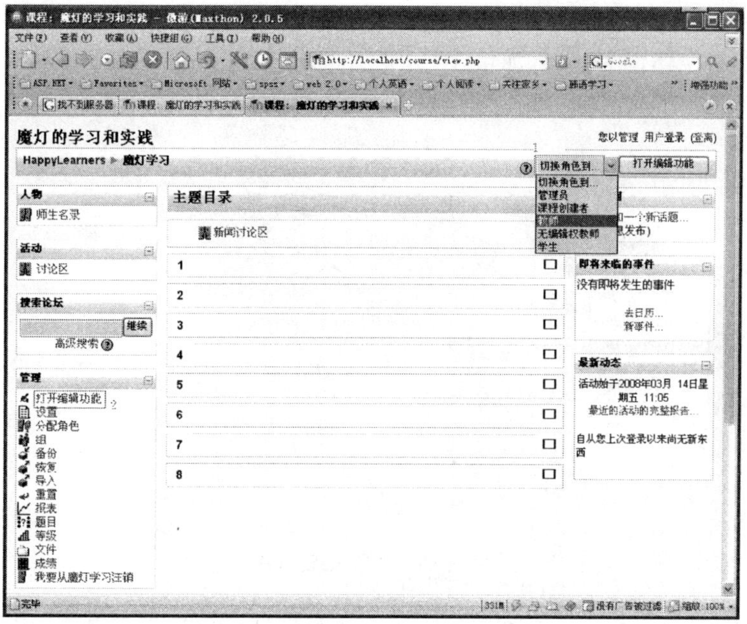

图 4-17　课程首页

图 4-18　课程编辑界面 1

（2）给第一个主题“初识魔灯”添加简介

图 4-18 中包含很多像箭头、眼睛、灯泡图案的功能按钮。把鼠标移到图案上，会出现功能提示行文字。方框 1 图案表示编辑功能，在不同的地方，所编辑的对象不同，此处表示编辑本主题的概要。单击该图案，弹出主题概要界面，如图 4-19 所示。这个编辑窗口和 Word

文档很相似,可以输入文字、添加图片、超链接等,方法请看帮助。我们输入本主题的名称"初识魔灯",并将字体设为蓝色,加粗,单击界面底端"保存更改"按钮。

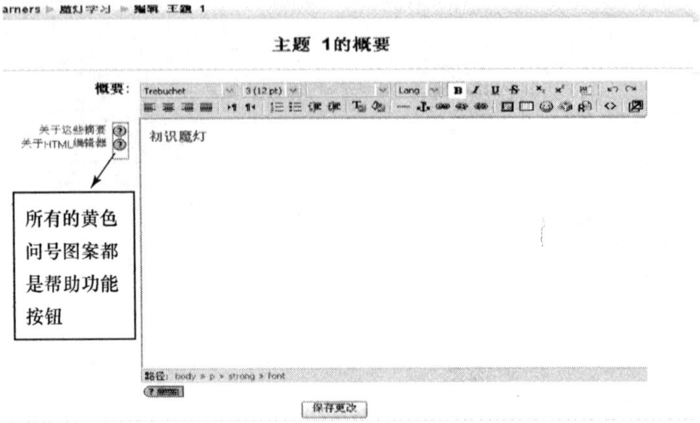

图 4-19 主题概要界面

接下来给"初识魔灯"这一主题添加简介。点击"添加资源"下拉列表,单击"插入标签",如图 4-20 所示。接着进入标签编辑界面,输入提前设计好的关于本主题的简介或学习方法指导等,也可以添加图片或表格让表达更生动,完成后单击界面底端"保存更改"按钮。最后效果如图 4-21 所示。

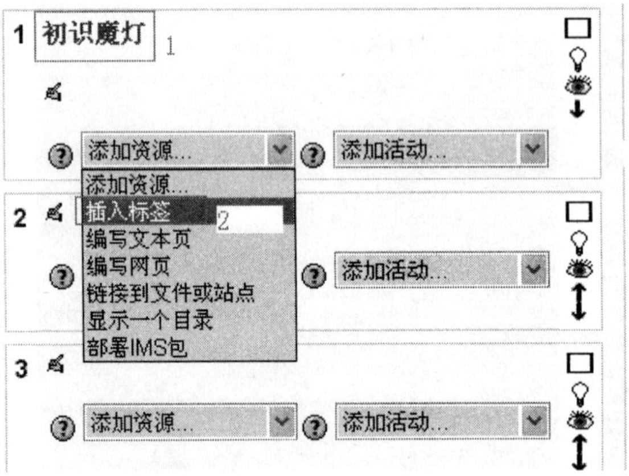

图 4-20 课程编辑界面 2

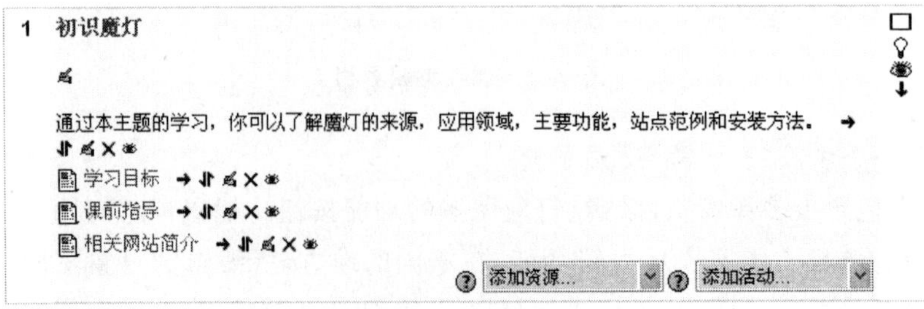

图 4-21 课程编辑界面 3

(3) 添加学习目标和课前指导

我们可以选择"添加资源"中的"编写文本页"或"编写网页"添加学习目标和课前指导，也可以利用它们添加和课程有关的其他文本和网页资源。二者的不同在于"编写文本页"较为简单，一般文字内容选它。而"编写网页"功能较多，也较为复杂，能够实现使用 HTML（包括 JavaScript）编辑网页时的绝大部分功能。我们选择"编写文本页"功能添加学习目标和课前指导。方法与"插入标签"相似，在此不再叙述。完成后，效果如图 4-21 所示。

(4) 添加教学录像、演示文稿课件、FLASH 动画等学习资源

单击图 4-21 中"添加资源"下拉列表，选择"链接到文件或站点"，弹出编辑资源界面，如图 4-22 所示。在"名称"和"概要"中输入必要的说明，再单击"选择或上传一个文件"按钮。弹出文件列表页面，单击"上载一个文件"按钮，弹出上传文件页面，如图 4-23 所示。

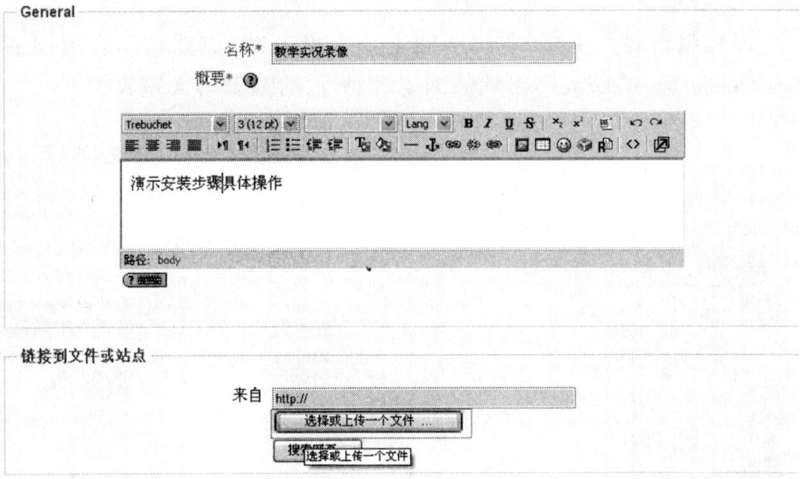

图 4-22　编辑资源界面

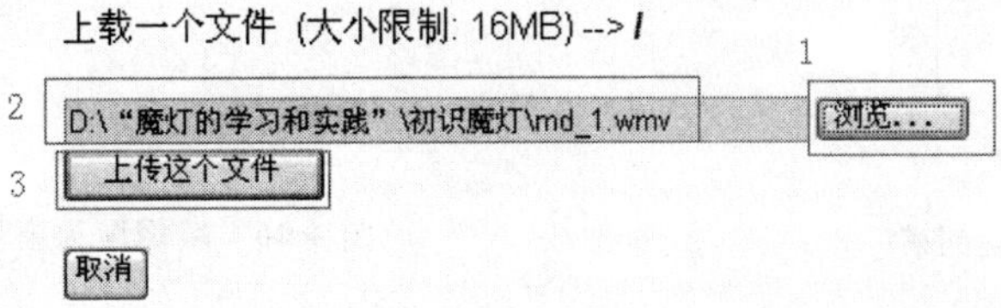

图 4-23　上传文件页面

点击"浏览"按钮，在弹出的文件选择窗口中选择提前准备好的录像文件，用同样的方法可以添加音乐文件、PowerPoint 文件、FLASH 文件。最后效果如图 4-24 所示，单击相应的链接可以打开或下载文件。

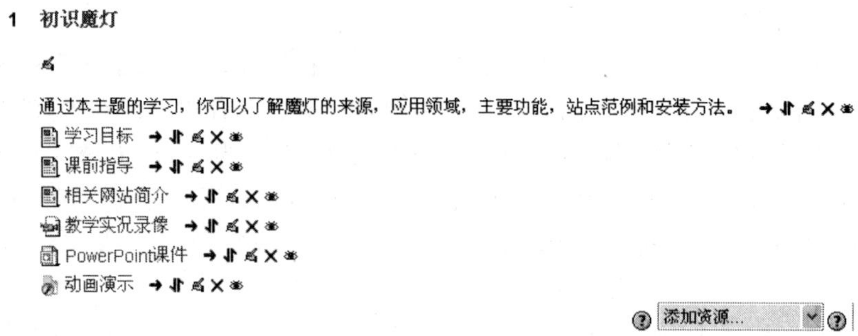

图 4-24　编辑后的课程内容页面

其他主题内容及资源的添加方式同上。

(5) 创建一个聊天室

在图 4-18 课程编辑界面 1 中，在相应的主题上单击“添加活动”，在弹出的“添加活动”下拉列表中(图 4-25)选择“聊天”，出现如图 4-26 所示的编辑聊天室界面。

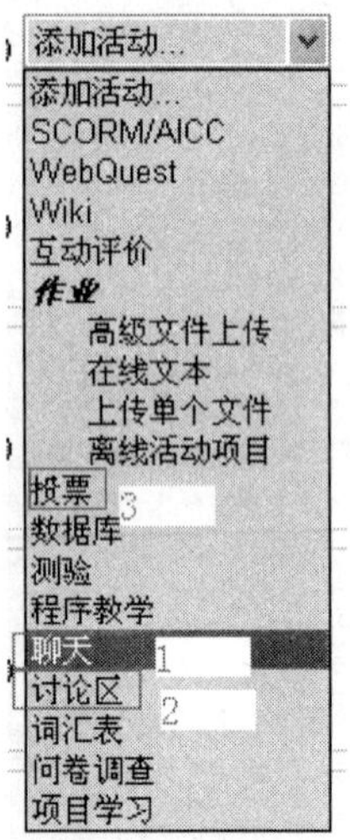

图 4-25　添加活动列表

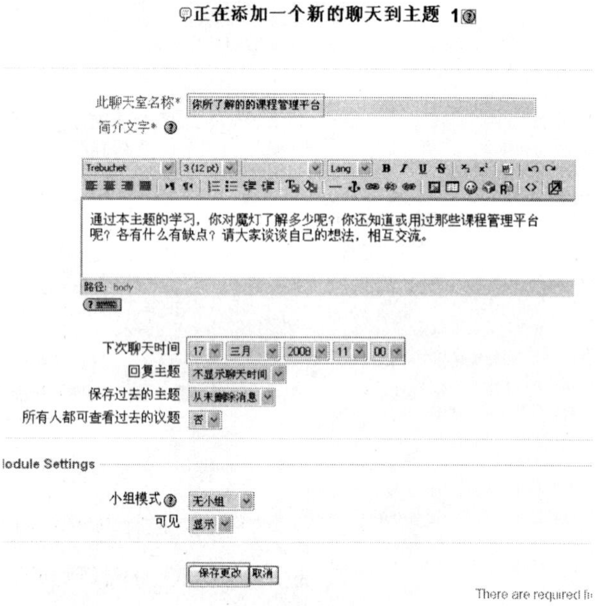

图 4-26　编辑聊天室界面

如图 4-26 中，填写好“聊天室名称”和“简介文字”，在“下次聊天时间”下拉列表中选择聊天室第一次开放的时间，在“回复主题” 下拉列表中选择“不显示聊天时间”，最后“保存更改”。

回到课程首界面，可以看到新创建的聊天室，如图 4-27 所示。单击“你所了解的课程管理平台”聊天主题，就可以进入聊天室。聊天室的使用方法和一般的网络聊天室差别不大，有疑问可以使用帮助文件。

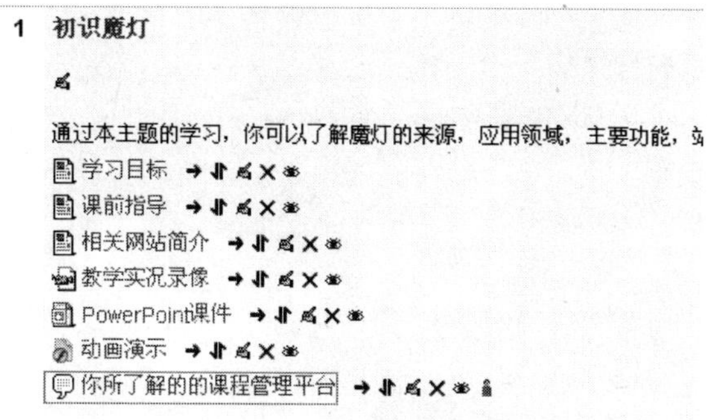

图 4-27　初识魔灯主题页面

(6) 创建一个论坛

创建论坛的方法和创建聊天室的方法相似。点击图 4-25 中的“讨论区”，然后跳转到编辑讨论区的界面。请大家借助帮助文档(带问号的黄色小圆)和参考创建聊天室的方法自己完成。

(7) 布置作业

在图 4-25“添加活动”下拉列表中，可以看到布置作业有四种模式，每种模式代表学习者提交作业的方式。我们选择让学生在本地机中完成作业，提交电子文档的作业模式。选择“上传单个文件”，弹出添加作业界面，如图 4-28 所示，依据实际情况填写好要求，单击“保存更改”，弹出补充作业资源界面，如图 4-29 所示。

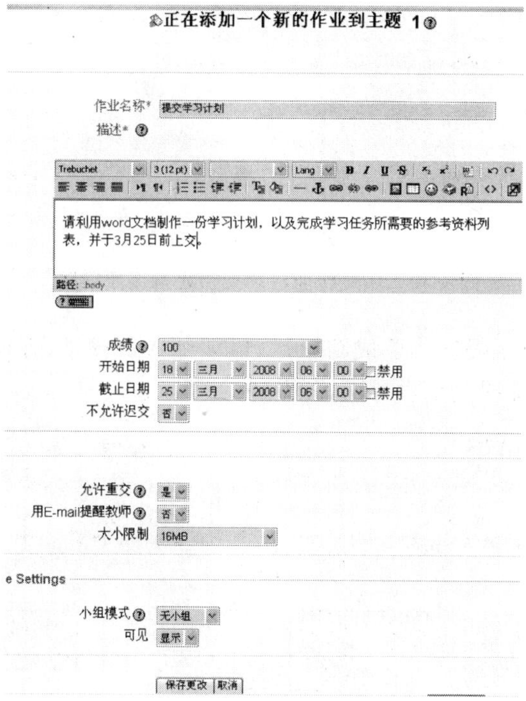

图 4-28　添加作业界面

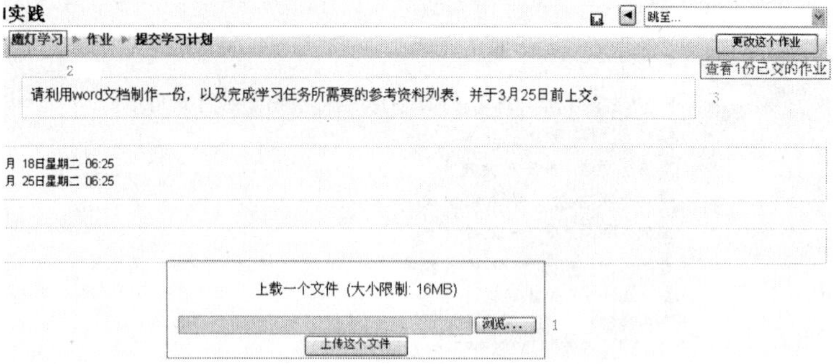

图 4-29　补充作业资源界面

图 4-29 方框 1 处，是为管理员或教师为这次作业添加补充资源准备的。如果还要为学生完成本次作业提供其他资源，单击“浏览”，选中要上传的文件，单击“上传这个文件”。

单击图 4-29 方框 2 处的课程简称，可以回到课程编辑首界面，效果如图 4-30 所示。方框 1、2、3 三处都显示了刚刚添加的作业。当以学生账户登录时，单击方框 1、2、3 任意一处的蓝色链接，弹出作业提交界面，提交作业的方法与一般上传文件的方法相同。

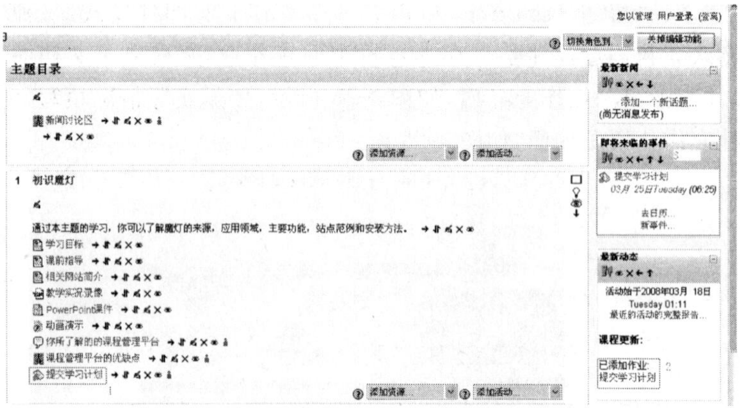

图 4-30　添加作业成功后课程首页效果图

若要批改作业，待学生提交作业成功以后，以教师账户登录，方框 3 处显示已提交作业份数，单击此处，进入作业提交信息界面，如图 4-31 所示。

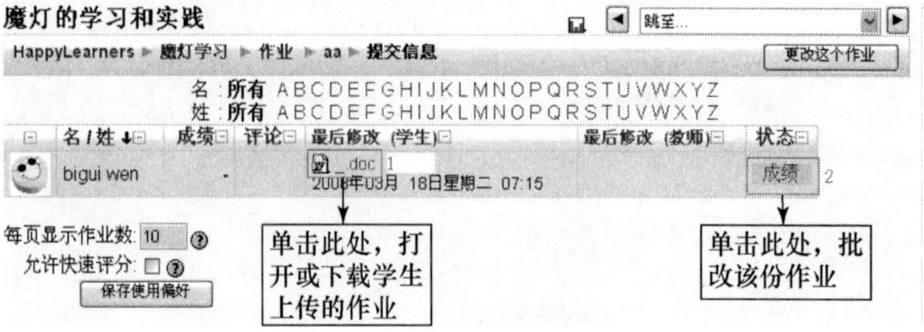

图 4-31　作业提交信息界面

在作业提交信息界面，可以看到学生提交作业的情况，单击方框 1 处，可打开或下载学生作业，单击方框 2 处，进入教师批改界面，如图 4-32 所示。

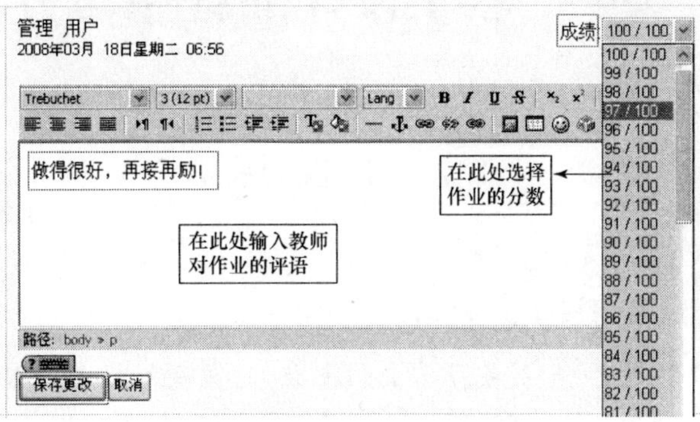

图 4-32 作业批改界面

依照图 4-32 中的说明，给作业选择分数，输入评语，单击“保存更改”，完成作业批改。

通过以上步骤可以创建一个简单的网络课程，如果需要创建功能更加强大的网络课程，可以参考相关的网上资源、参考书及魔灯软件的帮助文件。

思考与习题

1. 什么是 e-Learning、M-Learning 和 Blended Learning？
2. e-Learning 的基本模式有哪些？
3. 上网查找几个 e-Learning、M-Learning 和 Blended Learning 的案例。
4. 网络教学平台的基本功能有哪些？
5. 设计一个本专业相关内容的 Webquest 网站。
6. 登录到 MIT 开放课程主页，查看本专业相关的课程目录，学习一到两门课程，并从教学内容、教学方式等方面与本校学习的相应课程作比较。
7. 登录到中国高教精品课程网站，查看网络课程的构成，并从多角度与 MIT 开放课程作比较。
8. 试用 Moodle 设计和开发本专业一门课（或部分知识点）的网络课程。

第5章 教学设计的程序与方法

学习目标

1. 了解教学设计的基本定义。

2. 了解教学设计的一般模式以及教学设计模式的类型。

3. 理解学习需要的概念，了解学习需要的类型、意义及分析学习需要的方法。

4. 了解学习内容分析方法并掌握其应用，掌握以加涅分类为基础的学习内容分析。

5. 了解学习者的学习风格特点，掌握学习者的认知水平和认知发展水平，掌握学习者一般特征分析。

6. 理解教学策略，了解教学策略的分类，掌握教学策略的应用。

7. 掌握形成性评价的概念、功能及其具体操作。

实践建议

通过学习教学设计的基本理论和基本方法，形成具有应用系统方法分析具体某一学科教学问题和解决其教学问题的能力。

5.1 教学设计概述

5.1.1 教学设计的意义

为促进学习和绩效提高，分析、计划、实施、评价、修改教学系统中诸要素的过程称为教学设计(instructional design)。教学设计以学习心理学理论、教学理论、传播学理论为理论基础，应用系统科学理论的观点和方法，调查、分析教学中的问题和需求，确定目标、建立解决问题的方法和步骤，选择相应的教学活动和教学资源，评价结果，从而达到教学效果的最优化。

从一般意义上说，教学设计的主要任务就是解决教学过程中的问题，优化教学过程。具体来说，教学设计有以下意义：

1. 使得教学工作科学化

教学设计是以学习理论与教育心理学有关理论为依据，从教学的科学规律出发，应用系统方法解决教学问题，这就使得教学活动的设计摆脱了纯经验主义而步入到科学的轨道中，使广大教育工作者易于接受，并能在教学中进行实践及传承。因此，要使教学工作科学化，就应提倡学习和运用教学设计这项新的教学技术。

2. 有利于教学理论与教学实践的结合

长期以来，人们对教学的研究重理论轻实践，对实际教学工作的帮助不大。而教学设计正好弥补了这种缺陷，起到了沟通教学理论与教学实践的作用。一方面，教学设计把已有的理论和成果运用于实际教学中，指导教学工作有效进行；另一方面，教学设计把教师的教学经验升华为教学科学，充实和完善教学理论，这样就把教学理论与教学实践紧密地结合起来。

3. 有助于教育科研活动的开展，利于组织系统中参与者的协作

教学设计的开展有利于充分吸收教育、教学改革中的优秀成果，总结教育实践过程中的经验，提炼具有实践意义的教学设计模式，为教育科研活动的开展开辟新的领域。同时，教学设计是一个系统，它是一项由教学管理者、教育资源开发者、教师、学生以及其他社会人员共同参与的组织活动，教学设计的开展有助于组织系统中参与者的协作，为整合教育管理者、教育资源开发者、教师、学生和社会其他人士的力量，为教育科学研究创造条件。

4. 提高教学效率和教学效果，有助于实现教学最优化

教学设计的目的就是要设计出低耗高效的教学过程。在教学设计中，人们对学习需要、学习内容和学习者的客观分析，减少了许多不必要的内容和活动。通过清晰简洁地阐明教学目标，科学合理地制订教学策略，经济地选用教学媒体，准确有效地测定和分析教学结果等措施，使教学活动取得最佳的效益，从而提高教学效率和效果。因此教学设计是达到教学最优化理想境界的关键一步。

5. 减轻教师负担，有助于加速教师的培养

教师掌握了教学设计的理论和技术，可以减轻教学负担，使教学的准备环节更加科学化、规范化。此外，教学虽然作为一门艺术很难通过教学来传授，但其科学的教学理论和方法则是可以承袭的。教学设计为师资队伍的培养提供了一条有效的途径，青年教师可迅速掌握教学设计的基本原理与方法，并在实际运用中不断熟练和提高，最终成为一名教学专家。

6. 增加学生的学习兴趣，有助于挖掘学生的内在潜力

教学设计在设计中把学习者的分析放在非常重要的地位，通过对学习者学习需要、认知风格及一般特征的分析，结合学习者的特点，运用相应的教学策略，采取有效的教学方法和教学形式，设计富有吸引力的教学活动，使学习者的学习兴趣增加，进而提高其学习的积极性。同时，教学设计的原理和方法也可用于其他的问题情境中，有一定的迁移性。因此说，教学设计还可以培养科学思维的习惯，提高人们科学分析问题、解决问题的能力，进而开发学习者的智力，挖掘其潜能，培养其创造意识和创造精神，以形成良好的个性品质。

5.1.2　教学设计的基本要素

教学设计主要有以下四个基本要素：

1. 教学对象

教学服务的对象就是学习者。为了达到最优化的教学效果，必须认真分析学习者的学习风格、学习准备状态、一般特征等方面的情况，为教学内容的选择和组织、教学目标的确定、教学活动的安排、教学策略的采用等提供科学的依据。因此，学习者的分析是教学设计前期的重要环节。

2. 教学目标

教学目标是教师在完成教学任务时所提出的概括性要求。它是整个教学计划的基础，是教学设计的起点，所有的教学活动都是为了实现这一目标而设计的。通过确立教学目标，使教学工作的结果或标准具体化、明确化，为以后制订教学策略及开展教学评价提供依据。

3. 教学策略

教学策略是对完成特定教学目标而采用的教学顺序、教学活动程序、教学方法、教学组织形式和教学媒体等因素的总体考虑。对于教学来说，若要成功地达到教学目标，完成教学任务，需要解决"如何教"的问题，所以掌握一定的教学策略是必要的。

4. 教学评价

教学评价是教学设计的重要因素之一。教学设计包括对解决教学问题的预想方案进行评价和修正的内容，这里评价是修改和完善教学的基础。同时，在教学设计成果的实施过程中，评价活动也始终贯穿其中。因此，无论是对教学设计过程中涉及的多种因素的评价活动，还是对教学设计结果的肯定或否定、修改及完善，评价活动始终给予教学设计价值体现，引导教学设计工作朝实现预定目标方向进展。

以上四个要素相互联系、相互制约，共同构成了教学设计的总体框架。

5.1.3 教学设计的模式

模式是再现现实的一种理论性的简化形式。教学设计过程的模式则是在教学设计的实践当中逐渐形成的，运用系统方法进行教学开发、设计的理论的简化形式。它包含三个要点：① 教学设计过程的模式是对教学设计实践的再现；② 它是理论性的，代表着教学设计的理论内容；③ 它是简化的形式，是对教学设计理论的精心简化。

1. 教学设计的一般模式

教学设计的模式是适合于多种设计类型的教学模式。教学设计者在教学设计实践的基础上总结出教学设计模式的基本构成要素，如表 5-1 所示。

表 5-1　教学设计模式的基本构成要素

模式的共同特征要素	需要分析的因素
学习需要分析	问题分析、学习需要、确定问题、确定目的
教学目标的阐明	目标的详细说明、确定目标、编写行为目标
学习内容分析	内容的说明、教学分析、任务分析
学习者分析	教学对象分析、学习者的一般特征、学习者初始能力的评定
教学策略的确定	安排教学活动、说明方法、选择媒体等
教学设计成果的评价	形成性评价、总结性评价、行为评价、反馈分析

通过对教学设计模式的基本构成要素的分析，以及教学设计的实践，我们得出教学设计的一般模式，如图 5-1 所示。学习者、学习目标、教学策略以及评价是教学设计的最基本要素。

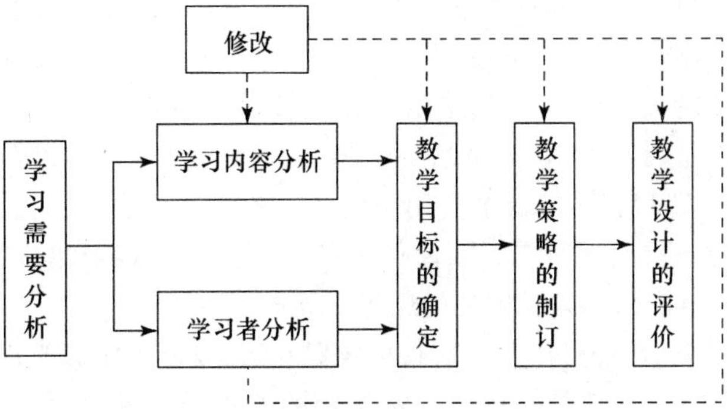

图 5-1　教学设计的一般模式

教学设计模式是人们对教学实践的一种理论建构，所以人为地把教学设计过程分解成诸多要素，是为了更加深入地了解和掌握教学设计的技术。实际中的教学设计，要从系统的整体功能出发，保证学习者、学习目标、教学策略以及评价的一致性，达到最佳的效果。

另外，我们还要认识到教学系统设计是开放的，教学过程是个动态过程，涉及的诸如环境、学习者、教师、信息、媒体等各个因素也都处于变化之中，因此教学设计工作具有灵活性的特点。我们应在学习借鉴别人模式的同时，在自己的教学设计实践经验基础上，根据不同的情形的要求，决定设计从何着手、重点解决哪些环节的问题，创造性地开发自己的模式，开展教学设计工作。

2. 教学设计模式的分类

对于教学设计模式的划分不尽相同，有学者从教学设计关注的结果特征出发把教学设计划分为以下三大类：

(1) 以课堂为中心的教学设计模式①

课堂教学设计是教学设计的重要应用领域。由于教学是由多种因素构成的复杂系统，教育工作者在教学设计的实践中创造性地形成了许多教学设计模式。

这种模式以课堂教学为焦点。已有的教师、学生、课程计划、设备、设施和资源都是进行设计的前提条件。设计的目的是解决教师在这些条件下如何做好教学工作，完成预期的教学目标。设计的要求往往发生在学校教师想改进教学，提高教学质量的时候，通常由教师自己来完成设计任务。这类模式的设计重点是选用合适的教学策略，选择、改编和应用已有的媒体材料，而不是从头开发。这种模式主要供专职教师参考使用，包括中小学教师、职业学校教师和大学与学院的教师。

(2) 以产品为中心的教学设计模式②

这类模式有四个前提特征：① 已经确定完成特定的教学目标需要教学产品；② 某些产品需要开发，而不是只对现有材料进行选择或修改；③ 开发的教学产品必须被大量的教学管理者使用，产品对拥有相似特征的学习者产生“复制”的效果；④ 重视试验和修改。

在许多情况下，需要分析已经完成，没有必要过问是否应该开发产品，而设计任务只要

① 乌美娜. 教学设计[M]. 北京：高等教育出版社，1994：45.

② 同上书，47-48.

关心如何开发出符合目标要求和适合学习者特点的产品，以及如何高效率地开发产品。

(3) 以系统为中心的教学设计模式①

这类模式的前提特征是：① 一般是指比课堂教学和教学产品要大和复杂的系统的设计，涉及教学计划、教学材料、教学人员培训计划、教学包、管理计划以及教学设备设施等许多方面；② 教学系统开发后，有广泛的使用价值；③ 需要设计小组来完成设计任务，设计组成员的范围较大，包括设计、学科、媒体、评价等各方面的专家以及用户和管理人员，有时也吸收教师和学生参加；④ 以问题—解决的思想为导向。

这类模式非常重视前期分析，它是从收集数据开始，以便确定教学问题所在和解决问题方案的可行性和必要性。很多模式中要求按给定的方式详细说明存在的问题，以保证系统设计是有的放矢。与前面两种模式相比，这种模式更强调对大环境进行分析，需要作出的努力也要大得多。课堂和产品两种模式有时也被认为是系统模式的子集。

一般来说，以产品为中心的教学设计和以系统为中心的教学设计较难体现出具体的模式，一般以过程的形式呈现。

从教学设计的理论角度和实施方法上可以把教学设计的模式分为以下三大类：

(1) 以"教"为主的教学设计模式

以"教"为主的教学设计模式的理论基础包括四个组成部分，即系统论、学习理论、教学理论和传播理论。以"教"为主的教学设计模式的发展已历经两代。第一代以"肯普模式"为代表，在学习理论方面它是以行为主义的联结学习(即刺激—反应学习)作为其理论基础。第二代以"史密斯-雷根模型"为代表，在学习理论方面以加涅的"联结认知"学习作为其理论基础。以"教"为主的教学设计模式基本上遵循还原论，具有线性思维特征。

(2) 以"学"为主的教学设计模式

以"学"为主的教学设计模式是随着多媒体和网络技术的日益普及以及建构主义学习理论被人们所理解才逐渐发展起来的。这种基于建构主义的以"学"为主的教学设计模式，重视"情景"、"协作"在教学中的重要作用，弥补了传统教学设计过分分离与简化教学内容的局限，强调发挥学习者在学习过程中的主动性和积极性，有利于创造性人才的培养，满足信息社会对人才所提出的要求，因此近年来备受人们重视。

(3) 以"教师为主导、学生为主体"的教学设计模式

以"教"为主的教学设计模式有利于教师主导作用的发挥，便于教师组织、监控整个教学活动进程，便于师生之间的情感交流，因而有利于系统知识的传授。但是，它的弊端在于完全由教师主宰课堂，忽视学生的学习主体作用，不利于具有创造性人才的培养。以"学"为主的教学设计模式由于过分强调学生是学习过程的主体，是意义的建构者，因而有利于学生的主动探索、主动发现，即有利于创造性人才的培养。但是，由于其过分强调学生的主体性，在相应的教学设计过程中往往忽视教师的主导或指导作用的发挥，忽视师生之间的情感交流和情感因素在学习过程中的重要作用。结合以上两种教学设计模式的优缺点，何克抗教授提出了"主导—主体"教学设计模式，通过结合教育的实际情况实现以上两种模式互相取长补短，优势互补。

---

① 乌美娜. 教学设计[M]. 北京：高等教育出版社，1994：48-50.

5.2　学习需要分析

5.2.1　学习需要

一般来说，“需要”是由现实和期望之间的差距所引起的，表现为结果的差异、人们的内心体验、现实情况中存在的问题等。所以，“需要”是“是什么”和“应该是什么”之间的差距。在教学设计中，学习需要是一个特定的概念，是指学习者学习方面的当前状况与被期望达到的状况之间的距离，或者说，是学习者已经具备的水平与期望学习者达到的水平之间的差距。

5.2.2　学习需要的类型

伯顿和梅瑞尔为了便于对学习需要进行分析，把与教育有关的需要分成六类，它们分别如下：[①]

1. *标准的需要*

标准的需要是指个体或集体在某方面的现状与既定标准比较而显示出来的差距。既定标准包括国家各种类型的标准测试。例如，计算机和英语的等级考试、会考和高考等，也包括国家认可的各种各类教学大纲等。当一个对象的行为低于所建立的标准，那么目标需要就产生了。如何确定标准需要呢？第一步，获取标准，如教学大纲、考试大纲、标准分数线等；第二步，收集对象与标准相比较的资料和数据；第三步，比较后确定标准需要。

2. *比较的需要*

比较的需要是同类个体或集体通过相互比较而显示出来的差距。例如，某校看到与自己相似的学校建立了微机室，便感到自己也“需要”建立微机室。怎样确定比较的需要呢？第一步，确定比较的领域，即比较什么？是学习成绩，还是环境设施？是师资水平，还是学生素质？第二步，收集对象和比较对象在比较领域的资料和数据；第三步，确定两者之间的差距。此外，还要分析判断这种需要的重要程度，以便确定是否满足这种需要。

3. *感到的需要*

感到的需要是指个体认为的需要，是个体必须改进自己的行为或者某个对象行为的需要和渴望。这种需要显示出在行为或技能水平与渴望达到的行为或技能水平之间的差距。这时，教学设计者还要明确与改进行为有关的需要和由于某种渴望而激发的需要之间的区别。例如，有的学习者为了改进自己的社交能力，产生了改进自己的社交技能的“需要”。确定感到的需要也需要收集资料和数据，比较好的方式是使用面谈和问卷以获取信息。然后分析这种需要的重要性，以决定是否满足这种需要。

4. *表达的需要*

表达的需要可以看成是个体把感到的需要表达出来的一种“需要”。人们常常愿意尽力

---

① 徐英俊. 教学设计[M]. 北京：教育科学出版社，2001.

满足表达的需要。例如，某高中准备开设一些选修课程，请学生将自己想学习的选修课程写在登记表上，这就是一种表达的需要。它表达了学生要学习某门课程的需要。同样，确定表达的需要，也要收集资料和数据，可采取各种具体的方法，如面谈、问卷、填写登记表、座谈等。从这些资料中获取所需信息，也可从学习者的各种具体行为表现中得到各种反馈信息，以确定表达的需要。

5. 预期的需要

预期的需要是指将来的需要。一般来说，教学设计者通常考虑的是现实的需要，实际上考察学习者将来的需要是教学设计的重要组成部分。例如，一所学校的校长要在学校中改革现行的教学方法，他的预期需要是全体教师将来能够掌握合作学习的方法来教学。再如给普通高中的学生开设一些实用技能型课程，使他们毕业后适应就业的需要。对预期需要进行分析的方法主要是面谈和问卷，还有一种就是确定某些潜在的问题领域。例如，在职业培训中，假设某种手工操作的技能可以转变为用计算机控制的技能，那么，教学设计中就可以把这点看成是一种预期的需要。

6. 批评性事件的需要

批评性事件的需要是一种很少发生，但一旦发生却可能引起重大后果的需要，如核事故、医疗事故、自然灾害等。获取这种需要的资料和数据，主要通过分析潜在的问题入手，也可通过提出问题入手。例如：计算机主机出了故障怎么办？如果通讯系统出了问题，怎样传达信息？这种需要在教学中也经常出现，在特种行业的职工培训中更是经常出现。例如，在化工企业，必须增加诸如处理起火、爆炸、药品溢出等紧急事故的培训内容。

以上介绍了与教育有关的六类学习需要，这六类学习需要的核心含义是：当“现状是”与“应该是或必须是”两者之间存在差距时，就产生了“需要”。要确定“需要”的程序，就要采取恰当的有效方法，收集相关的资料和数据，从比较分析中作出价值判断，以确定是否满足这种“需要”。所以，我们应了解学习需要的各种类型。只有清楚了学习需要的各种类型，才便于对学习需要进行科学的分析。

5.2.3 学习需要分析的意义

1. 学习需要分析在教学设计中的地位

(1) 学习需要分析是教学设计过程的基础

教学设计是一个问题解决的过程，只有发现了问题，认清问题的本质才能着手对它进行解决。另外，教学设计要使教育、教学真正有效，也必须能发现教学中的真正需要和存在的问题。所以，学习需要分析是教学设计过程的重要开端。

学习需要分析是一种差距分析，其结果是提供尽可能确切可靠和有代表性的“差距”资料和数据，从而形成教学设计项目的总目标，而这个总目标是指导教学设计往下进行的一系列步骤(如内容分析、目标编写、策略制订、媒体选择以及评价等)的重要依据。

学习需要分析的结果，论证了教学设计的必要性和可能性，即解决教学设计是否是解决问题的必要途径，以及在现有资源和约束条件下是否可行的问题。这就避免了动用大量人力、物力设计教学的情况。

学习需要分析是组成教学设计过程的要素，它和这一系统过程的其他要素如内容分析、教学策略等相互联系，共同完成教学设计优化教学效果的使命。同时，作为整个系统过程的一部分，学习需要分析具有它自身的特殊作用，在日益发展的教学设计中越来越占有举足轻重的地位。

(2) 学习需要分析有助于理顺问题与方法、目的与手段的关系

在学习需要分析中，发现教学中的问题，寻找问题的原因，找到解决问题的方法是学习需要分析中的重要任务。教学设计以学习需要分析作为开始，这本身就理顺了问题与方法、手段与目的的关系，即从问题的分析和确定作为出发点，形成总的教学目标(解决“为什么”、“是什么”)，然后寻找相应的解决问题的方法即达到目的的手段(即“如何”)从而最终解决问题。

开展教学设计，选用教学媒体本身不是目的，它们仅是实现特定的教学目标的手段。所以，分析学习需要，要求我们重视教学目标的确定。如果教学目标的确定脱离教学实际需要和学生身心发展水平的要求，那么为实现教学目标而运作的各种手段将不能发挥应有的作用，甚至发挥相反的作用。在实际的教学中，人们所关心的和研究的往往是如何改进方法、形式、媒体等，而较少考虑所确定的教学目标是否符合客观的实际需要，这是我们应着重解决的一个问题。

通过调查研究发现学习者目前的学习状况与教学目标之间存在差距，这仅仅是分析学习需要的一个方面。另一方面，还要分析产生这种差距的原因。因为不同性质的教学问题，只有通过不同的方法才能解决。出现教学问题的原因往往是复杂的、多方面的，因此，还要透过现象看本质，找出产生问题的主要原因。

著名学者考夫曼认为，能否发现教学过程中存在的实际问题，弄清楚产生问题的原因，并选择最佳的解决方法，是保证教学工作成败的关键所在，分析学习需要正是搞好这项工作的有效工具。学习需要的分析，运用合乎逻辑的思维方法，分析各种教学问题，评价各种需要，使人们能及时发现教学中亟待解决的突出问题。有时，需要解决的问题很多，这时我们要通过学习需要的分析，获取真实的情况和具体的数据，为选择方案的决策提供可靠的科学依据。①

*2. 学习需要分析对我国教育改革的意义*②

按照系统论的观点，教育本身是一个系统，同时它又是社会这个系统中的要素，那么整个社会系统除教育自身之外的其他因素就构成了它的外部环境。教育是以社会的需求为价值尺度的，教育的目的是从社会对教育的需求中得出的。教育目的能否真正反映社会的需要和培养满足社会需要的人才，能否随社会需求的变化而不断调整，能否促进社会和个人之间的和谐发展是至关重要的。尤其在我国改革开放的大好形势下，各级各类的教育工作者都在致力于解决教育既能立足于现实，又能面向未来的改革课题，例如：高等教育在考虑如何面向社会主义市场经济主战场，发展社会需求大的应用学科和培养多种规格的应用型人

---

① 徐英俊. 教学设计[M]. 北京：教育科学出版社，2001.

② 乌美娜. 教学设计[M]. 北京：高等教育出版社，1994.

才；成人教育在向以岗位培训为重点的轨道上转变；职业技术教育随着行业的迅速发展，对人才的培养也面临着如何发展与处理好职业基础教育和实用技术培训的问题；基础教育也在考虑面向世界、面向未来和面向现代化，等等。它们都迫切希望有比较科学的体系和方法来不断协调教育与社会的关系。学习需要分析正是这样的科学方法，通过层层分析，可以理顺社会需求的变化和教育目的的稳定与发展的关系，理顺教育目的与专业设置、课程结构、内容选择、教学方法等的关系，从而使教育既保留自身特点，又主动适应社会，跟上时代发展。

5.2.4 分析学习需要的方法

以不同的期望值作参照系分析学习需要，便形成了两种不同的确定学习需要的方法，即内部参照需要分析法和外部参照需要分析法。

1. 内部参照需要分析法

(1) 定义

内部参照分析法是由学习者所在的组织机构内部以已经确定的教学目标（或工作要求）对学习者的期望与学习者学习（工作）现状作比较，找出两者之间存在的差距，从而鉴别学习需要的一种分析方法。这种方法是以接受既定的目标作为期望值来分析学习需要为前提的，通常较普遍地用于我国普通学校教育当中。如果学校的培养目标的制订充分反映了机构内、外环境对它的要求，充分考虑了学生自身发展的要求和特点，那么内部参照需要分析法是有效的，否则它不能揭示真正的需要，这是内部参照需要分析法中应注意的问题。

(2) 数据收集的方法

由于目标存在于机构内部，所以关于期望的状态只需查阅机构内部目标方案和访问内部目标决策者就可得到，但应把所期望的状态用学习者的行为术语描述出来。这样收集数据的重点就是关于学习者目前状态的信息，具体做法是将期望状态（包括知识、技能和态度等方面）的目标具体化，形成完备的指标体系，作为收集目前状况数据的依据。

以下的数据收集方法可供参考：

① 按照形成的指标体系来设计测验题、问卷或观察表，然后通过分析试卷和问卷以及观察记录直接从学习者处获取信息。

② 根据指标体系，分析学习者近期的测试成绩，产品合格记录等相关的现成材料。

③ 召开教师等有关人员的座谈会或对他们做问卷调查，按形成的指标体系询问学习者目前的状况。各种方法均具特色，在实际运用时可结合使用。现状的信息也应以学习者的行为术语描述出来。

2. 外部参照需要分析法

(1) 定义

根据机构外社会（或职业）的要求来确定对学习者的期望值，以此为标准来衡量学习者学习的现状，找出差距，从而确定学习需要的一种分析方法。这种方法揭示的是学习者目前的状况与社会实际要求存在的差距，特点是以社会目前和未来发展的需要（超前性，需科学预测)为准则和根本价值尺度揭示教育、教学中存在的问题,从而制订教育、教学的目标。因此,外部参照法是对机构内部目标合理性进行论证的有效方法。

(2) 收集数据的方法

由于期望值是根据社会需要而制订的,所以首先要收集和确定与期望值相关的社会需求的信息。收集信息主要有以下途径:① 对毕业生进行跟踪访谈、问卷调查,获取他们对社会需求的感受,以及工作后对学校教育或培训教学的意见和建议,从中不仅获得关于社会期望的信息,也获得学习者现状的信息。② 分析毕业生所在单位对毕业生的工作记录,了解他们对职工的要求和对毕业生的评价,获得工作需要和对教学的改进信息。③ 设计问卷发放到与所学专业相关的工作岗位,得到社会对人才能力素质的要求信息。④ 现场调研,深入到工作第一线,获得对人才能力素质要求的第一手信息。⑤ 专家访谈,了解专家对社会目前及未来发展对人才需求的信息。

关于期望值的确定,我们曾提到要反映社会未来对学生的期望信息,这需要做科学预测。关于预测,我们在这里介绍特尔菲方法(Delphi)。

特尔菲方法是美国兰德公司首先开发使用的定性预测最负盛名的方法,它是利用多轮匿名函询调查来得到有关未来事件的判断信息。其具体做法是:① 在专家访谈等以上方法的基础上形成一般性的未来信息调查表。② 让专家对调查表中的项目做重要性程度的判断和预测。③ 组织者对收回的调查表做统计分析,并把含上一轮统计分析结果和说明的调查表再返给专家,征求预测意见。继续调查下去,直到专家意见趋于一致,就可获得未来的社会发展对学习者的期望信息。

有关学习者现状的信息收集方法与内部参照需要分析法相同,此处不再赘述。

5.3　学习内容分析

学习内容是学科教学的基本素材,是学生获得知识、形成能力的主要来源。根据学习心理学、当代教育教学改革的基本思想,选择和确立内容是教学设计的重要组成部分。

5.3.1　学习内容的选择与组织

1. 学习内容分析

学习内容分析是有一定的步骤的,按照这些步骤可以保证教学设计者完成具体的学习内容分析,这些步骤如下:

(1) 组织和选择单元

设计一门课程,必须考虑学习者必须学习哪些内容,对这个问题的考虑一般是从单元层次开始的。单元是一门课程的划分单位,不同的学科进行不同的单元划分,例如语文课程的一个单元是一组体裁相同的课文。通过单元的选择可以确定一门课程的基本框架。

(2) 确定单元目标

单元目标是指学习完本单元后学生所能获得的知识、技能、行为经验的总的要求。确定了单元目标,课程体系就开始了具体化过程。

(3) 确定学习任务

学习任务是学习的具体内容，在确定的单元内进行学习任务分析有效地保证了单元目标的完成。确定了明确的学习任务之后，还要对学习任务进行分类。如按照布鲁姆的教学目标分类理论，可以把学习任务分为认知领域、情感领域和动作技能领域三大类别。

(4) 分析学习任务

对列出的学习任务进行更加详细地分析，对不同的任务选择不同的任务分析方法。如确定学习内容的层次、难易程度、需要显现的方式等。如布鲁姆在认知领域的学习内容中把该领域的知识分为知道、领会、运用、分析、综合和评价六个层次。教学设计者根据每一个领域的工作任务设计不同层次、不同水平的教学安排。

(5) 评价

对上面的所有分析过程进行评价，找出不足，删除与学习需要无关的内容，增补不足的内容。

学习内容分析一般由学科教师、学科专家、教学设计者等负责确定具体的学习内容。教学设计者在学习内容的选择上不能代替学科教师、学科专家等的作用，他们的主要任务是"提问题"，通过所学的心理学、教学设计知识等帮助学科教师和学科专家来确定具体的教学内容。

2. 学习内容的选择程序

美国教育技术专家克内克等人总结的培训工作程序对学习内容分析具有积极的影响，如图 5-2 所示。

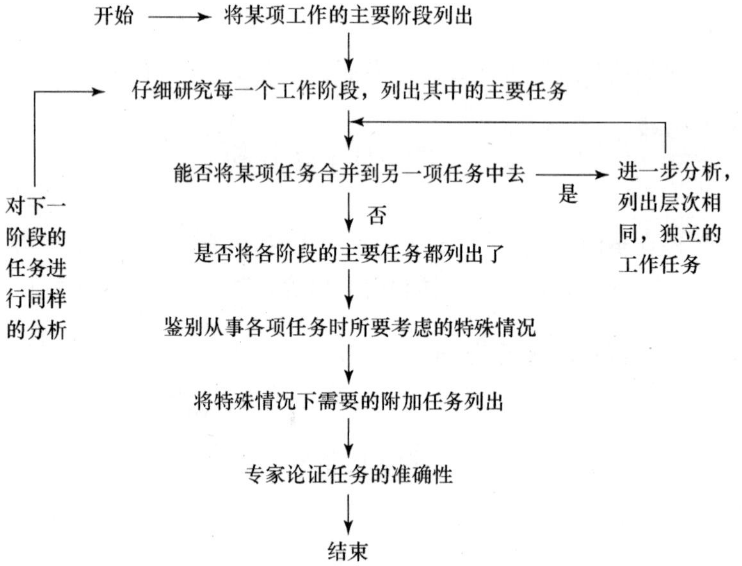

图 5-2 确定培训内容的工作程序

通过对上面程序的分析，我们把这个程序应用到学校领域的教学设计，修改的结果如图 5-3 所示。

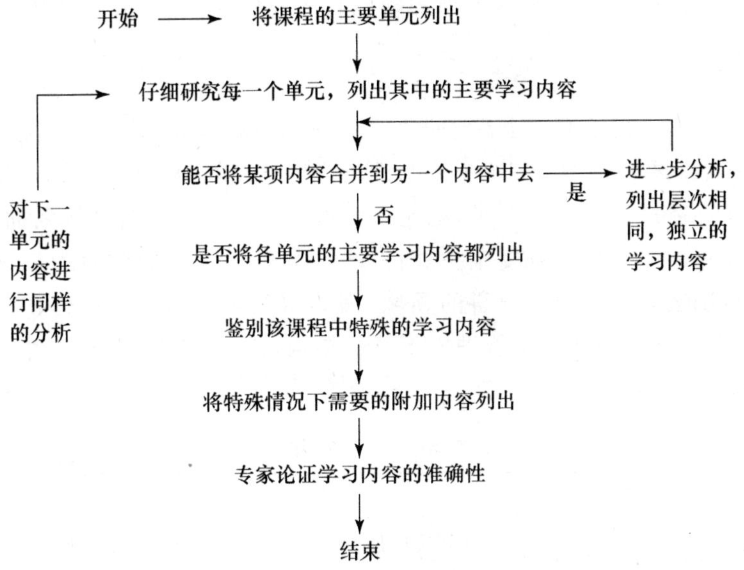

图 5-3　学校领域的教学设计

3. 学习内容的安排

学习内容的安排是对已选定的学习任务进行组织编排，使学习内容具有一定的系统性和整体性。

在一门课程中，各个单元的学习内容之间的联系一般有三种类型：相对独立，各单元在顺序上可互换位置；一个单元的学习构成另一个单元的基础，这类结构在序列上极为严密；各单元的联系呈现综合性。在图 5-4 中，在单元顺序的安排上，1、3、4、5 的顺序可以互换位置，2、3 单元的顺序不允许随便改变(单元 2 是单元 3 学习的基础)。

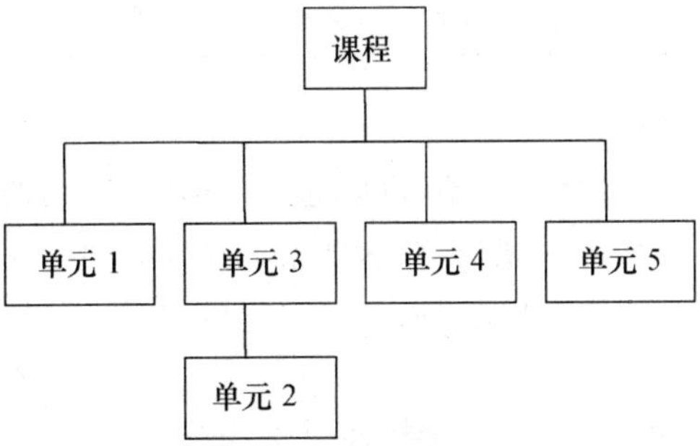

图 5-4　课程单元图

组织学习内容需要注意的事项：

(1) 由整体到部分，由一般到个别，不断分化

如果学习是以掌握科学知识为主的，则基本的科学原理和概念应放在中心位置。根据这个特点，首先陈述学科中最一般最概括的观点，然后就具体内容和特殊要点不断进行分化。这是因为人们在遇到一个完全不熟悉的知识领域时，只有阐明了理论思想，才能借助这种思想进行分类和系统化。一般来说，从已知的、较一般的整体中分化出细节要比从已知的

细节中概括整体容易些。例如,掌握了动物的概念后,就有利于对飞行动物、爬行动物等包容性较小的概念的掌握。

(2) 确保从已知到未知

如果学习的内容在概括程度上高于学习者原有的观念,如在掌握了"报纸"、"电视"、"电报"等概念以后,再学习"媒体"这个总结性概念时,要学习的新的命题与学习者认知结构中已有的概念不能产生从属关系时,就应由浅入深、由易到难、由具体到抽象,排成一个有层次的从较简单的先决技能到复杂技能的序列,使前一部分的学习为后一部分的学习提供基础。这特别表现在层级性学科的领域,因为这类学科的知识结构在序列上极为严密,如果不掌握前一个结构就不可能进入下一个结构,不懂得前一个概念就不可能懂得后一个概念,如表 5-2 所示。

表 5-2 学习分类

层次变化	层次名称	意义
高层次	问题解决的学习	在解决问题时,学习者把过去学得的原理组织起来构成解决新问题的新原理
↓	原理或法则的学习	以在对一类刺激情境的反应中形成的行为的一种固有类型的形式,把两个以上的概念构成一个连锁
	概念学习	对外表上彼此不大相同的一类刺激,做出共同的反应
	辨别学习	学会对许多貌似相像但又不同的刺激,做出不同的识别反应
	言语连锁学习	即言语的连锁化,指形成一系列的连续性的词语连锁
	连锁学习	把一组个别的 S-R 联结成一个序列
	刺激—反应学习	学会对某个刺激做出准确的反应(S-R)
低层次	信号学习	机体学会对某个信号刺激做出概括性的反应

(3) 按事物发展的规律排列

如果学习内容是连续的、线性关系的,可以通过向前的、进化的、按年代发展的方法来编排。这样的组织方式与研究的社会现象、自然现象本身发展的顺序相一致,符合事物辩证发展的规律,能使学习者对自然和社会现象的发展有比较客观、历史、完全的认识。

(4) 注意学习内容之间的横向联系

安排学习内容时,不仅要注意概念纵向发展之间的联系,还要从横向方面加强概念原理、单元课题之间的联系以及知识、技能、情感各部分内容之间的协调,以促进学习者有效地学习。有些单元内容虽然是相对独立的,但绝不能忽视横向的联系。因为学习者要理解一种新的知识就必须要同已有的认知结构中的知识进行比较。学习内容的安排中忽视对知识进行横向联系,学习者就不能有效辨别相似概念之间的差异,新的内容容易含糊不清,就会容易遗忘,不利于学习的迁移。

5.3.2 学习内容分析的基本方法

学习内容分析主要采取以下方法：

1. 归类分析法

归类分析法主要是对相关信息进行分类的方法，旨在鉴别为实现教学目标而需要学习的知识点。例如，人体外表各部位的名称可由上向下按头、颈、躯干、上肢、下肢等分类。确定分类方法后，或用图示，或列提纲，把实现教学目标所需要学习的知识归纳成若干方面，从而确定学习内容的范围。图 5-5 是归类分析的实例。

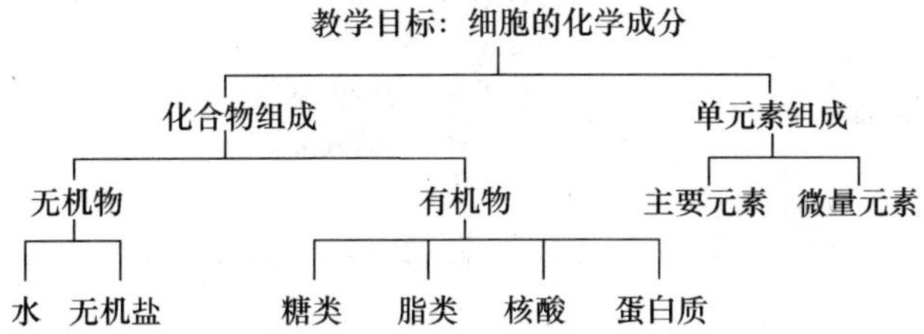

图 5-5 归类分析实例

2. 图解分析法

图解分析法是一种用直观形式揭示学习内容各要素及其相互联系的分析方法，用于对认知类学习内容的分析。图解分析的结果是一种简明扼要地从内容和逻辑上高度概括的一套图表或符号。例如历史教学中，可以用几条带箭头的线段及简洁的数字来剖析一次著名战役的全过程，其事由、时间、地点、参战各方人数、结果等都用图解来表示。

3. 层级分析法

层级分析法是用来揭示为了实现教学目标所要掌握的从属技能的分析方法。这是一个逆向分析的过程，即从已确定的教学目标开始分析，要求学习者获得教学目标规定的能力，他们必须具有哪些次一级的从属能力；而要培养这些次一级的从属能力，又需具备哪些更次一级的从属能力。如图 5-6 所示为“整数减法”学习内容的层级分析过程。

层级分析方法看起来简单，但其过程逆向且繁琐复杂，需要参加教学设计的教学设计者和学科专家、学科教师一起来设计。

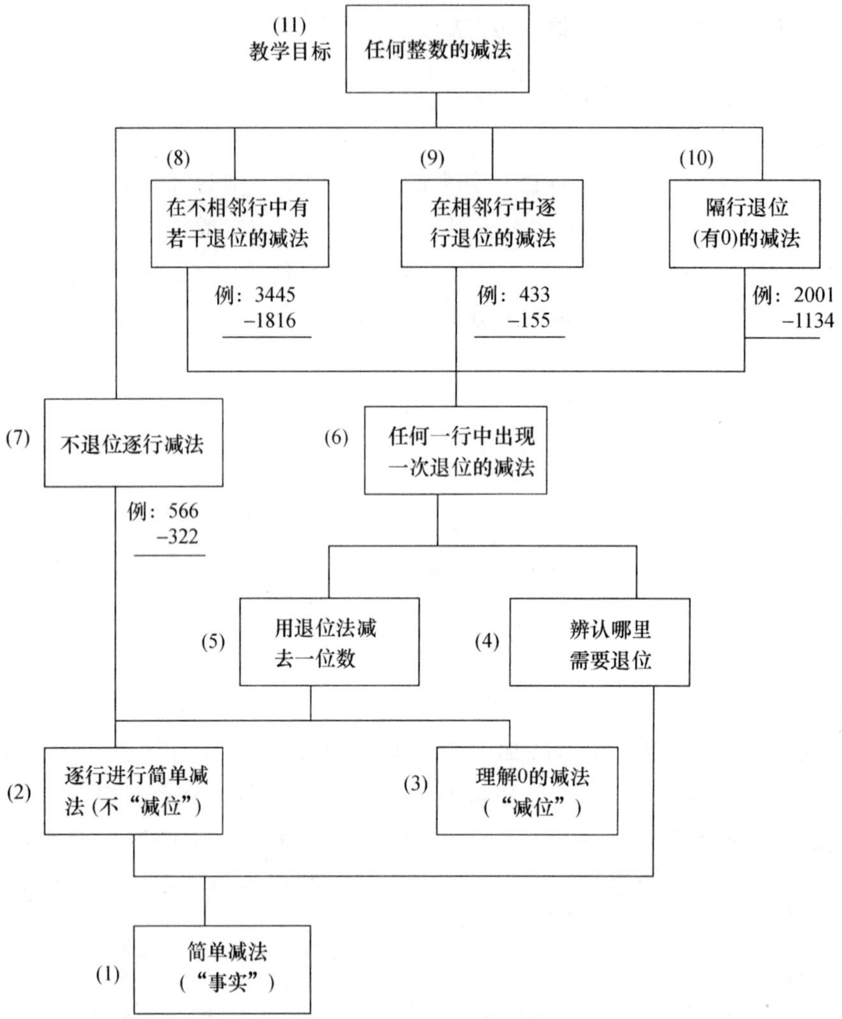

图 5-6 “整数减法”学习内容的层级分析[①]

4. 信息加工分析法

信息加工分析法是指将教学目标要求的心理操作过程揭示出来的分析方法。这种心理操作过程及其所涉及的能力构成了学习内容。图 5-7 显示了计算平均数的信息加工过程，准确地说明了当学习者掌握了教学目标规定的技能以后，将能够做什么。

如果完成任务的信息加工过程，不是按“1→2→3……”的线性程序进行，那么当某一步骤结束后，需根据目前的结果判断下一步怎么做。在这种情况下，就要使用流程图表现该信息加工过程。流程图除直观地表现出整个操作过程及各步骤以外，还表现其中一系列决策点及可供选择的不同行动路线。

---

① 乌美娜. 教学设计[M]. 北京：高等教育出版社，1994：86.

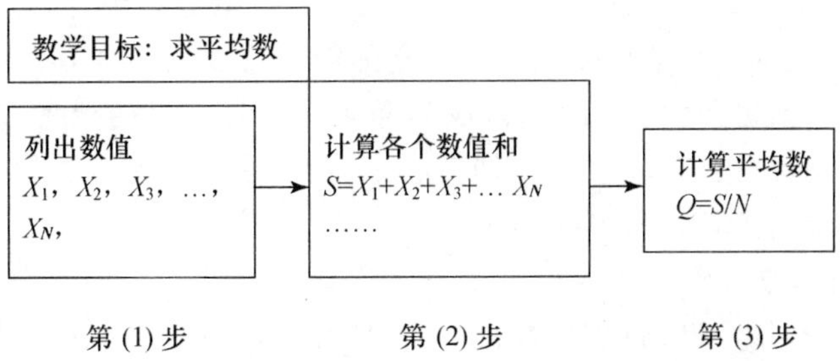

图 5-7 计算平均数的信息加工图

5.3.3 各类学习内容分析

本节我们以加涅的分类为基础，对各类学习内容分析进行具体的介绍。

1. 言语信息的内容分析

对言语信息学习内容的分析，一般可采用归类分析和图解分析两种方法。言语信息分析中图解分析法揭示了实现教学目标所需学习的知识点，通过归类分析法获得了有关信息的最佳分类。学习者获得言语信息后，通常是以一定组织形式储存的。言语信息的内容分析方法可采用归类分析法和图解分析法，这两种方法已在前面进行了阐述，这里不再说明。

2. 智慧技能的内容分析

加涅关于智慧技能的层级学说为分析智慧技能学习内容提供了具体的方法。各类智慧技能的复杂程度不同，从较简单的辨别、具体概念、定义概念、规则使用到高级规则的运用，它们是相互依存的。掌握好较简单的智力技能是学习复杂的智力技能的先决条件。各类智力技能的层级关系如图 5-8 所示。

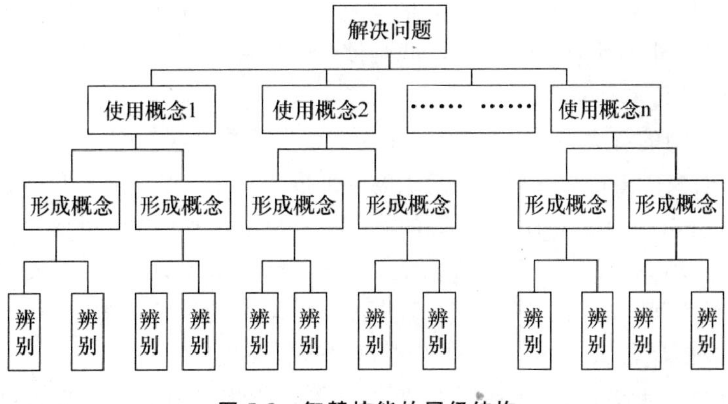

图 5-8 智慧技能的层级结构

智慧技能各个子类之间的关系为我们运用层级分析方法分析智力技能学习内容提供了明确的思路。例如：要求学习者解决某个新问题，首先考虑要求何种高级规则；其次考虑为了构成这种高级规则，需要学习哪些简单规则和原理；再次考虑为了掌握这些简单规则或原理，应当明确哪些概念；最后考虑为了掌握概念，还需要学习哪些辨别技能。这样从最高目标开始，向下逐步分析到令人满意为止。在智慧技能任务的分析中，问题解决是一个重要的领域，也是学校教学的重要教学目标。解决问题的能力可以从三个方面加以分析：① 规则的学习是问题解决的前提条件；② 问题解决是学习者通过自己的思考和分析，把有关的较简单的规则汇集起来，应用于解决一个新问题；③ 大量有组织的言语信息是一个问题解决的关键性的基础因素。

3. 认知策略的学习内容分析

认知策略是指学习者用以调节注意、学习记忆和思考过程的内在组织的技能。它是学习者在学习并储存智力技能和其他能力的过程中发展起来的一种特殊的智力技能。它所具有的控制内部认知过程的功能，是它区别于一般智力技能的一个特点。①

认知策略与具体的学科内容无关，但它的培养却以具体学科内容的学习为基础，也就是说，认知策略这些心理操作必须以某事作为工作对象。例如，培养写有关教学设计论文的认知策略，需要回忆大量已学的教学知识，学习者无法脱离具体的学科内容去凭空练习撰写具有独创性论文的认知策略。所以，以具体的工作任务为基础，根据学生已有的一般认知水平，帮助他们分析任务，调节和控制任务完成的进程，提供相似情景下的完成任务的策略，是认知策略内容教学的主要内容。

4. 动作技能的学习内容分析

动作技能也称运动技能，是一种习得能力，以此为基础的行为结果表现为身体运动的迅速、精确、力量或连贯等方面，如演奏、绘图、实验操作、游泳等。

在学生的学习中，认知学习对动作技能的学习有重要作用。在动作技能的学习中，知觉因素和协调能力具有重要的作用。例如，初学英文打字的人是在稿子上看到一个字母，然后用眼睛在键盘上找到相应的字母，若离开这一视觉反应便打不出字来。而熟练的打字员几乎不看键盘，凭动觉(肌肉线索)来指导自己的按键反应，并且准确无误。

依据动作技能的这些特点，动作技能学习内容的分析，不仅要分析教学目标所要求掌握的各项从属动作技能，还要揭示它们之间的联系。列出学习这些动作技能所需掌握的相应的知识，包括某种技能的性质、功用、动作的难度、要领、注意事项及进程等。

5. 态度的学习内容分析

态度是对于事情的看法和采取的行动，作为一种学习结果，在心理学中被定义为：习得的、影响个人对某一对象作出行为选择的有组织的内部准备状态。某一对象包括事物、人和活动。

从学习内容分析的角度来看，要研究的是，为了达到使学习者形成或改变一定态度的教学目标，学习者应学习什么？心理学研究认为，态度包括认知成分、情感成分和行为倾向成分。据此，目前教学设计实践中，一般从两方面分析态度的学习内容：第一，当学习者形成或改变态度后，应能做什么？第二，为什么要培养这种态度？

对第一个问题的考虑，实质是智慧技能或动作技能学习内容的分析。以培养小学生某些行为规范的教学目标为例，用正确的方法刷牙漱口，遵守交通规则，这些就构成学习内容的一部分。当学生表现出有关的态度时，应能做到相应的行动。只有学会做这些，相应的态度才可能落到实处。

① 王逢贤.学与教的原理[M].北京：高等教育出版社，2000：50.

第二个问题则要求学生了解培养某特定态度的意义。显然，这与言语信息的学习有关。例如，应让学生学习保护牙齿有益健康的道理，了解有关交通规则的知识。

5.4　学习者分析

学习者分析的目的是了解学习者的学习风格、学习准备状态、一般特征等，为学习内容的选择和组织、学习目标的阐明、教学活动的设计、教学方法与媒体的选用等外部教学条件适合于学习者的自身条件提供科学依据，从而使教学真正促进学习者的发展。因此，学习者分析是教学设计前期的重要环节。

5.4.1　学习者风格分析

学习风格是学习者持续一贯的带有个性特征的学习方式，是学习策略和学习倾向的总和。学习策略是指学习者为完成学习任务或实现学习目标而采取的一系列步骤，其中某一特定步骤称为学习方法。而每一个体在学习过程中会表现出不同的学习倾向，包括学习情绪、态度、动机、坚持性以及对学习环境、学习内容等方面的偏爱。有些学习策略和学习倾向可随学习环境、学习内容的变化而变化，而有些则表现出持续一贯性。那些持续一贯地表现出来的学习策略和学习倾向，构成了学习者通常所采用的学习方式，即学习风格。

学习风格的分类方法有许多种，分别从不同的角度对学习风格进行描述：考泊(Kolb)根据学习风格的知觉和加工动力特征，将学习风格划分为：善于想象的、善于吸收的、善于逻辑推理的、善于调和的。劳特斯(Lotas)根据心理的类型，将学习风格划分为情感 I、认知 II、认知 I、情感 II 等四种类型。具有情感 I 学习风格的学习者喜好在群体中学习，对他人非常敏感，而且根据他人的情感进行决策。具有认知 II 学习风格的学习者则喜欢用事实建构和理解理论。具有认知 I 学习风格的学习者所关心的是生活实践方面，并根据精确的信息进行决策。具有情感 II 学习风格的学习者关心的是生活的意义和目标，他们根据道德和美学进行决策。费舍(Fischer)等人把学习风格划分为：情感的(两种类型)、增量的、感知通才——专才的、直觉的。[①] 麦卡锡(McCarthy)的理论是综合了前面的研究者关于学习风格的分类方法，形成了一种新的学习风格划分方式。他认为学习风格可分为创新的、分析的、常识的和动力的四种类型。格莱高克(Cregorc)为了测定学习者的学习风格，设计了一种自我报告的工具。在这个测定中，他把学习风格划分为：具体的序列、抽象的序列、抽象随意、具体随意。托兰斯(Torrance)的学习风格是根据左右半脑思考知识方式的不同对学习者的学习风格进行分类。

学习风格是个体在一定的生理特性的基础上，受心理发展、社会环境和教育的影响，在长期的学习活动中逐步形成的。它在心理层面上具有以下几种构成要素：

---

① 第一种情感风格的学习者需要具有情感氛围的学习环境，第二种情感风格的学习者需要观点和活动的动力重叠。增量风格的学习者要求有一种逻辑——系列的结构。感知通才的学习者往往是一个多感知的学习者，而感知通才的学习者则喜欢某一种感知方式(听或看)。直觉的学习者根据不系统的信息和经验，突然洞察和产生意义并精确的概括。

① 认知风格——认知是个体获取并加工外在信息的主要途径。认知风格表现为个体对外界信息刺激的感知、注意、思维、记忆和解决问题的一贯方式。它也是学习风格在心理层面上的核心内容。

② 成就动机——成就动机是一个人力求获得成就的倾向，对人的学习、工作起着定向和推动作用。成就动机在每个学习者身上表现出不同的结构、倾向和水平，从而使他们的学习行为表现出不同的动力色彩。

③ 学习归因——学习归因是学习者对于自己学习行为成败原因的分析认识。有的学习者习惯于把学业的成败归结为个人的主观内部原因，如个人的努力、勤奋等；而有的则倾向于寻找外部原因，如运气、学习任务、教师水平等。前者称为内归因，后者称为外归因。学习归因的差异，影响着学生的学习兴趣、学习目标和学习责任心等。

④ 焦虑水平——焦虑是个体在一定压力情境中所产生的包含担忧、紧张、恐惧等成分的复合型情绪。学生在学习过程中，因其对学习任务和学习意义的不同理解，以及其学习能力、心理承受力、人格特征和外部环境因素的差异，学习焦虑水平也各不相同，这构成了他们学习风格上的情绪特征。

⑤ 学习坚持性——学习坚持性指学习者为完成学习任务而持续地克服困难的能力，通常以学习者每次学习活动所持续的时间长短为标志，这是学生学习风格的意志特征。学习坚持性受学习情境、学习任务、学习兴趣、学习态度、成就动机以及学习者的年龄、性格、意志发展水平等因素的影响。

需要特别指出的是，上述构成学习风格的各个要素，都不是单独地从各自的维度上影响学习行为的，它们之间往往相互渗透。教育者只有全方位地把握它们，并加以有机考虑与统筹，才能找出适合于不同学习风格的教学策略，促使每一个学生扬长避短，全面发展。学习风格的构成非常复杂，涉及的范围也非常广泛。所以，教学设计者在对学习者的学习风格进行分析时要根据学习风格的特点，恰当地处理学习内容，准确地采用教学方法，科学地选用教学媒体，创造适宜的学习环境，有效地提高学习者的学习水平。

5.4.2 学习者起点能力分析

在教学设计中，必须了解学习者原来具有的知识、技能、态度等，也有人将其称为学习者的起点能力。一般来说，学习者起点能力分析可分为两类：一是以学习者从事的任务与学科内容为对象，可分为他所具备的知识、技能、态度等方面的认识水平；另一类是学习者认知发展水平，它是学习者个体成熟、日常经验、社会经历等方面共同作用的结果。

1. 学习者认知起点能力的分析

认知主义学习心理学代表人物奥苏伯尔认为，有意义学习的实质就是以符号代表的新观念与学习者认知结构中原有的适当观念建立起非人为的和实质性联系的过程。奥苏伯尔所定义的认知结构是一个人的观念的全部内容与组织或一个人在某个知识领域的观念的内容与组织。认知结构中原有的知识是“观念的支架”，或称之为起固定作用的观点。[①] 要促进新知识的学习，就要增强学习者认知结构与新知识的有关联系。其前提是要先了解学习者

---

① 张向葵. 教育心理学[M]. 北京：中央广播电视大学出版社，2003：83.

原有认知结构的状态，在此基础上，通过教学加强新旧知识的联系，这样才能把新知识纳入学习者原来具有的认知结构中。瑞士著名心理学家皮亚杰多年从事儿童认知发展的研究，他提出在儿童认知发展变化中，最主要的变化是从具体认知向抽象认知的过渡，并详细说明各阶段儿童的认知特征。这为在实际中确定学习者的认知水平提供了参考，对于学习者认知起点能力的分析具有借鉴意义。

2. 学习者技能起点能力的分析

教学设计中，对学习者技能起点水平进行分析的常用方法是加涅和布里格斯等人提出的"技能先决条件"分析方法。这种方法是从终点能力着手，逐步分析达到终点能力所需要的从属知识和技能，一层一层分析下去，直到能够判断从属技能确实被学习者所掌握。教学设计者可通过学习者能否完成这些最简单的技能，来判断学习者技能起点水平。也可通过测试，了解学习者的掌握程度，并据此确定学习者的技能起点水平和教学的起点。

另外，"起点能力"具有一定的动态性质。有时，它主要包括学习新知识所必须具备的旧知识；有时，它可能包括了教学目标中要求学习者掌握的"新知识"。此外还要注意，即使同一年级的几个班，各班学生的起点能力也可能是有差异的。因此，要实事求是地确定学习者的起点能力。

3. 学习者态度起点分析

学习态度是指学习者对学习活动的基本看法及其在学习活动中的言行表现。从心理学的角度来说，学习态度是一种内部状态，是学习行为选择的决定因素，是由习得形成的。说学习态度是一种"内部状态"，是指它是一种反应倾向或反应准备状态，是一种可能性，而不是实际反应本身；说学习态度是学习行为选择的决定因素，是指它能决定学习者愿不愿意进行学习和完成某项学习任务；说学习态度是由习得形成的，是指学习态度并不是天生的，而是通过经验组织或学习实践逐步积累形成的，并通过学习者个体与所处环境的互相作用而不断变化着的。深入考察分析，学习态度是由认知成分、情感成分和行为倾向持久系统三个部分组成的。认知成分是指学习者对学习活动的观念和信念；情感成分是指伴随学习态度的认知成分而产生的情绪或情感，被认为是学习态度的核心；行为倾向是指学习者对学习活动企图表现出来的学习行为意图，它构成了学习态度的准备状态。

5.4.3　学习者一般特征的分析

学习者(这里主要是指青少年)的一般特征主要是指其身心发展，即青少年的生理发展、认知发展和社会性发展三个方面。学习者的一般特征的差异是个体成熟、个体日常生活经验、学习经历共同作用的结果。它决定了学习材料、教学方法以及教学媒体等多方面的选择。

1. 青少年生理发展特征

个体从出生到成熟，其生理发育并不匀速。有两个阶段处于发育高峰期，一个是出生后的第一年，另一个就是青春发育期，在科学上称"人生的两次高峰"。青春发育期生理上的发展变化十分显著，归结起来，主要是身体外形、内脏机能和性的成熟等三类变化，总称为"三大变化"。

青春期身体外形剧变，对青少年的心理发展影响很大。最突出的一点是青少年认识到"自己已经长大了"，意识到自己开始不再是"小孩子"，增强了他们自我意识的一些新体验，所以产生了“我是成人了”的感觉，加剧了人格的发展速度。但由于心理发展往往跟不上生理发展的变化速度，所以青春发育初期，即初中生或少年期，行为举止常常显得笨拙，并造成心理上的“笨拙感”。身体外形的变化，也造成某些青少年心理上一些不正常的变化。

青春发育期的脑和神经系统，从结构到机能上也具有一系列的发展变化，这奠定了青少年心理发展（特别是逻辑思维发展）的物质基础。

2. 青少年认知发展特征

对于青少年认知发展的研究，国际上更多的是强调皮亚杰的观点。皮亚杰的认知发展学说对了解学习者的一般特征具有重要的指导意义。他把儿童的心理发展分为四个阶段。

第一阶段：感觉运动阶段（0—2 岁），这个阶段是婴幼儿感知觉和运动协调发展的阶段。

第二阶段：前运算阶段（2—7 岁），在这一发展阶段中，儿童的头脑中有了事物的表象，而且能够用词代表头脑中的表象。他们能够进行初级的想象，能使用和理解初级概念及其相互之间的关系。初级概念是指儿童从具体经验中习得的概念。因此，他们能够设想过去和未来的事物。在他们的认知结构中，知觉成分占优势，也就是说他们的思维受到知觉的限制，所以这个阶段的儿童能进行直觉思维和半逻辑思维。

第三阶段：具体运算阶段（7—12 岁），这个阶段儿童的思维有了质的变化，不像前运算阶段，单凭知觉表象考虑问题，他们能够进行逻辑推理或逻辑转换。但这个阶段，他们进行推理和转换的对象还只是具体的材料或客体，而不是抽象的命题和假设。这个阶段的儿童需要实际经验作为支柱，需要借助具体形象的支持，才能解决问题。

第四阶段：形式运算阶段（12—15 岁），随着认知发展从具体向抽象过渡，日趋成熟的儿童逐渐摆脱了具体经验的支持，能够理解并使用相互关联的抽象概念。这个阶段的儿童能够对抽象的命题和假设进行转换，他的思维特点是内部的、有组织的、可逆的。他已经具有在头脑中同时考虑几个变量的能力。

皮亚杰认为，成熟只是提供了发展的可能性，而社会性经验（也就是社会环境中人与人之间的相互作用和社会文化的传递）是儿童心理发展的主要影响因素。所以教师要针对学生的实际知识水平，分析各年龄阶段的认知结构，按照教材的不同水平，进行有的放矢的教学，这样就有可能促进学生提前掌握一些新知识并发展其心理结构，提高其心理水平。

3. 青少年的社会性发展特征

人类在社会化的过程中，学会基本技能，掌握社会规范，确立生活目标，形成社会技能，培养社会角色。教育促使受教育者个体社会化。青少年时期的生理、认知、情感和品德的发展变化特点，决定了这一时期的社会性发展。青少年社会性发展表现在：追求独立自主、形成自我意识、适应性成熟、认同性别角色、社会化的成熟、定型性格的形成等几个方面。

4. 在校学生智能、情感发展的一般特征

皮亚杰的理论帮助我们推断学习者的一般特征。下面，我们在皮亚杰理论的基础上，介绍在校学生智能和情感发展的一般特征。

小学生——小学生的思维具有初步逻辑的或言语的思维特点，这种思维具有明显的从具体形象思维到抽象逻辑思维的过渡性。在小学生教学中要注意引导学生思维从以具体事物表象为主要形式逐步过渡到以言语概念的逻辑思维为主要形式。

小学生在情感方面的自居作用、模范趋向和自我意识有较快的发展，学习动机多倾向于兴趣型，情绪发展的主要矛盾是勤奋与自卑的矛盾，意志比较薄弱，抗诱惑能力差，需要更多外控性的激发、辅助和教导。

中学生——在中学阶段，学生思维能力得到迅速发展，他们的逻辑思维处于优势地位，表现出以下五个方面的特征：通过假设进行思维；思维的预计性；思维的形式化；思维活动中，自我意识或监控能力明显增强；思维能跳出旧框架。

在情感方面初中阶段和高中阶段有不同的特征。初中学生自我意识逐渐明确；他们富有激情，感情丰富，爱冲动，爱幻想；他们开始重视社会道德规范，但对人和事的评价比较简单和片面；他们在对知、情、意的自我调控中，意志行为日益增多，抗诱惑能力日益增强，但高层调控仍不稳定。高中学生独立性、自主性日益增强，成为情感发展的主要特征；学生的意志行为愈来愈多，他们追求真理、正义、善良和美好的东西；高层自我调控在行为控制中占主导地位，即一切外控因素只有内化为自我控制时才能发挥其作用；另外从初中到高中，学习动机也由兴趣型逐渐转向于信念型。

大学生——大学生在智能发展上呈现出进一步成熟的一系列特征。他们的思维有了更高的抽象性和理论性，并由抽象逻辑思维逐渐向辩证逻辑思维发展；他们观察事物的目的性和系统性进一步增强，并能掌握事物本质属性的细节特征；思维的组织性、深刻性和批判性有了进一步的发展，独立性更为加强；注意更为稳定，集中注意的范围也进一步扩大。

大学生在情感方面已有更明确的价值观念，社会参与意识很强，深信自己的力量能加速社会的进步与发展；学习动机倾向于信念型；自我调控也已建立在日趋稳定的人格基础上。

在实际的教学设计工作中，以上几个方面的分析往往是结合在一起的，作为教学设计的基本要素之一，学习者分析是保证教学具有特定针对性和有效性的重要环节。

5.5 教学目标的确定

5.5.1 教学目标概述

教学目标是指教学活动的主体在具体教学活动中所要达到的预期结果、标准。教学目标具体而精确地表达了教学过程结束时教师和学生共同完成的教学任务，由于它是预先设定的，故而也是衡量教学任务完成与否的标准。

教学目标是整个教学计划的基础，是教学设计的起点，所有的教学活动都是为了实现这一目标而设计的。在基本确定了学习内容、学习对象状态的基础上，我们应确定教学目标，从而使教学工作的结果或标准具体化、明确化，为以后制订教学策略及开展教学评价提供依据。

1. 教学目标的分类

明确提出教学目标分类理论的是美国教育家，布鲁姆和加涅的目标类型划分是比较典型的，另外我国学者对该领域也进行了研究。

(1) 布鲁姆的分类

表 5-3 是布鲁姆等人对三个领域中的不同学习水平的描述。

表 5-3 布鲁姆等人对三个领域中的不同学习水平的描述

<table>
<tr><td rowspan="19">教育目标</td><td rowspan="6">认知领域
从低到高</td><td>知识</td><td>对已习得的材料的记忆</td></tr>
<tr><td>领会</td><td>能把握材料的意义，可以借助转换、解释、推断来表明对材料的领会</td></tr>
<tr><td>运用</td><td>能将习得的材料应用于新的具体情境，包括概念、规则、方法、规律和理论的应用</td></tr>
<tr><td>分析</td><td>能将整体材料分解成它的构成成分并理解其组织结构，包括成分分析、关系分析、组织原理分析</td></tr>
<tr><td>综合</td><td>能将部分组成一个新的整体，包括进行独特的交流、制订计划或操作步骤，推导出一套抽象关系</td></tr>
<tr><td>评价</td><td>对材料作出价值判断的能力，包括按照材料的内在或外在标准进行价值判断</td></tr>
<tr><td rowspan="8">动作技能领域</td><td>知觉</td><td>运用感官获得信息以指导动作</td></tr>
<tr><td>领会</td><td>能把握材料的意义，可以借助转换、解释、推断来表明对材料的领会</td></tr>
<tr><td>定向</td><td>对稳定的活动的准备，包括心理定向、生理定向和情绪准备</td></tr>
<tr><td>有指导的反应</td><td>复杂动作技能学习的早期阶段，包括模仿和尝试错误</td></tr>
<tr><td>机械动作</td><td>学生的反应已成为习惯，能以某种熟练和自信水平完成动作</td></tr>
<tr><td>复杂的外显反应</td><td>包含复杂动作模式的熟练动作操作</td></tr>
<tr><td>适应</td><td>技能的高度发展水平，学生能修正自己的动作模式以适应特殊的装置或满足具体情境的需要</td></tr>
<tr><td>创新</td><td>创造新的动作模式以适合具体情境，强调以高度发展的技能为基础的创造能力</td></tr>
<tr><td rowspan="5">情感领域
从低到高</td><td>接受</td><td>学生觉察、愿意接受、有控制或有选择的注意，指学习者愿意注意某特定现象或刺激</td></tr>
<tr><td>反应</td><td>学生主动参与</td></tr>
<tr><td>价值化</td><td>学生对特殊的对象、现象或行为与一定的价值标准相联系</td></tr>
<tr><td>组织</td><td>将许多不同的价值标准组合在一起，克服它们之间的矛盾、冲突，并开始建立内在一致的价值体系</td></tr>
<tr><td>价值与价值体系的性格化</td><td>个体具有长期控制自己的行为以致发展了性格化生活方式的价值体系</td></tr>
</table>

（2）加涅的分类

加涅将人类习得的性能划分成五类，也就是五类学习结果，包括言语信息、智慧技能、认知策略、动作技能和态度。

言语信息：指可用言语表达的信息，是回答世界"是什么"的陈述性知识。课程标准中的"基本事实"所包括的各类名称、符号、事实和有组织的知识，就属于言语信息。

智慧技能：是指个体运用符号或概念与环境相交互的能力，是回答"怎么办"的知识。

智慧技能的学习在学校学习中占核心地位。学生需要学习的阅读、写作、运算等能力中都包括了许多特定的智慧技能。智慧技能带有明显的层级关系，从低级到高级依次为：辨别—具体概念—定义概念—规则—高级规则。学习较高一级的智慧技能是以较低一级的智慧技能的获得作为先决条件的。

认知策略：是指学习者用来选择和调节自己的注意、学习、记忆与思维方式等内部过程的技能，以学习者自己的认知过程为对象。认知策略在学习者的认知过程中起监控作用，是回答"怎么学"的知识。

动作技能：人类习得的有意识的利用身体动作去完成一项任务的能力，是回答"怎么操作"的知识。动作技能学习的本质就是根据一套预定的规则支配人的身体协调活动。

态度：是一种习得的影响个体行为选择的相对稳定的内部反应倾向，是回答"怎样对待"的问题。态度学习的目标强调形成一种能够对行为作出选择的内部准备状态或者反应倾向。

(3) 我国学者的分类

近年来，我国的一些学者参照国外教学目标研究的成果，并根据布鲁姆等人的教育目标分类理论，结合我国教学实际，对各个领域中的亚领域进行调整，并对各个部分所达到的结果作出了具体的规定，如表 5-4、表 5-5 和表 5-6 所示。

表 5-4　认知领域学习水平分类

学习水平	具体行为
记忆	记住学过的材料
理解	1. 将学习材料从一种形式转换成另一种形式 2. 理解学习材料 3. 对学习材料做简单判断
简单应用	将学习过的材料用于新的具体情景中以解决一些简单问题
综合应用	1. 对具体综合问题各组成部分的辨认 2. 部分之间各种关系的分析 3. 识别组合这些部分的原理、法则，综合运用解决问题
创见	1. 突破常规的思维模式，提出独到的见解或解题方法 2. 按自己的观点对学习过程的材料进行整理分类 3. 自己设计方案，解答一些实际问题

表 5-5　动作技能领域学习水平分类

学习水平	具体行为
模仿	1. 对演示、动作的模仿，对工具和装置的使用 2. 把描述语言转化为实际动作
对模仿动作的理解	1. 装置结构原理 2. 动作作用的解释 3. 动作结果的解释和概括
动作组合协调	1. 动作分解和组合协调的实现 2. 动作组合计划的设计 3. 实验结果的解释和概括，并写出实验报告

续表

学习水平	具体行为
动作评价	1. 对动作作用进行估计 2. 对组合动作、设备进行设计、计划 3. 动作熟练进行 4. 结果的解释、推论及评价
新动作的创造	1. 新情境下对动作的设计和实现 2. 新情境下对结果的解释、整理

表 5-6 情感领域学习水平分类

学习水平	具体行为
接受	1. 在适当的环境中注意对象的存在 2. 给予机会时有意的注意对象 3. 集中注意教师的讲解或演示
思考	1. 能遵照教师指示做出系统动作 2. 能主动和对象打交道,且与过去的经验发生联系 3. 能有意愿的、兴致勃勃地和对象打交道
兴趣	1. 有深入研究的意愿 2. 愉快地和对象打交道 3. 不愿意立即停止自己的思考和动作
热爱	1. 关心对象的存在和价值 2. 价值经过内化成为自己的坚定信念 3. 认识到对象的美,成为自己的理想信念
品格形成	依据自己的价值观所形成的信念,内化为自己的品格,并用于指导自己的言论与行动

2. 教学目标的陈述方法

(1)“五成分目标”法

“五成分目标”规定了行为发生的情境、习得性能的类型、行为的对象、学生的具体行动,以及有关的特殊条件。“行为发生的情境”主要指某个问题提出的前提条件;“习得的性能类型”是学习结果的类型,用特定的动词表示;“行为的对象”是学习者行为表现所指向的对象;“学生的具体行动”指的是学生完成任务所采用的外显的行为,也用特定的动词表示;“特殊条件”表示学生行为表现的一些限制条件。教师在确定目标前首先要明确教学旨在产生哪类学习结果,然后再制订尽可能详细的目标。运用加涅提出的“五成分目标”法设计教学目标,对于每一门课程或每一堂课我们都得到一个详细的目标系列表,教学过程得以精确化。

(2) 三因素法

三因素法是由美国当代著名教学目标研究专家马杰(Mager)博士提出的一种教学目标编写理论。三因素理论认为,教学目标的编写应当反映三个问题:要求学生做什么?根据什么标准去做?做到什么程度才算合格?如果一个教学目标能兼顾到这三个因素,那么它就是一个规范的教学目标。

(3) 四因素法(ABCD 模式)

四因素法是我国教育学者根据国内外教学目标方面的研究文献和自己的实践经验概括提出的一种探索性的目标编写模式。这一模式主要涉及四个因素,即主体(audience)、行为(behavior)、条件(condition)和程度(degree)。如果将这四个因素的英文首字首拼在一起,即为 ABCD,因此,也称为 ABCD 模式。

A. 主体(A,即 audience,学习者):教学目标描述的是学习者的行为,规范的目标开头应是“学生应该……”。不应该陈述教师的行为,有的目标描述成“教师给学生……”或“教师将说明……”都是不妥当的。

B. 行为(B,即 behavior,要求的目标行为内容):这里所言及的教学目标主要是指行为目标,必须选择最合适的目标行为动词来描述由学生完成的动作或活动,并在行为动词后面描述所学课程的内容。行为动词通常用来描述学生所形成的可观察、可测量的具体行为,是学生在学习后所应表现出来的预期行为,如“写出”、“列出”、“解答”等。行为动词应当明确适当,不应含糊不清。

C. 条件(C,即 conditions,学习条件):表示学习者完成学习行为时所处的环境和条件,通常是指对学生的学习结果具有影响的限定或范围。同样的行为表现,若是条件不同,行为的性质也不同。如“根据参考书……”,“看完第一章后……”,“根据地图……”,“不用看笔记……”,“不需要参考资料的帮助来做……”,等等。

D. 标准(D,即 degree,完成程度):即教学所要求达到的水平,也即学习者对目标已达到的最低表现水准。标准的确立使教师评估学生的行为有了依据。

实践证明,ABCD 模式非常适合广大教师掌握和使用,它不仅流程清晰,而且操作性强,目标分辨率高,是提高教学效率的重要方法和手段。

(4) 两步法

两步法是由美国当代著名教育学者哥朗兰德(Gronlund)提出的一种目标编写理论与策略。两步法即是要求将教学目标分两步来进行设计与编写。第一步的任务是界定与编写母目标;第二步再依第一步所确定的母目标界定和编写子目标。母目标的表述要具体到足以为教学提供方向和指导,但又不能过于琐碎,应使之能包容一些具体的学习行为。

每一陈述中只能包含一个行为目标。每一单元或课题,所要界定和编写的母目标一般以 8～12 个为宜,这样既便于管理,又可以保持一定的概括水平。

子目标的编写和界定要以母目标为依据,列举出能足够表明达到母目标的代表性行为。也就是说,子目标(代表性行为)是衡量母目标达成与否的具体指标。

5.5.2 教学目标的陈述要求

1. 提出的目标要明确、具体

教学目标的明确、具体,在于用可以观察或测量的行为动词来描述教学目标,这个动词必须指出一个动作,应避免使用诸如“了解”、“掌握”、“熟练掌握”等词,因为这样的词缺乏质和量的具体规定性。较为适宜的词如“写出”、“列举”、“比较”、“分类”、“从几个项目中选出”等。

由于学生的态度和情感很难用行为术语来描述,所以在制订教学目标时,一般不将其作为主要的评价点。有关的态度、情感目标只能在一定的情景中,用可观察到的表情作为评价的依据。

2. 根据学科教学点制订适当的教学目标

根据教学大纲、教学参考书和教学的实践经验,认真分析教学内容,将教学内容分解为明确可见的小知识单元及能力要求点,每一个教学点应当对应一条教学目标。根据学生的知识基础和能力水平,根据教学目标分类法,确定每条目标的层次要求。

3. 教学目标要具有一定弹性

根据教学大纲的要求,从宏观上把握一个阶段内对学科教学规定的基本标准(下限)和最高标准(上限),防止教学目标偏低或超纲。教学目标的下限,是每一个学生都必须达到的教学要求,它可以使学生了解达到怎样的水平才算基本合格。教学目标的上限是为学有余力的学生设定的最高教学标准,对学生起着激励和指导作用。教学目标的制订既要有统一的要求,又要注意适应个别差异,具有一定的弹性。

总之,教学目标是进行教学的基本依据,为教师设计教学方案提供明确的标准,也是衡量教学质量的依据,是教学的出发点和归宿。教学目标贯穿于教学的全过程,一旦离开了它,教学便无法进行,或不能取得预期的教学效果。对于教师来说,教学目标能满足教师进行教学的需要,直接支配教师的教学活动,推动着教学的进程。对于学生来说,教学目标规定着学习的方向和学习需达到的水平,学生如果能明确教学目标,能按照教学任务的具体要求主动积极地学习,便能收到更好的教学效果。因此,能够清晰准确地对教学目标进行陈述,是进行教学设计的基本要求之一,任何类型和层次的教学设计都离不开教学目标的编写制订。

5.6 教学策略的选择与制订

教学策略是为了达到教学目标,完成教学任务,而在对教学活动清晰认识的基础上,对教学活动进行调节和控制,并选择运用恰当的教学媒体所使用的方法或方式的总称。教学策略是属于解决"如何教"的教学环节,是教学设计研究的重点。教师在上课之前一般都需要考虑选择什么教学方法和手段,确定什么教学程序来实现教学目标。这样选择的过程就是教学策略的制订过程。

5.6.1 教学策略的分类

1. 按教学策略的形成分类

(1) 生成性教学策略

生成性教学策略是把教学策略的出发点定位在学生身上,学生可以自己制订教学目标,自己对教学内容进行组织,安排学习顺序等,鼓励学生自己从教学中建构具有个人特有风格的学习。这种教学策略可以激发起学生的学习积极性,培养学习兴趣,提高学生的学习能力。但若设计不恰当,可能导致认知超载或情绪低落。

(2) 替代性教学策略

替代性教学策略主要强调教师在学生学习过程中的指导作用,倾向于给学生提供许多教学活动，提出教学目标，让学生做好课前预习，组织、提炼教学内容，安排教学顺序，指导学生学习。这种教学策略能使学生在教师的指导下，短期内学习更多的内容，学习效果更加集中、有效。但是这种策略使学生处于被动学习状态，制约了他们学习能力的提高。

(3) 指导性教学策略

指导性教学策略是一个偏于"中性"的、适用范围较广的教学策略。由于这种教学策略强调教师的指导作用，而且按照一定的教学步骤，形成固定的结构形式，所以也可以称为指导性教学模式。

2. 按获得的学习结果的类别分类

心理学家加涅把学习结果分为言语信息、智力技能、认知策略、动作技能和态度五种类型。所以教学策略也可以根据学习结果的类别分为以下五类：

(1) 言语信息的教学策略

首先提供先行组织者，用逻辑的顺序、或根据有意义的上下文组织言语信息，然后用概念图、记忆术等方式讲授新课。在正式学习新知识前，向学生介绍一种他们比较熟悉，同时又高度概括性地包含了正式学习材料中的关键内容，这些内容在抽象、概括和包摄水平上普遍高于新知识，也与学生个人的参照系相联系。这些引进的内容，充当新旧知识联系的桥梁，称之为"组织者"(organizer)。由于这些引进的内容是在学生正式学习新知识之前呈现，故又称之为"先行组织者"(advance organizer)。

(2) 智力技能的教学策略

教学概念的具体教学策略，包括：引起学习兴趣，提高学习动机；确定教学目的；预习课文；回忆原有知识；加工信息和实例；集中注意；练习；评价反馈；运用学习策略；总结和复习；迁移知识；再激发和结束；评估作业；评估反馈和寻求补救等策略。

教学规则的具体教学策略，包括：引起注意；确定教学目的；提高兴趣和动机；预习；回忆已有的相关知识；加工信息和实例；集中注意；运用学习策略；练习；评价反馈；总结和复习；迁移知识；再激发和结束；评估作业；评价反馈和寻求补救。

(3) 认知策略的教学策略

认知策略是指学生用来监控自己的认知过程的那些技能。加涅认为有两种基本的认知策略，即学习的认知策略和思考的认知策略。学习的认知策略是一种集中注意、组织信息、细化内容、熟悉使用和检索知识的智慧策略；思考的认知策略是一种导致发现、发明或创造的理智技能。认知策略教学的基本方法有：① 发现和引导发现；② 观察用图像或文字提供虚拟的符号模型等；③ 指导的参与；④ 课本和课堂中的策略教学；⑤ 直接解释；⑥ 配对教学；⑦ 自学的训练。

(4) 动作技能的教学策略

动作技能也是一种需要通过获得的能力，表现在迅速、精确、流畅和娴熟的身体运动之中。动作技能的教学策略包括：① 吸引注意和确立目的；② 激发兴趣和动机；③ 预习技能；④ 回忆原有的相关动作；⑤ 加工信息和例子，在学习动作技能的课上，这项活动是通过对技能本身的说明和演示来进行的；⑥ 集中注意；⑦ 运用学习策略，有助于学生获得新的技能；⑧ 练习；⑨ 反馈，对学习起促进作用；⑩ 评估和总结，推动和强化功能；⑪ 迁移和再激发动机。

(5) 态度的教学策略

态度是通过学习形成的影响个体的行为选择的内部状态。在学校的教学活动中,为了形成或改变学生的某种态度,主要可以采取下列的策略步序,即通过受尊敬的角色榜样演示所期望的行为、通过角色表演练习所期望的态度,以及强化所期望的行为。这套教学策略与态度学习的三个成分,即认知成分(知道如何做)、情感成分(知道为什么这样做)和行为成分(有机会练习)是有密切联系的。

5.6.2 教学策略的应用

1. 教学活动的设计

在众多的教学活动设计内部过程的界定中,加涅提出的九种学习的内部过程是各类学习(认知、态度和运动技能等)所共有的内部机制,因此,与之相对应的九类教学活动对各类学习均有促进作用,这些分类可作为设计教学活动的一般指导。

(1) 引起注意

这种活动用以唤起和控制学习者的注意,保证了学习者刺激的接受和神经冲动模式的形成。基本方式通常有:① 突然改变刺激;② 引起学习者兴趣;③ 用体态语(手势、表情等)引起学生注意。

(2) 告诉学习者目标

在教学刚开始时,应让学习者具体了解当达成学习目标之后,他们将学会做什么,从而激起学习者的学习兴趣。

(3) 刺激对先前学习的记忆

在学习新的内容之前,可指出学习新的技能所需具备的先决技能,以此刺激学习者回忆已学过的相关知识与技能。同时,还应让学习者看到自己已掌握的知识和技能与学习目标的联系与差距,意识到学习的需要。

(4) 呈示刺激材料

当学习者做好准备后,可以向学习者呈示教材。刺激材料应具有鲜明的特征,以促进选择性知觉的内部过程。教材呈示涉及两个方面:一是顺序的安排,应按一定的顺序呈示刺激材料;二是"组块"大小的设计,所谓"组块"是指在教学过程中每次呈示教材的分量。

(5) 提供学习指导

我们需要从外部,或通过教师、或通过教材为学习者提供学习指导,以便帮助学习者用命题、各种概念的层次关系等有意义的形式组织好所要接受的信息。

(6) 诱引行为

这是促使学习者参与教学的活动。在学习者学习材料的过程中或紧接学习材料之后,采用某种方式吸引学习者参与教学活动,将有助于提高学习效果。学习者参与学习活动愈积极主动,学习成绩也愈高。

(7) 提供反馈

提供反馈的活动是指在学习者作出反应、表现出行为之后,应及时让学习者知道学习结果。在很多情况下,这种反馈是由学习者自己提供的。教师可以通过很多种方式反馈给学生,如教师观察学生行为时点头、微笑、及时批改作业以及教材在适当的地方出现答案等。

通过反馈，学习者的学习行为得到肯定，容易产生成就感，而且学习者受到教师一定的鼓励，更容易建立学习信心。

(8) 评定行为

评定行为的目的是促进进一步的回忆并巩固学习结果，即检索与强化的内部过程。具体表现为要求学习者进一步进行学习任务操作，如回答问题、完成测试，并评定学习成绩。测试是评定行为的主要方式，既检查学习结果，又能起强化作用。

(9) 增强记忆与促进迁移

这些活动的目的在于促进检索与归纳的内部过程，使学习者牢固掌握所学内容，培养应用所学知识与技能解决新问题的能力。要达到这一目的，就言语信息的学习而言，要提供有意义的结构，使结构在检索过程中发挥线索作用，供学习者回忆知识时使用。

2. 教学方法的分类与选择

教学方法是教师和学生为了达到教学目标，完成教学任务，由教学原则作为指导，借助一定的教学手段(工具、媒体或设备)，而进行的师生相互作用的活动。在教学过程中，选择运用什么样的教学方法，往往是决定一堂课教学质量好坏的关键因素之一。教学方法，从不同的角度可以有不同的分类。

(1) 按照教学方法的外部形态分类

① 以语言教授为主的教学方法，主要包括讲授法、谈话法和讨论法。

② 以直接感知为主的教学方法，包括演示法和参观法。这类方法的特点是具有形象性、直观性、具体性和真实性。

③ 以实际训练为主的教学方法，包括练习法、实验法和实习作业法。

④ 以欣赏活动为主的教学方法，主要是欣赏法，指教师在教学中创设一定的情境，使学生通过体验客观事物的真善美，陶冶他们的性情，培养他们正确的态度、兴趣、理想和审美能力的方法。

⑤ 以引导探究为主的教学方法，主要是发现法。

(2) 按照期望获得的学习结果的类别分类

① 与获得认知类学习结果有关的教学方法，这类教学方法主要有：讲授法、演示法、谈话法、讨论法、练习法、实验法及实习作业法七种。

② 与获得动作技能有关的教学方法有两类：第一类是示范—模仿法。这是通过教师示范和学生模仿，来教与学如何运用内外部肌肉的动作的方法；第二类是练习—反馈法。动作技能，最好的掌握方法是不断地练习，而且对每次练习要提供反馈信息，让学习者知道自己目前的动作与期望的动作之间的差距，以改进、提高动作技能。

③ 与情感、态度有关的教学方法也有两类：第一类是直接强化法。它是在学习者经过内部思考后选择某一期望的行为时，给予及时的肯定和鼓励；或者是在某些期望行为产生后，帮助学习者去完成任务，使他们获得成功的喜悦。第二类是间接强化法。此法是让学习者从许多模范人物身上观察和学习“态度”。

在实际教学中，教师往往是要综合考虑教学的各个相关因素，选取适当的教学方法，并合理地加以组合来完成教学的。

3. 教学组织形式的设计

所谓教学组织形式，就是根据教学的主观和客观条件，从时间、空间、人员组合等方面考虑进而安排的教学活动的方式。教学组织形式主要有三类：

(1) 集体授课

集体授课是目前学校教育中最通用的一般教学形式，其主要特征是教师通过自己的讲授(包括介绍、解释、演示、板书、表演等)把教学信息传递给一个班(一个组或几个班)的学生。教师可以单纯口头面授，也可以借助教学媒体(无线电广播、电视、电影、投影等)配合讲课。它在较小的范围内可能有一定程度的双向交流，但通常学生处于被动地位。这种组织形式目前广泛应用于我国的大、中、小学校。

(2) 个别学习

个别学习是以学生自身独立学习为主的教学活动形式。当代学习理论认为学习主要是一种内部操作，必须由学生自己来完成。学生通过自己阅读教科书、观看或聆听音像教材、做笔记等获得教学信息。当学生按照自己的进度学习，积极主动地完成课题并体验到成功的快乐时，就能获得较好的学习效果。

(3) 小组相互作用

小组相互作用是通过讨论、问答、交流等在师生之间、学生与学生之间分享教学信息。这种形式给予教师和学生面对面密切接触和相互了解的机会。现代教学理论越来越重视教学中这种人际交互作用，它是实现各类教学目标、培养健全人格、促使个体社会化的有效途径。

三种教学组织形式各有其适用的方面，为了达到优化教学效果的目的，在制订教学策略的时候，我们必须进行综合考虑，取长补短，逐渐减少教师的集体授课时间，更多地安排个别学习和小组相互作用形式的学习，使学生能积极、主动地参与到教学过程中来，提高他们各方面的能力。

5.6.3 教学策略的选择与制订原则

(1) 学习准备

学生为了完成一定的学习任务，必须具备一定的认知水平，熟练一定的知识技能，这样才能保证他们有可能达到一定的教学效果，所以教学策略中应该包含对学习准备的测验等相关程序。

(2) 学习动机

学生有学习动机才可能促进学习。可以通过让学生确认掌握教材的意义和价值，以及通过制订他们期望达到的目标来进行激发。所以提供的学习内容和采取的教学方式，应当对学生具有挑战性，并且要使学生有自信能够成功，同时要帮助他们树立正确的学习态度。

(3) 目标范例

在制订教学策略时，不但要考虑到教学目标，而且应当尽量展示给学生一些典型例子，这些例子能表现出学生学习活动结束时能产生的结果或完成的行为，使学生对需要掌握的知识技能有理解的方向和模仿的榜样。

(4) 内容组织和分块

较为恰当的教学内容呈现顺序能够使学生更容易地完成教学任务，并能较容易地理解知识和保持长久地记忆知识，这个过程可以根据相关的教学流程图来完成。还应将教学内容进行分块,分块的大小应根据内容的复杂和困难程度、学生的特点和学习的类型而定。

(5) 适当指导

教师应该及时给予学生指导和提示。而且这种指导和提示应该随着教学过程的进展逐渐减少,即让学生有更多的自主决策权,使他们最终在没有教师指导和提示的情况下也能完成学习任务。

(6) 积极反应

在教学过程中应该有意识地引发学生对所呈示的教学内容以多种方式作出反应。可以用提问的方式激发学生的思考,采用多种方式引起学生的积极反应。并且应该尽量引导学生在学习时所接受的刺激和作出的反应与终点教学目标的刺激反应相匹配。

(7) 重复练习

在制订策略时,应当考虑到尽量提供给学生各种练习机会,以重复表现其习得的知识和技能。不断地或定期地练习新学的知识技能能够促进记忆和迁移,锻炼其应用能力。

(8) 及时反馈

学生应该及时地或经常地知道自己的理解或反应是否正确。为了强化学生的行为,必须让学生知道成功反应后能够得到的好处。可以给学生提供一种效果标准,以评定自己反应的正确性。当学生的理解或反应不正确的时候,则应及时告诉他们正确的理解或反应。

(9) 个别差异

人类个体的心理特征不同,所以学习的速度和方式不同,教学活动的安排需适应学生个别差异。制订教学策略时要设身处地以学生为出发点,尊重学生独特的认知、情感和人格特征,尤其是对于学习较差的学生,更应理解和尊重。

5.7　教学评价的设计

教学评价是教学设计内容的重要组成部分。通过教学评价对教学材料及运作模式进行检验,通过在教学设计开发过程中收集数据和信息,以利于改进教学的效果。

5.7.1　教学评价概述

1. 教学评价的意义

教学评价是指按照一定的教学目标,运用科学可行的标准和方法,对教学活动的过程及其结果进行测量和价值判断的过程。

从以上定义可以看出两点:一是教学评价是按照教学目标进行的,明确教学目标是进行教学评价的前提;二是教学评价是对教学过程、教学成果的价值判断。教学设计是一个问题解决的过程,如何评价教学设计就需要明确在解决教学问题时有哪些关键性的工作,将这些工作的表现作为评价的主要内容,即明确评价什么问题,确立评价标准,制订评价计划和实施评价活动。

教学评价的意义主要体现在以下几个方面:

(1) 教学评价是在教学中落实教育方针、体现教育目的的重要措施。教学评价是学校贯彻教育方针、体现教育目的、提高教学质量、培养合格人才的一项重要工作。如果不注重教学评价，就会造成教师、教学管理人员对教学活动的意义不清楚，盲目地进行教学活动，管理不科学，甚至背离教育目的。

(2) 教学评价是推动教学改革的巨大动力。教学评价就是对教学活动的价值进行价值判断。这种判断不仅要运用现代教育观念，而且要求评价内容、标准和方法都应符合教学改革的需要，如在教学思想上体现学生的全面发展，在教学内容上体现人文和科学并重，在教学形式上体现自立、合作、探究式教学，在教学方法上体现当代科学技术特别是信息技术的应用，在教学管理上体现以人为本，构建民主、和谐的教学环境。科学的教学评价对于改革同现代教育不相适应的教学思想、教学内容和教学方法都有着直接的联系，是推动教学改革的巨大动力。

(3) 教学评价是加强教师队伍管理科学化的重要手段。教学评价不仅能促进教学改革，而且对提高教师队伍管理的科学化水平也是十分必要的。在教师队伍的管理工作中，教学质量高低是人们议论教师的中心话题，因为它是教师业务水平的重要标志。建立和健全教学评价工作制度，实事求是地评价教学，真实地反映教师的教学思想、教学能力、教学态度，从而表扬先进，激发后进，就会对教师起到激励和促进作用，调动教师教学的积极性。

(4) 教学评价有利于引导教师按照教学规律进行教学。在教学中往往会出现违背教学规律、影响教学质量、不利于学生身心发展的状况，其中一个重要原因就是缺乏科学而明确的评价体系，包括评价标准、评价内容、评价方法和评价程序，不能对教学质量作出公正、科学的评价。教学评价是根据现代教学思想，运用科学方法对教师教学中的每个阶段和每个环节进行的诊断和调控，它有利于促进教学向规范化方面发展，按教学规律进行，使教学取得优良效果。

2. 教学评价的分类

教学评价有多种分类方法，下面主要介绍三种：

(1) 按评价基准分类

① 相对评价

相对评价是在被评价对象的集合中选取一个或若干个个体为基准，然后把各个评价对象与基准进行比较，确定每个评价对象在集合中所处的相对位置。为相对评价而进行的测验通常称为常模参照测验，它的试题取样范围广泛，测验成绩表明了学生学习的相对等级。由于所谓的常模实际上近似学生群体的平均水平，所以这种测验的成绩分布符合正态分布规律。

相对评价用于了解学生的总体表现和学生之间的差异，或比较不同群体间学习成绩的优劣，是常用的评价方法。它的缺点是基准会随着群体的不同而发生变化，因而易使评价标准偏离教学目标，不能充分反映教学上的优缺点，也不能有效地为改进教学提供依据。

② 绝对评价

绝对评价是在被评价对象的集合之外确定一个标准，这个标准被称为客观标准。评价时把评价对象与客观标准进行比较，从而判断其优劣。评价标准一般是教学大纲以及由此确定的评判细则。为绝对评价而进行的测验一般称为标准参照测验。它的试题取样就是预先规定的教学目标，测验成绩主要表明教学目标的达到程度，所以这种测验的成绩分布通常是偏态的。低分多高分少,为正偏态;低分少高分多,为负偏态。

绝对评价的标准比较客观。如果评价是准确的,那么评价之后每个被评价者都可以明确自己与客观标准的差距,从而可以激励被评价者积极上进。但是绝对评价也有缺点,最主要的缺点是客观标准很难做到客观,容易受评价者的原有经验和主观意愿的影响。

(2) 按评价功能分类

① 诊断性评价

这种评价也称教学前评价或前置评价,一般是在某项活动开始之前,为使计划更有效地实施而进行的评价。通过诊断性评价,可以了解学习的准备情况,也可以了解学生学习困难的原因,由此决定对学生采取适当的教学策略。

② 形成性评价

形成性评价是在教学进行过程中,为引导教学前进或使教学更为完善而进行的对学生学习结果的确定。它能及时了解阶段教学的结果和学生学习的进展情况、存在问题等,以便及时反馈、及时调整和改进教学工作。形成性评价使用较频繁,如一个单元活动结束时的评估、一个章节后的小测验等。形成性评价一般又是绝对评价,即它着重于判断前期工作达到目标的情况。对于提高教学质量来说,重视形成性评价比重视总结性评价更有实际意义。

③ 总结性评价

总结性评价又称事后评价,一般是在教学活动告一段落时为把握最终的活动成果而进行的评价。例如学期末或学年末各门学科的考核、考试,目的是验明学生的学习是否达到了各科教学目标的要求。总结性评价注重的是教与学的结果,借此对被评价者所取得的成绩作出全面鉴定,区分等级,对整个教学方案的有效性作出评定。

(3) 按评价表达分类

① 定性评价

定性评价是对评价资料做“质”的分析,运用分析和综合、比较和分类、归纳和演绎等逻辑分析的方法,对评价所获得的数据、资料进行思维加工。分析的结果有两种:一是描述性材料,数量化水平较低甚至毫无数量概念;另一种是与定量分析相结合而产生的,包含数量化但以描述性为主的材料。一般情况下,定性评价不仅用于对成果或产品的检验分析,更重视对过程和要素相互关系的动态分析。

② 定量评价

定量评价是从“量”的角度,运用统计分析、多元分析等数学方法,在复杂纷乱的评价数据中总结出规律性的结论。由于教学涉及人的因素,各种变量及其相互作用关系是比较复杂的,因此,为了提示数据的特征和规律性,定量评价的方向、范围必须由定性评价来规定。

可以说,定性评价和定量评价是密不可分的,两者互为补充,相得益彰,不可片面强调一方面而忽视了另一方面。

5.7.2 形成性评价概述

20 世纪 60 年代,随着大规模的课程设计项目的出现,人们对那种未经测试或评价就拿来使用的项目开始关注,一些学者建议拓展“评价”的概念,所以形成性评价的概念和方法被引入到教学设计中,成为教学评价的主要方面。

形成性评价是教学设计人员用来获取数据，并通过这些数据来修改教学、提高教学效果的过程。形成性评价的重点是搜集数据、分析数据、改进教学。

当教学的最终产品形成之后，由评价人员搜集数据进行的评价称之为总结性评价。称其为总结性是因为这时教学已经呈现最终形态，并且可以与其他教学进行比较。形成性评价和总结性评价的区别在于，形成性评价是对学生学习进展的评价，是在教学过程中为改进教与学而进行的评价，形成性评价注重学习过程的指导和改进，强调评价信息的及时反馈，目的是通过经常性的测评，提高学生的学习效果，从而改进教师的教学。也就是说，形成性评价的本质是在教学活动中把握中间的结果，并将其结果用于改进跟随的教学活动，而非像总结性评价那样一般是在学期末或学年末进行，了解学生是否达到这一个阶段所要求的教学目标，从而对教学效果作出全面地、综合地、总结性地评定。

形成性评价主要分为三个阶段：

第一个阶段是一对一的评价，也称之为诊断性评价。在这个阶段中，设计者从个别的学习者那里采集数据并修改教学方案，目的是找出并改正材料中的严重错误。这些错误主要表现在语言、概念和所使用例子的清晰度及教学材料的各种学习成分(知识、技能、认知策略、情感等)的激励作用。评价可以由内容专家或熟悉目标学习者特点的人来实施，这种评价最好使用目标人群的典型代表，并采用交谈方式，由此评价人员不仅能够发现材料有什么问题，还能知道这些问题产生的原因。

第二个阶段称为小组评价阶段。一般由 8～20 个目标人群的典型代表组成，小组利用教学材料自行学习，然后通过对他们的测试来采集所需要的数据，目的是确定教学材料中还有哪些问题及管理过程还存在的问题，教学策略的成分再次成为评价量表和评价过程设计的依据。这个阶段中，评价人员很少与学习者交谈，只是收集学习者表现和态度方面的数据，并在试验结束时听取学习者的意见。

第三个阶段通常称为实地测验，在这个阶段学习者的数量并不是特别重要，关键是测试过程要有一个与真实教学情境相似的学习环境。这类评价的目的是为了发现材料在预期环境使用时可能出现的问题。与前两个阶段评价相似，评价量表和评价过程都是基于教学策略的五个成分(言语信息的教学策略、智力技能的教学策略、认知策略的教学策略、动作技能的教学策略、态度的教学策略)。在这个阶段，不仅要设计量表来收集学习者的表现和教学态度，也要收集管理方面的数据。

形成性评价的这三个阶段都是由一些并未直接参与教学开发项目但是有相关经验的专家通过审核教学过程来完成的。在形成性评价的每个阶段结束以后，设计者都要考虑，当学习者回到可以运用教学中所学技能的环境后，是否还可以从学习者那里获得更进一步的数据，如学习者是否应用了所学的技能，产生了什么样的影响，这些信息的获取有助于进一步改进教学。

5.7.3 形成性评价的原则

英国的评价改革小组(The Assessment Reform Group，ARP UK)2002 年 3 月公布了“为学习而进行的评价之十原则”。它可以指导我们开发适合我国教学实际的形成性评价的具体方式或评价工具。下面对其进行简单介绍。

1. 形成性评价应该是高效的教学活动的重要组成之一

教师的教学计划应该是为学生和教师提供用来达到教学目标、获取知识的机会，并且具有灵活性，以适应教学过程中出现的新想法。教学计划中还应该包括一些策略，这些策略用来确保学生理解他们正在追求的教学目标以及后来应用于他们学业成果评价的标准。学生如何获得反馈信息、如何参与学习评价、如何得到进一步学习所需要的帮助等，这些都是教学计划必须要考虑的内容。

2. 形成性评价关注的核心应该是学生如何学习

在设计评价和解释评价结果时，必须考虑学习的过程。不仅关注学生的学习结果，也要关注学生的学习过程。

3. 形成性评价应该以课堂活动为中心

教师和学生在课堂上的许多活动，如提示学生展示其已获得的知识、理解力或技能的任务、问题等都可被认为是评价。学生在课堂上的回答或行为是可被观察及解释的，并可从中获得关于如何改进学习的意见，并且也应包括教师的自我反思和判断，这些评价是日常课堂活动的基本部分。

4. 形成性评价应该被认为是教师的重要专业技能

教师需要具备专业知识和技能来规划评价，观察学习行为，分析和解释学习结果，向学生反馈信息，从而帮助学生进行自我评价。教师应该通过最初和继续教育来获得以上专业技能。

5. 形成性评价应关注到学生的情感

教师应意识到学习评价的结果对于学生自信心和学习热情的影响。应该通过学习成果的确认而产生强化，使学生在完成学习目的后得到一种满足感，进而激发出更大的学习热情。

6. 形成性评价应该考虑学生学习动机的重要性

通过强调学习结果的进步和成绩来鼓励和培养学生的学习动机。把学生与比他取得更好成绩的学生进行对比，不利于激发学生的学习动机，这种对比可能会导致学生产生畏难情绪。应该提供给学生有建设性的反馈以维持或提高学生的学习动机水平。

7. 形成性评价应该促进学生实现学习目标

学生为了有效地获取知识，培养能力，有必要理解学习目标形成学习动机。评价标准涉及用学生能够理解的术语并与学生讨论这些学习目标，并提供达到评价标准的一些具体实例，有助于学生实现学习目标。

8. 形成性评价应该为学生提供有关学习的指导

学生需要获得及时的指导与提示，进而规划下一个阶段的学习。所以教师应该提供给学生一些建议性的指导，明确地告诉学生他们的长处，以及他们的弱点，并告知他们应该如何改进。

9. 形成性评价应该开发学生的自我评价能力

学生应具备自我评价能力，以帮助他们形成反思和自我管理能力。教师应该通过发展学生的自我评价技能，以使学生具备这样的能力。

10. 形成性评价应该认可学生各个方面的成绩

形成性评价应该用来增加学生在教育活动的各个方面进行学习的机会。它应该使学生各尽所能，使所有学生的学习成就得到认可。

5.7.4 形成性评价的具体操作

教学设计成果的形成性评价通常包括制订评价计划,选择评价方法,试用设计成果和收集资料,归纳和分析资料,报告评价结果等几项工作。

1. 制订评价计划

这部分工作是一项基础性的工作,主要包括以下几个方面:

(1) 确立收集资料的类型

在试用教学设计方案阶段应收集两类反馈信息:一类是学生的学习成就信息,以了解学习者达到教学目标的程度,通常用数据表示,数据来源可以是对学生的一系列测试项目的反应;另一类是教学过程信息,指反映设计成果在特定情境中的运行和作用情况,通常用陈述表示,陈述对象可以是影响学习成绩的各种相关因素的状况分析。

(2) 确立评价标准

确立了收集资料的类型后,还需要进一步衡量这些资料的评价标准。教学设计成果的评价指标体系,要真正成为可以衡量和比较的评价标准,还要将指标体系中各个指标依其主次关系进行权数分配,并要为所有指标进行定性描述或定量赋值。因此,在确立评价标准的时候,应当尽量采用定性与定量相结合的方法。例如,可以用定性的方法为教学过程资料制订下述的评价标准:如果针对某一主题的网络教材引起了学生极大的学习兴趣,并不同程度地增进了他们对教学内容的理解,促进了学习上的合作和情感之间的交流,说明所设计的网络课程具有期望的教学效果。又如,我们可以用定量的方法为学习成绩资料制订下述的评价标准:如果通过多媒体教材运用使得学生对教学单元后的练习题的正确回答率达到95%,或比原来提高10%,就说明所运用的多媒体教材具有推广使用的价值。

(3) 选择被试

在制订教学设计方案时,就应考虑选择哪类学习者作为被试,在试用教学设计方案时,应遵循取样的基本原则:一组被试(学习者)的认知水平和能力应属常态分布。即同龄人中各种水平的学习者都应挑选,然后略作调整,以保证这些样本学生都能配合测试并善于表达。被试人数应当适当,如被试人数太多,则不利于试用后期的分析与统计;被试人数太少,则使收集到的信息不够充分,难以说明教学设计方案的使用价值。由于以样本代表全体,误差是难免的,因此,对于那些比较重要的教学设计项目,在条件许可的情况下应该扩大样本人数。

(4) 分析试用的可行性

设计者应说明在什么样的条件下进行教学设计方案的试用,诸如怎样开始,怎样结束,中间要经过哪些环节,每一环节如何衔接,其间应具备或提供什么条件,并将受到什么限制等。成果试用应尽量在没有外部干扰的自然情况下进行,若需使用录音、录像器材来帮助展示教学信息,应避免影响教学环境的气氛。

2. 选择评价方法

不论收集哪种类型的资料都要借助某些方法,在教学设计成果的形成性评价中,主要使用测验、调查和观察三种评价方法。这三种方法在收集资料方面各有所长,如:测验适宜于收集认知目标的学习成绩资料;调查适宜于收集情感目标的学习成绩资料;观察适宜于收集动作技能目标的学习成绩资料。此外,调查和观察还经常被用来收集教学过程的各种资料,前者适宜于收集学生、教师和管理人员对教学的反应资料；后者适宜于收集设计成果的使用是否按预先计划进行的资料。

在形成性评价所需收集的资料中，学习成绩资料面广、量大，而且它所借助的评价方法与总结性评价又是通用的，因此格外受到有关研究者的重视。表 5-7 列出了各种学习目标的成绩资料与适用的评价方法的对应关系。

表 5-7　学习目标与评价方法的关系 ①

学习目标	评价方法
知道	各种客观测验，标准测验
理解	论文测验，选择测验，面谈调查
创造力	论文测验，问题情境测验，面谈调查
鉴赏力	论文测验，问卷调查，面谈调查
读、写、算	各种客观测验，标准测验，观察
会话或讨论技能	各种客观测验，人际关系测验
动作实验技能	观察，客观测验
态度、习惯、适应性	观察，面谈调查，问卷调查
职业能力倾向	能力测验，观察，面试调查

3. 试用设计成果和收集资料

这是两项不同性质的工作，但几乎是同时进行的，前者是手段，后者是目的。其步骤大致包括：

(1) 向被试说明须知

在开始教学前，应让被试师生知道试用设计成果的有关情况，如试用目的是了解成果的质量而非被试的能力，消除焦虑和紧张；试用活动的程序和试用所需的时间；被试将参与的活动类型及其注意事项；将收集哪些资料以供分析；应该以什么态度和方式作出反应，等等。

(2) 试行教学

这种试验性质的教学应具有可复制性的特点，即用相同的方式对另一些同年级学生再进行教学，如果他们的水平也属常态分布，可以获得大致接近的教学效果。由于这种教学具有典型性，通过评价就可获得推广价值。要保证某一教学过程能重复展开，必须使这一过程有一定的方案可遵循，同时应使教师保持一贯状态，避免弄虚作假。教学活动的背景也应尽量避免过分的人为设置，以造成为试用而试用的气氛。

(3) 观察教学

在试行教学的同时，需组织部分评价人员在适当的地方观察教学过程，并围绕类似以下的情况做好记录：各项教学活动所花去的时间；每个知识点是如何加以指导的；尤其注意教学有没有背离设计规定的目的及内容；由学生提出的所有问题，以及这些问题的性质和问题间的相关性；教师如何处理学生所提出的问题；学生在课内完成的练习、作业；在教学各阶段中学生的注意力，情绪反应，主动参与性，思维活跃程度等。观察教学的工作也可以借助录像媒体进行。

(4) 后置测验和问卷调查

教学设计成果使用后一般应及时进行某种形式的测验和问卷调查。前者主要收集学生

---

① 乌美娜. 教学设计[M]. 北京：高等教育出版社，1994：236.

的学习成绩资料；后者主要收集有关人员对教学过程的意见。测验题和问卷表可分开印发，此项活动通常是紧接着教学试行后着手的，但如果为了了解该设计成果对知识的保持是否有意义，收集成绩资料的测验应适当推迟一段时间进行。

4. 归纳和分析资料

通过上述的观察、测验和问卷，评价者获得了一系列所需的资料，为了便于分析，可以将这些资料归纳在类似于如图 5-9 所示的图表上。

学习成绩资料 — 测验数据

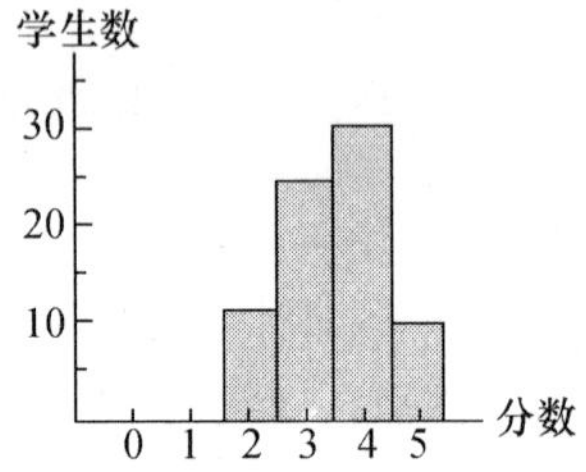

分数	2	3	4	5
学生数	12	24	30	9
百分比	16%	32%	40%	12%

学生姓名	分数
A	5
B	4
C	4
D	3
E	4
F	2
……	

教学过程资料 — 问卷数据

问题卷：	五点制平均分
△ 多媒体课件配合讲授恰到好处	4.3
△ 媒体组合形式有利教学	3.7
△ 例子具有代表性	3.0
……	

评语或建议：	学生数
△ 多媒体课件应该重复使用	23
△ 多媒体课件背景音乐效果可适当减弱	18

教学过程资料 — 观察数据

观察项目：	频数	观察者评论
△ 要求给予辅导次数	4	△ 部分学生对练习中的第五题感到困难
△ 要求解释概念的次数	2	△ 无
△ 对教学指导方面提问的次数……	9	△ 无

结论

教学效果：测验数据表明大多数学生都达到了预期的教学目标

缺陷或问题：问卷表明教学媒体在设计上还可以改进

图 5-9 评价材料概述

制成图表后，评价者应对资料作一次初步分析：拿各类数据与评价标准作比较，考察各种现象的相互关系。经过分析，可能会发现一些重要问题，随即应对它们加以解释，并通过恰当的途径证实自己的解释。例如，当几种评价工具提供的数据对设计成果的某些方面显示共同的趋势，而这种趋势与预期的教学目标相悖时，将予以特别关注。设计者可就这些问题咨询访问教育学、心理学相关学科方面的专家和有经验的教师或与被试进行个别访谈和集体访谈。这些访谈的目的是让各方人士对初步分析结果和改进意见加以证实。最后可将访谈结果与分析结果综合起来，对评价资料作进一步的深入分析，并在此基础上酝酿设计成果的修改方案。

5. 报告评价结果

由于修改设计成果的工作不一定马上就进行，也不一定由原设计者来做，因此需要把试行和评价的有关情况和结论形成书面报告。这种形成性评价报告包括：

(1) 教学设计方案的名称

(2) 教学设计方案的试用宗旨

(3) 教学设计方案的试用范围

(4) 教学设计方案的试用要求

(5) 教学设计方案的评价项目

(6) 教学设计方案的评价

(7) 教学设计方案的改进意见

(8) 教学设计方案评价者的有关信息(姓名、专业、职称、职务等)

(9) 教学设计方案的时间

评价报告以简明扼要为宜，具体资料如各种数据、访谈、记录、分析说明等可以作为附件。

思考与习题

1. 阐述教学设计的基本定义。
2. 简述教学设计的一般模式以及教学设计模式的类型。
3. 说明学习需要的概念，学习需要的类型、意义及分析学习需要的方法。
4. 说明以加涅分类为基础的学习内容分析的基本内容。
5. 说明学习风格与教学设计的关系。
6. 说明教学策略选择的基本依据。
7. 试叙述形成性评价的概念、原则及其具体操作程序。

第6章　信息技术与课程整合的模式

学 习 目 标

1. 了解信息技术的定义和特征。
2. 掌握信息技术与课程整合的含义。
3. 了解信息技术与课程整合的目标。
4. 熟悉信息技术与课程整合的模式，能应用不同的教学模式解决学科教学实践中的问题。

实 践 建 议

本章由信息技术、信息技术与学科课程整合、信息技术与课程整合的模式等部分组成。本章以信息技术与学科课程整合为主线，突出了信息技术与课程整合的模式应用这一线索，并力图通过本章的学习，使学生掌握信息技术与学科课程整合的基本方法，为教学服务。本章既有较强的理论性，又有较强的实践性，能直接服务于学科课程的教学，因此，学生在学习过程中既要注重理论知识的学习，又要注重教学实践活动的运用。

6.1　信息技术的概述

在当今社会中，“信息技术”(Information Technology)是使用频率最高的词汇之一，但是各国对“信息技术”具体表述上也存在着一定差别。如：英国基础教育将其称为信息和通信技术(Information and Communication Technology)，简称ICT，而在法国则被简称为TIC(Technology of Information and Communication)。人们因其使用目的、范围、层次的不同对其定义有不同的表述。对信息技术的概念，目前大致有三种不同的理解：① 信息技术就是计算机技术；② 信息技术是计算机与网络技术的组合；③ 信息技术包括三种技术：视听技术、计算机技术和整合技术。

6.1.1　信息技术的定义

信息技术的一般定义为：应用信息科学的原理和方法对信息进行获取、处理和应用的技术，它覆盖微电子技术、计算机技术、通信技术和传感技术而成为一门综合技术。它的内涵包括两个方面：① 手段，即各种信息媒体，如印刷媒体、电子媒体、计算机网络等，是一种物化形态的技术；② 方法，即运用信息媒体对各种信息进行采集、加工、存储、传播、应用的方法，是一种智能形态的技术。信息技术就是由信息媒体和信息媒体应用的方法两个要素组成的。计算机技术是信息技术的核心，多媒体技术和网络技术是当前信息技术发展的热点。对于基础教育教学而言，信息技术主要指以计算机为核心的多媒体计算机、网络教室、校园网和因特网(Internet)等，它应该突出强调的是如何使学生获取、处理、应用和评价信息的能力。

6.1.2　信息技术的特征

信息技术的发展对社会进步产生了巨大的影响和推动作用，产生如此强大的作用是由它的特征所决定的，具体表现为：

(1) 数字化

数字技术是信息技术的核心基础。在当今信息时代，信息的获取、传播、处理均已数字化。实践证明，数字化处理的信息具有保真度高、存储量大、传递速度快等特点。在信息处理和传输领域，由于二进制数字具有简单、稳定、直观和易于计算机处理的特点，所以将信息用电磁介质以二进制编码的形式加以处理和传输，将过去用纸张或其他媒介存储的信息转变为用计算机处理和传输的数字信息。数字化技术可以将多种媒体信息数字化，如文字、符号、图形、声音、影像等，为信息的统一处理和传输提供了基础。

(2) 网络化

卫星通信和光缆传输技术的发展，提高了信息传输的速度，扩大了传播的范围，使信息资源的全球化、信息传播的立体化成为可能。计算机技术与通信技术的结合将人类带入了全新的网络环境，把分布在各地的具有独立处理能力的众多计算机系统通过通信链路联结起来，实现了资源共享。数字化信息的网络化交流也变得便捷起来，电子邮件、远程控制、电子论坛等已逐渐深入到人们的生活和学习中。

(3) 智能化

用计算机来模拟、延伸和扩展人类的智能，使机器具有人类的思维和逻辑判断能力。在通信领域，将出现具有类似人类大脑思维能力的智能通信网，当网络提供的某种服务因故障中断时，它可以自动诊断故障，恢复原来的服务。在计算机领域，超级智能芯片、神经计算机、自我增值数据库系统等将得到发展，与此相应，计算机将具有人类思维的能力。在多媒体领域将出现计算机支持的协同工作环境及智能多媒体，届时会更加便捷地对文字、符号、图形、声音、影像进行识别和处理。在信息系统领域，智能信息系统的出现将提供智能的人机界面，用户与系统之间可用自然语言交互，系统可提供很强的推理、检索和学习功能。

(4) 个人化

信息技术将实现以个人为目标的通信方式，充分体现可移动性和全球性。它所实现的目标简称为 5W，即无论何人(whoever)在任何时候(whenever)和任何地方(wherever)都能自由地与世界上其他任何人(whomever)进行任何形式(whatever)的通信。未来通信的模式应该是：通信方式是透明的，通信时间是随时的，通信设备是简单的，通信功能是多方面的。这种支持个人通信的技术，需要全球性大规模的网络容量和智能化的网络功能作为技术支持。

(5) 多媒体化

电子通信和计算机网络的信息传输，融合了超文本技术和超媒体技术，集文本、图形、图像、声音和视频于一体。信息传递的多媒体化能够消除信息的不确定性，有利于受众的认知，受众可以根据需要选择相应的多媒体形式传递或接收信息。

(6) 虚拟化

虚拟现实世界可以创造出一种身临其境的真实感觉，人们通过由计算机仿真生成的虚拟现实情境去感知客观世界和获取有关技能。目前已经涌现出一系列虚拟化的教育环境，包括虚拟教室、虚拟实验室、虚拟校园、虚拟图书馆、虚拟学社等。虚拟教育可分为校内模式和校外模式。校内模式是利用局域网开展网上教育，校外模式是指利用广域网进行远程教育。在许多建设了校园网的学校，如果能够充分开发网络的虚拟教育功能，就可以做到虚拟教育与实在教育结合，校内教育与校外教育贯通，这是学校信息化的发展方向。

6.2 信息技术与课程整合的内涵与技术基础

6.2.1 信息技术与课程整合的内涵

在系统科学方法论中，"整合"表示由两个或两个以上较小部分的事物、现象、过程、物质属性、关系、信息、能量等在符合具体客观规律或一定条件的前提下，凝聚成较大整体的过程及结果。教育界引用"整合"一词通常表示综合、渗透、重组、互补、凝聚等含义，而不是简单地叠加。目前国内关于信息技术与课程整合的说法与定义很多，综观这些观点可以发现，产生分歧的主要原因是对课程概念的理解不同。目前，信息技术与课程整合的定义可以分为"大整合论"和"小整合论"两种。

"大整合论"所理解的课程是一个较大的概念。这种观点主要是将信息技术融入课程的整体中去，改变课程内容和结构，变革整个课程体系。一种观点认为，信息技术与课程整合是指通过基于信息技术的课程研制，创设出信息化课程文化。它针对教育领域中信息技术与学科课程存在割裂和对立的问题，通过信息技术与课程的互动性双向整合，促进师生民主合作的课程与教学组织方式，实现以人为本的新型课程与教学活动组织形式，建构起整合型的信息化课程新形态。另一种观点认为，信息技术与课程整合实质上是指信息技术有机地与课程结构、课程内容、课程资源以及课程实施等融为一体，从而对课程的各个层面和维度都产生变革作用，促进课程整体的变革。可见，"大整合论"观点有助于从课程整体角度去思考信息技术的地位和作用。

"小整合论"则将课程等同于教学。这种观点将信息技术与课程整合等同于信息技术与学科教学整合，将信息技术作为一种工具、媒介和方法融入教学的各个层面中，包括教学准备、课堂教学过程和教学评价等。这种观点是目前信息技术与课程整合实践中的主流观点。

信息技术与课程整合概念的分化，反映了人们看待信息技术作用的不同视角。在研究与实践中，持"大整合论"的人一般都是专家学者，而一线教师和教研人员则比较认可"小整合论"。目前，从整个基础教育改革的情况来看，"小整合论"更符合当前教育发展的趋势和实践的要求。

信息技术与课程整合特别需要关注教学实践层面的问题，不能简单地将信息技术作为一种教学手段与传统的教学手段叠加。广义上讲，课程整合是使分化了的学校教学系统中的各要素形成一个有机联系的整体，以及这个整体形成的过程。狭义上讲，它指的是各学科之间(包括各学科内部)的整合,即将各学科关联起来加以学习。在这一整合过程中,课程各要素形成了有机的联系和结构。课程整合不是将不同学科相加在一起,而是将课程看成了一个整体,将不同学科的知识整合在一起,让学生在学习过程中不知不觉地、有机地掌握不同的知识,从而提高综合素质。课程整合强调各个学科领域之间的联系和一致性,避免过早或过分地强调各个学科领域间的区别界限,从而防止各领域之间出现彼此孤立、相互重复或脱节的现象。在新教学理念和新技术结合的支持下创设的新教学环境和教学活动,与传统的教学环境和教学活动的区别可概括如表 6-1 所示。

表 6-1　新旧教学环境和教学活动比较

传统教学环境和教学活动	新教学环境和教学活动
教师中心	学生中心
单感觉通道刺激	多感觉通道刺激
单方面发展	多方面发展
单一媒体	多媒体
独立学习和活动	合作学习和活动
(信息的)单向传递	(信息的)双向传递
被动学习	积极的/探索性的/探究式学习
基于事实	批判思维和基于信息的决策
被动反应	积极主导的/有计划的行动
孤立的人工的背景	现实生活中的背景

6.2.2　信息技术与课程整合中的技术支撑

在教学过程中,教与学活动对技术有一定的依赖性。依据学生的参与程度,对信息技术的特征和功能的不同要求,信息技术与课程整合的技术支撑,在教与学过程中起到不同的作用。

1. 信息技术作为演示工具

演示是教师通过计算机做示范性实验,使学生通过观察获得感性知识或印证所学书本知识的方法。教师可以在自己的教学中使用计算机辅助教学软件或多媒体素材库中的素材。教师利用一些多媒体集成创作工具(如 PowerPoint),集成各种教学素材,将某些内容加以演示,用以讲解教学中的知识点;用图表、动画等展示事物的动态的变化过程和理论模型等;也可以利用模拟软件来演示某些实验现象,帮助学生理解所学的知识。计算机起到了传统幻灯、投影、粉笔、黑板等媒体的作用,并实现了传统媒体一些无法实现的教学功能。演示能使学生获得生动、直观的感性印象,帮助学生理解抽象的知识点。多媒体演示是通过视、听觉刺激完成的,所以能使学生养成有目的的知觉习惯,能促进学生思维能力的发展。但是,如果在教学中信息技术仅作为一种演示工具,那么学生只能被动地听、看,学生的学习属于被动的接受式学习。

2. 信息技术作为交流工具

信息技术作为交流工具是将信息技术以辅助教学的方式引入教学,实现师生之间教与学信息的交流。要实现上述目标,通过实时的视频/音频会议系统、电子白板和 NetMeeting

等工具软件进行，或者应用互联网上的论坛、聊天室等超文本/超媒体型交流工具。交流可以使学生们集思广益、取长补短，加深对所学知识的理解，获取和建构新知识，发挥学生的主动性、积极性，发展学生的思维能力和语言表达能力，在视频/音频同步的讨论中更能锻炼学生的口头表达能力，也有利于培养学生民主协商的人际关系技能及合作解决问题的能力。另外，在不断的交流与学习中，随着对问题理解的深入，学生的自我效能感也在逐渐增强。而且，应用交流工具的讨论还能避免讨论者在面对面讨论中某些顾忌与尴尬的产生，易于打破学生在现实中的原有性格对其某些行为的阻碍与封锁，使其抛开性格中的羁绊，展现潜在的能力，有利于学生在讨论学习中畅所欲言，超常发挥。

3. 信息技术作为个别辅导工具

随着计算机软件技术的飞速发展，出现了大量的操练练习型软件和计算机辅助测验软件，让学生在练习和测验中巩固、熟练所学的知识，为下一阶段的学习奠定基础。计算机课件代替了教师的部分职能，如出题、评定等。在教学中，计算机课件在一定程度上兼顾学生的个别差异，实现因材施教。

根据不同的学习内容和学习目标，个别辅导软件提供的交互方式也有所不同，体现不同的教学或学习方式，从而形成不同模式的个别辅导软件，如操练和练习型、对话型、游戏型、模拟型、测试型、问题解答型等。信息化教学的实践证明，丰富的教学资源和优秀课件对学生学习的积极性有较大的促进作用。

4. 信息技术作为信息加工工具

信息社会需要有信息能力的新型人才，而信息能力就是指获取、分析和加工信息的能力。随着网络技术的飞速发展，网络资源浩如烟海，如何在广袤的信息海洋中迅速、准确地找到自己所需的资源，如何判断资源的价值并对其进行取舍，如何合理地将资源重新组合为己所用，已成为当代教育的重要话题。用信息技术提供资源环境就是要突破书本是知识主要来源的限制，用各种相关资源来丰富封闭的、孤立的课堂教学，极大地扩充教学的知识量，使学生不再只学习课本上固有的内容。教师可以在课前将所需的资源整理好供学生访问；也可以为学生提供适当的参考信息，如网址、搜索引擎、相关人物等，由学生自己去 Internet 或资源库中搜集素材，学生通过分析、综合大量信息获取关于事物的综合知识。在教学过程中，教师要密切注意学生整个的信息加工处理过程，在学生遇到困难时，要及时给予辅导和帮助。

5. 信息技术作为协作工具

教育科学研究已经证实，协作学习有利于促进学生高级认知能力的发展，有助于学生协作意识、技巧、能力、责任心等方面的素质的培养。以计算机网络为核心的信息技术与课程整合，为协作学习提供了良好的技术基础和支持环境。计算机网络环境大大扩充了协作的范围，减少了协作的非必要性精力的支出。在基于 Internet 网络的协作学习过程中，基本的协作模式有四种：竞争、协同、伙伴和角色扮演。

基于竞争模式的网络协作学习，一般是由教师预先提出一个问题或目标，并提供学生解决问题或达到目标的相关信息。在开始学习时，学习者先从网上在线学习者名单中选择一位竞争对手或选择计算机作为竞争对手，并达成竞争协议，然后开始各自独立地解决学习问题。在学习过程中，学习者可看到竞争对手所处的状态以及自己所处的状态，学习者可根据自己和对方的状态调整自己的学习策略。竞争一般需要在智能性较强的网络教学软件支持下进行。

协同是指多个学习者共同完成同一个学习任务，在共同完成任务的过程中，学习者发挥各自的认知特点，相互争论、相互帮助、相互提示或者是进行分工合作。学习者对学习内容的深刻理解和领悟就在这种和同伴紧密沟通、协调和合作的过程中逐渐形成的。协同需要多种网络技术的支持，如视频会议系统、聊天室、留言板等。

伙伴就是在网络环境下找到与现实环境中的伙伴相类似的学生，然后共同协作、共同进步的过程。另一种伙伴形式是由智能计算机扮演伙伴角色，和学生共同学习、共同讨论，在必要时给予忠告等。

角色扮演是指在用网络技术创设的与现实或历史相类似的情境中，学生扮演其中的某一角色，在角色中互相学习的过程。要实现角色扮演一般采用实时交互的网络工具，如 Net-meeting、视频会议、多功能聊天室等。

6．信息技术作为研发工具

很多工具型教学软件都可以为研究性教学和研究性学习提供良好的支持。如几何画板软件在中学数学教学中，可为学生提供自我动手、探索问题的工具。当面对问题时，学生可以通过思考和协作，提出自己的假设和推理，然后用几何画板进行验证。此外，学生还可以使用几何画板自己做实验来发现、总结一些学习的规律。如三角形的内角和为 180 度，圆周率的存在及近似值的计算等。随着信息技术的飞速发展，新技术在教学中的应用为学生的探索和学习提供了强有力的支持。如在经济学课程中，虚拟现实技术可以模拟真实的商业情境，让学生在各种真实、复杂条件下作出决策和选择，提高学生对真实问题的解决能力。

探索式教学和问题解决式教学等都是将信息技术作为研发工具的教学模式，而且都取得了一定的成果。但是，如何更好地发挥信息技术的作用，设计出能更好地培养学生创造性思维能力的教学，则是需要我们继续深入探讨的问题。

6.3　信息技术与课程整合的目标与原则

6.3.1　信息技术与课程整合的目标

信息技术与课程整合要达到的宏观目标可以定义为：建设数字化教育环境，推进教育信息化进程，促进学校教学方式的根本性变革，培养学生的创新精神和实践能力，实现信息技术环境下的素质教育与创新教育。具体目标可以概述为：

1．优化教学过程，提高教学质量、效率和效益

信息技术与课程整合的本质是在先进的教育思想、教育理论的指导下，把以计算机及网络为核心的信息技术，作为教学环境的创设工具和促进学生学习的认知工具，应用到各学科教学过程中。将各种教学资源、各个教学要素和教学环节，经过组合、重构，相互融合，在整体优化的基础上产生聚合效应，提高教学质量、效率和效益，促进传统教学方法的变革，达到培养学生创新与实践能力的目标。

2. 培养学生的信息素养

培养学生获取(包括信息发现、信息采集与信息优选)、分析(包括信息分类、信息综合、信息查错与信息评价)、加工(包括如何有效地利用信息来解决学习、工作和生活中的各种问题)和利用(包括信息的排序与检索、信息的组织与表达、信息的存储与变换以及信息的控制与传输等)信息的知识与能力,为学生打好全面、扎实的信息文化基础,同时具备对信息内容的批判与理解能力,并能在虚拟的环境中具有良好的伦理道德和法律意识。

3. 培养学生掌握信息时代的学习方式

海量的网络信息,改变了人类的学习方式,学习方式从接受式学习转变为自主学习、探究学习、研究性学习和协作学习。新的学习方式要求学习者必须能够利用资源进行学习,学会在数字化情境中进行自主发现,学会利用网络通信工具进行协商交流、合作讨论式的学习,学会利用信息加工工具和创作平台,进行实践创造的学习。

4. 培养学生具有终身学习的态度和能力

在信息时代,知识的更新率加快,陈旧率加大,有效期缩短,各学科间相互渗透,出现了更多的新兴学科和交叉学科。在这种科学技术、知识信息发生剧变的大背景下,要求学习者能够具有主动汲取知识的意识并能付诸日常生活实践,要能够独立自主地学习,能够自我组织、制订并执行学习计划,能控制整个学习过程,对学习进行自我评估。这样,学习者本人支配着学习的过程,并对自己的学习负责,而教师成为学生学习的引导者、监督者和促进者。

6.3.2 信息技术与课程整合的基本原则

1. 正确地运用教育理论指导信息技术与课程整合的实践

现代学习理论为信息技术与课程整合奠定了坚实的理论基础,在教与学的层面上,每一种理论都具有其正确的一面。但是,在教学实践中,没有一种理论具有普适性,换言之,无论哪一种理论都不能替代其他理论而成为唯一的指导理论。行为主义学习理论,在对需要机械地记忆知识或具有操练和训练教学目标的学习中突显出来。认知主义学习理论的指导作用,则主要体现在激发学生的学习兴趣,控制和维持学生的学习动机。建构主义学习理论,提倡给学生提供建构理解所需要的环境和广阔的建构空间,让学生自主、发现式地学习,建构主义比较适合于不良结构领域的高级学习。对于中小学生来说,由于他们正处在知识积累和思维发展的阶段,认知结构比较简单,自主学习能力还没有得到很好的培养,比较缺乏自控能力,在信息技术与课程整合的应用中,应该兼顾各种理论,根据教学对象、教学内容及教学媒体等多种变量,灵活地运用理论来指导实践。

2. 根据学科特点构建整合的教学模式

每个学科都有其固有的知识结构和学科特点,它们对学生的要求也是不同的。如语言教学是培养学生应用语言的能力,主要训练学生在不同的场合,正确、流利地表达自己的思想,较好地与别人交流的能力。为此,应该利用信息技术,模拟出接近生活的真实的语境,为学生提供反复练习的机会。数学属于逻辑经验学科,主要由概念、公式、定理、法则以及应用问题组成,教学的重点应该放在开发学生的认知潜能上。教师可以通过给学生创设认知环境,让他们经历由具体思维到抽象思维,再由抽象思维到具体思维的学习过程,并完成对数学知识的建构。而物理和化学,则是与人们的生产、生活密切相关的学科。在教学中,应注意学生的观察能力、解决问题的能力和做实验的能力的培养。对于那些需要观察自然现象或事物变化过程的知识，形象和直观地讲解将有助于学生理解和记忆。但如果需要培养学生的操作能力，那么用计算机的模拟实验全部代替学生的亲手实验，将会违背学科的特点，背离教学目标中对学生动手能力的培养。因此，在对不同的学科进行整合时，既要遵循相同的整合原则，也应根据学科的特点，选择不同的整合策略，设计对应的教学模式开展信息技术与学科课程的整合。

3. 根据教学内容选择整合策略

人类的思维类型可分为抽象思维与具体思维、有序思维与随机思维。对于学习类型和思维类型不同的人来说，他们所处的学习环境和所选择的学习方法将直接影响他们的学习效果。在长期的教学实践中发现：有的学生不能主动地对外来信息进行加工，喜欢有人际交流的学习环境，需要明确地指导和讲授。而有的学生在认知活动中，则更愿意独立学习，进行个人钻研，更能适应结构松散的教学方法或个别化的学习环境。因此，信息技术与课程的整合应该根据不同的教学对象，实施多样性、多元化和多层次的整合策略。

4. 运用“学教并重”的教学设计理念来进行课程整合的教学设计

目前流行的教学设计理念主要有“以教为主”的教学设计和“以学为主”的教学设计两大类(何克抗、郑永柏、谢幼如，2002)。由于这两种教学设计理念各有其特点，因此，最理想的方法是将二者结合起来，取长补短，形成优势互补“学教并重”的教学设计理念。而且这种理念也正好能适应“既要发挥教师主导作用，又要充分体现学生主体作用的新型教学结构”的要求。在运用这种理念进行教学设计时要注意，不能将以计算机为基础的信息技术(不论是多媒体，还是计算机网络)仅仅看做是辅助教师“教”的演示教具，而更应当强调把它们作为促进学生自主学习的认知工具与情感激励工具。在课程整合时，我们要把这一理念牢牢地、自始至终地贯彻到整个教学设计的各个环节之中去。

5. 个别学习与协作学习的和谐统一

信息技术给我们提供了一个开放性的实践平台，在实现同一目标时，我们可以采用多种不同的方法。同时，课程整合强调“具体问题具体分析”，当教学目标确定后，可以通过整合不同的任务来实现目标。对于同一任务，不同的学生也可以采用不同的方法和选择不同的工具来完成。这种个别化的教学策略，对于发挥学生的主动性，进行因人而异的学习是很有帮助的。但社会化大生产要求人们具有团队协同工作的精神。同样，在现代学习中，尤其是在一些高级认知场合(例如复杂问题的解决、作品评价等)，要求多个学生能对同一问题发表不同的观点，并在综合评价的基础上，协作完成任务。网络，尤其是互联网的出现，也正为这种协作学习提供了良好的支持平台。因此，在教学中，既要为学生提供个别化的学习机会，又要组织学生开展协作学习。

6.4　信息技术与课程整合的形式与模式

6.4.1　信息技术与课程整合的三种基本形式

在信息技术与课程的整合中，信息技术是作为一种认知工具出现的，且与教学的总体能力目标一致，即培养学生的“信息素养”和实践能力。但对于不同的学科，信息技术的作用是不一样的，为此可以将信息技术与课程整合分为三种基本形式。

1. 对于信息技术课程——信息技术是学习的对象

信息技术课程作为一门专门的学科开设，主要学习信息技术的基本技能和基本工具的使用。开设信息技术课程并不仅仅是为了学习信息技术本身，更主要的是培养学生利用信息技术解决问题的习惯和能力。根据具体操作流程的不同，课程整合理念指导下的信息技术课程模式也不同。

(1) 带疑探究—讲授示范—动手操作型

首先，教师要根据信息技术课程的教学目标，提出具有吸引力或探究性的问题，并用激励和引导性的语言点拨学生进行思考与自主探究，引导学生运用已具备的信息技术技能主动寻找问题的解决方法。然后，教师将问题分解为若干个小的信息技术学科知识点，向学生讲授相关内容，通过计算机示范操作。学生通过亲自动手操作和练习，获得相关的知识和技能。最后，教师展开评价并鼓励学生间进行互评。

(2) 任务驱动—协作学习型

首先，教师依据教学的重点、难点，以及不同的学校环境、个人特长和社会背景，灵活地设计融合了信息技术教学目标的任务。任务应是一个具有层次性、由易到难的梯级状的任务系统。然后，将设计好的任务呈现给学生，让学生主动寻求学习伙伴，组成小组，采用协作学习的形式进行主动探究。学生将在学习过程中探索发现信息和学习资料，与小组中的其他成员共享，彼此之间互相交流，进行共同学习。最后，教师进行总结性评价，评价重点要放在对学生信息技术应用能力的考查上，主要检查学生运用信息技术的能力和信息素养的提高方面。

2. 信息技术与其他学科的整合——信息技术作为教学工具

学生在教师的组织下利用信息技术进行学习，这时信息技术起着为其他学科教学服务的工具作用。信息技术辅助下的课堂教学有多种表现形式。

(1) 群体—讲授型

信息技术辅助的群体—讲授模式，是对传统教学方式的继承与发展。它是在同一时间内，对整个班级群体进行相同内容的教学，只是将信息技术作为一种教学手段加以运用。这种模式有三个优点：一是集文字、图片、声音、图像的表达于一身，使课堂教学活动变得生动活泼；二是可以不受时间、空间和宏观、微观的限制，便于突出教学重点和突破教学难点；三是简单、易操作，能够快速、及时地呈现教学内容，提高教学效率。

该模式的基本步骤为：备课时教师研究教学内容，自己设计课件或从资源库里选择课件；课上教师利用课件创设情境，展示教学内容，引导学生接受教学内容并认真思考；最后，教师进行总结。

(2) 自主—监控型

自主—监控模式是在网络教室里，学生利用教师提供的教学资源(包括数字化资源和非数字化资源)进行学习，教师监控学生的学习过程，及时辅导。由于超文本链接，实现了网络资源的共享及对教学信息有效地组织与管理应用，因而学生可以根据个人需要使用网络资源。在教学过程中，教师利用教师机监看监听任意指定的单个学生机上的学习活动，通过遥控学生计算机的键盘和鼠标，对学生进行“手把手”的交互式辅导教学。

在自主—监控模式中，要求教师首先根据教学目标对教材进行分析和处理，决定用什么形式将教学内容呈现给学生；学生接受了学习任务以后，在教师的指导下，利用教师提供的资料或自己查找的信息进行个别化和协作式相结合的学习；最后，教师总结教学内容并对学生进行个别化评价。

(3) 协作—讨论型

讨论模式的基本特点是师生利用网络交流工具实现实时和非实时的讨论。这种教学一般是由教师提出一个或多个讨论问题，学生针对这些问题进行讨论。不论是实时讨论，还是非实时讨论，教师都要认真倾听学生的发言，善于抓住学生思维的闪光点，及时发现学生出现的问题，给予反馈。教师还要注意防止讨论偏离当前学习主题，保证学生的发言能符合教学目标的要求。讨论结束后，教师还要对讨论的问题作总结，对学生的表现作恰如其分的评价。

讨论模式借助网络环境，可以克服学生的心理障碍，使其能够畅所欲言，真正参与到讨论中来。开展这种讨论时，学生的积极性往往比较高，但也比较耗时。该模式的基本步骤为：教师根据教学目标对教材进行分析和处理，决定用什么形式来呈现什么教学内容，并以课件或网页的形式呈现给学生；学生接受学习任务后，在教师的指导下，利用教师提供的资料(或自己查找的信息)进行个别化和协作式相结合的学习，并利用信息技术完成任务；师生一起进行学习评价、反馈。在整个教学过程中，学习集体和学生个体都得到重视，这样的教学十分有利于学生创新精神、问题解决能力和协作能力的培养。

3. 对于研究型课程——信息技术作为学习工具

研究型课程是以一种类似于科学研究方式组织的教学。在该模式下，学生是学习的积极参与者，他们在信息技术的帮助下，从多种渠道寻找信息，对各种资料进行分析、归纳、综合、提炼并从中发现有价值的信息，运用各种信息工具，体验科研的过程和方法，为自己的观点提供依据。

研究型课程中的整合任务，一般不是教材中的内容，而是课程内容的延伸，甚至是社会中的某些问题。它超越了传统的单一学科学习的框架，按照学生认知水平的不同，将社会生活中学生感兴趣的问题，以主题活动的形式呈现出来，让学生在研究、探讨中完成学习任务，从而达到课程目标。学生通过发挥自身主体性、探索性、创造性解决问题的过程，将多个学科的知识，学问性知识和体验性知识，学校与社会，有机地结合在一起，最大限度地促进学生身心和谐统一地发展。研究型课程更加突出学生的主体性和参与的过程性。在整个研究的过程中，从研究方案的形成，方案的实施，到最后任务的完成都由学生自主完成，而教师仅对学生选题、收集和分析资料的方法等进行一般性指导。我们说教师对学生的学习进行一般性指导，并非指教师的作用可以忽略，实际上，在整个教学过程中，教师指导的成功与否，直接关系到研究型学习的成败。

在组织研究型学习时，如何确定研究主题，将是整个研究型学习的关键所在。因此，教师在选择研究主题时，要考虑学生的认知能力和年龄特点，采用循序渐进的原则。一般而言，小学低年级以生活实践性的活动为主，小学高年级以社会综合课题学习为主，初中以学科性综合实践活动为主，高中以综合学科的学习为主。

总之,信息技术与学科课程的整合是提高教学效率的有效途径,是教学资源与教学要素的有机融合,在教育学、心理学和教育技术等教育理论的指导下,运用系统科学方法协调教学系统中教师、学生、教学内容和教学媒体等诸要素的作用、联系和相互之间的影响,使整个教学系统保持协调一致的手段和方法。

6.4.2 信息技术与课程整合的模式

教学模式(model of teaching)一词最初由美国学者乔伊斯和韦尔(B. Joyee & M. Weil)等人提出。但对于什么是教学模式却众说纷纭,学者们对此没有达成一致。依据不同的教学思想、教学目标、教学过程和学生特点,我们可以设计多种不同的信息技术与课程整合的模式。而且,每种模式都有自己的优势,也有自己的局限,我们不能也不可能用一种模式去完成所有的教与学的任务,而是要根据教学的具体目的、条件和学生情况选择最恰当的教学模式组合。

信息技术与课程整合的模式很多,按照不同的划分方法有不同的形式。按照教学环境来分,可以分为多媒体组合课堂教学模式、计算机辅助教学模式、基于多媒体网络的交互式教学模式、利用网上资源自主学习模式、利用互联网及卫星传播授课模式(南国农,2005);按照教与学来分,可以分为以教师使用信息技术为主的演示型教学模式、以学生使用信息技术为主的自主学习型教学模式和教师演示与学生自主学习综合型教学模式三种;从利于创新人才培养的角度考虑,可分为"问题—探究"学习模式和"协作式"学习模式。下面我们介绍七种常用的信息技术与课程整合的教学模式。

1. 基于课堂的"情境—探究"模式

这种模式主要用在课堂讲授型的教学中,也是最常用的一种信息技术与课程整合的模式,如图 6-1 所示。

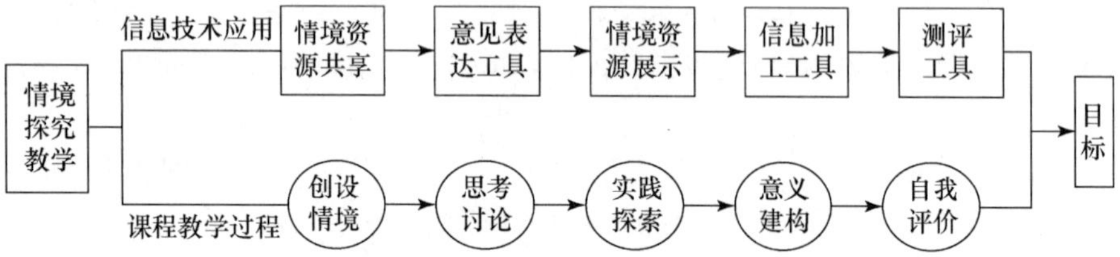

图 6-1 基于课堂讲授型教学的"情境—探究"模式

这一模式主要分为如下五个步骤:

(1) 教师利用数字化的共享资源,创设探究学习情境。

(2) 教师指导学生初步观察情境,提出思考问题,借助信息表达工具(Word、BBS)表达对问题情境的看法与见解。

(3) 针对数字化所展示的学习情境,教师指导学生进行深入观察和探索性操作实践,从中发现事物的特征、关系和规律。

(4) 借助信息加工工具(PowerPoint、FrontPage、概念图工具)进行意义建构。

(5) 借助测评工具,进行自我学习评价,及时发现问题,获得反馈信息。

表 6-2 是信息技术与课程整合的基于课堂讲授式的"情境—探究"模式。

表 6-2　信息技术与课程整合的基于课堂讲授式的"情境—探究"模式

课堂教学过程	信息技术应用
创设不同的问题情境： (1) 社会、文化、自然的情境 (2) 问题情境 (3) 虚拟实验环境供学生观察、思考和操作	利用多媒体课件、网络教学资源创设情境
教师指导学生观察事物的现象、特征、关系和运动规律，并进行思考和发表见解	利用 NetMeeting、OICQ 或 BBS 作为意见表达工具进行思想交流，表达见解
学生对呈现的情境进行操作实践，验证与原来思考的意见是否一致	利用信息技术的演示播放功能，重新展示学习情境
指导学生进行知识建构，把思考和实践的结果进行归纳总结	利用文字处理工具、文字编辑工具和网页制作工具进行知识建构
指导学生进行自我测评，了解学习效果	利用形成性练习题库和在线测试系统进行练习巩固，利用 Excel 或在线统计分析系统进行自我评价

教学设计案例

摩擦力①

① 创设情境、发现问题

教师：《市民守则》第七条的内容还记得吗？

学生：不乱扔杂物。

教师：乱扔瓜果壳不但不卫生，而且还有可能造成伤害事故，请同学们看一段录像。

播放录像　一块西瓜皮害了一条人命，这一飞来之祸与摩擦有关……

发现问题　脚踩在西瓜皮上为什么会滑倒呢？

教师：脚踩在西瓜皮上容易滑倒，在日常生活中你们还有哪些类似的感受？

学生：在结冰的路面上走路容易滑倒。

② 学生活动

夹球比赛　每个小组配有一盒玻璃球、一只纸杯、一双筷子，每组出一人，用筷子将球从盒中夹送到杯中，看哪一组快。

两人拔河　让力气最小的学生与力气最大的学生拔河，力气小的获胜。（在讲台后放一块光滑的装饰板，适度抹些润滑油，让体重大、力气大的学生站在上面，体重小、力气小的学生站在地面上。）

每个小组配有木块，上面钉有钉子，让学生徒手拔，拔不动。

播放录像　大力士拖动大汽车。（若汽车无轮子，大力士拖得动吗？）

---

① 初中物理课内探究教学模式设计及案例解析[EB/OL].(2007-04-13). http://www.jsrgjy.gov.cn/jxyj/shownews.asp?info_id=1034.

③ 提出问题

什么叫滑动摩擦力？滑动摩擦力的大小与哪些因素有关？

④ 学生猜想

学生猜想很活跃，归纳起来有如下几种：

- 滑动摩擦力的大小可能与压力大小有关
- 滑动摩擦力的大小可能与接触面的粗糙程度有关
- 滑动摩擦力的大小可能与物体运动的速度大小有关
- 滑动摩擦力的大小可能与物体接触面积的大小有关

⑤ 教师指导

怎样测定滑动摩擦力？

⑥ 实验设计、合作探究

怎样设计实验来探究滑动摩擦力的大小与上述四个因素有关？有什么样的关系呢？

⑦ 小组讨论，全班交流，教师引导，确定方案

方案一：先在桌面上匀速拉动木块，再分别在木块上加 1 个和 2 个砝码，再以同样的速度向同一方向匀速拉动木块，观察三种情况下弹簧秤的读数，来探究滑动摩擦力与压力大小的关系。

方案二：将同一木块先后放在木板面、玻璃面和毛巾面上，以相同的速度向同一方向匀速拉动，观察三种情况下弹簧秤的读数，来探究滑动摩擦力与接触面粗糙程度的关系。

方案三：在同一桌面上，沿同一方向以不同的速度匀速拉动同一木块，观察两种情况下弹簧秤的读数，来探究滑动摩擦力与速度大小的关系。

方案四：将木块侧放、平放在同一桌面上，沿同一方向、以相同的速度匀速拉动，观察两种情况下弹簧秤的读数，来探究滑动摩擦力与接触面积大小的关系。

表 6-3 为测定滑动摩擦力的实验方案。

表 6-3　测定滑动摩擦力的实验方案

控制因素	改变因素	改变方法	测力计示数（即摩擦力大小）	结论
粗糙程度、接触面积、速度	压力	一个木块		
		木块加小砝码		
		木块加大砝码		
压力、速度、接触面积	粗糙程度	木板表面		
		玻璃面		
		毛巾面		
压力、接触面积、粗糙程度	速度	缓慢匀速		
		较快匀速		
压力、速度、粗糙程度	接触面积	平放木块		
		侧放木块		

⑧ 小组合作探究

教师巡回指导(略)。

2. 个别辅导模式

个别辅导(individual tutoring)是经典的信息化教学模式之一。该模式试图在一定程度上利用计算机来替代教师的指导性教学行为,对学生实施个别化教学。其基本过程为:计算机显示与提问—学生应答—计算机判别应答并提供反馈。在多媒体和自然语言识别技术支持下,个别辅导型教学软件的教学内容的显示可变得图文并茂、声色俱全,交互的形式更为生动活泼。但是,由于个别辅导型教学软件需要人工智能领域中智能导师系统(ITS)技术的支持,且其推理需要相关领域知识,所以目前在世界范围内通用型的智能个别辅导系统寥寥无几。但在互联网的群件技术支持下,学生和教师可以在一定程度上选择并使用个别辅导的模式。

在 Internet 环境下,学生遇到问题时,可以通过 E-mail 或 BBS 等非实时的通讯工具与教师进行交流,也可以通过 OICQ 或 MSN 等实时交流工具向教师请求帮助。前者的优点是可以随时向教师或专家请教,但缺点是不能马上得到答复;后者的优点是可以得到教师的即时讲解,就像面对面一样,但它的局限是要求教师也同时在线。

教学设计案例

功①

教学环境为多媒体网络教室。

教师事先制作网页形式的教学课件存放在学校服务器上,网页的内容包括学法指导、学习任务、电子教材、思考归纳、课堂练习、知识拓展、相关链接、课后练习。教学过程可以分为四个阶段:

(1) 兴趣导入:以神舟五号推力做功引入课题。

(2) 自主学习:学生用 20 分钟时间完成“学习任务 电子教材 思考归纳 课堂练习”。如果比较快地完成任务,可以进入“知识扩展”、“相关链接”获取更多的知识。在此阶段,要求学生将课堂练习的答案用作业批改统计软件另存在教师事先建立的文件夹中,用学生名字作为文件名。

(3) 讨论巩固:教师应用作业批改统计软件实时处理作业并反馈信息,引发讨论;学生带着问题学习讨论并提高认识。

(4) 思维拓展:评价学习并请同学认真探究功、力、位移、力与位移的夹角四个主题的拓展知识。

3. “问题—探究”模式

“问题—探究”模式是以问题解决为中心,仿照科学家探究未知知识领域的途径,通过发现问题、分析问题、创造性地解决问题等步骤去掌握知识、培养学生的创造能力和创新精神。“问题—探究”学习模式从提出问题开始,到创造性地解决问题结束。基于课程整合的“问题

① 叶治康.运用网络技术改革物理教学模式[EB/OL].(2006-11-30).http://www.studa.net/xueke/061130/11042444.html.

—探究”学习模式如图 6-2 所示。

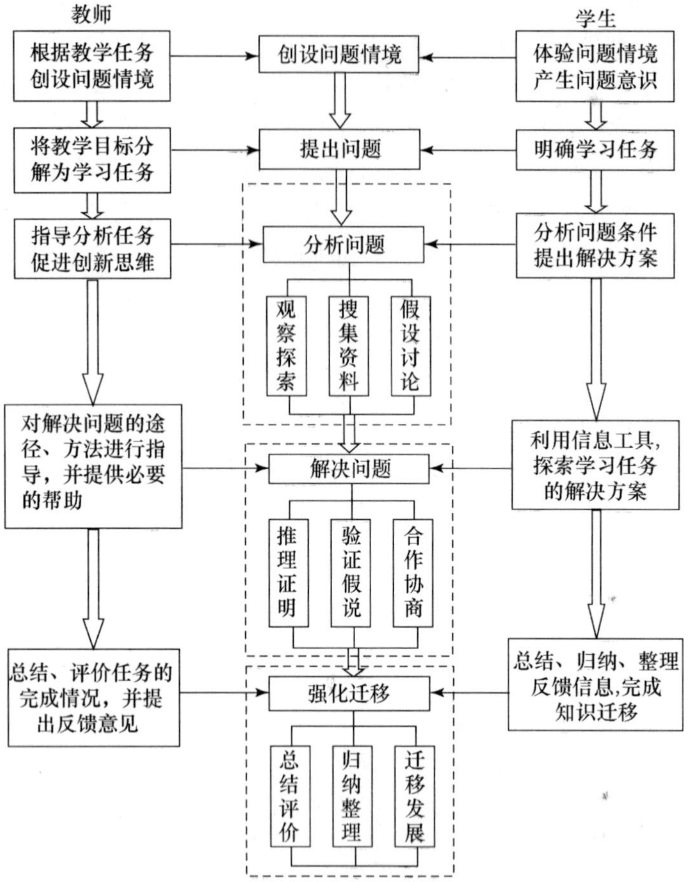

图 6-2　基于课程整合的“问题—探究”学习模式

在该过程中，学生在教师的指导下，以问题解决为核心参与认知过程，整个过程是以任务驱动的形式进行的，两者在问题情境的创设、问题（任务）的解决过程上有许多不谋而合之处。因此，将“问题—探究”学习模式应用到信息技术教学中，不仅是任务驱动教学法的一种创造性尝试，同时也可实现信息技术与其他课程的有效整合。

教学设计案例

Word 的图文混排①

对“Word 的图文混排”内容的教学，传统的教学方式大都是边讲边让学生操作练习，或者全部讲完后，再让学生练习。这样虽然能及时强化学生对知识点的掌握，却不能培养学生

① 杜春芳.“问题探究”模式在信息技术课堂教学中的运用[EB/OL].(2005-10-10). http://www.bxla.net/ReadNews.asp? NewsID=481.

运用信息技术解决问题的能力，不能从根本上达到信息技术的教学目标。笔者在设计这一教学案例时从培养学生自主学习，引导学生应用信息，进而更好地培养学生创新能力的角度出发，将若干个知识点集成在一张贺卡中，让学生在编制作品的过程中，自觉探索，学习新知识，回顾旧知识，并将所学的知识点应用在具体的作品中。这样，不仅激发并始终维持了学生学习的积极性，而且使学生在学习后获得极大的成就感和进取心，达成了信息技术学以致用的最终目的。

(1) 创设情境，提出问题

在该阶段，由教师创设一个恰当的问题情境，让学生自己提出探究的问题。具体步骤如下：

① 教师针对教学内容，预先根据某一主题，设计并制作一张贺卡或一页小报，并将要学习的知识点隐含在其中。贺卡或小报做好后，分别以 Word 文档和图片形式进行保存。

② 上课时，教师首先将设计好的贺卡或小报展示给学生，请同学们欣赏，以激发学生学习和创作的兴趣。

③ 教师提问："同学们，运用以前学过的知识，我们能不能自己制作一张这样的贺卡(或小报)?"

④ 学生的回答可能会不同，有人说"能"，有人说"不能"。

⑤ 我们让回答"能"的同学说说具体的制作环境和步骤，让回答"不能"的同学说说疑难所在。

⑥ 通过不同意见的同学的回答，学生自然会在对方的答案中发现自己思考中的缺陷和不足，同时产生尝试创作的欲望。

⑦ 接着，教师问"大家想不想自己动手，制作一张这样的贺卡(或小报)"，进一步激发学生创作的热情。

⑧ 此时，学生肯定会回答"想"，教师正好抓住学生高涨的创作激情，出示学习任务，让学生独立或分组合作，自主学习，自拟主题，制作一份作品。

(2) 分析问题，提出解决方案

该阶段涉及三个方面的内容：

① 明确探究问题

一旦学生产生了问题意识——创作欲望，教师就要引导他们将问题变成一种可解决的形式。教师要指导学生对展示的作品进行分析、归纳和总结，看看它们包含哪些知识点(如软件环境、图片制作、版面设计、文字处理、内容筛选等)，哪些自己可以解决，哪些需要查询资料，让学生自由创意，自主选择主题及作品的呈现形式。

② 围绕主题，收集资料

学生明确了要制作一幅作品，即明确了探究的主题之后，下一步教师就要组织学生收集有关作品内容和制作环节中某些未知知识点的资料信息。针对小学生的年龄特点，这些相关的资料(如图片、文档)，教师可以在备课时为学生准备好，一是可以节省时间，避免走弯路；二是保证课堂教学的针对性和实效性；三是可以避免学生受不良信息的影响。对于能力较强的学生，也可以让他们利用课余时间查找、收集资料，以备在课堂上学习和交流。

③ 提出问题解决方案

资料备齐后，学生就可以拟订编制作品的步骤。准备小组协作任务，组员之间具体分工，明确各自的任务和责任。例如制作小报时，要对文字的艺术处理、动画设计、图片处理、版面设计、文章筛选等做好明确的分工。任务一旦明确，学生完成起来就会非常顺利。或者不同小组相互讨论，共同探讨，确立解决问题的具体步骤。

(3) 解决问题

在这个阶段，学生独自操作或小组协作，学习未知知识点，完成作品的制作。教师可以在旁边对个别学生出现的问题进行单独指导。对于共性的问题，有必要在网上进行集体指导。

(4) 作品展示，相互评析

最后，请学生把作品存到教师指定的文件夹里，自由展示自己的作品，并鼓励学生自我评价或相互评析，发现优点，找出不足，师生一起总结该课的心得体会和收获。

4. "协作式"学习模式

"协作式"学习模式总的指导思想是，针对所要研究的问题，同一协作小组内各个成员或不同协作小组针对研究问题的不同方面，进行任务分工，担任不同的角色，承担不同的个人责任，协作交流，最终形成研究成果。协作学习主张将教学内容精心设计为各个任务，学习者以小组的形式一起进行学习，各自担当一定的角色，共同完成某一任务或解决某一问题。在协作学习中，学习者借助他人（包括教师和学习伙伴）的帮助，实现学生之间的双向互动，并利用必要的共享学习资料，充分发挥其主动性和积极性，进行意义建构获得事物的性质、规律以及事物之间的内在联系，强调学习者的创造性、自主性和互动性。基于课程整合的"协作式"学习模式如图 6-3 所示。

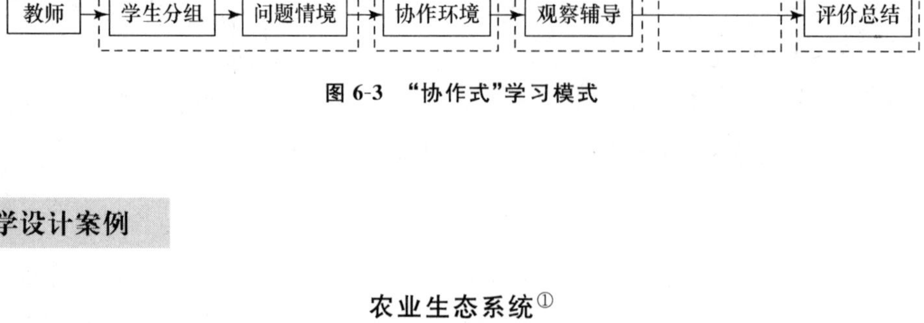

图 6-3 "协作式"学习模式

教学设计案例

农业生态系统[①]

教学环境为多媒体网络教室，可外访 Internet。

---

① 佚名. 运用网络技术改革物理教学模式[J/OL]. (2006-12-07)[2008-10-22]. http://www.czkxw.cn/Thesis/ShowArticle.asp? ArticleID=1576.

教师事先制作网页形式的教学课件，网页的内容包括前言、任务、资源、评价、讨论区。

- “前言”部分介绍了辉煌的中国古代农业文明，提出现代农业的困惑和出路
- “任务”部分请同学运用所学的生态学知识设计一个有苍南特色的良性循环的农业生态系统
- “资源”部分给出电子课本、视频资料、相关网页
- “评价”部分给出评价标准、评价实施办法和评价表
- 学生设计的方案和学生评价表可提交讨论区

在完成任务的过程中，要求学生分成 4 人小组，每一小组的学生可以通过与一起学习的同学共同探讨，完成学习任务，彼此之间互教互学。同学完成任务的教程大致分为以下几个阶段：

- 复习生态系统物质循环和能量流动的特点，生态平衡的调节等知识
- 了解农业生态系统的特点
- 理解生态农业设计的原理和遵循的原则
- 利用 Internet 上的信息，搜集苍南主要的经济作物、家禽家畜和名优特产
- 小组成员充分讨论后设计一个有南方特色的良性循环的农业生态系统
- 把小组所设计的方案提交到“讨论区”，署上小组成员姓名
- 请一位小组成员向全班同学阐释所属小组的设计理由
- 取众家之长，完善自己的设计

5. 游戏化教学模式

游戏化教学模式能提供和控制一种富有趣味性和竞争性的教学环境，激发学生的学习动机，使学生在富有教学意义且教学目标明确的游戏活动中得到训练或有所发现，取得积极的教学效果。教师合理地将电脑教育游戏应用到学科教学中，可以：

(1) 利用电脑游戏进行课堂导入教学，营造学习情境、激发学习欲望。

(2) 利用电脑游戏进行讲授示范，变被动学习为主动学习。

(3) 利用电脑游戏进行巩固练习，提高学生的基本技能。

(4) 利用电脑游戏创设故事情境，使课堂更富有情趣。

在课堂教学中恰当应用电脑教育游戏可以取得较好的教学效果，但并不是所有的游戏都适合在课堂内开展，相对而言，在兴趣学习活动中可以有更多的时间和空间进行游戏化教学。电脑教育游戏在兴趣活动中的运用策略包括：

(1) 根据活动内容的需要，确定练习游戏，进行强化练习。

(2) 借助练习游戏，进行擂主竞赛，提高练习兴趣。

(3) 开放各类游戏，拓展学生思维，发展学生智能。

在具体教学中，教师进行游戏化教学时应该注意如下六个方面的问题：① 应根据教材实际，围绕教学内容，挖掘教材的游戏化内涵；② 搜集或研制与教材内容相关的游戏作品；③ 设计教学活动，让电脑游戏自然融入教学情境；④ 组织教学，借助游戏作品，让学生体验娱乐性学习；⑤ 自然切入教学内容，在交流评价中体验收获；⑥ 激发学习兴趣，延伸教学时空，引导课外学习。

教学设计案例

翻转与旋转①

(1) 巧设情境,设疑激趣

(音乐背景,讲故事)同学们,今天老师给大家讲一个故事,听了音乐,你们就会知道故事的主人公是谁了。孙悟空听说人间有了很大的变化,决定下凡间来走一遭,可刚下来就遇到一个卡通怪物拦住了去路。悟空变出了三个假身将怪物团团围住。

大家仔细观察一下,这几个孙悟空的假身与真身有什么相同点和不同点,悟空到底怎么变出来的?

(2) 自学课本,学习新知

① (继续讲故事)悟空打败了卡通怪物之后,看到别人在赛车,悟空也开了一辆准备跟选手们一比高低。但是太过匆忙,居然开反了方向。他想让同学们帮忙给他的赛车掉个头。你能帮他吗?

学生打开赛车文件,试着给赛车掉头。(请一位学生边讲边演示)

提问:你用水平翻转后,赛车有什么变化?(左右反过来了)

② (继续讲故事)开完赛车后,悟空听说"神舟七号"上天了,心里痒痒的,想开着航天飞机飞向宇宙,于是就做了个"孙行者号" 航天飞机。但这个马大哈,把航天飞机运到发射场,才发现居然弄颠倒了。你能把颠倒的航天飞机正过来,并安装到发射架上去吗?

学生操作完后,教师提问:你用了垂直翻转后,航天飞机有什么变化?(上下翻过来了)

(3) 解疑揭题,巩固新知

① 大家通过自学课本,帮助悟空解决问题。今后,我们在很多情况下可能也要用到这种方法。现在悟空要考考大家他是用了哪几招变出三个假悟空的?(操作:进入"考考你",把假身移到相应的框内,如果正确的话会加分,看谁得的分数高。如果有困难,可以看教材,或者自己在画图软件中试验。)

② 反馈得分情况后,请学生上台用教具(悟空像)演示水平翻转、垂直翻转和旋转 180 度。(教师强调:水平翻转是左右反过来;垂直翻转是上下翻过来;旋转 180 度与垂直翻转的不同点。)

请学生上台贴旋转 90 度和旋转 270 度的悟空。教师屏幕演示翻转和旋转的三维动画,让学生深入了解图形变化的动态过程。

③ 小结:今天悟空带领我们学习了画图软件的重要本领。(出示三维动画制作的课件)你能说出课件中的五个字的变化分别属于哪一招?

下面,老师要请大家用今天学到的本领解决几个问题,大家是否愿意接受挑战?

A. 用新知识解决问题

问题 1　拯救小乌龟:沙滩上一群乌龟遇到了凶猛的鳄鱼,其中一只乌龟慌了神,跑错了方向,你能帮它脱离险境吗?

---

① 周迎春. 创设游戏化网络教学情境——"翻转与旋转"教学设计及反思[J]. 中小学信息技术教育,2004(10).

问题 2　小明家买了电脑，但他不知道怎样安装，你能帮助他吗？

问题 3　大家都听过乌鸦喝水的故事，下面是一幅新编的乌鸦喝水图。你想知道新编的乌鸦喝水图是怎样的吗？把它拼完整后你就知道了。

学生根据自身情况有选择地进行练习，练习后反馈练习情况。学生需要帮助时可进入“操作提示”模块，里面有相应的动态提示。

B. 寓教于乐

同学们今天都学得很认真，最后老师想选择一下，看谁拼得好，拼得巧。

C. 小结本课，课外延伸

同学们，今天玩得开心吗？可能有的同学还不尽兴，不要紧，大家可以上咱们学校的网站，或者在家里继续通过游戏练习。如果有问题要问老师，可以在网上留言。老师很愿意看到你们的网上留言，并通过网络跟大家交流。

6. 虚拟实验室模式

虚拟实验室是在传统实验室的基础上，利用先进的计算机、网络通信、多媒体、虚拟现实等技术，将现实中各种实验资源虚拟，并通过计算机软件系统进行实验管理的综合性的开放型实验教学环境。虚拟实验室不但使实训过程在时间和空间上得到延伸，而且借助于多媒体和虚拟仿真技术使得实验现象更明显、生动，实验周期也在一定程度上得到缩短。在虚拟实验室的学习环境中，学生利用虚拟现实技术仿真或虚构某些情节，观察或控制某些对象，获得某些体验或有所发现。

图 6-4 所示的实验操作界面来自中学电路实验的仿真模拟软件。该软件能像真实实验一样随意连接实验元件和导线，还可画标准电路图，用于中学电路教学与学习，能增强中学生学习兴趣。具体说来，它的主要功能如下：

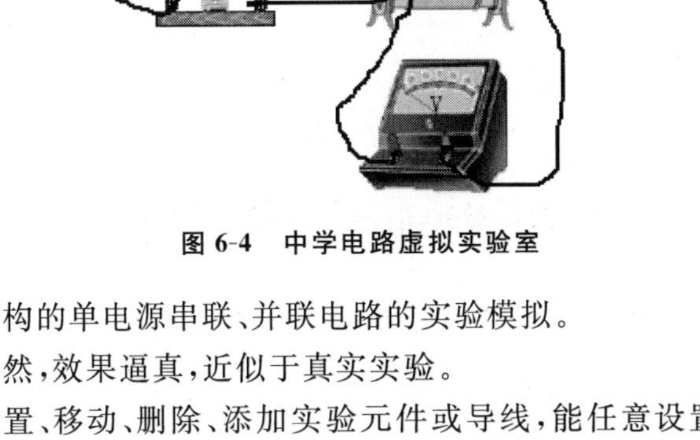

图 6-4　中学电路虚拟实验室

（1）支持任意结构的单电源串联、并联电路的实验模拟。

（2）操作简单自然，效果逼真，近似于真实实验。

（3）支持任意放置、移动、删除、添加实验元件或导线，能任意设置实验元件的参数，能随意设置任意元件参数显示和隐藏，能保存实验，打开原来实验，导出图像，画出电路图，等等。

7. 头脑风暴模式

古语云：三个臭皮匠，顶个诸葛亮。综合各人的智慧，各种难题都会迎刃而解。头脑风暴模式是在规定的时间内，学生围绕一个主题或问题，在不对别人的见解有任何批评或指责的前提下，尽量展开自己的想象与思维，随意发表自己的见解，从而寻求问题解决策略的模式。这种模式多用于发现式学习、问题解决式学习和抛锚式学习中，它有利于培养学生的想象力、发散思维和创新思维。教师在实施头脑风暴的模式时一般需要经历以下五个阶段：

(1) 教师公布头脑风暴教学的开始时间。

(2) 学生登录到头脑风暴演播厅(实时聊天室、QQ 的群组聊天)。

(3) 教师宣布题目、开始时间和结束时间。

(4) 学生针对题目自由发表各自的见解。

(5) 结束时间到，学生停止自由发言。教师总结发言，综述学生的主要观点，帮助学生进行总结和归纳，总结学生发言中存在的问题与不足，对学生的表现做适当评价。

头脑风暴模式可以促进学生之间的情感交流，起到加强协作和沟通的目的。另外，还可以锻炼学生的语言表达能力和思维快速反应能力。但是，在具体的教学实践中，还需注意以下几个问题：

(1) 题目和问题要具备较好的开放性，学生可以有较大的发挥空间。另外，题目的选择和问题的确定都要使题目或问题处在学生的最近发展区之内，以使学生可以对其做比较全面、深入地交流，从而碰撞出思维的火花。

(2) 学生能自由发表见解。当某个学生发言时，其他同学或教师不允许对他的观点和见解有丝毫的批评和指责，否则将会抑制发言人的思考能力，打断其后续思维，破坏整个群体自由交流的氛围。

(3) 时间的范围不宜过长，也不宜过短，这要根据问题的难度、学生人数以及学生的知识水平来确定。教师要在实践中不断积累这方面的经验，使学生在整个头脑风暴过程中既有时间上的紧迫感，促进他们积极思维，又有一定的发挥余地，以免挫伤其学习的积极性和兴趣。

教学设计案例

雷　　雨①

《雷雨》一课的教学过程中，授课教师让学生讨论：周朴园与侍萍之间是否是爱情？要求在课文中找出答案。

问题一出，同学们兴趣高涨，钻进课文中寻找答案。根据归纳，分为两派：周朴园对侍萍是有感情的，当年是迫于无奈，现在由于环境变了，所以对她“严厉”；另一派认为，周朴园是一个彻头彻脑的伪君子，他根本不爱侍萍。

---

① 程维薇.“头脑风暴法”在中学语文课堂教学中的运用[J].成都大学学报(社会科学版)，2006(4).

双方相持不下，授课教师又抛出两个小问题：周朴园为什么怀念侍萍？又为什么对侍萍的态度忽冷忽热？要求每个小组的答案不得重复。

对第一个问题，学生分别列出：

① 当年周朴园很年轻，感情比较纯洁，他是在怀念自己纯洁的初恋。

② 他将繁漪与当年的侍萍作比较，怀念当年侍萍的温顺、贤惠。

③ 他对侍萍心怀内疚，而眼前的一切让他感到不如意。

对学生的回答，授课教师作了充分的肯定，学生能从人性的角度挖掘人物的潜在动机，值得高兴。对第二个问题的回答，各小组的回答逐渐趋于统一，逐渐认识到周朴园的“怀念”、“内疚”是值得怀疑的，因为他的“惊愕”、他的“支票”、他的“严厉”，以及他对亲身儿子鲁大海的冷酷无情。虽然还是有小组提出年轻时的周朴园与现在的周朴园是有区别的，但基本上给周朴园定义为“伪君子”。

课堂上大家争相发言，为自己的见解与别人不同而据理力争。课后，有的同学还意犹未尽，专门写了人物分析，将课堂上未能表达的思想写出来。这堂课因为这一次的讨论而让学生分析作品、剖析人物的能力得到很好的锻炼，并且在学生自己的争辩、钻研中很好地达成了教学目标，激活了学生的思维。

思考与习题

1. 什么是信息技术与课程整合？整合的本质与内涵是什么？
2. 为什么要进行课程整合？
3. 简述信息技术与课程整合的具体目标。
4. 课程整合的理论基础是什么？
5. 信息技术与课程整合在理论和实践方面取得了哪些成果？还存在哪些不足？
6. 我国信息技术与课程整合的研究现状如何？
7. 目前在信息技术与课程整合中存在哪些误区？
8. 如何有效地进行信息技术与课程整合？

第7章 教育技术与学科整合的应用案例

学习目标

1. 了解信息技术与各学科课程整合的基本现状。
2. 了解不同类型学科信息技术与课程整合的特点。
3. 能够结合本专业进行信息技术与课程整合实践工作。

实践建议

本章内容由信息技术与学科整合的案例组成，案例涵盖了中小学的主要学科。结合自己所学的学科搜索一篇信息技术与课程整合的案例文献，分析其特点，并试着从教师活动、学生活动、信息技术的作用、实施时间与地点等方面，将分析结果整理成材料，形成一份完整的整合案例与整合评析。

7.1 信息技术在中学语文教学中的应用

7.1.1 语文学科的特点

(1) 语文学科是一门基础学科，对于提高学生思想道德素质、科学文化素质，对于学生学好其他学科，弘扬民族优秀文化和吸收人类的进步文化，提高国民素质，都具有重要意义。因此，语文不但是最重要的交际工具，也是最重要的文化载体。

(2) 语文教学要提高学生正确理解和运用祖国语言文字的水平，使他们具有适应实际需要的现代文阅读能力、写作能力和口语交际能力，具有初步的文学鉴赏能力和阅读浅易文言文的能力。

7.1.2 信息技术在语文学科教学中的优势

1. 极大地扩充了语文学习资源

它能提供语文学习中所需的各种信息资源(如文本、图像、声音、视频和动画等)。学习者通过多媒体光盘或者 Internet 上的各种学习资源，建立起学习资源库，为运用语文信息、再创造信息提供资源保障。

2. 为语文课堂教学提供新模式

网络环境下多媒体语文教学打破过去传统教学的单一模式，优化了教与学的过程，为实施素质教育、培养学生的创新意识和创新能力提供了必要的条件。多媒体技术使得教学内容可以通过文本、图形、图像、声音、视频等多种媒体进行传递，客观世界能够在课堂上得以再现。学生在形象、生动、逼真的情境中学习,能够快速、高效地进行自身知识的建构。

3. 给学生学习语文创造想象的新时空

文本、图形、图像、动画、影像和声音等多种信息的综合刺激,不仅有利于学生知识量的获取,而且也有利于学生知识的保持。生动的画面,具体可感的形象,美丽多姿的山水,曲折跌宕的情节,同学讲述的切身的生活经历,都使学生在一个充满生机与活力的时空中领悟自然与社会,感知人间的美好与虔诚,真情、真爱、真知自然流露出来,学生天然的潜能自然释放出来,在一定程度上,扩大了学生追求卓越的空间,使学生在创新的路上坚定向前。

7.1.3 如何将信息技术应用到语文学科教学中

语文教学离不开现代教学媒体,但要合理应用到语文教学最需要的地方。现代教学媒体运用应符合学生认知规律,符合教育本身发展规律,能够充分开发学生智力,发展学生个性,调动学生的学习积极性和创造性。随着现代语文教学理念的发展,应用现代教学媒体不断创新出新的语文教学模式。

1. 交互式应用

交互式应用就是利用现代媒体构筑语文教材平台、教案平台、信息资源库平台、学生学习平台、网络交互平台等多种平台,并使多种平台能够相互访问。电视机所具有的视听合一功能与计算机的交互功能结合在一起,形成全新的图文并茂、丰富多彩的人机交互系统。在这样的学习环境中,学生在老师的指导下,阅读文章,写作文章,发表议论、留言、公告等。学生在一个自由平等的空间中进行学习,能有效地激发自身的学习兴趣,产生强烈的学习欲望。同时,教师在一个流动的发散的时空里发现来自学生的各种各样的问题,对学生的学习进行指导。

2. 演播式应用

以幻灯、投影、录像等常规媒体呈现教学信息,能够提高教学效率,减轻学生负担。教师要充分利用这些媒体设备,变小角度为大视野,化静态为动态交流,化语文课堂的虚境为实境,使学生在观察思考、领悟知识中不断地建构自己的知识结构。例如,利用影像媒体理解祥林嫂的眼神、理解阿 Q 的精神胜利法。将声音媒体用于诗歌散文教学,如《荷塘月色》的美感、《离骚》的悲壮、《致橡树》的情愫。将动画媒体广泛应用于课题的创作中,其真实视觉效果与拟人化的角色塑造手段,易操作的艺术化界面以及革命性的创作效率被语文教师所称赞。

各种媒体间相互补充,使语言知识的表达、传授更加充分,更容易理解;动态的诗词、美文欣赏刺激学生的不同感官,更有利于学生的记忆;调动学生多种感官参与教学活动,学习效果要优于单一感官感知的学习效果。在多种教学媒体优化组合创造的特殊情境中,科技说明文、文言文等距离学生比较远的文章、概念、理论将成为音像、动画的天地。学生会以多种感官同时并用,积极参与,主动探究,发现问题,解决问题,延长了注意力,培养了敏锐的观察力、深刻的思维能力,也促进了智力因素和非智力因素的协调发展。为学生制作一段抒情诗歌的录音,可以把学生的自我鉴赏提高到一个新的档次;为电视画面配音,为电视剧中的人物配音,可以让学生在情节中体味人物的喜怒哀乐悲愁怨;一段课本剧,一段小品,都会让学生在创作与表演中净化心灵,陶冶情操。

教学设计案例

《赤壁赋》教学设计

杭州市学军中学　徐玉民

一、教学目标

1. 知识和能力目标

- 熟读成诵，增加文言积累，积淀文言语感。
- 体会景物描写之中深沉的感情，旷达风貌之下满腔的悲愤。理会课文景、情、理交融的特点。
- 品味如散文诗一般精练优美的语言。

2. 情感、态度与价值观目标

理解作者乐观旷达的情怀，了解其宇宙观、人生观中辩证、达观成分的积极意义。

二、教学重、难点及解决办法

1. 重点、难点

本文学习的重点是：理解领会课文景、情、理交融的特点，赏析课文典雅、精美的语言。了解主客问答这一赋体传统手法在表达思想情感中的作用，了解作者在旷达的风貌之下寄寓的悲愤苦闷的复杂情感，是理解鉴赏上的难点。

2. 解决办法

- 介绍与课文相关的作者生平，知人论世，较深入地把握作者的思想情感。
- 反复诵读课文，体会文章的语言与意境之美。
- 合理运用多媒体技术辅助课堂教学，引导学生进入意境之中。

三、教学内容分析

苏轼因反对王安石新法，1080 年被贬黄州。在这里，他经常来赤壁矶头游览眺望，或泛舟江中。1082 年，苏轼又来到赤壁。此时他已年近半百，站在矶头，望着滚滚东去的江水，想起自己建功立业的抱负也付之东流，不禁俯仰古今，浮想联翩，写下了名作《念奴娇·赤壁怀古》。这年七月十六日和三个月后，苏轼又两次泛舟游于赤壁之下的长江，写下了著名的《前赤壁赋》和《后赤壁赋》。前后《赤壁赋》在我国文学艺术史上有着深远的影响。它为以后的戏曲、绘画、雕塑等提供了创作的题材。宋代画家李公麟、明代画家唐寅都画过苏轼舟游赤壁的画。

本文描写了月夜的美好景色和泛舟大江饮酒赋诗的舒畅心情，然后通过客人吹奏的极其幽怨的洞箫声调，引起主客之间的一场问答，文章的重点便转移到人生态度问题的论辩上。文中流露出一些消极情绪，同时也反映了一种豁达乐观的精神。含而不露，意在言外，深沉的感情融于景物描写之中，满腔的悲愤寄寓在旷达的风貌之下。他对明月秋水的沉思与精当论解是跨越时空的。人虽在北宋，却说出了带有浓重的辩证唯物主义气息的话语，足见其对人生哲理的参透到何等的地步。仅有这些已是惊世骇俗，更加其行云流水般的文笔，才使一篇《前赤壁赋》成为闪耀中华文坛的一颗明星。

四、教学设计思路

(1) 本文有两个突出的特点：一是写景与抒情、议论紧密结合；二是像意味深长的散文诗。教学中要注意突出这两个特点。课前预习，可要求学生分别划出写景、抒情、议论的句子或段落。在教读中，又可要求学生找出标志情、景、理三者转换的语句。这样，既有利于突出教学重点，又便于学生对全文结构的把握。

(2) 这篇课文为辞赋，特别注重声韵美。在预习和教读中，宜让学生有感情地反复诵读，教学中可根据“诵读提示”的要求，让学生注意韵脚和对偶句。

(3) 本文声情并茂、诗情画意，宜与多媒体技术整合，以渲染气氛和加深感悟与体验。

五、教学过程

教师活动	教学内容与教学媒体	学生活动
让学生感受到一种强烈的震撼。从雄浑豪放的演唱中去体验苏东坡当年的情怀和心志。随着演唱结束，教师导入新课。	上课开始，播放《念奴娇·赤壁怀古》的演唱。 	学生如果会唱这首歌的可以一起唱，不会唱的可以边听边想象诗词的意境及体验苏东坡的情怀，然后用优美的语言描述出来。
问题设计： 同学们有谁读过余秋雨的一篇叫《苏东坡突围》的散文？请为大家介绍一下。 点击屏幕，出现苏东坡画像及余秋雨《苏东坡突围》散文中的精彩语段。		指定一名学生发言，其他学生补充。
引导学生进入本文境界。	《夜游赤壁图》播放配乐朗诵课文 	学生边听边欣赏《夜游赤壁图》，感受其意境。

续表

教师活动	教学内容与教学媒体	学生活动
教师设计问题： 第一段中，哪些句子描绘了“七月既望”之夜赤壁的景色？这样的景致使泛舟者产生了怎样的心理感受？ 学生描述后屏幕出现写景色的三组偶句。 通过这段景物描写的分析文字，进一步帮助学生理解作者所创设的意境。	屏幕展示“赤壁—泛舟崖”图  泛舟崖 “清风徐来，水波不兴。”“月出于东山之上，徘徊于斗牛之间。白露横江，水光接天。”“浩浩乎如冯虚御风，而不知其所止；飘飘乎如遗世独立，羽化而登仙。”	学生用优美的语言描述夜游赤壁的情景，展现诗情画意的境界。 这是本节课学生第一次“表现”，一定要让他们表现的淋漓尽致。
问题设计： 第一段中所说的“诵明月之诗，歌窈窕之章”指《诗经》中的《月出》。第二段中，又写出了扣舷而歌的歌词，试比较这两首诗歌，想想它们在内容、情感上有何不同？ 图片分析。《月出》是一首情诗，诗中描绘了月下美人的绰约多姿，诉说了诗人的相思之苦；《赤壁赋》中之胸怀、境界却更加渺远空阔。歌的前两句叙事、写景，与赋中月夜泛舟的情境相合。“渺渺兮予怀”与“劳心悄兮”一样是直接抒情，但歌中的“美人”未必是哪位美女，倒令人想起屈原诗中喻指的圣主贤君与美好理想。因而歌中表现的是一种政治的感慨，在知音难觅、天各一方的叹息中，已然包含了淡淡的哀愁。	屏幕演示“明月图” 	1. 学生齐声朗诵《诗经·月出》。 2. 讨论两首诗歌在内容和情感上的不同。 3. 自由发言 说明：鼓励每个学生都要有精彩的表现。
问题设计： 舷歌之后，赋中又写了客吹洞箫之声。课文是怎样描写箫声的？渲染了一种怎样的气氛，从开篇处到第二段末，赋的情感发展发生了怎样的变化？	《洞箫曲》曲响起，赤壁图出现。  赤壁图	一名同学亦在座位上吹箫。学生借助于音乐的演奏，通过联想和想象，谈自己的感受，赏析文中对箫声的描写。

续表

教师活动	教学内容与教学媒体	学生活动
教师引导： 苏轼借助于夸张、想象，运用精细的刻画和生动的比喻，把洞箫那种悲咽低回的哀音表现得十分形象、真切，使人如闻其声，几乎也要凄然下泪。请你借助于《洞箫曲》谈谈自己的感受。 箫声起，悲意生。从开篇至此，情绪变化正是由欢乐转为悲哀。 “哀”的流露全借助于箫声。故作者在这里用全力刻画它。	描写箫声分析： “怨”“慕”“泣”“诉”四字抓住了箫声的特点，也写出了“哀”的特点。“怨”“慕”“泣”“诉”化用《孟子》;“舞幽壑”句，暗用《国史补》李暮吹笛事；“孤舟嫠妇”暗用白居易《琵琶行》。“如怨如慕”二句，写箫声吹入精彩动人处，使听者情不自禁联想到人的七情六欲。“余音”二句写箫声结束。然后再加上两句夸张性的比喻，以摹绘其出神入化。	
问题设计： 客于明月清风，良宵美景，奏出充满悲哀的箫乐，他之所以要“托遗响于悲风”，其缘由是什么？ 说明： 因为上学期学习过曹操的《短歌行》，因此集体背诵。然后听录音，进一步领略曹操“酾酒临江，横槊赋诗”的英雄气概和壮志难酬的忧虑以及求贤若渴的心志。曹操传世的《短歌行》共有两首，这里要介绍的是其中的第一首。这首《短歌行》的主题非常明确，就是作者希望有大量人才来为自己所用。《短歌行》实际上就是一曲“求贤歌”。其中“月明”四句，清人沈德潜在《古诗源》中说：“月明星稀四句，喻客子无所依托。”那么，泛舟赤壁之下的苏子与客子是不是也有此种情绪呢？	屏幕上展示曹操横槊赋诗图  播放《三国演义》中曹操的《短歌行》 客子认为即使曹孟德那样的“酾酒临江，横槊赋诗”英雄豪杰，当年声威赫赫，也只不过是过眼烟云，更何况渔樵江渚的草民，生命如蜉蝣般短暂，渺小如沧海一粟，梦想成仙又不可得，想超脱尘世又无法逃避现实，真是哀伤到了极点，便不由悲从中来，借箫声来表达愁绪了。其实也正是《念奴娇》中“浪淘尽，千古风流人物”之意，却用了另一种手法，便使其蕴藉更加深邃。	集体背诵《短歌行》。 学生讨论： 从欣赏《短歌行》入手，结合苏子与客子此时此境的心情，体会“托遗响与悲风”的原因。 一名同学高声歌唱曹操的《短歌行》，同学们在雄壮的歌声中遐思畅想。
问题设计： 苏子是怎样对客之语作回答的？他的话体现了怎样的思想？ 结合自己的生活世界来谈体会。	明确：苏子的话有两层意思，体现了朴素的辩正思想：一是“变”与“不变”是相对的，无论水、月或人自身，都时时在变，又皆可无尽，因此不必为“吾生之须臾“与”长江之无穷”悲伤；二是要尽情享用造物主的恩赐，不必悲哀。	学生讨论： 各小组选出代表发表意见；其他小组同学补充或质疑。尽量使大多数同学充分表现，展示思辩才华。

续表

教师活动	教学内容与教学媒体	学生活动
问题设计： 你认为当初的月夜泛舟真有这么一番主客问答吗？对这场人生观讨论的意义当如何认识？ 据说东坡泛舟赤壁果有一乐师相随。但主客问答肯定是虚拟的，这是赋体的一种传统表现手法，客之言与苏子之言，各代表了苏轼贬谪黄州后思想的一个方面，当然，乐观一面是主导。	屏幕演示东坡与客问答图 	学生讨论。
问题设计： 课文表现出作者怎样的感情变化？ 教师总结： 本文描写了月夜的美好景色和泛舟大江饮酒赋诗的舒畅心情，通过洞箫极其幽怨的声调，引起主客之间的一场问答，文章的重点便转移到关于人生态度问题的论辩上。文中流露出一些消极情绪，同时也反映了一种豁达乐观的精神。含而不露，意在言外，深沉的感情融于景物描写之中，满腔的悲愤寄寓在旷达的风貌之下。	屏幕演示 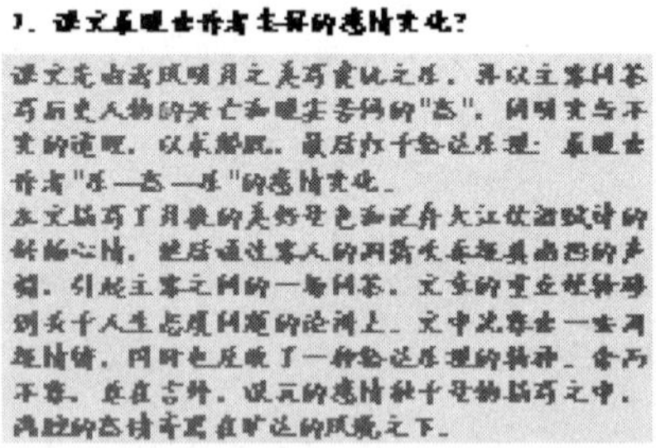 表现出作者“乐—悲—乐”的感情变化。 屏幕上文字： 景物描写之中深沉的感情 旷达风貌之下满腔的悲愤	学生总结： 课文先由清风明月之美写赏玩之乐，再以主客问答写历史人物的兴亡和现实苦闷的“悲”，阐明变与不变的道理，以求解脱，最后归于豁达乐观。
艺术鉴赏问题设计： 以第三段为例进行分析写景、抒情、议论的紧密结合的特点。 第三段通过“客曰”，由眼前的“江水”“明月”想到曹操、周瑜两个英雄人物，是写景；再由他们的“而今安在哉”，揭示人生短促之“悲”，是议论；引出曹操、周瑜，更见己身之渺小，自然生出“哀吾生之须臾，羡长江之无穷”的感慨，是抒情。	（PPT） 写景：“江水”“明月” 抒情：“哀吾生之须臾，羡长江之无穷” 议论：揭示人生短促之“悲” 看全文，不论抒情还是议论，始终不离江上风光和赤壁故事。这就创造出一种情、景、理的融合，充满诗情画意而又含寓着人生哲理的艺术境界。	学生分小组讨论。

续表

教师活动	教学内容与教学媒体	学生活动
介绍“以文为赋”的体裁形式	(PPT)本文既保留了传统赋体那种诗的特质与情韵，同时又吸取了散文的笔调和手法，打破了赋在句式、声律和对偶等方面的束缚，更多的是散文的成分，使文章兼具诗歌的深致情韵，又有散文的透辟理意。与赋的讲究整齐对偶不同，它的抒写更为自由。如开头一段“壬戌之秋，七月既望，苏子与客泛舟游于赤壁之下”，全是散句，参差疏落之中却有整饬之致；以下直至篇末，虽都押韵，但换韵较快，而且换韵处往往就是文义的一个段落，这就使本文特别宜于诵读，极富声韵之美，体现出韵文文学的长处。	
总结： 优美形象，善于取譬的语言特色	如描写箫声的幽咽哀怨：“其声呜呜然，如怨如慕，如泣如诉，余音袅袅，不绝如缕。舞幽壑之潜蛟，泣孤舟之嫠妇。”将抽象而不易捉摸的声、情，写得具体可感，诉诸读者的视觉和听觉。	

7.2　信息技术在中学外语教学中的应用

7.2.1　外语学科的特点

(1) 外语是一门工具性学科，服务于日渐增强的国际交流与协作。

(2) 教与学的最终目的都体现为学生所掌握的听、说、读、写四项基本技能，即具备运用语言的能力。

(3) 学生对外语的学习同本族语的语言习得是不同的，对于成年人和中学以后的青年人，外语不可能在自然环境中自然学会，而必须经过有意识的学习才能掌握。

(4) 有意识的学习又必须置于自然环境中才能达到最好的效果，所以在外语的教学过程中应尽可能创设出真实的交际情景。

(5) 外语的教与学的内容到了当代已脱离了纯语言的范畴而融进了文化的内容，也就是说外语教学内容涉及的领域是包罗万象的。

7.2.2　信息技术在外语学科教学中的优势

多媒体与网络技术不同于幻灯和挂图，对于创设真实的交际情景有着极大的优势，它能实实在在解决外语课堂中存在的问题。我们可以简单概括为，为实现“四化”服务。

1. 教学内容综合化

多媒体技术使外语教学内容的综合化成为可能。它可以充分挖掘学生的潜力，尽可能地涵盖学生感兴趣的知识内容，最大限度地实现课堂知识的扩展和补充而不影响规定教学任务的完成，这是任何传统的教学手段都无法实现的。

2. 语篇语境一体化

语篇和语境是互不可分的。传统的课堂对于创设语境是很难的，就算学生分角色表演，既浪费时间，又很难达到逼真的效果。而多媒体技术运用图像或动画很容易实现这一点，且目前可以帮助创设语境的媒体很多，可以根据需要选用。

3. 课堂结构立体化

传统的师生间传播式的平面结构的课堂教学已无法适应素质教育的需要，不利于全面培养学生的能力，不能有效开拓学生思维，拓展教学空间。这就要求课堂教学的立体化，也就是将语篇、人物和环境作为三维构成立体的课堂结构，而现代声光电教设备则为模拟、再现语言使用环境和使用过程提供了手段。

4. 班级教学个体化

语言的运用具有创造性和个体特性，掌握外语必须通过足量的个体操练。而目前我国又普遍存在班额大的特点，传统的课堂教学根本无法实现教学兼顾，无法考虑个体差异。但如能使用语言实验室、听音室、录像等现代化手段，情况就大不一样了，既可以使知识满足个体的需要，又可以通过先进的设备对个体同时进行不同层次的操练。特别是目前已被广泛应用的New-Class多媒体教室，可以实现把学习的主动权还给学生，满足学生个性发展的需要。

7.2.3 信息技术与外语学科整合中应注意的问题

在设计制作课件及选用媒体应用于外语课堂教学的过程中应注意以下几点：

(1) 深入研究教材，领会大纲，做到适“材”而定。

(2) 认真分析学生的特点，界定学生的层次水平，做到因“人”而异。

(3) 解放思想，开阔思路，善于捕捉灵感并不断探索新的教学方法，敢于运用最新的教学手段。

(4) 媒体的运用应主要为创设交际情景服务，在网络教学中还可以虚拟社会情景来为语言学习服务。

(5) 媒体的选用要恰到好处，要突出教学重点，并解决难点。

教学设计案例

《I am watching TV》教学设计

长春市第七十二中学　马维环

一、教学设计分析

1. 课型：综合课

本节课是在教师指导下学生自主进行学习的一种课型，它在内容上突出了贴近学生的日常生活和学习实际，能更好地激发学生对英语的学习兴趣。英语综合课在教学中采用“任务驱动”式教学法，通过学生的实践、探究、合作和交流等方式进行愉悦性学习，提高学生综合运用英语的能力。

2. 设计原则

在新课程理念指导下的课堂教学，倡导“任务驱动”合作性教学和学习方式。

本课依据课程的总体目标，并结合教学内容设计贴近学生日常学习和生活的教学情景，激发学生的自主学习热情，使学生积极思考、互相交流、主动参与到教学活动中来，培养学生综合运用语言的能力。

二、教育教学过程的特点

1. 综合性

综合性是综合课的基本特性，突出学生综合运用已有知识来学习新知识，提高学生综合运用知识的能力，具有跨越学科界限的特点。

2. 实践性

引导学生积极参与到学习活动中来，在“观察”、“提出问题”、“思考”、“实验”和“探究”的思维活动中，发现问题并解决问题，发展学生综合运用知识，扩展知识层面，形成良好的英语会话交流和应用能力。

3. 开放性

本课突破原有学科和其他时空相对封闭的状态，尽量实现各学科的整合，把学生从书本中解放出来，引导学生在学习过程中体会到如何把所学习的知识应用到生活实践，把学生置于一种动态的、开放的、主动的、多元化的学习环境当中。

4. 自主性

学生是课程学习的主体，所以在教学中要强调学生主动探索、主动发现和亲身体验，教师不但是知识的传授者，而且是学生学习的帮助者、促进者和合作者。

三、教学内容分析

《I am watching TV》是九年义务教育初级中学教科书（实验本）《新目标英语》第一册的最后一单元，本单元虽然是最后一个单元，但在整套教材体系中，它起着承上启下的作用。主要语言功能是谈论人们正在干什么，那么就涉及一般现在时与现在进行时之间的区别，就教材编排来看，它更注重语言的实用性。本单元虽然涉及语法项目，但不是单独意义的语法知识讲解与传授，而强调对学生实际语言运用能力的培养，强调课程从学生的学习兴趣、生活经验和知识水平出发，倡导体验、实践、参与、合作与交流的学习方式和任务型教学途径，发展学生语言运用能力，使语言学习的过程成为学生形成积极的情感态度、主动思维和大胆实践，提高文化意识和形成自主学习能力的过程。

四、教学对象分析

初一的学生生动活泼，热情好动，形象思维优于抽象思维，容易对直观形象和与生活实际联系较密切的语言材料产生兴趣。根据学生的这些特点，教师在教学过程中尽量给学生创设与生活实际较为贴近的情境，尤其是对现在进行时的处理，更是在实际运用中潜移默化，这也是新课程理念指导下语法教学的一项突破。

五、教学设计思路

根据初一学生尚处于英语学习的初级阶段，思维特点仍然以形象思维为主，要通过听、说、读、演、玩等多种方式进行语言的输入，尽可能利用多媒体教学，调动学生积极参与，采用交流、合作、探究的学习方式，本课分为四部分：

（1）新知识与语言的呈现。

（2）学生操练。通过观看大屏幕来完成任务。

（3）自创情境。通过游戏让学生创设现在正在干什么的语言环境。

(4) 布置作业。给学生留有大量空间，让孩子们发掘身边正在发生的事，能用所学语言进行描述。

六、教学目标

1. 知识与技能

(1) 学会谈论人们正在做什么，重点词汇有 watching，doing，eating，cleaning，swimming，library，pool，涉及的语言结构主要是现在进行时，一般疑问句及其简单答语。

(2) 能就身边发生的事进行现场报道。

(3) 学习肢体语言的表现力。

2. 过程与方法

通过合作学习、师生互动、现场采访等启发学生的思维，培养学生的合作精神。

3. 情感态度与价值观

培养学生学习英语的兴趣，树立学好英语的信心。

七、教学过程结构设计

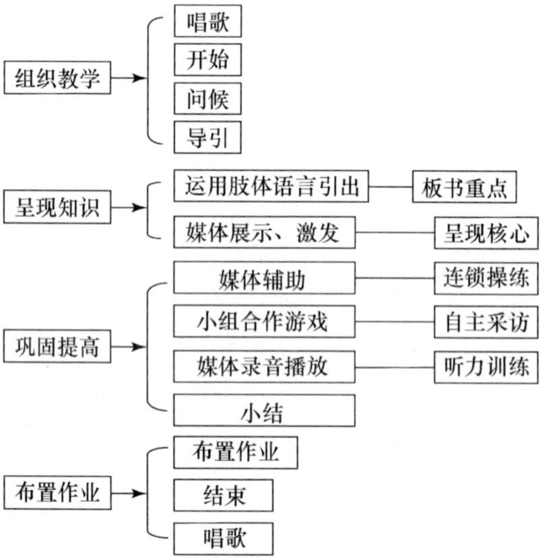

八、教学过程

教师活动	教学内容和媒体演示	学生活动
Step 1　Listen to the song 播放歌曲 What are you doing? 在欢快优美的乐曲中把学生带到英语的氛围中，引入本课主题 I'm watching TV	What are you doing? 	欣赏歌曲 What are you doing? 同时观看大屏幕上的歌词。

续表

教师活动	教学内容和媒体演示	学生活动
Step 2　Greetings Step 3　Presentation 通过教师做一些简单动作，如游泳的动作，询问学生 What am I doing? 帮助学生回答 You are swimming. 通过几组简单的对话启发学生使用现在进行时态，如 Teacher：We are having an English class. Can you tell me what are you doing? 呈现重点单词 swimming cleaning pool 等和重点句型 I'm swimming. 教师不单是知识的传授者，而且是学生学习的启发者。		学生根据自己的实际动作来回答。 Student A ： I'm listening to you. Student B： I'm thinking. Student C ： I'm writing. Student D ： I'm looking at the blackboard.
Step 4　Drill 播放图片，让学生看大屏幕，并进行提问，引出现在进行时在第三人称中的应用 。提醒学生注意观察现在进行时的构成。 Teacher：Look at the pictures. What is he doing? What is she doing?		Student A： He is playing chess. Student B： Is he cooking? Student C： No，he isn't. 学生依据例句进行反复操练。
Step 5　Practice 利用多媒体画面上的相关链接，让学生自己描述图片。		利用不同的句式训练，让学生两人一组谈论图中所发生的事，来完成对现在进行时的学习任务。 分组合作练习。

续表

教师活动	教学内容和媒体演示	学生活动
Step 6　Play games 把学生分成五个小组，每组选出一名同学做动作，让其他小组同学来竞猜他正在干什么？ 凡是参与者都能获得一个苹果，猜对者所在的小组获得一个完整的苹果，而猜错的同学所在小组获得一个被虫子咬过的苹果，这样极大地调动了学生的参与意识和合作精神。（见大屏幕）		各个小组选派代表来做动作，通过游戏活动让学生熟练运用所学单词与句型。如： Student A：What's the man doing? Student B：He's thinking. Student C：No，he isn't. He's thinking.
Step 7　Action 教师担任组织者和协调者把全班同学以 6～8 人为一组，分成若干小组。让他们创设不同生活场景，对所发生的事进行现场报道。例如可以虚拟课间的操场上的情形。 Teacher：Suppose you are reporters. Please tell us what is happening.		学生自主学习。 当记者，做现场报道。 Student： I'm in No. 72 Middle School. Many students are on the playground. Some are playing basketball. Some are playing volleyball. Liu Mei is dancing. Jim and Li Lei are talking about something. That's all. Thank you. 不同的小组选择不同的生活场景，既有家庭的又有学校的，让学生大胆地跳出课本，对所学语言进行实际应用。
Step 8　Listening Listen to the tape and fill in the blank. 利用录音机和多媒体来完成任务，让学生自己填入所缺单词或短语。 The answers are： 1. He is doing his homework. 2. He is making a plane. 3. No，they can't.		学生听录音，填入所缺单词，然后回答问题。

续表

教师活动	教学内容和媒体演示	学生活动
教师启发学生总结性学习。 单数： I am You are } + 现在分词 He is 复数： We are You are } + 现在分词 They are	Listening Text A：Hi，Bill! Can you ______ and ______ with me? B：Sorry，I ______. A：What are you ______? B：Look. I'm _____ _____ ______. A：Is Jim __________? B：Yes. A：What's he ______? Is he ______. __________，too? B：Let me see. No，he's __________ __________.	学生分组总结本节学习要点。
Homework 这是一次任务型作业： (1) 让学生整理一些自己的照片，制作好自己的影集，第二天带到学校来进行介绍。 (2) 回家之后给同学打电话并做好电话记录。 注意：两项作业可以任选其一，旨在将课堂所学句式书面掌握，巩固所学知识，在头脑中形成清晰的概念。		学生选择作业内容。

7.3 信息技术在中学政治教学中的应用

7.3.1 思想政治学科的特点

思想政治课是一门思想性、科学性很强的学科。思想政治课有它自身的特点，既不能把政治课单纯的作为思想品德教育课，也不能把它看成是单纯的知识课，应将两者有机地结合起来。在学习政治理论的同时使学生受到思想教育，形成正确的思想和道德信念，逐步形成科学的世界观和人生观。通过政治课的学习，要能形成运用马克思主义的基本立场、观点和方法，观察和分析现实问题的能力，以及参加社会实践的能力。

7.3.2 怎样将信息技术整合到政治学科教学中

由于思想政治课的内容理论知识较抽象，文字、材料、插图静止单调，所以教师要结合实际，精心制作多媒体课件，变抽象为具体，激发学生的学习兴趣。例如，在设计讲解“意识对客观事物反作用”概念时，利用 PowerPoint 把此概念制成幻灯片，让概念以活泼的形式出现。

思想政治课要遵循理论联系实际的基本教学原则。为了更好地贯彻这个原则，需要用大量的事例说明理论观点。例如，在设计讲解“意识对客观事物反作用的具体表现”时，把三峡截流和1998年大洪水这个典型事例，用CSC教学备课系统制成课件。

大屏幕投影电视的高清晰度显示功能和计算机强大的数据处理能力，能智能化地、最大限度地、生动有趣地、高质量地、适时地处理各种声音、图像、图形、视频，同时从不同的方面刺激学生的感官，创造最好的知识教学氛围。传统的教师上课是以语言描述为主，有些内容无法生动地描述，而计算机则能弥补这一点，十分逼真地在讲课的同时描述事物不同的变化背景，给学生以视觉、听觉等多方面、多兴奋中心的刺激，以培养兴趣，增强记忆，加深理解。运用电教媒体可以为学生提供丰富的形象信息。创设情境，把教学内容形象、直观、有声有色地提供给学生，促进学生以情参与，在良好氛围中接受教育。

古人云：授之以鱼，不如授之以渔。就是说我们不仅教学生知识，更要教学生掌握这种知识的学习方法。这种方法就是点石成金的手指。学生可以在一些多媒体软件的帮助下自主地进行学习，而不是一味地等待老师的讲解才能够掌握新知识。

教学设计案例

《可持续发展的选择》教学设计

大连市第四十七中学　袁继惠

一、教学内容分析

本课是初三第四课的活动课，对前面的内容有着发展和延伸的作用，让学生懂得要走共同富裕之路，就要协调经济发展同人口、资源、环境的关系。本课的内容注重实践，引导学生在对事实的掌握之后，理解我们为什么要走可持续发展之路，以及在生活中我们该怎样做？

二、教学重难点和关键

重难点：怎样理解可持续发展的意义，我们该怎样做？

关键：通过自己动手操作电脑，查找资料，寻找辩论的依据，自己解决问题。

三、教学目标

1. 知识与技能目标

(1) 说出可持续发展的含义，归纳只有经济的发展与人口、资源、环境的发展相协调，才会使社会持续发展。

(2) 以西部大开发战略为例，通过学生在局域网上的自主学习、辩论，使学生掌握可持续发展的意义以及我们在可持续发展中如何做。

2. 过程与方法目标

引导学生积极主动地学习，培养学生搜集处理信息的能力，将理解与实际相结合，增强分析、解决问题的能力。

3. 情感与价值目标

在学习过程中，形成一种正确的情感、态度、价值观，增强环保意识，形成绿色消费的理念，坚持走可持续发展的道路。

四、教学策略分析

教师的任务是提供各种学习的资源，提供一种学习的氛围，使学生知道如何学习。本课采用多媒体教学手段来创设情境，让学生采用自主操作、辩论等方法，让所有的学生参与进来，这正符合课改的要求：培养学生的参与意识和参与能力，特别是注重培养学生的创新意识和实践能力。

通过辩论的形式对西部开发的两种观点进行分析，在辩论之前，双方就要有充足的资料来说明各自的观点，让学生充分利用学校的微机室，展现已有的微机操作能力，通过上网查找资料，体现信息技术在政治课堂中的辅助作用。这种形式，能大大激发学生的兴趣，唤起学生的参与意识，开阔学生的视野。而在辩论的过程中，通过双方有理有据的“唇枪舌剑”，让可持续发展的观念深入人心，从而形成正确的情感、态度、价值观。最后的课后活动设计，给学生提供更多、更广阔的发展空间，充分发挥自己的特长和个性。

五、学习者分析

在整个活动中教师是“活动”的引导者、组织者，要调动学生的积极性、主动性和创造性。学生是活动的主体，在教师的指导下通过对材料的分析处理，在这一过程中，能力得到提高。在活动中注重学生的自主学习，培养独立思考的能力。在教学过程中，学生运用已有的技能来进行操作，学会自己来发现问题，解决问题。

六、教学过程设计

教师活动	教学内容与多媒体的应用	学生活动
一、创设情境，引入新课 我们先来看一则故事（出示故事）《水底的学校》，思考两个问题： 1. 造成这场山崩的原因是什么？ 2. 这场山崩给我们什么启示？	故事《水底的学校》 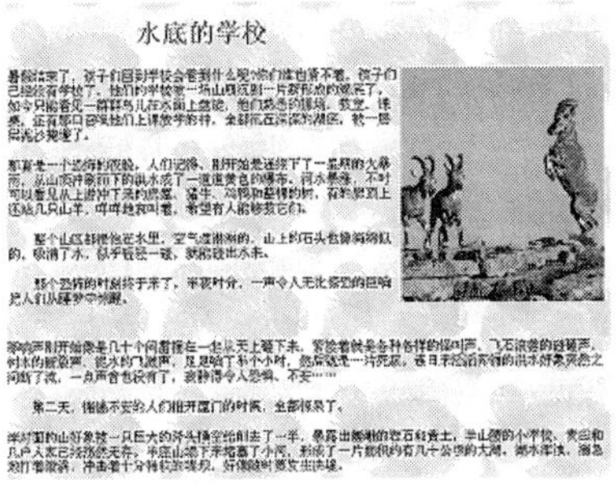 	阅读故事、分析原因、回答问题。
二、切入新课 由于人们对资源和环境的破坏，经常会有山体滑坡、泥石流、洪涝等灾害的发生，如果继续下去，不仅不能满足当代人的需要，而且也损害了后代人的利益。因此，我们必然要选择一条道路，这就是…… （出示课题及活动课目标）	可持续发展的含义 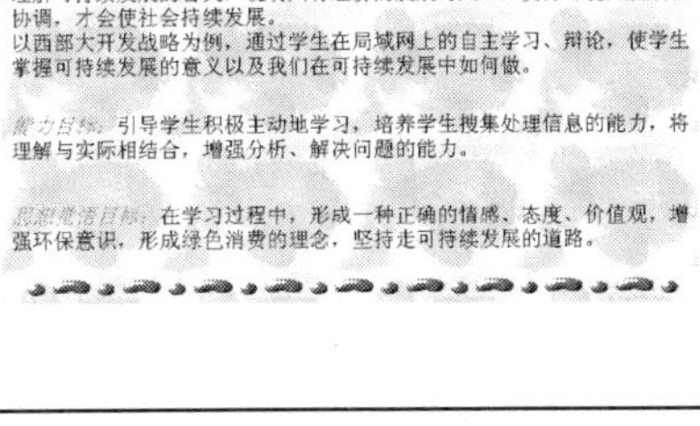 	通过分析故事，理解可持续发展的含义。得出一个启示：我们必须选择的是一条可持续发展的道路。 （看屏幕了解本课目标）

续表

教师活动	教学内容与多媒体的应用	学生活动
三、进入新课 提到可持续发展，我们自然会想到我国正在实施的战略——西部大开发。 在西部大开发中，有几项大的工程，知道有哪些吗？西部大开发有什么意义？ 但是在西部开发中如何实现可持续发展？面对这个问题有两种截然不同的观点。(出示观点)	西部大开发的意义 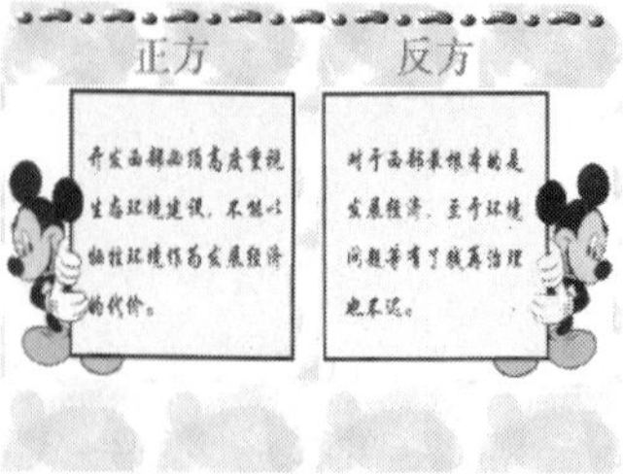 如何实现可持续发展？	教师举一个例子，如西气东输对东部和西部的意义，可提示学生现在西部大开发正在进行的工程以及它的意义，也可提示学生一会儿到网上查找。 促进经济的发展；自然资源得以充分开发、利用；合理利用资源，增加就业机会；吸引外资，提高个人收入水平，实现共同富裕……
四、实践运用 组织学生操作计算机，登录网站，搜集各方有关资料，准备辩论。培养学生主动参与的积极性，搜集处理信息的能力，注重实践的能力。	多媒体展示  	点击图中文字进入相关网页，登录网站，查询、搜集有关资料，或进入讨论热线讨论交流…… 给学生充分的空间让他们去自主学习，合作交流。
组织辩论。组织学生辩论，可激发学生的参与意识和学习的兴趣。提高学生各方面的能力。		正方——我方认为开发西部必须保护西部的生态环境。(引用资料)西部是长江、黄河的发源地，生态系统十分脆弱，西部环境恶化，既制约了西部的发展，又对中华民族的生存造成威胁。保护西部的生态环境，不仅造福于西部，也是造福于全国。以西部开发的几大工程为例，三峡工程、西气东输(引用详细资料)等都证明了我方观点。 反方——我方认为在西部开发中发展经济重要，因为我们国家是发展中国家，和发达国家相比，我们的经济已经落后很多。经济是发展的基础，经济上有实力，我们才能够腰板硬，才能立足于世界。我国经济年平均增长7.3%就是有利证明。社会主义初级阶段的基本路线是以经济建设为中心，坚持一百年不动摇……

续表

教师活动	教学内容与多媒体的应用	学生活动
教师总结： 通过辩论的过程，我们知道西部是我国自然资源最丰富的地区。随着交通、通讯等基础设施的改善，一些地方发展经济、吸引外资放弃了原则，路修到哪里，矿就开到哪里，厂就办到哪里，环境污染就到哪里。短时间地方财政增加了，部分人收入高了，但这只是饮鸩止渴。以破坏环境、资源为代价发展起来的地方经济是短命的，会受到大自然的惩罚。更重要的是它不是促进了生产力的发展，而是阻碍了生产力的发展，不是代表人民的长远利益，而是代表一小撮人的暂时利益。 我们要选择一条经济、人口、资源、环境协调发展的道路。	多媒体展示  评选出最佳辩手	积极参与评选，提高学生的参与热情。
五、课后延伸 提示多种活动方案，培养学生参与意识，提高分析问题的能力。	进行课后活动设计  通过本课学习，以“西部开发所想到的”进行小组活动(可选择一个) ● 一篇感想(400 字左右) ● 一篇论文(400 字左右) ● 一篇建议(可针对本地区的环境治理、资源的利用和人民素质的提高提出建议) ● 一封倡议书 ● 设计一份手抄报	在课后之余，选取自己感兴趣的主题进行小组活动，将课上内容与生活相联系，增强环保意识，形成绿色的消费理念，将这种理念内化为自己的行动。

7.4 信息技术在中学历史教学中的应用

7.4.1 历史学科自身的特点

1. 知识丰富性，史实连续性

历史是人类社会各个领域发展过程的综合反映，包括政治制度、社会经济、文化生活、军事活动等，内容繁多，史实丰富，而且历史的发展是连续的、不间断的。

2. 客观性、科学性和规律性

历史是一门研究社会历史现象和过程并揭示其内在规律的科学，反映的是人类社会发展的客观存在，不允许人为修改、夸大和粉饰。

3. 极强的思想教育性

历史是人文社会学科中的一门基础学科。它不仅能给人以知识、智力和能力，还能起到思想教育、鉴往知来、陶冶情操、道德感染、加深涵养等诸多作用，有助于提高国民素质和促进人的全面发展。

7.4.2 信息技术与历史学科整合的优势

1. 使静变动

多媒体技术使静态的历史地图处在动态之中，创造性地使历史的时空背景得以活化，在学生的感觉、视觉中形成强烈的时空印象。如对历史事件发展过程、历史人物的活动路线、民族迁徙、活动区域等历史地图采用亮点闪烁技术等手段，使地图中需强化显示的路线、区域、地理环境变迁，随着教师的讲解不断变化，既能显示历史事件发展的动态进程，又能活化地理环境的变迁，清晰地表现出历史事件的活动发展过程。

2. 使知识高密度、具体形象化地表现出来

运用计算机制作出的示意图教学软件，将高密度知识信息汇集于简洁、明了的示意图中，并且整个示意图教学的创作在多媒体技术的运作过程中，使示意图表的文字之间演绎、归纳、推理过程得以具体化、形象化。

3. 将历史情景再现，使学生如临其境

多媒体独特的动画技术和音像剪辑、粘贴组合技术，使以往静态的缺乏生命性的情景再现转为具有生命性的动态再现，使学生如临其境，在强烈的逼真情景中发展形象思维。

4. 强化学生对历史事件的感知

多媒体技术善于根据教材需要集中历史教学中所需的经典文献、音像资料，并按照学生的认知特点和认知需求加以精选，编制教学程序。如在历史人物生平事迹和评价的教学中，多媒体技术把与历史人物有关的历史事件、历史场景汇集在一起，在视听过程中强化学生对人物的形象感知，克服了以往教师表述中的平淡现象。

7.4.3 信息技术与历史学科整合中应注意的问题

新技术、新信息、新思维确实带来了历史教学的新突破。但信息技术在历史教学过程中

的运用，除了具有一般学科的共性以外，还要符合历史学科的特殊要求。

1. 实效性

制作历史课件是为达到辅助教学的目的，为此，课件的制作要便于操作，讲求实效。并不是什么内容都适用于多媒体技术的，只有在确实能做到使静态知识动态化、形象化、具体化，信息技术的使用才是合理的。如讲授“红军的长征”这部分内容，如果运用动态的长征路线图，并再现一些栩栩如生的历史画面，使学生深刻感受到长征时期红军在艰难困苦中跋涉、不屈不挠斗争的历史情景，这样不仅深化了课本知识，而且激活了学生的情感，升华了对长征精神的认识。如果没有这一系列动画场景和动态路线，教学效果是截然不同的。

2. 趣味性

离开了一定的情境，学生的学习兴趣就难以产生。历史课要创设激发学生学习兴趣的情境，就必须使课件具有趣味性。通过对声音、图像、颜色、文字的有效组合产生美感，给学生带来愉快的体验和真实的感受。在制作历史课件时，常用的素材有电影、录像、纪录片、历史图片、历史文字资料等。

3. 启发性

启发式教学是实现学生主体作用的重要方法，是实现双向反馈的过程。我们在设计课件时，要注意根据中学生的思维特点和程度，选择和制作出具有启发学生思维、引起学习兴趣、形成发散思维的教学课件。

4. 交互性

交互是信息技术最显著的特征，通过给学生提供大量信息资料，刺激他们积极探索，并在探索中获得基本知识和技能，而且掌握有效的学习方法，发展创新意识和实践能力。因此，课件设计要注意根据学生的具体情况，分层次、分步骤指导。学生也可根据知识基础、兴趣爱好自主选择学习内容，做到人机交互、师生交互。

5. 适度性

历史课件的制作材料选取要适当，要紧扣教材，要从教学内容和学生实际出发，适时、适度、适当选用，不能追求形式。同时，选取的材料必须要具有可信度，符合历史的真实面目。强调选材适度并不排斥尽可能多地调动多种媒体，加大信息容量，扩展和延伸学生的感知系统。

教学设计案例

《先民的智慧与创造》教案设计

大连市第七十九中学　韩　晶

一、教学目标

1. 知识与能力

(1) 能说出都江堰修建的时间、人物、所处位置，都江堰的三大主体工程的名称；能说出编钟出土地区及其结构。

(2) 用课件演示岷江中游、成都平原附近的灾情，解释都江堰修建的原因。

(3) 通过观看都江堰建造的困难、巧妙及发挥的作用的影片，提高提取有效信息的能力。

(4) 依据都江堰平面示意图的课件演示，初步掌握识图和解图的基本技能，发挥空间想象力。

2. 过程与方法

(1) 通过角色转换，做李冰父子的助手，小组讨论，共同设计方案，进行探讨，学会交流，学会合作。

(2) 收集有关编钟及春秋战国时期成就的图片及资料，在课堂上进行展示、讲解，提高收集和处理信息的能力，从中认识到古代劳动人民的智慧与创造。

开展利用日常生活中的材料进行编制打击乐器并选出代表进行演奏，激发发掘、研究的兴趣，懂得在生活中如果仔细观察，认真思考，勤于动手，就会有发明创造。

3. 情感态度价值观

从规模浩大的都江堰建造、清脆悦耳的编钟音乐中，感受古代劳动人民的聪明才智、巨大的创造力、敢于向自然挑战的勇气和精神以及对美的追求，形成对祖国文化的认同感和民族自豪感及不怕困难、热爱生活的良好品质。

了解都江堰水利工程的社会价值，内化环保意识。

二、学情分析

初一的学生形象思维比较突出，逻辑分析能力相对弱一些，因此本课采用了动画的形式形象再现了岷江中游洪水爆发时的场景，学生通过仔细观察，分析出当地灾情并进行水利工程的设计。资料的收集和处理及自主学习也是初一学生要逐渐形成起来的一种能力，因此本课编钟的内容让学生来呈现。

三、教学内容分析

战国时期是我国封建社会的形成时期。社会的大变革促进了科技的发展和文化的繁荣。都江堰工程代表了这一时期我国劳动人民在水利方面的最高成就，编钟充分说明了我国古代音乐方面已达到了很高的水平，这些都充分展现了先民的智慧与创造，展现了中国古代科技文化的巨大成就，并形成了中国古代科技文化史上的第一个高峰。

四、教学重点难点

(1) 重点：都江堰水利工程的作用。

(2) 难点：通过都江堰的结构和运作，感受先民的智慧与创造。

五、教学策略分析

1. 以激励和赞扬为主

教师对学生行为的肯定会激起学生对学习的极大热情，并能增强学生的自信心。因此采用激励性语言和肢体语言是非常必要的。

2. 促进观察和积极思考

养成良好的观察和思考的习惯对学生终生受益，因此在教学过程中采用多媒体等教学手段加强这方面的养成性训练。

3. 鼓励参与和探究

给学生提供展示自己的空间，让他们尽情表现自我，充分发挥自己的特长，给他们提供成功的机会。设计有探究性的问题，形成主动研究问题的氛围。

六、教学过程结构设计

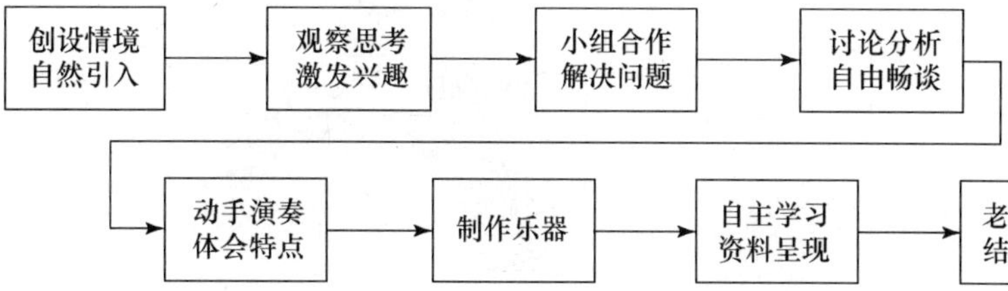

七、教学过程及实施

教师活动	教学内容与教学媒体		学生活动
导言：在前几课的学习中我们知道在春秋战国时期这个社会大变革中涌现出了许多改革家、思想家，他们的远见卓识、改革魄力、思想精髓，无一不是智慧的显示。今天我们就以战国时期的都江堰和编钟为例，来深刻感受先民的智慧与创造。	对春秋战国时期的政治、经济、文化等方面的内容能体现先民智慧与创造方面的内容进行概括。 展示都江堰和编钟的图片	 	思考与感受
如果我是一名游客，而你们是导游，我想问你们几个问题：这项水利工程是什么时候修建的？是哪国派谁修建的？	新授： 一、造福千秋的都江堰 1. 都江堰修建的时间、建造者、地理位置 演示都江堰的现在风景图。 2. 都江堰修建的原因 演示岷江中游洪水爆发时出现的现象。 课件演示李冰设计的都江堰的动画图。 3. 都江堰的构成与运行	 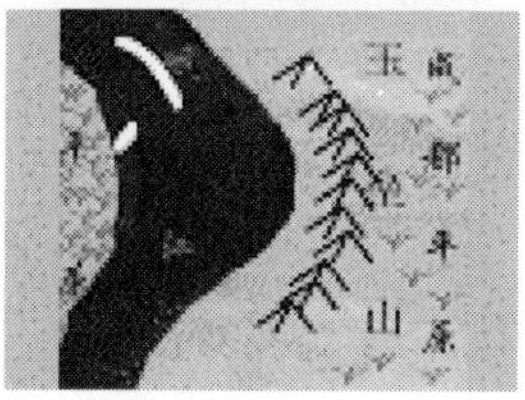	欣赏风景图。 以导游的身份回答问题。 观察分析问题。假设自己是李冰父子的助手，讨论设计方案解决问题，并在屏幕上展示。

续表

<table>
<tr><th>教师活动</th><th colspan="2">教学内容与教学媒体</th><th>学生活动</th></tr>
<tr><td></td><td>出示都江堰示意图</td><td>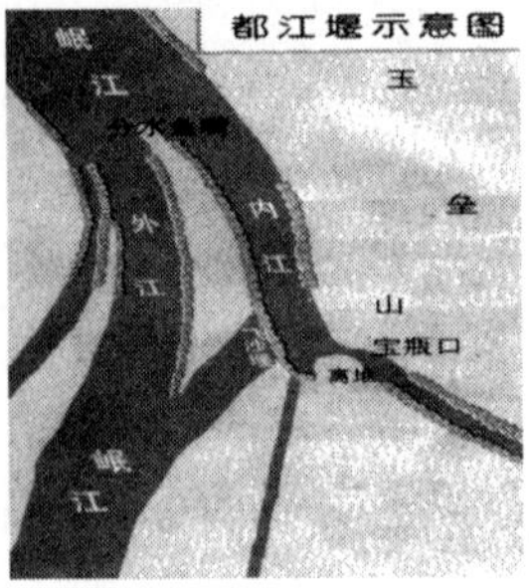</td><td>说出都江堰的三大主体工程。</td></tr>
<tr><td>对学生给予赞扬和鼓励。</td><td>播放都江堰的建造及作用的影片。</td><td></td><td>一边看影片一边思考问题，说出李冰父子设计的巧妙。</td></tr>
<tr><td>提问：都江堰的三大主体工程是什么？
李冰父子工程设计的巧妙之处在哪里？补充内容。</td><td>4. 都江堰的意义
展示都江堰和长城的图片及讨论内容。</td><td>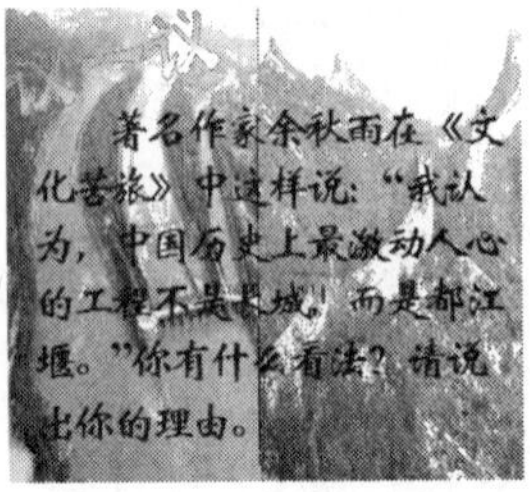</td><td>进行小组讨论并说出自己的看法。检验学生的感悟及实际应用能力。</td></tr>
<tr><td>设计讨论题。
著名作家余秋雨在《文化苦旅》中这样写道：“我认为，在中国历史上最激动人心的工程不是长城，而是都江堰。”你的看法是什么？请说出理由。
利用都江堰的社会价值对学生进行环保意识的引导。</td><td>展示现在都江堰一处景观。（纪念李冰父子的二王庙）</td><td></td><td>后世对李冰父子的敬仰。
内化环保意识。</td></tr>
</table>

续表

教师活动	教学内容与教学媒体		学生活动
	二、神奇的编钟 1. 编钟的演奏特点 编钟实物演示。 2. 编钟的构成 演示编钟的实物模型及曾侯乙墓出土的编钟的图片。 3. 编钟的意义 编钟的出土表明两千多年前我国的音乐文化已达到很高水平。	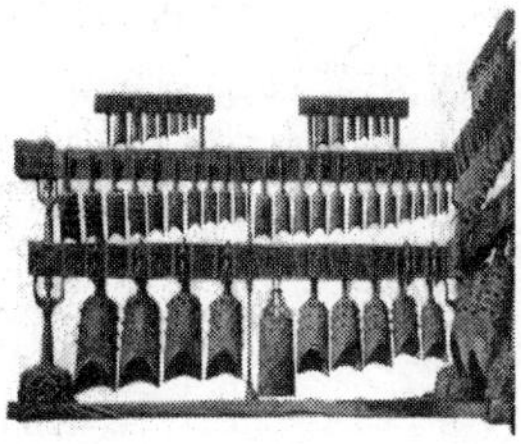	敲打编钟欣赏美妙声音。 通过课前查资料进行介绍。 感受编钟的神奇。体会合作演奏的协调性。 展示自制的打击乐器并进行演奏。
教师进行适当的材料补充。 对于学生的展示给予支持、鼓励和表扬。	用投影展示春秋战国时期的成就。	 镂空蟠螭纹尊盘	进行资料介绍。 畅谈先民的智慧与创造。
结语：都江堰和编钟是春秋战国时期文化成就的两朵奇葩，由此可见我国历史文化的博大与精深。未来的历史需要你们来书写，愿你们努力奋斗，在未来的历史中写下你们的辉煌。			由点及面，感受中国的灿烂文化，增强自豪感和自信心。

7.5　信息技术在中学数学教学中的应用

7.5.1　数学学科的特点

数学教学的主要目标之一就是培养学生的抽象思维能力。多媒体教学可以通过媒体把抽象的知识变为具体、形象的知识，然后展示给学生，使其能从中体验形象与抽象的关系，从而更好地理解和掌握抽象的数学知识。

多媒体教学为学生创设出模拟的知识形成的情境，能引导学生去发现和探索，唤起学生的主动性和创新意识。全新的学习环境又可以使学生利用各种工具和信息资源来解决学习中遇到的各种问题。

7.5.2 信息技术在数学教学中的作用

在平常的课堂教学中，因时间和空间的限制，许多教学内容涉及的一些事物和现象，学生无法直接看到，一些问题没有直观、形象的数学模型作为想象的支架，因而成为教学中的难点。此外，数学课内容比较抽象，文字内容静止而单调。中学生对运动变化或是新鲜有趣的事物比较敏感，根据这一特点，我们可以把理论和事例制成投影片、CAI 课件。课上可充分利用 CAI 的“动态”功能，将教学内容由静止变为动态，创设积极的学习环境，有效地吸引学生的注意力，使学生从感性认识上升到理性认识，提高学习效率，培养认识技能。

7.5.3 数学学科中常用的工具软件及解决的问题

1. 常用的软件

Word、几何画板、PowerPoint 及 CSC 教学备课系统软件等。

2. 解决的具体问题

(1) 多媒体与网络技术可以改变数学课教学中教师“引导学生在脑中构建模型”的现状。建构主义学习理论认为，学习是建构内在的心理表征的过程，学习者并不是把知识从外部搬到记忆中，而是以已有的经验为基础，通过与外界的相互作用来建构新的理解。教师运用传统教学中的方法虽然在教学过程中也尽量“迎合”学生的认识水平和兴趣爱好，想方设法把课讲得生动易懂，但是结果总难遂人愿。而现代教育技术手段可以按照学生的喜好，将教学内容设计成学生爱听爱看的诸如动画、幻灯片等，这样教师的主导作用就可以通过计算机较好地体现出来，学生也可以提出自己的想法，在愉快的欣赏和参与中接受新知识。

(2) 由主导者转变为学生学习的指导者和辅导者。在传统的教学过程中，教师是教学中的主导者，集教学内容的传播者、教学策略的设计者、学生学习效果的评价者等多种角色为一体。建构主义学习理论认为，知识不是通过教师传授得到的，而是学习者在一定的情况下，借助于他人(包括教师和学习伙伴)的帮助，利用必要的学习资料、媒体，通过意义建构的方式而获得的。随着信息技术的发展，计算机作为一种辅助教学的手段和工具被引入教学过程中，教师的角色发生了变化。现代教育技术在教学中的应用，要求学生有更高的学习策略和学习能力，教师不能再把传递知识作为自己的主要任务和目的，要着重教会学生“学会学习”，教师在教学中的地位也由主导者转变为指导者、辅助者。

教学设计案例

《旅游中的数学》教学设计

长春市天津路小学　姚晓婷

一、教学目标

(1) 能运用所学的数学知识解决实际问题，培养学生综合运用知识解决问题的能力。

(2) 培养学生在解决实际问题时的优化策略意识。

(3) 培养学生知识迁移的能力及思维的敏捷性。

二、学习者分析

学生已经掌握了有关路程时间的计算，会计算简单的乘、除法的问题，能够收集生活中的数据，借助数、图形、统计图表等表述有关的信息，并掌握一些解决问题的策略。在此基础上进行本节课的教学。

三、教学内容分析

教材结合学生的具体经验，创设了一系列的“旅游中的数学问题”，让学生经历观察、调查、推理等实践活动，在合作与交流的过程中感受生活中处处有数学，处处需要用数学。同时这些问题都有一定的挑战性，鼓励学生依靠集体的智慧来解决。通过解决这些问题，让学生提高搜集、整理信息的能力，培养学生与人合作交流的意识。

四、教学重难点

教学重点：学生会应用数学知识解决实际问题。

教学难点：使学生通过小组合作提高搜集、整理信息的能力，培养学生与人合作交流的意识。

五、教学策略分析

本节课的教学让学生在具体的生活情境中学习数学。教师在教授这部分的内容时首先让同学们搜集一些有关旅游的信息和资料，通过搜集、交流、了解一些旅游景点的特点从而激发学生想要去旅游的欲望。然后教师要充分利用和发挥教材主题图的引导作用，通过学生已有的知识基础和生活经验，让学生认真观察、独立思考，在具体情境中提出问题，并在课堂上以小组为单位进行合作、交流。通过合作交流的过程，总结规律，解决实际问题，从而体验生活中处处有数学，学会与人合作。

六、教学结构设计

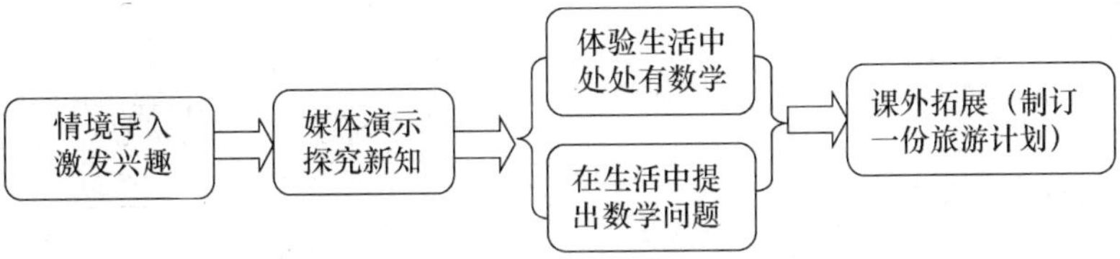

七、教学过程

教师活动与教学内容	教学媒体	学生活动
一、情境引入 展示图片 1. 同学们你们喜欢旅游吗？都去过什么地方？你们都是怎么去的呢？ 2. 用实物投影展示孩子们搜集的图片。 3. 展示祖国的大好河山，进行爱国主义教育。	 	同学们各抒己见发表自己的意见。 展示学生搜集的图片或曾经去过地方的照片。 学生以小组为单位讨论并记录旅游中可能遇到的数学问题。 汇报所讨论的问题。

续表

教师活动与教学内容	教学媒体	学生活动
二、探究新知，讲授新课 1. 说来说去，很多同学都喜欢玩，但是玩也有小窍门，怎样可以让你玩得更舒心呢？游玩的过程中有哪些数学问题是我们必须要解决的？现在就请同学们以小组为单位互相说一说。	 	1. 选择一处旅游景点，调查路程、路上所用的时间、坐车需要的费用。 2. 安排好住宿的地方，计算房间的费用。 3. 安排游玩的行程……
2. 同学们知道吗？智慧老人，笑笑，淘气和机灵狗也去旅行了，但他们参加的是科技夏令营，他们沿途不仅游玩得非常高兴还提出了许多实际的问题。最后智慧老人说了："只有爱动脑，勤思考的同学才能解决这些问题。"	（出示第一个场景图） 	让学生自由回答： （看出他们是乘坐火车去的，可以看出票价、车次、发车的时间、始发地和到达地等）通过观察学生自己提出问题：
同学们有没有信心啊？请大家看大屏幕。 同学们能从给出的这张车票上得到什么信息呢？	 	1. 从北京到大连需要多长时间？ 2. 从北京到大连约有多少千米？ …… （可以利用实物投影打出来一起研究）
3. 参加夏令营的同学们都到齐了，他们遇到一个问题，谁能用自己的话说一说是什么问题？	（出示第二个场景图）  	学生讲述图片的内容 （让学生将题意用语言完整地表达出来）小组讨论，解决这个问题。
4. 课件演示：最佳租房方案。 5.（教师巡视）讨论完毕请两个小组发表组内解决问题的思路。	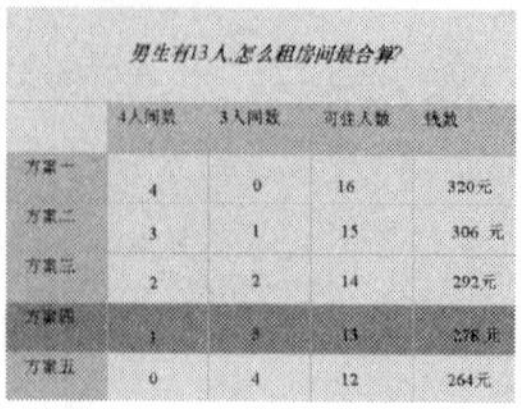 	学生通过小组讨论得到男生、女生的最佳租房方案。 有五种不同的方案。 通过讨论建立学生优化算法的解题策略。 小组讨论。

续表

教师活动与教学内容	教学媒体	学生活动
6. 参加夏令营的同学们在参观旅游的时候需要乘车，那么如何租车最省钱呢？ 通过我们一起帮助智慧老人，笑笑，淘气和机灵狗安排旅游中的各项事情你从中知道了什么？	（出示第三个场景图） 	（让学生明确，最省钱的策略是：车上的座位全部坐满，如果不能坐满那么空位就应该越少越好。） 学生汇报： 1. 我从中知道要想有一个完美的旅行，事先要有一个周密的计划。 2. 在遇到问题的时候一定要仔细地想一想，选择一个好的解决方案……
三、教师小结 **四、作业**：小组合作制订一份旅游计划，做好旅游的预算。		

7.6　信息技术在中学物理教学中的应用

7.6.1　物理学科的特点

物理学是一门以实验为基础的自然科学。中学生学习物理的障碍之一是只会记忆物理规律、概念和公式，不善于结合实际物理现象去分析物理过程。所以教师在引导建立物理概念、认识物理规律及分析解决物理问题时，要尽最大可能通过物理实验，来帮助学生在头脑中建立清晰的物理图像。因此，在物理教学中以实验为基础是优化教学过程、取得满意效果的前提。但是，有些物理实验及规律受到实验器材、时间、空间条件的限制不能很好地完成，而利用计算机技术就可以达到很好的效果。

计算机多媒体技术，可使物理中抽象的知识直观化，复杂的问题简单化，微观的物体宏观化。利用计算机辅助物理教学，既可为学生提供生动逼真的物理图景、典型鲜活的物理现象、及时准确的评价信息，又能激发学生学习物理的兴趣和积极性，最大限度地调动学生参与到教学中来。因此，计算机辅助教学增大了课堂教学的信息密度，减轻了师生在课堂上的劳动强度，优化了教学过程，提高了教学效果。

随着学校校园网的兴建，依托校园网这一局域网络环境及 Internet 网络，尝试多媒体技术和网络技术相结合，构建物理网络化教学新模式，充分发挥现代多媒体教育技术“助教”和“助学”的功能。

7.6.2　课件在使用中应注意哪些问题

（1）对教师的要求：计算机辅助物理教学要求老师具有丰富的教学经验和软件开发的能力，要求能够熟练使用诸如 Photoshop、3DSMAX 及常用软件等，并能设计课件脚本，制作具有交互等功能的物理教学课件。

(2) 对学生的要求：计算机辅助教学要求学生具备基本的计算机操作知识，特别是Windows系统的操作知识，以便能在该系统支持的平台上运行课件。同时还要掌握一些文字输入的方法，在进行交互时输入自己的答案。

教学设计案例

《浮力》教学设计

大连市第五中学　王　新

一、教学目标

1. 知识与技能

(1) 理解浮力产生的原因、浮力的方向。

(2) 会用弹簧测力计测浸入液体中的物体受到的浮力。

(3) 知道探究阿基米德原理实验的目的、方法和结论。

(4) 理解物体的浮沉条件。

(5) 理解运用阿基米德原理，理解解答和计算有关浮力的问题。

2. 过程与方法

在学习的过程中，归纳和应用已有的知识，形成一定的知识体系。

3. 情感态度与价值观

观察与思考相结合，培养学生归纳总结的能力，实事求是的精神和科学的学习态度。

二、学习者分析

初二学生接受新事物较快。浮力现象趣味生动，与学生生活经验比较接近，学生有学习兴趣。但也因此容易对浮力概念产生负迁移作用，形成理解误区，造成学生乱套公式。本课也是培养学生探索未知领域的兴趣、情感、意志和毅力的好时机。

三、教学内容分析

从教材角度看，新教材中浮力是第七章《密度与浮力》第二单元浮力部分的内容。“浮力”是流体静力学中应用性较强的基础知识之一，它是在力、二力的合成、二力平衡、密度的基础上进行的继续学习，是高层次的知识。

从学生角度看，学生已从小学自然、生活经验及相关教育媒体中形成了“浮在水中的物体受到浮力”的观念，因而对“下沉的物体”想当然地认为不受浮力，或者认为下沉的物体受到的浮力小，从而否定浮力产生原因的解释，对正确理解浮力概念产生负迁移作用。当建立了浮力概念之后，相当一部分学生对影响浮力大小的因素产生若干错误的模糊认识，从而产生理解误区造成学生乱套公式。

四、教学重难点

浮力一章的知识结构，重点是浮力对物体沉浮的影响、浮力相关的应用，尤其是知识体系的形成。难点是物体的沉浮及应用。因此，解决问题的关键是从浮力在物体沉浮中的作用入手突破这一难点。

五、教学策略分析

为突破难点，突出重点，我从两方面入手：一是习题设计，以大鱼的活动为线索，贯穿这一条线提出并解决了相关问题；二是多媒体动画的引入将本来抽象的问题形象化了，使学生轻松愉快地学习，同时也加大了课堂容量。

六、教学过程结构设计

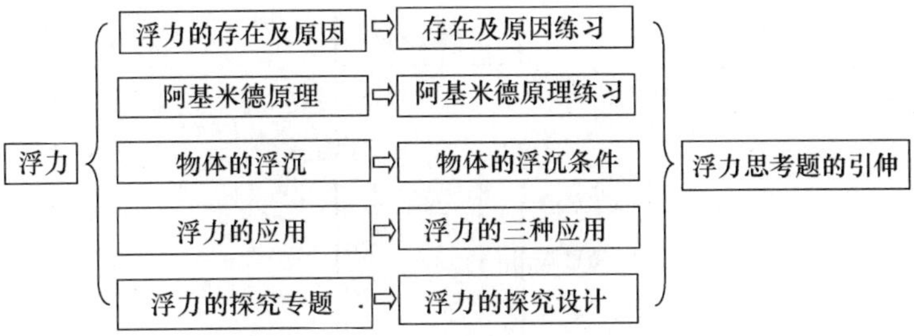

七、教学过程及实施

教师活动	教学内容及多媒体	学生活动
开门见山提出问题	引入新课 本节我们来复习浮力一章。 浮力部分共分几个单元？它们是什么? [多媒体展示] 浮力产生的原因及方向、阿基米德原理、物体的沉浮条件、浮力的应用、实验探究专题等五部分。	思考
创设问题情境，引发学生回忆		入境
提问演示	1. 浮力产生的原因及方向 习题：从水里浮上来和浮在水面上的乒乓球受几个力的作用？施力物体、力的方向如何？ [多媒体展示] 把乒乓球放入水中，加水后乒乓球在水中上浮，并且一直浮到水面。 提问：乒乓球受浮力作用的方向。	观察图示

续表

<table>
<tr><th>教师活动</th><th>教学内容及多媒体</th><th>学生活动</th></tr>
<tr><td>鼓励猜想</td><td>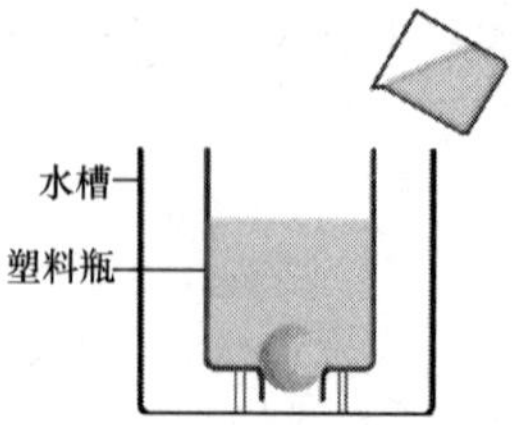

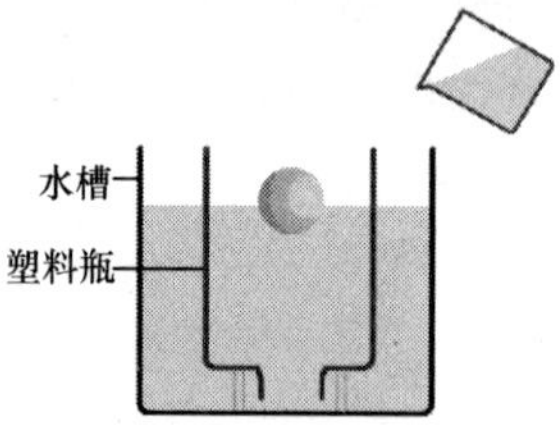
</td><td>思考原因</td></tr>
<tr><td>从例题入手，加深浮力公式应用

教师小结</td><td>[多媒体展示]
一个物体在空气中用弹簧测力计测得重为 5 N，当把它一半浸入水中时，测力计的示数是 4.2 N，如果物体全部浸没水中，求此时弹簧测力计的示数？
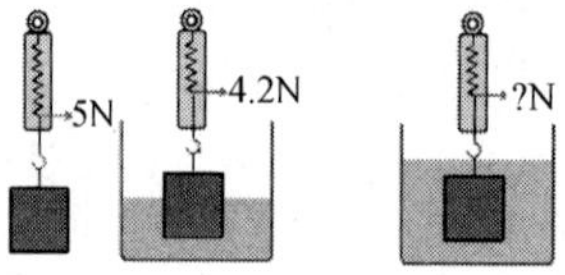

归纳浮力求法：
$F_{浮}=G-F$
上下压力差
阿基米德原理</td><td>应用公式

总结</td></tr>
<tr><td>实验过程演示</td><td>2. 阿基米德原理
[多媒体展示]
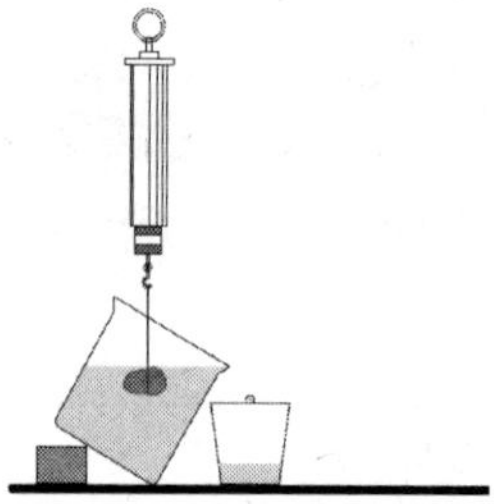</td><td>观察回忆</td></tr>
<tr><td>引入</td><td>提问求算：
阿基米德原理的内容是什么？
$F_{浮}=G_{排液}=\rho_{液}\ gV_{排}$
某物体重为 0.5 N，把它放入盛有水的烧杯中，溢出重为 0.3 N 的水，则它受的浮力多大？</td><td>练习

通过练习总结出物体浮沉规律。</td></tr>
</table>

续表

教师活动	教学内容及多媒体	学生活动
演示图示 浮力与物体浮沉关系	3. 物体的浮沉条件 浸没在水中下沉的铁块、上浮的木块、悬浮的乒乓球各受到几个力的作用？大小关系如何？方向如何？ ［多媒体展示］ 浸没在水中铁块的受力情况 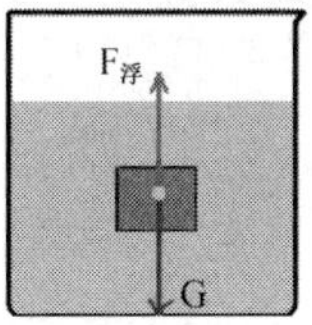	从生活实例中应用浮力，找出物理情境，并解决问题，灵活应用浮力的知识。
归纳提问	$F_{浮} < G_{球}$ 时下沉/沉底 $F_{浮} > G_{球}$ 时上浮/漂浮 $F_{浮} = G_{球}$ 时悬浮。 把铁块浸没在水中，放手后铁块__下沉__。 把木块浸没在水中，放手后木块__上浮__。	从老师的指导中归纳方法。
三种浮力应用实例	4. 浮力的应用 ［多媒体展示］ 热气球　轮船　潜水艇 	加强应用
	 提问：一艘轮船从河里开到海里，其重力______，浮力______。（填“变大”、“变小”、“不变”） 密度计的原理是____________________。 归纳：潜水艇通过改变自身的重力（浮力不变）来改变自身的沉浮。船改变重力就会改变浮力，否则不变。热气球改变浮力（体积）来改变沉浮。密度计重力浮力都不变。	

续表

<table>
<tr><th>教师活动</th><th>教学内容及多媒体</th><th>学生活动</th></tr>
<tr><td>浮力全部内容板书</td><td>总结归纳浮力的知识体系：
浮力的相关因素：液体的密度，排开液体的体积。
浮力的无关因素：浸没入液体的深度，物体本身的密度和形状。
[多媒体展示]
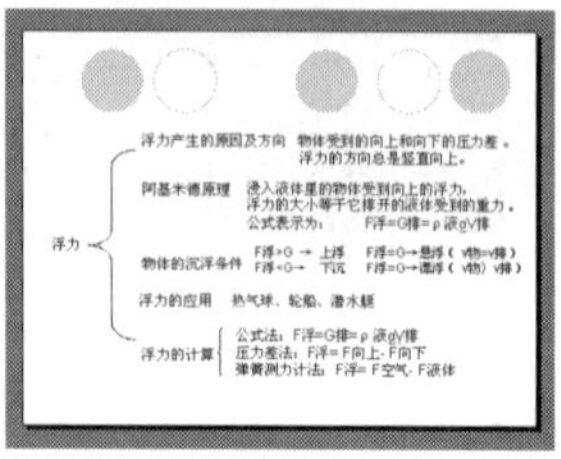
</td><td></td></tr>
<tr><td>探究问题设计

引导学生从浮力知识中找方法。</td><td>5. 浮力探究专题
[多媒体展示]
(1) 如何运用阿基米德原理解释“怀丙捞铁牛”和“曹冲称象”的故事？
(2) 根据生活中的经验回答下面的问题：
① 河中木桩是否受到浮力？
② 比较水中大鱼和小鱼受到的浮力大小。
回忆一下，你从游泳池的浅水区逐渐向深水区走去，当水深到达颈部时，是否有站立不稳的感觉？这感觉说明什么？
③ 实验设计专题。</td><td></td></tr>
<tr><td>抛出问题指导方法

课后巩固练习</td><td>选择合适的仪器探究与浮力有关的问题。
[多媒体展示]
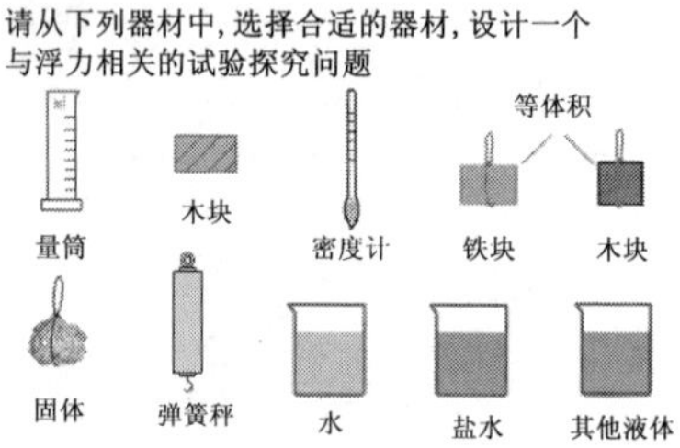
</td><td></td></tr>
</table>

7.7 信息技术在中学化学教学中的应用

7.7.1 化学学科的特点

化学是一门基础自然科学，它研究物质的组成、结构、性质以及变化规律。化学教育作为科学教育的一个分支，以其特有的功能，在提高全民科学文化素质方面发挥着重要的作用。但化学学科与数理学科的教学思想却不尽相同，它有丰富的实验、较繁杂的化学式、抽象的概念以及半经验化的理论，这些都决定着化学教学的特殊性。

7.7.2　信息技术与化学学科教学整合的优势

1. 充分利用信息技术，促进化学概念和原理进一步系统化

化学概念和原理是化学基础知识的精髓。如果学生对概念和原理的学习不清楚，他们获得的化学知识就必然越来越模糊，对进一步学习产生障碍。但各类化学概念和原理有一定的联系，及时强调概念和原理的关联，全面促进理论知识的系统化，有益于概念和原理的理解和掌握。利用多媒体对文字、图像形象逼真的处理功能，通过分步展示、同类比较、重点强化等手段，使零碎的知识形成知识网络，突出重点，突破难点，达到学生对知识深入理解、掌握的目的。

2. 合理应用信息技术，使抽象知识直观形象化

一幅形象的画面，一组动听的声音，一段逼真的动画，往往可以诱发认知的内趋力，使人对自己的认知对象产生强烈的热情。同时，这些情景可以成为思维活动的向导，从而牵动着人对认知对象的想象。应用多媒体技术，可使教学活动在很大程度上摆脱时空两方面的限制，宏观世界的博大和微观世界的复杂都能直观再现在课堂上，使许多抽象微观的知识具体形象化。比如，通过动画，可以模拟分子、原子的无规则运动，可以再现氯化钠、氯化氢等化合物的形成过程。再如，利用课件能形象描述电子在原子核外的运动，便于核外电子排布特点的教学。

3. 使用信息技术模拟实验，对实验教学进行有效补充

化学实验教学对于激发学生的学习兴趣，帮助学生形成概念，巩固知识，获得实验技能，培养观察能力和实验能力等方面都具有不可代替的作用。而使用多媒体技术，模拟化学实验是对实验教学的有效补充。

4. 利用多媒体技术编制习题，进行习题训练，提高应用能力

化学习题是化学教学中重要的组成部分，是巩固“双基”、培养能力、发展智力的重要手段。正确、高效地进行化学习题教学，对加强知识的理解，培养和发展学生的抽象思维能力、表达能力、分析问题和解决问题的能力都有重要意义。多媒体技术提供了强大的交互功能，利用该功能编制习题，进行习题训练，使师生都能及时得到化学学习和化学教学效果的信息反馈，以便师生能够及时进行学习和教学的矫正。对于形成性检测，以选择或填空的题型编制习题，课上集体练习，及时出示答案，并合理设置声音、动画，增强了趣味性。而利用多媒体课件讲解习题，大屏幕投影非常清晰，可以替代小黑板出题或进行过程分析，并且分析时完全可以是动态的，故能达到较好的教学效果。用多媒体编制试题，能培养学生独立思考、解决问题的能力，并能及时反馈学生学习状况等多方面优点。

7.7.3　信息技术辅助化学教学的模式

1. 计算机模拟教学模式

CAI 的模拟功能，是计算机辅助教学中较早开发和利用的一种功能。目前，很多学校的软件应用是这种教学模式。

模拟教学模式，主要是指利用 CAI 的模拟功能把一些抽象的理论内容，或不易观察清楚、危险性较大、难于操作的实验内容，以动画等形式呈现在屏幕上。将微观放大，宏观缩

小，瞬间变慢，短时间内调动学生多种感官参与活动，使学生获取并形成鲜明的感性认识，为进一步形成概念，上升为理性认识奠定基础。

模拟教学只是教学过程中的一个环节，比传统的挂图、模型或录像都更真实，更接近事物的本来面貌，而且可反复播放，更有利于学生理解知识的本质，培养他们的形象思维能力，也有助于抽象思维能力的提高。

CAI在化学教学中的模拟教学，主要适用于理论性和抽象性较强的内容，如原子核组成，电子云，核外电子运动，化学键中离子键、共价键形成，溶解和结晶，原电池，电解池，离子反应和离子方程式，NH_3 分子结构，有机官能团的结构等。另外也适用于实验难以操作、危险性大而观察效果不明显的内容，例如，溴苯制备、氢气还原氧化铜、氨氧化、乙酸乙酯水解等。此外，工业生产知识内容，如硫酸、硝酸工业制法、炼铁也可制成CAI课件进行教学。

2. 多媒体综合教学模式

计算机可以控制多种教学媒体，这是其优于其他教学媒体的特殊功能。实际上，在传统教学模式的教学中，教师上课也有声音、形象、板书、文字、挂图和实物等，教师也可根据教学过程中学生的反映来调整教学策略。但我们这里所说的多媒体有两层含义：其一是把微机与其他教学媒体相互连接，赋予其他媒体交互性，同时使用幻灯、投影、录像等手段，使多种媒体有机地贯穿于教学的全过程；其二是多媒体计算机技术的应用，使文字、图形、图像、声音等多种信息建立起逻辑连接，成为一个系统，使之具有综合性，即一机多用，同时又可形成人机互动、互相交流的操作环境，形成一种身临其境的情境。

由于多媒体计算机技术是20世纪90年代在法国首先提出和使用的，我国高中配置多媒体计算机系统的学校不多。因此，主要的多媒体综合教学模式还是指前一种，但未来的发展趋势应当是使用多媒体计算机平台设计课件，使用鼠标进行操作，简单易行，而且教师并不需要有太多的计算机知识，因此具有更广阔的发展前景。

教学设计案例

《晶体结构》教学设计

哈尔滨市第六中学　席　琳

一、设计思路

《晶体结构》这节课是物质结构理论的重要组成部分，对于微观结构的知识，在平时的教学过程中，是学生难于理解的重点和难点知识。为了使学生能真切地感知微观世界的精彩和奇妙，将这节课通过多媒体教学来完成，通过微观动画的演示，激发学生求知和探索的欲望。在这节复习课中，通过对学生们所认知的三类晶体进行深入的研究，结合有关的立体几何知识发展学生的空间想象能力和抽象思维能力，让学生们带着新奇和强烈的探索欲望走进物质的微观世界。在感受物质结构美的同时，展开想象的翅膀，进行思维的严密训练。

二、教学过程

教学内容	媒体设计	使用说明
引入： 板书：一、离子晶体 代表物：NaCl、CsCl 讲述： 在 NaCl 晶体中，存在可重复的最小单元，我们称之为晶胞。 投影： 晶胞：晶体中的最小重复单元。“重复”的含义：通过上、下、左、右、前、后的平移能与下一个最小单元(即晶胞)完全重合。 讲述： 现在我们来寻找 NaCl 晶体的晶胞。 讲述： 晶体是由无数个晶胞连在一起形成的，故晶胞的结构反映了晶体的结构，所以对某些晶体我们就可以通过研究晶胞结构来研究晶体结构。 提问： 请观察所给出的 NaCl 晶体结构模型，分析氯化钠的化学式用“NaCl”表示的原因何在。能否把“NaCl”称为分子式？ 提问： 观察 NaCl 晶体模型，分析在 NaCl 晶体的每个晶胞中，Na^+ 占据的位置有多少种？每种位置各有多少个？Cl^- 占据的位置有多少种？每种位置各有多少个？ 提问： 宏观的 NaCl 晶体是由无数个晶胞相互延伸构成的。位于顶点、面心、棱边、体心上的微粒实际提供给每个晶胞的比例是多少？	封面  实物投影：食盐 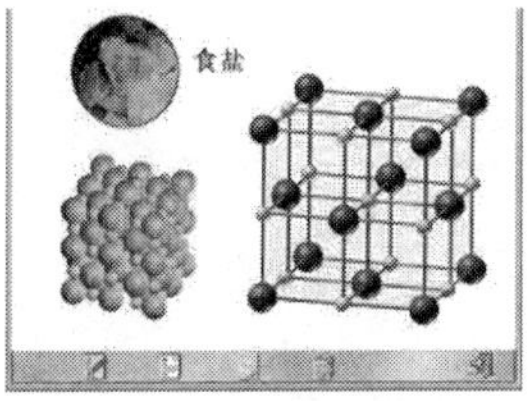 微机展示： NaCl 晶体结构 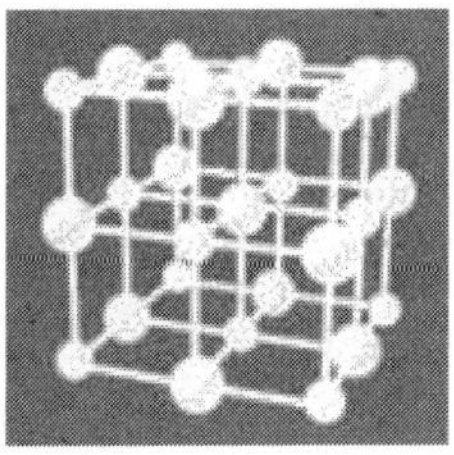 软件展示： 位于顶点、面心、棱边、体心上的微粒实际提供给每个晶胞的比例。 	先从固体食盐入手，逐步深入到微观粒子、空间构型，从而展开问题的讨论。用实物比用图片更能激起学生的学习欲望。 微机展示 NaCl 晶体结构模型，当屏幕出现小手状时即可播放多媒体动画。用媒体演示结构模型优于用模型直接进行教学。原因是模型体积小不便于学生全方位地观察晶体结构模型中微粒间的构成特点，从而会导致思维受局限，不利于培养学生的空间想象能力和抽象思维能力。 通过投影使学生掌握晶胞的概念。 学生活动： 结合晶胞的定义，观察软件模型，思考、讨论问题，找到 NaCl 的晶胞，使学生完成由理论到实践的学习过程，有利于学生准确地掌握概念。 学生活动： 通过观察 NaCl 晶体模型，分析：每个 Na^+ 吸引多少个 Cl^-？每个 Cl^- 吸引多少个 Na^+？由此可以得出两种离子的个数比为多少？结合离子晶体的结构特点不存在独立的小分子，所以称之为化学式。 培养学生的观察能力和分析能力。 学生活动： 由学生思考讨论问题，得出答案：顶点提供给每个晶胞只是它的 1/8；面心是 1/2；棱边是 1/4；体心是 1。 当屏幕鼠标出现小手状时即可播放多媒体动画。该模型软件的使用增强了学生分析问题的直观性，并且能使学生建立比较完整的空间立体比例模型，对下一步分析问题具有指导作用。

续表

教学内容	媒体设计	使用说明
引导： 在每个 NaCl 晶胞中，平均占有 Na^+ 多少个？Cl^- 多少个？能否从晶胞的角度出发，再分析氯化钠的化学式的由来？ 提问： 1. NaCl 晶体中每个 Na^+ 周围与之等距离且最近的 Na^+ 有多少个？ 2. 在每个 Cl^- 周围与之等距离且最近的 Cl^- 有多少个？ 提问： 观察 CsCl 晶体晶胞，想象 CsCl 晶体结构，试从两个不同角度分析“CsCl”化学式的由来。 请根据以上两种晶体中微粒个数的计算方法，小结如何计算立方晶体中的微粒个数比。 板书： 二、原子晶体 代表物：金刚石、晶体硅、二氧化硅。 提问： 观察金刚石结构，思考：其键角是多少度？构成最小碳原子环所需碳原子数为多少个？ 信息给予： 请运用元素周期表的知识想象并描述晶体硅结构。 提问： 比较晶体硅与金刚石的不同之处，它将影响晶体硅的哪些不同于金刚石的性质？ 讲述： 石英也具有空间网状的结构，如果我们把每个原子在平面上投影点连接，就得到相应的平面结构图。	软件展示： NaCl 晶体结构模型 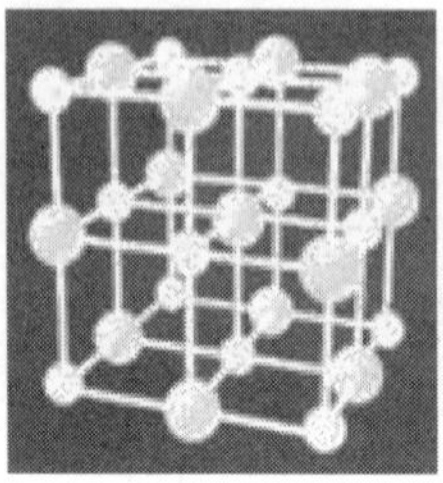 软件展示： NaCl 晶体结构模型  软件显示： CsCl 晶体晶胞 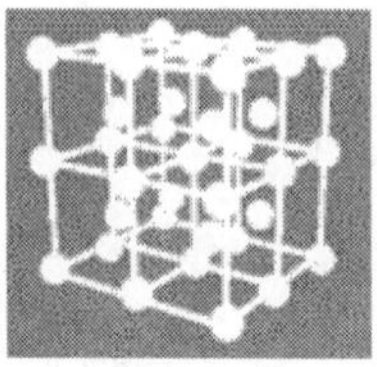 投影： 将学生的小结内容投影展示。 软件展示： 金刚石的结构 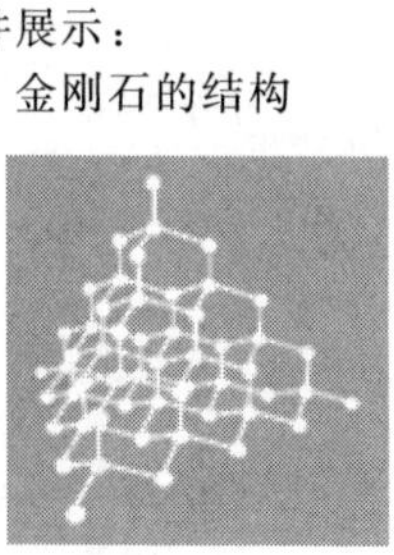	学生活动： 要求学生从多种角度加以分析，培养学生的发散思维能力。结合上面的分析，让学生讨论，并以小组为单位形成一种竞争氛围，以充分调动学生的学习积极性。 师生互动： 利用多媒体演示，以属于立方体中心的 Na^+ 为中心，作两个辅助平面，如左图所示，然后提出问题：在每个 Cl^- 周围与它最接近且等距离的 Cl^- 共有几个？让学生在 NaCl 晶体结构上选择立方体的面中心或立方体的顶角的 Cl^- 为中心去展开想象，在此基础上让学生学会替换法及逻辑推理法，以更深层次拓展学生的空间想象能力。 学生活动： 当屏幕鼠标出现小手状时即可播放多媒体动画。想象 CsCl 晶体晶胞，发挥学生的空间想象能力。 学生活动： 培养学生归纳和总结知识的能力。 学生活动： 当屏幕鼠标出现小手状时即可播放多媒体动画。学生要注意观察，并运用同主族元素结构上的相似性来进行发散思维的训练。 学生活动： 根据元素周期律中同主族元素性质的相似性和递变性来分析、回答问题。 当屏幕出现小手状时即可播放多媒体动画。通过动画演示可以充分理解石英的立体网状结构与平面结构的关系。

续表

教学内容	媒体设计	使用说明
提问： 根据石英的平面结构图分析石英晶体化学式的由来，并思考它能否称之为分子式。 提问： 根据石英晶体的平面结构图分析：在石英晶体中，每个 Si 原子独有多少个 Si—O 键？由此分析 n 摩 SiO_2 晶体中约含有多少摩 Si—O 键？ 提问： 观察 SiO_2 晶体结构，思考：构成一个 SiO_2 的最小的环需多少个原子？以 Si 原子为中心的 Si—O 键之间的键角为多少度？ 板书： 三、分子晶体 代表物：干冰 提问： 观察干冰的晶胞结构，计算每个晶胞中含有 CO_2 分子的个数。 提问： 在干冰晶体结构中，每个 CO_2 分子周围与之等距离且最近的 CO_2 分子的个数是多少？干冰的晶胞结构与我们见过的哪种晶体结构相似？ 小结	软件展示： 石英由立体网状结构图转变为平面结构图。 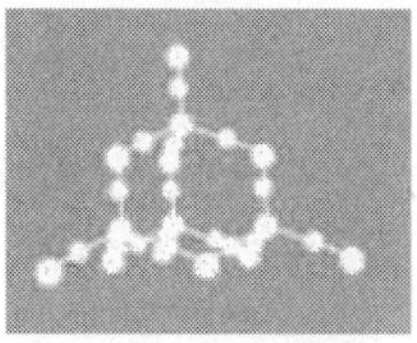 SiO_2 晶体结构模型 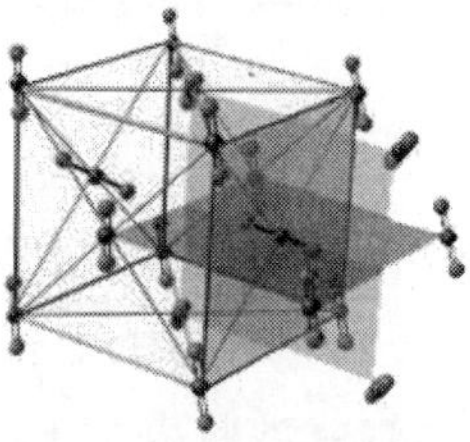 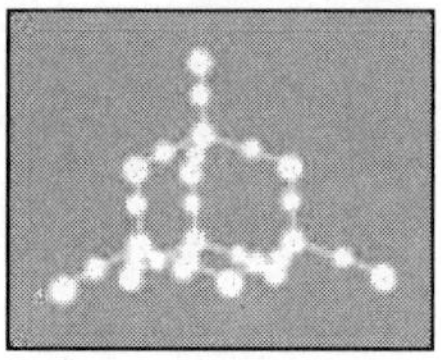 软件展示： 干冰晶胞结构 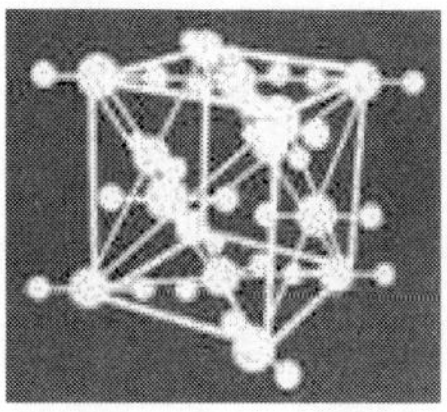 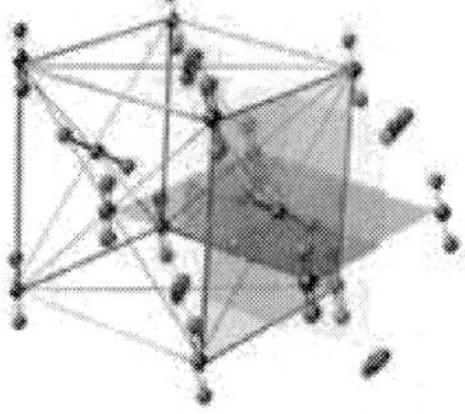	学生活动： 石英晶体化学式的确立。 分析每个硅原子与四个氧原子成键，而每个氧原子与两个硅原子成键，所以硅、氧原子个数比为 1：2，又因为石英为空间网状结构的晶体，所以可以得出石英的化学式为：SiO_2。 要求学生进行知识迁移：二氧化硅在结构上与金刚石有无相似之处？如果有，它们之间有何区别和联系？然后再进行分析。 分析方式与分析 NaCl 晶体相似，进而再深入地观察和思考一下，二氧化碳分子的结构与氯化钠晶体结构的异同，并分析原因。 由学生自由发言，结束。

7.8 信息技术在中学生物教学中的应用

7.8.1 生物学科的特点

1. 生动性

生物科学是研究生命运行规律、生命诞生与进化、生命与环境协调发展等的科学。生物是指有生命的物体，一个个鲜活地展示在人们面前。生物学也并非死板僵化，因为它的研究对象早已给他插上生动的翅膀，生动性是生物学的灵魂。随着科技的发展，过去用语言文字难以描述的生动性，现在可以用多媒体技术模拟出来，所以在生物教学中运用信息技术有着巨大的优势。

2. 广阔性

生物学包含的时间和空间范围是十分广阔的，远到地球的诞生，近到对未来生物界的设想，小到分子领域的变化。这些都不宜用语言描述，也不易于学生的想象和理解。运用多媒体辅助教学很容易将这些现象模拟出来，很好地解决了上述问题。

3. 实验性

生物学是一门实验的科学，许多理论都是建立在实验验证基础上的。中学阶段学生动手实验很少，教材中能涉及的许多实验，由于条件所限，无法让学生操作或当堂演示，如果用多媒体课件加以模拟，便会取得良好教学效果。

7.8.2 信息技术与生物学科整合的特点

根据生物学科的特点，在课堂教学中选用以计算机为主要载体的现代化教学手段辅助教学，能优化课堂教学，提高课堂教学质量。具体作用可体现在以下三个方面：

1. 创设变化情景，激发兴趣

运用计算机形象动态的表现功能，既能把生命运动过程表现得十分明了，又能将学习融入娱乐形式中，使学习变得轻松愉快，有利于激发学生的兴趣。

2. 探索未知领域，突破难点

运用计算机的动态模拟，既能将学生带入细胞内部，又能将学生带入广阔的大自然中，使学生的思维得以扩展。在微观和宏观领域遨游，既能锻炼学生的想象能力，又能突破教学难点。

3. 汇集大量信息，提高效率

在互联网上有大量的信息可为教学使用，指导学生在互联网上搜索信息，并对信息加以正确分析、辨别、运用，既能提高学习效率，又能培养自学能力。

7.8.3 信息技术与生物学科整合中应注意的问题

1. 运用最简捷方便的软件制作课件

生物教师不是课件制作高手，只要课件能解决教学问题，达到教学目标即可，可选最简便的软件制作。能用 PowerPoint 的，就不用 Authorware；平面动画可以解决的问题，就不必非用三维动画，否则会将大量的时间和精力浪费在课件制作中。

2. 不要忘记计算机在教学中的辅助地位

计算机在教学中只起辅助作用，不能将它作为教学主体，课堂教学的主体是学生。也不要因为有计算机的使用，教师就退居一旁。教师与媒体良好地结合，积极发挥教师在教学中的主导作用是十分重要的。

3. 不能忽视传统媒体的作用

传统媒体在教学中仍有它的方便、直观等优势，能用挂图说明问题就不必非用计算机；能用实体进行观察的，不必用计算机模拟替代。生物学是实验科学，能够操作的实验，不能改为观看实验，但可以运用课件指导来实验。

教学设计案例

《免疫与计划免疫》教学设计

大连市第四十四中学　易　峰

一、知识分析

初中八年级(下)这册书是课改后的新教材，教材内有很多知识是新加入的。《免疫与计划免疫》这一节就是新加入的内容，本来是高中的授课重点，现在加入到初中课本，目的就是想让学生尽早了解这部分内容。这样既可以为高中学习这部分内容打下良好的基础，也可以使学生尽早地了解免疫的知识，有助于学生健康地生活。

二、学生分析

本节课的教学对象是初中二年级的学生，他们已经有了一些基础的生理卫生知识，在日常生活当中已经积累了一些经验，对和自己身体、自己的健康有关系的知识很感兴趣，但又缺乏相关知识的教育和引导，既了解一点又似懂非懂。因此，在教学设计中要充分考虑到这些因素，让学生既觉得熟悉又有新鲜感。

三、教学目标

1. 知识和能力目标

(1) 知识目标

学生初步了解什么是免疫以及人体免疫系统的组成和功能。使学生能区分开特异性免疫和非特异性免疫。

(2) 能力目标

通过各种形式(报刊、杂志、网络)来查找资料和进行探究性学习，培养学生分析问题、解决问题的能力，养成理论联系实际的好习惯。

2. 过程与方法

(1) 以学生探究为主，学生自己归纳、总结相关知识，并运用相关知识解决实际问题。

(2) 教师在授课过程中注重发挥学生的主动性和创造性，采用谈话法、讨论法、讲授法等达到目标。

3. 情感、态度、价值观

(1) 情感目标

使学生了解人体自身的免疫，让他们知道疾病并不可怕，只要正确对待就可以战胜疾病。

(2) 态度目标

培养学生对待一切事物都要讲究方法，注重理论与实际的联系。

(3) 价值观目标

指导学生重视科学、热爱科学、做任何事都要以科学为依据。

四、学法指导

根据本节课的内容、特点，在教学之前要指导学生通过上网查找，查阅报纸和杂志自行进行知识准备；在授课过程中，提出研究性课题(讨论人为什么能在充满病菌的环境中健康的生活)，引导学生进行深层次思考，培养学生的发散思维和创新精神。

五、教学手段

运用多媒体进行教学，调动学生的参与积极性，共创一种和谐、民主、生动、活泼的氛围，给学生提供一个自主学习，积极参与教学的环境，师生共同完成教学任务。

六、教学过程设计

教师活动及教学设计	媒体内容	学生活动
情景导入 提问：有没有哪位同学得过水痘？ 得过水痘的同学回想一下，你在得过一次水痘后有没有再得水痘，如果没有，那么大家想一想这是为什么？ 利用学生的亲身经历引入新课，激发学生学习兴趣。		学生思考、回答。 引起思考，导入新课。
一、人们在长期的进化过程中形成了三大防线，大家看书，然后以小组的形式总结。看看人体都有哪三大防线。 培养学生自己思考解决问题的能力。		让学生自己讨论、总结归纳、得出结论。

续表

教师活动及教学设计	媒体内容	学生活动
1. 介绍人体的第一道防线 播放相关的 Flash 动画	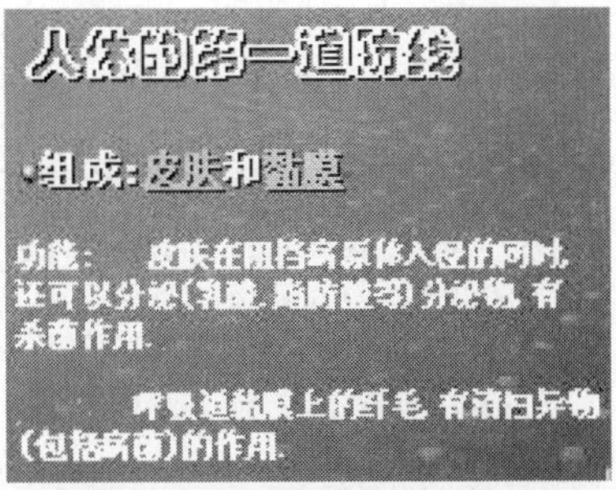 	
2. 介绍人体的第二道防线 播放相关的 Flash 动画	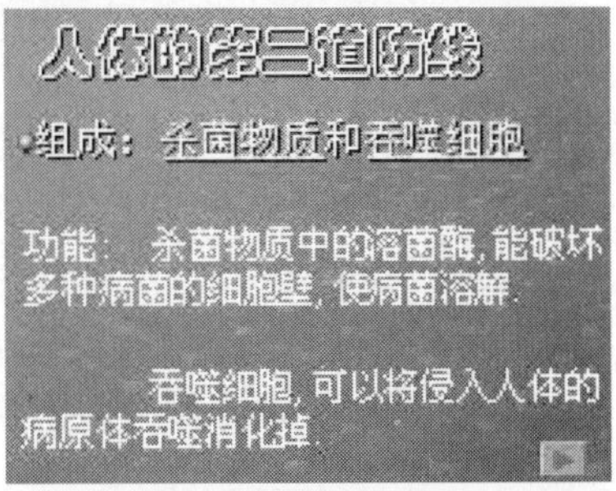 	

续表

<table>
<tr><th>教师活动及教学设计</th><th>媒体内容</th><th>学生活动</th></tr>
<tr><td>3. 介绍人体的第三道防线

引出有关免疫的概念和免疫的功能。

观看免疫的动画</td><td>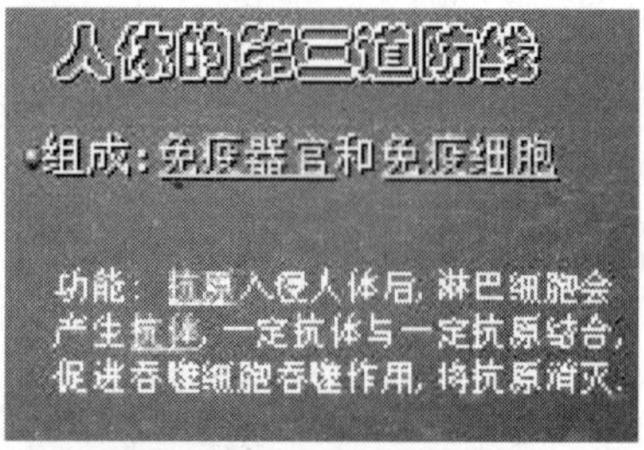

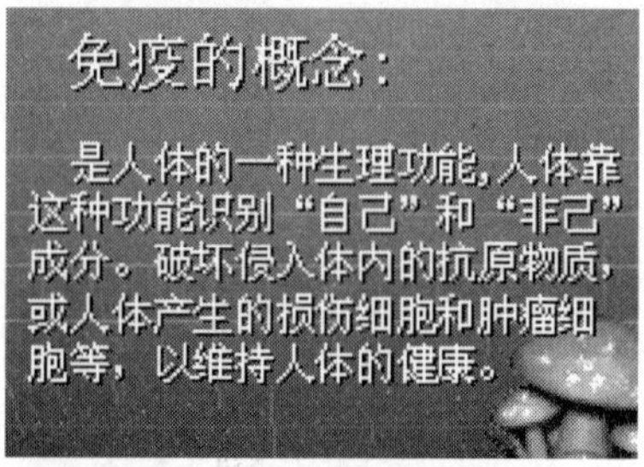

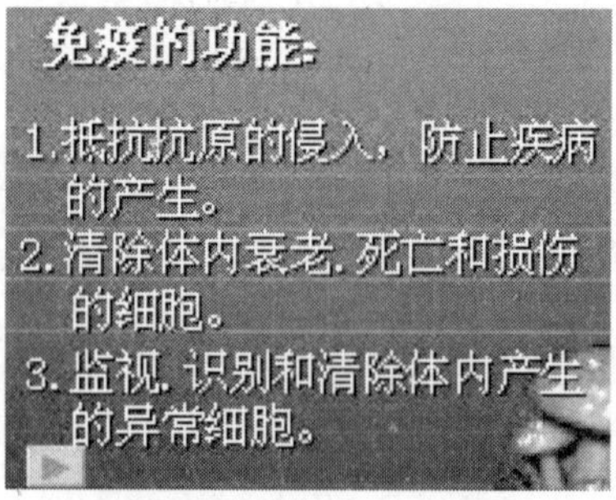
</td><td></td></tr>
<tr><td>二、我们已经知道了人体有哪三大防线，那么大家看看这三道防线有哪些异同。

培养学生主动学习的能力。</td><td>
</td><td>学生通过讨论，总结出结论。</td></tr>
</table>

续表

<table>
<tr><th>教师活动及教学设计</th><th>媒体内容</th><th>学生活动</th></tr>
<tr><td>练一练</td><td>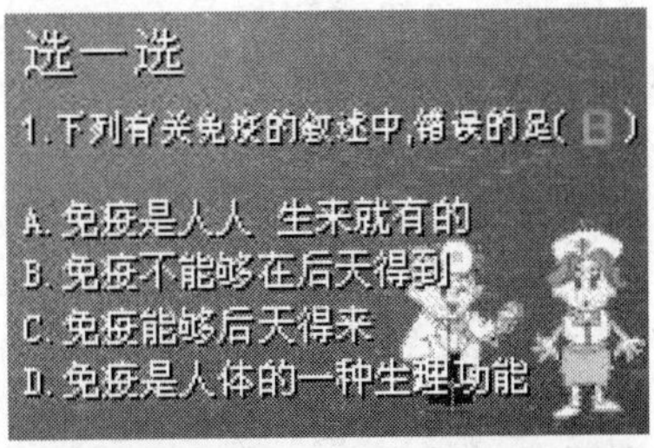

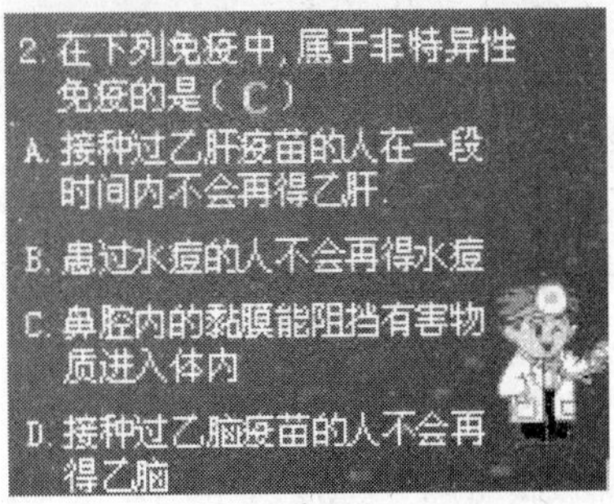
</td><td></td></tr>
<tr><td>讨论、总结</td><td>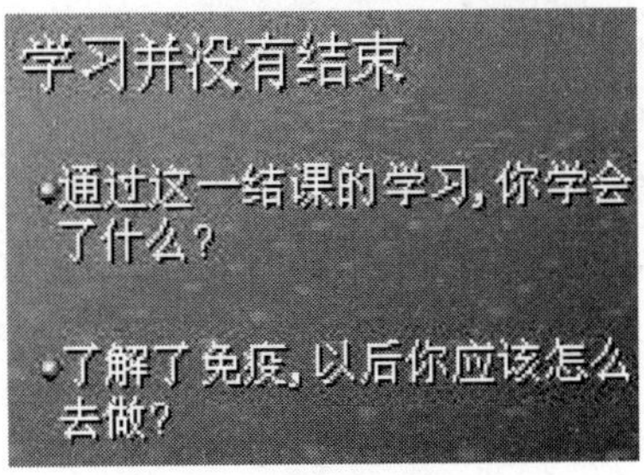
</td><td></td></tr>
</table>

7.9　信息技术在美术教学中的应用

美术是运用一定的物质材料,通过造型手段,创造出来的具有一定的空间和审美价值的视觉形象的艺术。美术教育是在全面发展的素质教育思想指导下,使学生掌握审美基础知识,培养正确的审美观点,形成正确的审美能力和基本的美术综合能力的教育。

7.9.1　信息技术在美术教学中的优势

1. 提高教学效率,增加教学含量

现代化教学媒体可以提高美术教学的效率。它是最有效的信息传递手段,能在教学中增加图像信息量,包括图像数量和高质量图像,给人留下丰富的印象。有资料表明,在一般学科教学中运用多媒体与网络技术的教学,即可比一般教学增加 20%～30%的教学内容,而在美术教学中,这一作用将更大。运用多媒体计算机进行绘画和设计,能节省大量的制作时间。

2. 改进教和学的活动方式

运用现代媒体将极大地激发学生的学习兴趣，有利于学生自选学习内容和自定学习进度，进行个别化教学。大量高质量图像的感知和对于变幻莫测的形象创造及加工，十分有利于学生智力的发展和系统化的形象思维训练。

3. 给学生提供一个想象的天地

丰富的图片、影像、动画等素材为学生的创作提供了一个理想的空间。

7.9.2 信息技术在美术课教学中的应用

1. 建构辅助教学模式，提高教学效率

依据建构主义的学习理论，教师要由知识的传授者、灌输者转变为学生主动学习的帮助者、促进者，要激发学习兴趣，帮助学生主动形成学习动机。而多媒体计算机能使呈现的教学内容形象、生动、富有感染力，能充分地激发学生的学习兴趣和求知欲望，把知识的学习融入新颖别致的娱乐形式，发挥寓教于乐的学习辅助教学模式的优势。

2. 建构工具整合模式，优化课业环境

在辅助教学模式下，学生对计算机有了一定的掌握后，教师可以尝试把一些美术课教学放在微机室上，让计算机成为学生的学习工具。利用计算机生动、友好的界面激发学生的学习兴趣，使他们产生渴望独立动手操作的欲望，在教师的帮助启发下，创作出优秀的作品。

3. 建构网络创新模式，拓展学生思维

现代的信息教育迅猛发展，网络成为我们了解世界的一个重要窗口。在网上建立丰富的鉴赏图库，利用网络改进教与学的活动方式，充分利用网络资源，建立学生个人主页。将网络功能引入美术课堂，对拓展学生知识面，培养创新思维，提高动手能力及建立新型的师生关系都能起到很好的作用。

教学设计案例

小学美术《戏曲脸谱》教学设计

长春市天津路小学　王中子

一、教学目标

(1) 知识目标：学习脸谱常识和临摹方法。

(2) 能力目标：学习运用戏剧脸谱表现人物性格的方法，培养学生的想象力和创造力。

(3) 德育目标：① 通过画脸谱，增强学生对传统戏剧的了解，教育学生热爱民族文化，弘扬民族文化精神；② 通过用脸谱形式表现人物内心世界，教育学生爱憎分明，做堂堂正正的人。

二、教学重点

(1) 学习戏曲脸谱常识和临摹方法。

(2) 学习戏曲脸谱表现方法，启发学生设计思路。

三、教学过程

教学内容	媒体设计	使用说明
导入新课 教师请同学们欣赏一段戏曲，并请同学们说出这是哪一个剧种，剧中的人物有什么特点。		先演示一个京剧的片段，激发学生的学习积极性，让学生走进多彩的脸谱世界。
戏曲脸谱艺术是直接画在脸上的装饰图案，它不同于一般的生活化妆，有一定的程序及规矩。 请同学们说出脸谱有哪些色彩。	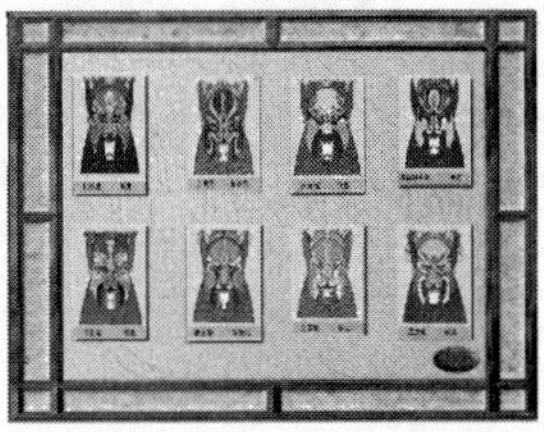	先展示八个脸谱的样式，让同学们欣赏丰富的脸谱图案，了解脸谱的色彩各有不同。
戏曲中往往用脸谱的色彩来反映人的内心世界，如红脸、白脸、黑脸都有一定的含义。		学生在总体感知后，进行逐一的讲解。
分别讲解各色脸谱的内涵及代表人物。 每个脸谱都有一个主色，这个主色表示人物的性格特征。		单击每幅图片会放大，便于学生欣赏、了解。
以画关羽为例，讲解脸谱的绘制方法。 1. 起稿，绘制一张五官图。	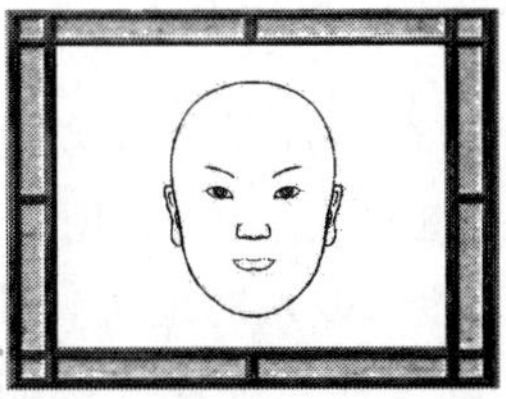	进入该画面后，计算机模仿人自动画出五官图，并可反复播放。便于学生清晰地看到绘制的顺序及线条的走向。
2. 勾画脸谱的纹样。 提醒学生注意：勾画的脸谱纹样要对称、夸张一些。		计算机继续模仿手绘，勾画脸谱，勾画的顺序是对称的。

续表

教学内容	媒体设计	使用说明
3. 涂出主色。 注意要把色彩涂得均匀,色彩要鲜艳。		介绍"平涂法",并多次演示课件。
4. 涂上脸谱的辅色并整理完成。		绘制完成后,可以反复演示这四步,以加深学生的记忆。

7.10 信息技术在中学音乐教学中的应用

7.10.1 音乐学科的特点

音乐是听觉的艺术,通过听觉影响人的情感,从而直接作用于人的心灵,在音乐美感的愉悦和享受过程中,使情感得以升华,产生一种潜移默化的精神力量。心理学的研究成果表明,音乐学习者的认知过程是一个充分调动听觉、视觉、感觉和思维等多种心理因素共同完成的过程。目前,在我们的各级各类音乐课堂教学中,要达到这一点还存在着不少客观的制约,而多媒体和网络技术的应用,为实现这一目标提供了有力的手段。它给音乐教学带来的将不仅仅是方法的改变,而且还将推动音乐教育观念的转变。

7.10.2 信息技术在音乐教学中的应用

多媒体技术的最大优势,是为音乐教学提供了极方便的视、听条件。听觉上的优势有:可听范围宽,包括自己的演奏、CD盘、电脑光盘等;使用者"写入"或"弹入"的音符,可选择各种独立或合成音色,不但可随时录音,还可以及时地进行修改、加工、分步录音、合成播放;多媒体技术还具有人机交互性,使用者可以自由地操纵和调用自己想要听的音响。视觉上的优势主要包括:具有多种音乐参数表,如乐谱、条形谱、力度、速度图形谱、钢琴卷帘谱、声波曲线图以及其他图表形式等,它们极大地丰富了对音乐各个部分的展示;文本材料、说明、各种指导等,可由操作者任意调用、修改;画面、动画和影像,包括历史、人物、歌剧、舞剧演出、音乐会演出实况等真实地展现在学生面前。

重要的是,听与看的内容是同时展现在使用者面前的,这种丰富的媒体刺激,必然给教与学两方面都带来极大的乐趣,并大大提高教学效率。网络技术的优势是为学生学习和教师备课提供了极其丰富的音乐作品及相关的文字材料、影像,教师在课堂上无需讲个不停,对学生感兴趣的知识、内容可以指导他们自己到相关的网站查询，这样既节省了课堂上的宝贵时间，又可以加强学生对现代信息技术的应用能力，培养学生广泛的兴趣。多媒体技术与网络技术应用于音乐教育，将使学生从被动的听课者转变为主动的参与者。当学生面对电脑或大屏幕时，他将从传统的听教师讲什么，转变为从教师的引导和示范中思考自己要什么和怎样做，这将是教育观念的质的飞跃。

教学设计案例

舞剧《天鹅湖》教学设计

黑龙江省哈尔滨市第六中学　李德丽

一、教学目标

知识目标：(1) 了解舞剧体裁、《天鹅湖》曲作者、脚本取材、故事内容。

(2) 通过欣赏使学生了解音乐在舞剧中的地位和作用。

能力目标：(1) 培养学生对音乐的感知能力、理解能力和增强审美能力。

(2) 培养学生的观察能力和想象能力。

二、设计思想

以学生对舞剧《天鹅湖》六个片段的赏析为中心，创设美的情境，促进学生审美能力的提高。

三、教学过程

教学内容	媒体设计	使用说明
一、导入 教师或学生用钢琴弹奏《四小天鹅舞曲》，请同学说出曲名、选自何处、曲作者是谁。	芭蕾舞剧 《天鹅湖》 作曲：柴可夫斯基	这节课我们共同来学习有关舞剧的知识，欣赏柴可夫斯基作曲的舞剧《天鹅湖》片段。(单击鼠标左键出现本节课的课题)
二、《天鹅湖》相关知识介绍 1. 提问：你对柴可夫斯基的了解有哪些？(学生讨论，教师总结)		使学生对柴可夫斯基形象有一个感性的认识。(单击鼠标出现一张柴可夫斯基生平、作品简介图片)
2. 提问：舞剧《天鹅湖》描述了什么样的内容？脚本取材何处？(《天鹅湖》是非常经典的古典芭蕾舞剧，不少同学都有所了解)		先展示图片，结合学生对《天鹅湖》故事情节的理解。(单击鼠标左键动画显示脚本取材文字说明)

续表

教学内容	媒体设计	使用说明
3．教师简介剧中的主要人物： 公　主——奥杰塔 王　子——齐格弗里德 恶　魔——罗特巴尔德 黑天鹅——奥杰莉亚		展示剧中主要人物形象：王子、公主、恶魔及其女儿，共有三幅图片。由于不是整幕舞剧的欣赏，学生对剧中的主要人物有一个初步的印象是非常必要的。
三、舞剧《天鹅湖》赏析 1．第一幕——在古老城堡的花园里。 ① 教师简介剧情。 ② 舞剧欣赏。《圆舞曲》提示：乐曲从弦乐器拨奏的一小段引子开始，接着出现乐曲第一部分的主题，由小提琴奏出，显得特别活跃……	 舞剧描述了王子无忧无虑的快乐生活。 媒体一 **第二幕　月色笼罩下的天鹅湖畔爱情之歌** ——第二幕中王子与公主互诉钟情的音乐	媒体一：文字介绍图片。 媒体二：舞剧欣赏。《圆舞曲》——村民们为庆祝王子成年取悦于王子而跳起的舞蹈。（当鼠标呈小手状时单击左键舞剧开始播放。当鼠标呈箭头状时单击左键进行到下一页。后面舞剧欣赏操作基本相同。）
2．第二幕——在美丽的天鹅湖畔。 教师简介剧情。 ①《爱情之歌》——王子同奥杰塔一见钟情，两人合跳这一段充满抒情气氛的舞蹈。 媒体一：听音乐思考：这段音乐的主奏乐器是什么？为什么用它？采用了何种节拍？ 媒体二：音乐欣赏。 媒体三：结合舞剧欣赏，提示音乐舞蹈所表现的内容。	媒体三 	媒体一：《爱情之歌》主题音乐欣赏，培养学生的听辨能力，加强对主题的理解。（课件进行到这一页时音乐自动播放） 媒体二：双簧管、单簧管在大提琴的拨奏声中奏出的轻巧的节奏性的音乐，在乐曲中较典型。（鼠标呈箭头状，单击左键音乐自动播放） 媒体三：舞剧《爱情之歌》欣赏。
②《四小天鹅舞曲》 设疑：分析音乐的曲式结构，主奏的乐器及表现的情绪，舞蹈的特点。 舞剧欣赏。 学生回答问题，教师小结。	媒体一：《四小天鹅舞》 	媒体一：舞剧《四小天鹅舞》欣赏，通过听和看培养学生的观察能力和分析能力。 媒体二：音乐要素分析图片。

续表

教学内容	媒体设计	使用说明
③《天鹅主题》 设疑：音乐主题分别由哪些乐器演奏？舞剧描述了什么样的情节？ 舞剧欣赏。 回答问题：舞剧描述了在天将亮时，王子和公主依依惜别之情……	媒体二：《天鹅主题》欣赏 	媒体一：《天鹅主题》幻灯片。 媒体二：舞剧欣赏。 此段音乐是整部舞剧中最重要的音乐形象，是一只温柔和悲伤的美妙旋律，既是少女奥杰塔的音乐画像，又象征其命运和两人对幸福和爱情的热烈追求。
3. 第三幕——次日，在富丽堂皇的城堡大厅里。 教师简介剧情。 欣赏《恰尔达什舞曲》。 思考：音乐的曲式结构是什么？音乐与舞蹈表现的情绪有哪些？ 对学生的分析给予适当的点评。	媒体三：《恰尔达什舞曲》欣赏 	媒体一：第三幕文字图片。 媒体二：匈牙利的《恰尔达什舞曲》欣赏。第三幕有多首特性舞曲，这是其中的一首。每首特性舞曲具有鲜明的民族主题，它的交响性发展，丰富的旋律与节奏因素，已经导致了这些体裁的真正革新。 媒体三：音乐曲式结构。
4. 第四幕——在景色凄凉的天鹅湖畔。 剧情简介。 舞剧欣赏——场景及终场的颂歌，是整部舞剧的戏剧性高潮。	 公主被复人形，阳光照在一对幸福的有情人身上。	媒体：终场。（当鼠标显示为小手状时，单击左键播放。当鼠标移动呈箭头状时，根据舞剧情节的变化单击左键出现相应的文字说明，帮助学生理解内容。）
第三部分是本节课的重点，课件将每一幕的场景文字介绍、舞剧片段欣赏、音乐要素的分析等有序地排列、组合。	共制作了七张图片说明、六段舞剧欣赏、两段音乐欣赏。	课件结构紧凑，精彩的舞蹈和交响性的音乐吸引学生的注意力，培养学生的赏析能力、观察能力和审美能力。
5. 通过前面舞剧片段的欣赏请学生总结舞剧的概念和特点。	舞剧：是以舞蹈为主要表现，且综合戏剧、音乐、美术等艺术种类来揭示主题内容，塑造人物形象的一种综合艺术形式。西方国家称舞剧为芭蕾，源于意大利文 balart。	教学媒体：舞剧的概念。 加深对舞剧的理解。

续表

<table>
<tr><th>教学内容</th><th>媒体设计</th><th>使用说明</th></tr>
<tr>
<td>四、总结
回顾六段舞剧音乐的特点，对本节课的教学内容进行总结。</td>
<td>
<table>
<tr><th>序号</th><th>曲名</th><th>节拍</th><th>速度</th><th>情绪</th><th>风格特点</th></tr>
<tr><td>1</td><td>《圆舞曲》</td><td>3/4</td><td>稍快</td><td>热烈欢快</td><td>拥有许多富有表情的旋律</td></tr>
<tr><td>2</td><td>《爱情之歌》</td><td>6/8</td><td>行板</td><td>温柔浪漫羞怯</td><td>富有浪漫主义色彩</td></tr>
<tr><td>3</td><td>《四小天鹅舞曲》</td><td>4/4</td><td>中速</td><td>活泼欢快</td><td>戏谑　幽默</td></tr>
<tr><td>4</td><td>《天鹅主题》</td><td>4/4</td><td>中速</td><td>忧伤激动悲愤同情</td><td>优美的旋律用不同的乐器主奏</td></tr>
<tr><td>5</td><td>《恰尔达什舞曲》</td><td>4/4
2/4</td><td>稍慢
快速</td><td>悲壮欢快</td><td>两个对比性的乐段</td></tr>
<tr><td>6</td><td>《场景及终场颂歌》</td><td>4/4
3/4</td><td>快速</td><td>悲愤紧张胜利喜悦</td><td>交响性的音乐和戏剧性的高潮</td></tr>
</table>
</td>
<td>教学媒体：六段舞剧音乐分析，比较图表。
巩固本节课的赏析内容，加深学生的印象。</td>
</tr>
</table>

7.11 信息技术在中学体育教学中的应用

7.11.1 体育学科的特点

体育教学是集教育性、健身性、娱乐性、实用性和科学性的统一。它既能强身健体，塑造形体美，还能加强学生的组织纪律性，培养学生的群体意识和合作精神。

1. 实践性

学校体育是以身体练习为主要形式，以实践活动为主的一种教育活动。它强调知、情、意、行的统一。

2. 社会性

体育的很多项目都来源于生活实践，是人类在长期社会实践过程中逐渐产生和发展起来的。体育的许多内容都具有很强的竞争性和对抗性，所以体育教学能磨炼学生的意志，提高抗挫折能力和情绪调节能力，体验进步和成功，增强自尊心和自信心，以适应社会，适应自然。

3. 人文性

素质教育的首要目标就是要教会学生做人，强调提高学生的心理素质和社会适应能力。学校体育在修身养性、育德教化方面，具有特殊的功能。

7.11.2 多媒体在体育学科中的优势

多媒体教学的新方法和新手段，在现代教学中发挥着越来越重要的作用。体育课利用多媒体教学已落后于其他学科，然而体育课利用多媒体教学的实效性和必要性却远胜于其他学科。它更能充分显示多媒体所具有的直观性、连贯性、完整性和完美性、高效率和艺术感染力，使比较复杂的动作简单化、明了化，也解决了教师示范不尽完美的问题。通过直观性的观看，还能培养学生的观察力和主动思考的能力。准确优美的示范能感染学生，激发学生的兴趣，愉悦学生的心情，提高体育课的质量，为学生的自我锻炼奠定基础。

体育项目的各种动作多是瞬间完成，动作性比较强，以往教学多采用挂图和教师分解示范，这样缺少动态性和连贯性。借助于多媒体从不同的角度观察，能使学生更直观地看到完整的连贯动作，形成正确的空间概念。利用多媒体把学生的技术动作与正确的技术动作相比较，能使学生一目了然，发现自己的错误并及时改正，减少教师个别指导和个别纠正的时间，提高教学效率。利用多媒体能迅速地算出适合自己的数据，使竞技体育教材化，增强学生的成功感和实际操作能力。

传统教学强调共性，忽视了个性差异，也就是说很难做到区别对待，使每个学生都有提高。通过利用多媒体手段，对学生的锻炼能力和运动感受起到具体有效的指导。

7.11.3　现代教学媒体在体育学科教学中的应用

(1) 在体育教学新课中经常遇到一些技术复杂、难度大的动作，用以往的示范讲解分解法很难达到满意的效果，既抽象又缺乏完整性。利用多媒体使学生从不同角度、不同速度观察技术动作，还能保证动作的完整性、连贯性和具体性，学生很容易在头脑中形成清晰正确的概念。

(2) 复习课中用多媒体将学生动作与正确动作相比较，学生很容易找出自己的错误，改进技术动作。

(3) 在单元教学中用多媒体将学生的自身动作和其他同学的动作相比较，让学生自评、互评。

(4) 利用多媒体提高学生兴趣，拓展学生视野，增大课容量。

教学设计案例

体育课《跨栏》多媒体教学设计

黑龙江省哈尔滨市第六中学　宋振学

一、课题

《跨栏》

二、课时

时长 45 分钟

三、教学目标

技术目标：学生利用计算机分析，得出适合自己的栏间指数，进行练习，提高跨栏能力。

能力目标：利用计算机对全班学生进行相互评价和自评，提高实效性。

德育目标：培养学生勇敢、顽强、果断、不畏困难的精神和体验成功的感受。

四、课型

传习型

五、教学过程

教学内容	媒体设计	使用说明
一、热力节拍 一改开始部分中准备活动慢跑的常规，慢跑既枯燥无味，又达不到热身的效果，让学生跟着多媒体跳热力节拍，既提高了学生的兴趣，达到热身的效果，又使学生在优美的音乐中体会运动乐趣。		选用这组动作是因为图片的动作优美，动感强，对学生有感染力，激发学生学习的欲望，为一节课打下良好的基础。
二、跨栏的柔韧性练习 前、侧弓步压腿，屈腿坐压髋，跪压腿，跨栏坐。 柔韧性练习的同时观看第七届世界田径锦标赛男子110米栏比赛录像，让学生在做柔韧性练习的同时对跨栏有个总体上的认识。	 	本图片栏上的动作准确清晰，使学生对栏上的动作有个正确的认识，形成跨栏跑的意识，激发学生学习的欲望，为下面的教学打下伏笔。 另外，本动作竞争激烈，能激发学生的竞争、参与意识。
三、跨栏的辅助练习 1. 跑过一块垫子。 2. 跑过单放的三个小栏架。 3. 跑过两个并放的三组小栏架。 4. 跑过两个叠放的三组小栏架。		选用这两幅图片是因为图片上清晰地显示小跨栏架上的动作。是跑，而不是跳，让学生形成跑栏印象。 图片上显示的小栏架比较低，栏上动作也比较轻松，让学生感到跨栏比较容易，消除畏惧感。
四、跨栏的完整练习 1. 放跨栏完整动作的示范录像，并在一侧打出跨栏的技术要领。 2. 跨过中栏高度的自制简易栏。 3. 跨中栏及标准栏间距练习。		正确引导学生从不同角度细心观察示范动作，可以使其感知动作形象，了解动作结构、程序、要领、方法，明确动作的时间、空间关系，既有利于掌握动作技术，又利于培养学生良好的观察能力与习惯。

续表

教学内容	媒体设计	使用说明
4. 放学生录像与正确示范录像进行对比。 5. 测出每个同学跑 50 米所用的时间并输入计算机中，为下面教学作准备。	   	通过学生的动作与标准动作的比较，让学生辨别动作的对与错、优与劣、成功与失败的异同，以激发学生的兴趣，培养学生自主学习、主动思考、发现问题、解决问题的能力。 输入数据，通过分栏指数计算软件，计算出符合个体的栏间距。调整栏间距，提高跨跑能力，使每个学生成功地跨过每一组栏，减少失败的自卑感，体验成功的快乐，激发学习锻炼的兴趣，培养勇敢顽强拼搏的精神，增进学生的心理健康，提高学生的社会适应能力。改变栏间距是竞技体育教材化、个性发展的重要体现，把竞技体育跨栏变成发展学生奔跑与跨越障碍和克服障碍的能力。女子 100 米栏慢放画面，动作舒缓、优美，有利于学生身心放松，也使学生互评有了依据和参照。
五、分组练习 1. 技术要领 摆动腿，大腿带动小腿。 前摆，足跟前蹬，上体前倾，异侧臂前伸，下压摆动腿的同时用力提拉起跨腿，大小腿折叠膝关节外展，两臂前后摆动。 2. 重点 大腿带动小腿前摆。 3. 难点 足跟前蹬。		
六、结束部分 1. 放松。 2. 学生互评，教师小结。 3. 收器材。		

第8章　教育技术与教师专业发展

学 习 目 标

1. 理解教师专业化与教师专业发展的内涵。
2. 能阐述教师专业素养的构成。
3. 理解教育技术在教师专业发展中的角色与作用。
4. 了解师范生教育技术能力培养的必要性,能够为自己制订教育技术能力发展规划。
5. 能阐述教师网络教学素养的基本构成。
6. 了解促进教师专业发展的教师教育技术项目。

实 践 建 议

1. 为自己制作一份教师专业发展规划表,关注教育技术能力的提升。
2. 为自己制订一个教育技术能力自主发展计划表。
3. 通过互联网查询全国中小学教师教育技术能力发展计划、Inter 未来教育项目、教育部—微软(中国)"携手助学"项目、农村中小学现代远程教育工程等促进教师专业发展的教育技术能力发展项目的相关信息。

8.1　教师专业发展概述

8.1.1　教师专业化

"教师"一词一般具有两方面含义:一是作为一种促进社会发展的"职业",一是作为一种从事教师职业的"社会角色"。前者将"教师"看做一种与个人生存、社会发展相关的"教书育人"职业;后者将"教师"看做教育教学活动中的一个基本要素,扮演"传道、授业、解惑"的社会角色。相应地,教师专业化也涵盖两方面含义:一是教育职业的专业化;二是作为从事教师职业的个体的专业化。前者主要指教育职业经过一段时间后不断成熟,逐渐形成自己独特的职业要求和职业条件,具有鲜明的专业标准,并获得相应的专业地位;后者指个体为了获取"教师职业"资格或在职业实践中扮演好"教师"这一社会角色,为了更好地承担这一社会角色的责任以成为一个良好的教育专业工作者,需要通过专业培养、自主发展等途径形成专业素质,提高专业水平。由此,教师专业化是由教师职业的专业化与教师个体的专业化共同构成的,两者相互作用、相互依赖,教师职业的专业化是教师个体专业化的前提保障,教师个体专业化是教师职业专业化的重要目的。教师职业的专业化涉及由多个教师个体组成的一个群体的专业化,因此,教师职业的专业化离不开教师个体专业化的根基与推动,反之,教师个体的专业化也离不开教师职业专业化的支持与牵引。教师职业专业化将教师个体定位于“专业人员”，确定了教师的社会地位，为教师个体的专业化发展提供了平台与基本保障，使社会与教师本人可以更加充分地认识到教师的个体价值，可以激发教师的潜能，促进教师的专业发展，从而最终提升教师职业的专业化程度。

教师专业化以承认教师职业是一种专业性的职业为前提。顾明远教授(2004)曾专门论证教师职业专业化的必要性，指出“社会职业有一条铁的规律，即只有专业化才有社会地位，才能受到社会的尊重。如果一个职业是人人可以担任的，则在社会上是没有地位的。教师如果没有社会地位，教师的职业不被社会尊重，那么这个社会的教育大厦就会倒塌，这个社会也就不会进步。”叶澜教授(1998)认为，关于一种职业能否被称为专业，并不仅仅以学历或对业务提出一定的要求为标准，而要综合考虑多方面因素，其中有三个基本依据：首先，作为专业的职业实践必须有专业理论知识作依据，有专门的技能作保证，并遵循一定的、区别于其他专业的职业要求。为此，从事专业工作的人员在任职前必须接受过规定的专业教育以掌握专业的理论知识，习得专业的技能并获取区别于其他专业的专业就职资格；在工作实践中应知晓自己职业行为的理论依据，而且还承担发展专业理论的任务，这与只需要短期技能性训练就能胜任工作的非专业性职业有明显的区别。第二，每一个作为专业的职业，都承担着其特定的、重要的社会责任。它要求从业人员具有把社会利益、服务对象的利益放在首位的从业精神，具有较高的职业道德要求，在专业内有必须遵守的道德规范。第三，作为专业的职业，在本行业内应该具有专业性的自主权，比如应有自己的专业评价标准，自主规划的专业发展目标，有自己的专业人员考核标准等。

目前，国内外许多学者从教师职业专业化的角度理解教师专业化，一般将教师专业化的含义界定为(叶澜，1998)：

第一，教师专业化既包括学科专业性，也包括教育专业性，国家对教师任职既有规定的学历标准，也有必要的教育知识、教育能力和职业道德的要求；

第二，国家有教师教育的专门机构、专门教育内容和措施；

第三，国家有对教师资格的认定制度和管理制度；

第四，教师专业化是一个发展的概念，既是一种状态，又是一个不断发展的过程。

美国卡内基财团组织的“全美教师专业标准委员会”倡导《教师专业化标准大纲》，明示了如下制订专业化量表的基本准则，为形成教师“专业化”的社会共识和相应政策提供了基础(钟启泉，2001)：(1) 教师接受社会的委托负责教育学生，照料他们的学习——认识学生的个别差异并做出相应的措施；理解学生的发展与学习的方法；公平对待学生；教师的使命不停留于学生认知能力的发展。(2) 教师了解学科内容与学科的教学方法——理解学科的知识是如何创造的、如何组织、如何同其他领域的知识整合的；能够运用专业知识把学科内容传递给学生；形成达于知识的多种途径。(3) 教师负有管理学生的学习并做出建议的责任——探讨适于目标的多种方法；注意集体化情境中的个别学习；鼓励学生的学习作业；定期评价学生的进步；重视第一义目标。(4) 教师系统地反思自身的实践并从自身的经验中学到知识——验证自身的判断，不断做出困难的选择；征求他人的建议以改进自身的实践；参与教育研究，丰富学识。(5) 教师是学习共同体的成员——同其他专家合作提高学校的教育效果；同家长合作推进教育工作；运用社区的资源与人才。

我国有关法律已经为推进教师专业化提供了基本的制度保障。1994年我国开始实施的《中华人民共和国教师法》规定："教师是履行教育教学职责的专业人员"，第一次从法律的角度确认了教师的专业地位，在师范教育史和教师队伍建设史上具有划时代的意义。1995年，国务院颁布《中华人民共和国教师资格条例》。2000年，教育部颁布《〈教师资格条例〉实施办法》，教师资格制度在全国开始全面实施。2000年，我国出版的第一部对职业进行科学分类的权威性文献《中华人民共和国职业分类大典》，首次将我国职业归并为八个大类，其中教师属于"专业技术人员"一类，定义为"从事各级各类教育教学工作的专业人员"。

8.1.2 教师专业素养

教师专业化决定教师职业是一个有自身特定专业素养要求、特定专业责任、特定专业发展特点的职业种类。具备教师的专业素养是从事教师专业工作的必须条件。讨论教师专业素养的构成有利于明确教师专业发展的目标与任务。

1. 教师的专业知识

(1) "知识"的内涵

"知识"本身是一个非常复杂的概念。许多学者通过区分数据、信息、知识与智慧来理解知识，认为知识就是有意义的信息，或者是通过学习、调查、观察、体验等方式获得的理解、感知、了解。个人对信息的解释又往往基于个人原有的经验、技能技巧，而智慧是学习个体通过对集体经验与专长的学习获取知识后才能体现。另一个视角是将知识进行分类来理解"知识"的内涵。比如，联合国经济合作与发展组织(OECD)将知识分成四类：知道是什么的知识(know-what)，是指关于事实方面的知识；知道为什么的知识(know-why)，是指原理与规律性的知识；知道怎样做的知识(know-how)，是指做某些事的技巧，诀窍与能力；知道是谁的知识(know-who)，涉及谁与所做的事有关的信息，包含了特定的社会关系。当前另一种颇受关注的知识分类是显性/隐性知识分类法。英国的波兰尼在其著作《个人知识》中首先提出了显性/隐性知识的概念。显性知识和隐性知识的划分突破了过去人们对知识的认识，将未经系统化处理的经验类知识给予了重视和承认。近年来，日本学者野中郁次郎等人通过解释显性/隐性知识的转化过程来解释知识创造/管理原理，也在很大程度上推动了显性/隐性知识分类法的进一步发展。

(2) 教师的专业知识

教师的专业知识具有开放性和实践性，它将随社会发展、科学和教育理论的发展及教师个人实践经验的积累、对教育的体验与理解的变化而变化。叶澜教授认为，未来教师的专业素养在知识结构上不再局限于"学科知识＋教育学知识"的传统模式，而是强调多层复合的结构特征，其中主要包括三个层面(叶澜，1998)：第一个层面是有关当代科学和人文两方面的基本知识，以及工具性学科的扎实基础和熟练运用的技能、技巧；第二个层面的知识是教师胜任教学工作的基础性知识，是指教师应该具备一至两门学科的专门性知识与技能，两门学科的性质可以是临近、相关的，也可以是相距甚远的，随教师本人的兴趣和能力选择；第三个层面属教育学科类，它主要由帮助教师认识教育对象、教育教学活动和开展教育研究的专门知识构成。

申继亮教授(2007)认为教师的知识可以分为四个方面的内容：本体性知识(subject-matter knowledge)、条件性知识(conditional knowledge)、实践性知识(practical knowledge)和文化知识(cultural knowledge)。

① 本体性知识

本体性知识是指教师所具有的特定的学科知识，是教师必须掌握并要努力传授给学生的知识内容，比如，语文教师必须掌握的语文学科的知识、数学教师必须掌握的数学学科的知识。教师的本体性知识是教学活动的基础。

② 条件性知识

条件性知识涉及如何教的知识，即如何将本体性知识以学生易理解的方式表达、传授给学生。教师主要使用教育学和心理学规律来思考本体性知识，即对具体的本体性知识做出教育学和心理学的解释。例如，如何激发学生学习动机、在课堂中如何组织、如何设计和实施测验等。因此，教育学和心理学知识常常被称为成功地进行教育教学的条件性知识。

③ 实践性知识

实践性知识是指教师完成具体教学行为的过程中所具有的教学情景知识。实践性知识一般具有以下五个特点(钟启泉，2001)：其一，它是依存于有限情境的经验性知识，比起理论知识来说缺乏严密性和普遍性，却是一种鲜活的、功能灵活的知识；其二，它是作为一种"案例知识"而积累并传承的；其三，它是以实践性问题的解决为中心的综合多学科的知识；其四，它是作为一种隐性知识发挥作用的；其五，它是一种拥有个性性格的"个体性知识"，这些知识是通过日常教育实践的创造与反思才得以形成的。

④ 文化知识

文化知识是指教师需要具备广博的文化知识，以其文化素养去潜移默化地影响、教育学生。

另外，在我国"基础教育新课程标准体系"对教师的评价中，对教师所应具备的"知识"所提出的评价标准包含"学科知识"和"文化素养"两个方面。对"学科知识"提出的要求是：第一，正确掌握本学科的有关概念；第二，灵活应用本学科的基本方法；第三，了解本学科的动态与发展前沿；第四，熟悉本学科的基本体例；第五，善于将学科知识与生活实际相结合。对"文化素养"提出的要求是：第一，热爱学习，有良好的阅读习惯和获取新知识的意愿，能够主动地从生活实践中不断总结、学习新知；第二，具备基本的百科常识和生活常识，能够较为自如地应付日常生活的需要，并可灵活地在各知识间建立联系；第三，了解和热爱祖国文化，熟练掌握祖国文字；第四，具备较高的文明礼仪水平。

2. 教师的专业能力

所谓能力，是指"以人的一定的生理和心理素质为基础，在认识和实践活动中形成、发展的完成某种任务的能动力量"(罗树华，李洪珍，2000)。教师的专业能力是一种特殊的能力，它是教师从事教育教学活动所需要的专业技能和技巧的总称。教师需要具备有效完成教育、教学工作及促进自我提高的多种能力。比如，教师应该具备教育能力，包括了解、评价学生、进行心理教育和组织管理等能力，应该具备教学能力，包括教学设计、实施与评价等能力，应该具备自我反思、终身学习的能力等。叶澜教授(1998)特别强调了现代教师应该具备的三种专业能力：

第一，理解他人和与他人交往的能力。教育系统是一个人—人为主的工作系统。首先，教师要实现有效的教育，使学生积极主动地投入到教育活动中去，必须与学生进行有效的对话和沟通。其次，教师是教师群体中的一员，需要与其他教师进行合作。第三，教师还应该与家长、社区各有关机构中人员建立合作和相互支持的关系以形成教育合力促进有效工作。教师的工作是为了人，通过人与人之间的合作和共同活动，对人的发展产生积极影响，故理解人和与他人交往的能力是最基本的能力。

第二，管理能力。教师在教育活动中不可推卸地承担着组织者和管理者的责任，不但需要具备按教育目的规划教育活动的决策与设计能力，也需要良好的人员组织与管理能力。教师要力求使管理工作本身也成为一种教育力量，把班级学生管理工作，变为锻炼学生、培养学生自我管理和团结合作能力的手段，变成让学生在为集体作贡献过程中展现特长、发挥优势的舞台，促进学生的自主学习，培养学生的团结协作意识。

第三，教育研究能力。教师工作本身具有研究的性质。王长纯教授(2001)指出："教师的工作是否具有研究的性质，关键在于我们如何理解教育和如何理解研究。如果仅仅从知识的传递出发去理解教育，教师只能是一个教书匠的角色；如果从每个学生的成长出发，那么，教师的工作就总是在实现着文化的融合、精神的建构，永远充满着研究和创造的性质。"教育研究能力主要是指研究学生及教育实践的能力，是高质量教育和教师自身专业能力不断发展的必要条件。具有教育研究能力的教师具备对自己的教育实践和周围发生的教育现象的反思能力，善于从中发现问题、发现新现象的意义，对日常工作保持一种敏感和探索的习惯，不断地改进自己的工作并形成理性的认识。

3. 教师的信息素养

所谓信息素养，是人们对信息这一普遍存在的社会现象重要性的认识，以及他们在信息社会活动中所表现出来的各种能力的综合素质，它包括信息意识、信息能力、信息思维、信息手段、信息伦理道德等具体内容。教师应具备的信息素养，一般可以分为四个不同的层次，即：基本信息素养、学科信息素养、特殊信息素养、科研信息素养。基本信息素养，是指一个教师平时必须具备的关于信息方面的一般的观念、意识、知识、技能，这是对教师的基本要求；学科信息素养，就是教师在进行具体的学科教学中所具备的信息知识和能力；特殊信息素养，是指计算机教师、教育技术工作者要具备的专业的信息知识和能力；科研信息素养，是指一个教师进行科研活动所要具备的信息知识、信息能力。在这四种信息素养当中，基本信息素养是形成学科信息素养、特殊信息素养、科研信息素养的基础，基本信息素养是每一名教师都应具备的。在此我们仅就中小学教师所应具备的基本信息素养做一些探讨。教师的基本信息素养，又可分为如下几个方面：

(1) 适应信息时代的教育观念

信息时代的教师首先应具备适应信息时代的教育观念。这里所指的教师的教育观念，不是广义的大教育观念，而是狭义的，具体体现在如下两个方面：

教师的学生观：无论是教师还是学生，都是教育系统中的具有平等地位的信息要素，都是信息的接收者和发送者；学生在教学过程中占有主体地位，他们能够积极地、主动地选择、吸取信息，而不是被动地接收；教育、教学信息的顺利流通需要师生的共同努力；教学相长，教师在教的同时需要及时地收集反馈信息，调整自己的教学。

教师的自我认识能力：教师本身也是学习者，为了使教育教学系统的运行更加协调，教师需要把握时代的脉搏，不断地学习，不断地充实、提高自己。

(2) 信息意识、道德与伦理

教师的信息意识：在信息时代中的教育预见能力和教师从信息论角度对教育系统的认识。

教育预见能力：指教师要根据当前的信息技术、社会生产等各个社会领域的发展，预见这些发展可能带来的影响，并采取对策，制订合理的教育目标。信息时代的发展极为迅速，教育的超前性特征将更加突出。教师必须具备超前的教育意识，努力提高自身的教育预见能力。

对教育、教学系统的认识：从信息论角度看，教育、教学信息是教育、教学系统中最活跃的因素。教育、教学系统是一个开放的信息系统，系统中的教师、学生、工具(手段)、信息内容等各种信息要素必须在协调与竞争中处理好关系，以保证系统的开放性，从而使该系统得以存在和发展。

信息道德与伦理：教育以“德”为先。先进的信息技术为教育、教学信息的获取、加工、传输提供了极大的便利，使教育、教学系统具有更强的开放性，但同时也带来了一些与传统道德伦理相悖的新现象，如黑客现象、网络安全、网络信息共享与版权问题等，这些新的现象都是值得教师注意的。教师在应对信息的共享性方面应有充分的认识，在对信息的获取、加工、处理、传输过程中要具备一定的信息道德与伦理。

(3) 信息基础理论

信息基础理论包括对信息的含义、性质等一般知识的掌握；对整个信息科学的了解；对现代信息技术发展的一些基本看法。

(4) 灵活使用信息工具(手段)

信息技术的发展为教师提供许多新的传授知识的工具(手段)，幻灯机、录像机、电视等常规媒体已在中小学得到了大面积普及；个人计算机、多媒体信息技术、互联校园网等的推广和应用，使教学活动在很大程度上突破了时空的限制，整个教学过程具有更强的直观性和自我操作性；使用信息工具，形成适合自己的教育、教学信息系统，正逐渐成为教师日常教学中的主题。信息工具(手段)将在未来的教育、教学中扮演越来越重要的角色。教师只有掌握了相应的信息工具(手段)的操作技能，才能适应信息时代中教师角色的转变，充分开拓教学空间，教会学生如何自主地去检索和获取所需知识。

(5) 有效利用信息资源

教师对信息资源的利用包括两个层面：一是指借助适当的信息工具(手段)，选择、接收、存储、加工(处理)、传输、反馈教育、教学信息；二是指善于对各种信息进行判断，做好教育、教学决策。信息时代要求教师能及时地、有效地通过各种渠道，借助各种信息工具(手段)汲取新知识、新理论，学习新技术，经过选择、加工、提炼、综合，转化为教育、教学信息传递给学生。

8.1.3 教师专业发展

广义上，教师专业发展既包括社会个体从非教师到教师的专业准备与专业资格获取的过程，又包括从教学新手到专家型教师的专业成熟过程。狭义上，教师专业发展主要指作为教育职业的从业者——教师(已经就职的教师个体或由个体构成的群体)在教师职业专业化的背景下,在教师职业这个专业领域履行专业职责、完成专业任务、促进专业发展并不断借助外部支持和内部努力发展自己的专业素质的过程,是教师内在专业结构不断更新、演进和丰富的过程。本章的讨论将在广义上理解教师专业发展,因此并不刻意区别职前教师(或打算成为教师的社会个体)和在职教师,因为随着教师职业的专业化程度的提高,每一个在职教师必然要经历专门的职前教育,而这种职前教育也是教师专业发展的必然组成部分。

中央教科所研究员田慧生认为(鲍东明,高靓,2007),教师专业发展包括三方面内容:一是价值观引领下的教育理念与专业精神的不断重构与塑造,这是对教师专业成长的定向。教师专业发展最根本的问题就是对教育工作的正确认识和判断,在此基础上逐步形成符合教育规律和时代需要的教育理念及专业精神。二是基于广泛学习的专业和非专业知识的不断拓展,这是教师专业成长的根基。作为一个专业化的教师,专业知识和专业技能的达标是一个最基本的要求。现代合格的教师只有专业知识是不够的,非专业知识的不断拓展对于教育专业化而言也是重要的。教师要增加教学的魅力,增加可持续发展的能力,就需要不断地拓宽知识视野。只要和教学、人生相关的,现代教师都要广泛学习、阅读,这与教师的科学素养、人文素养的提高密切相关。三是反思学校日常生活基础上的教育智慧的不断提升,这是教师走向卓越和优异的催化剂。教育智慧是教师在长期的教育实践、感悟、反思过程中,在理论学习和教学工作的不断融合中逐步形成的对教育教学工作的规律性把握、创造性驾驭、深刻洞悉、敏锐反映和灵活应对的综合能力,是教师教学工作达到自由和谐状态和境界的基本标志。

教师专业发展具有阶段性。北京教育学院钟祖荣教授等学者从最能反映教师成长变化的两个指标(教师的素质和工作成绩)这一基点出发,认为教师专业发展包括四个阶段(李斌,2003):准备期、适应期、发展期、创造期,每个阶段结束时的教师可以分别称为新任教师、合格教师、骨干教师、专家教师。"准备期"是指教师职前教育阶段,是从事教师工作前接受教育和进行学习的阶段。"适应期"是教师走上工作岗位,由没有实践体验到初步适应教育教学工作,具备最基本、最起码的教育教学能力和其他基本素质的阶段,其周期大体上为1～3年。"发展期"是教师在初步适应教育教学工作后,继续在教育教学实践中锻炼自己的教育教学能力和素质,使之达到熟练程度的时期。在这一时期,教师在教学工作方面日趋熟练,其素质发展日趋全面,教育工作重心由"自己做好"转向关心学生;教师度过这一阶段的时间差别较大,成长速度较快的大约需要3～7年,也就是工作以后的4～10年,有些教师则可能一生都在这个阶段中度过。"创造期"是教师开始由固定的常规的自动化的工作,进入到开始探索和创新的时期,是教师形成自己的独到见解和教学风格的时期。处于"创造期"的教师具有强烈的创新意识、科研能力明显提高、理论水平大幅度增长。骨干教师要成长为专家教师需要经历长时期的积累。对特级教师的调查表明,从走上工作岗位,到对教育问题有比较系统的见解,取得较多的研究成果和实践成果,大约需要16～25年时间。

教师专业发展有不同的途径与策略,既包括职前教育中的系统培养策略,也包括职后教育中的各级各类培训、基于教师共同体的协作发展、基于教师自主设计的自主发展,等等。傅建明(2007)在其著作《教师专业发展——途径与方法》中基于案例分析,详细地阐释了七种教师专业发展途径:基于"教历"的教师发展、基于"研究"的教师发展、基于"教学合作"的教师发展、基于“自主”的教师发展、基于“教学反思”的教师发展、基于“同伴互助”的教师发展、以及基于“专业引领”的教师发展。程晓媞(2008)认为当前促进教师专业发展的有效途径包括:教师要树立终身学习的观念;促进教师教育理论更新;重视国际教育资源的参与;明确规定教师行业的准入条件;提高教师行业的待遇。可见,无论是何种专业发展途径都需要关注教师的内在需求与动力,需要综合应用各种有利条件为教师专业发展提供良好的环境(包括制度环境)。

在教师专业发展趋势方面,有学者(于发友,2004)认为,21 世纪以来,国内外教师专业发展存在五大趋势:一是教师的专业发展制度逐步成为大学教育制度的重要组成部分;二是教师教育研究能力的培养成为教师专业发展的重中之重;三是教师专业发展越来越依靠教师教育改革,并要求发挥教师在任职学校的作用;四是教师任用实现证书化,教师专业工作者的社会形象日趋凸显;五是教师教育机构和课程实施认定制度,为教师专业化保驾护航。可见,教师专业发展受到了越来越多的重视,且逐步正规化、制度化,强调职前教育与职后发展的一体化,重视教师在自身专业发展中的主体地位,要求教师自主、积极地规划、反思、推动自身的专业发展。

8.2　教育技术在教师专业发展中的角色定位

教育技术依据系统、科学的思想和方法,将目标直接指向解决教育教学中存在的问题,充分利用各种技术、手段和方法,旨在有效帮助教师解决在实际教育教学过程中遇到的问题。教育技术的理论与实践既是教师专业发展的内容,又极大丰富了教师专业发展的内涵,提升了教师的专业形象,也必将为教师专业发展创造新的契机,带来积极的影响,提供强有力的支撑。从这个角度上看,教育技术在教师专业发展中主要有两种角色:一是发展的对象的角色——教育技术能力本身是教师专业能力的基本构成;二是促进者的角色——教育技术可以促进教师专业发展,为教师专业发展提供有力支持。

8.2.1　教育技术能力是教师专业能力的基本构成

教育技术能力是教师必备的专业实践能力。教育技术是指运用现代教育理论和现代信息技术,通过对教学过程和资源的设计、开发、利用、评价和管理,以实现教学优化的理论和实践。首先,教育技术具有丰富的理论内涵。教育技术是运用“三论”(系统论、控制论、信息论)的观点和方法来研究、解决教育、教学问题,其中涉及教学理论、学习理论、传播学理论以及心理学理论等。第二,教育技术与教学的切入点是教学过程,目的是优化教学过程,手段是媒体技术,方法是系统科学。教学过程是一个实践的过程,教育技术具有深厚的实践意义。教育技术的理论只有在具体的教学实践中才能得以发展,在实践中需要将理论指导转化为具体的方法和技巧,以推动整个教学过程的优化。第三,教育技术是以现代教育思想为指导、现代信息技术在教育中的运用为特色的,始终与时代的发展紧密联系。信息技术和教育理念的不断发展,给教育技术赋予了充实的内涵与无限的生命力。现代教育技术的应用,不仅改变着教育方式和教学过程,也改变着教师分析和处理教育教学问题的思路。教育技术在国内外教育实践中已经成为促进当代教育系统变革的新要素。飞速发展的现代信息技术为教育带来了良好的机遇，尤其是在物质层面上，它可以物化为先进的教学媒体——承载更丰富的教学资源，更有效地表现教学内容，为教学提供更便利的工具(手段)，使教育者和受教育者都具有更大的选择性和主动性。由此可见，教育技术能力是一种具有理论性、发展性与实践性的综合能力。

在1996年联合国教科文组织国际教育局有关“教师在多变世界中的作用”的论坛中，教育学家讨论了教师要具备什么专业知识与技能才能适应当今社会对教师的要求(肖川，2004)：“教师必须学习什么(和怎样学习)才能解决好和教育学密切相关的以下主要问题：(1)为什么而教？(2)教什么人？(3)在什么地方教？(4)教什么？(5)怎么教？(6)用什么去教？(7)用什么评价和怎样评价？(8)怎样改进教学和学习？”教育技术能力是与这八个主题紧密相关的一种综合实践能力，直接指向解决教育教学中的实际问题，是教师必备的专业实践能力。何克抗教授认为，要提高教师的专业化水平，关键是要提高教师应用教育技术的能力——这是因为教育技术能力的核心内容是教学设计，而教学设计是把教学理论、学习理论与教学实践紧密结合在一起的桥梁科学；它要依据教学理论和学习理论对整个教学过程、教学活动、教学步骤进行科学而具体的规划；要为广大教师提供一套有效而且可操作的策略与方法。这就表明，教育技术能力是任何学科的老师都必须具有的能力，是大、中、小学每一位教师都必须具有的能力，也就是“如何进行教学的能力”。(何克抗，2005)

8.2.2 教育技术促进教师专业发展

1. *教育技术促进教师教育观念的更新，为教师专业发展提供活性土壤*

教育技术本身以现代教育思想为指导，将教育的终身化、民主化、个性化作为现代教育观念体系的核心部分，并指导具体教学实践，为教师专业发展提供了观念背景。现代教育技术关注信息技术在教育教学中的应用。以计算机为核心的信息技术能够使各种教学信息资源、各种先进的教学媒体之间具有高度的灵活性和可重组性，使教师与学生有多种选择，充分体现了尊重人、以人为主体的教育思想，使教育的终身化、民主化、个性化具有实践价值。教育技术的发展往往代表了国际上教育发展和改革的新动向及新成果，由此带来了教育内容、教育手段、教育制度等多方面的巨大变化，使人们重新思考、定位教育系统中的一系列问题，为教育自身发展提供了内部动力。同时，信息技术使人们的生活方式等方面也逐渐发生深刻的变化，并引起人们在观念上的变革，从而潜在地推动教育观念的现代化，为教师专业发展提供了催化剂。

教育技术从系统论出发，将教育确定为一个与社会融为一体的“教育系统”，促进教师全面、系统地考虑影响教育教学的各种因素，使教师的教育观念具有开放性与动态性。所谓系统，是指由相互联系、作用和依赖的若干部分(成分或要素)组成的有确定功能的有机体。任何一复杂的系统内部各成分(或要素)之间必然存在着协同和竞争，协同和竞争既对立又统一，成为系统由无序向有序转化的动因。要使系统中协同与竞争都自觉地发生积极影响，推动系统的深化发展，就必须使系统处于开放状态。因此，保持开放性是系统得以存在和发展的前提条件。教育系统包括各种人力因素和非人力因素，简单地说是教育者、受教育者、教育内容、教育方式四个基本要素相互作用的综合体。教育系统是教育主体与教育客体的对立统一，教育过程是一个组织过程。现代教育应该充分发挥受教育者的主体地位，使受教育者以积极主动的、有创造潜能的自在个体进入教育过程；重视教师的主导作用的发挥，协调教育过程各个因素之间的关系，使整个教育系统处于开放状态，利用教育系统内部的动力来推动教育进程。教育技术与时代的发展息息相关，现代的教育思想，先进的信息技术，保证了教育系统的开放性。

2. 教育技术促进信息技术在教学中的有效应用，为教师专业发展提供广阔的发展空间

如果说现代教育技术所蕴含的与时俱进的教育观念和学习观念为教师专业发展提供了活性土壤，那么教育技术理论指导下的信息技术在教学中的有效应用就为教师专业发展插上了自由飞翔的翅膀，为其提供了一个广阔的发展空间。教师职业是一个实践性非常强的专业职务。教师专业实践能力的提升是教师专业发展的根本目的，教师专业实践是教师专业发展的根本途径。教师的专业发展只有根植于教育教学实践中，才可以获取根本性的、长远的发展动力。教育技术研究对象是有合适技术支持的教学过程与教学资源，研究范畴则是对有合适技术支持的教学过程与教学资源的设计、开发、利用、管理与评价。虽然所指的“合适技术”不能仅仅理解为信息技术，而是包括了现代技术、传统技术、有形的物化技术和无形的智能技术，但在信息技术飞速发展的信息时代，多数情况下却是指信息技术（何克抗，2005）。教育技术应用中最为活跃、实践性最强的正是信息技术在教学中的应用。

祝智庭教授认为，教育技术可分为技术工具、技术方法、技术理性三个层面（刘向永，2003）：技术工具一方面支持教学，另一方面也支持教师的其他专业实践工作，包括教师的科研、常规工作、自身的专业发展；技术方法可以指导技术的运用，信息化教学设计是一类很重要的技术方法；技术理性涉及技术工具和技术方法如何有效、合理、合法、合情地运用，是一种关于技术应用的元认知。在教育技术相关理论、方法的指导下，信息技术在教学中可以有不同的角色定位，不同的应用层面，不同的应用模式，因此可以为教师的专业实践提供广阔而灵活的空间。教师可以根据自己特点以及教育教学需求，灵活地选择、应用不同的信息技术以及不同的信息技术应用方法，来优化教育教学实践过程，达到教育教学效果最优化，从而最终提高自己的教育教学实践能力，实现专业化发展目标。

3. 教育技术促进教学方式变革与教师角色转变，为教师专业发展提供新动力

教育要面向现代化，面向世界，面向未来。其中面向现代化，一方面指的是为现代化建设事业服务，另一方面也包括要有现代化的教育思想、观念，还包括现代化教育技术手段的应用。现代教育技术重视各种技术的应用，更重视教育思想、观念和理论的指导；既要重视优化“教”，更要重视优化“学”；既要重视“教学资源”，更要重视“教学过程”的设计和开发。现代教育技术是推进教育教学改革的不可或缺的要素，是变革教与学方式的有效途径。现代教育技术在教育教学中的应用促进人们重视思考教与学的方式，使人们将关注重心从单纯重视教师的“教”到以学生的“学”为中心，强调“教”对“学”的支持。学习方式是学习者根据社会要求和社会条件，以及学习任务和自身特点，在学习过程中所选择的学习模式和学习渠道。学习方式的选择既受到客观条件的限制，也受到主观因素的制约。学习方式体现了学习者在完成学习任务过程中的基本行为特征和认知取向，不仅包括具体的学习方法和学习策略，而且涉及学习风格、学习习惯、学习意识、学习态度等心理因素。信息技术的飞速发展给人类学习带来了系列变化，适当的技术支持可以改善人类的学习，使人类学习变得更加便利，更加有效。随着计算机技术与网络技术在教学中的广泛应用，基于数字化、网络化学

习平台的，以学习者的个性化学习、自主学习、协作学习、探究式学习、终身化学习为主的学习方式受到了越来越多的关注。

引导学生形成良好的学习方式，对于提高学生的学习绩效，培养学生的创新能力有着重要意义，不但体现出鲜明的时代精神，而且也蕴涵着深厚的理论意义。著名未来学家尼葛洛庞帝(1996)在其著作《数字化生存》中指出："在我们的社会，有学习障碍的学生可能远没有我们想象的那么多，倒是有障碍的教学环境之多远远超出了我们的想象。"不同的教学环境往往支持不同的学习方式。适当的教学环境将有利于引导学习者形成、发展适应时代发展的、有助于提高学习绩效的学习方式。如图 8-1 所示，美国学者泰普斯科特在其著作《数字化成长——网络世代的崛起》中提出由网络时代广播式学习到互动式学习的八个转变。为了适应这种转变，教师可以利用教育技术来优化信息技术在教育教学中的应用，来指导数字化教学资源的设计与开发，创建适当的数字化、网络化、交互式教学环境以促进学习者学习方式的变革与发展。

图 8-1　从广播式学习到互动式学习的转变

教师角色的转变是促进学生全面发展的必然要求。《学会生存》一书指出："人类发展的目的在于使人日臻完善；使他的人格丰富多彩，表达方式复杂多样；使他作为一个人，作为一个家庭和社会的成员，作为一个公民和生产者、技术发明者和有创造的理想家，来承担各种不同的角色。"当今世界，各国政府都把人力资源开发作为增强综合国力和国际竞争力的首选战略。中小学生是民族的希望、祖国的未来，时代和现实都要求他们成为全面发展的人。学生在学习期间将面临一系列人生的重大课题，如专业知识储备、智力潜力开发、社会化初步完成、个性品质养成、思想道德塑造等。促进学生的全面发展，对提高全民族素质具有重大意义。如何促进学生的全面发展，不但是我国教育改革与发展中需要充分重视的问题，也是直接关系到我国人力资源发展效率的重要问题。促进学生的全面发展是教师的天职，而仅仅将教师的职责定位在"知识传授"显然不能满足现代教育教学的需求。在促进学生全面发展的过程中，教师需要扮演着多种角色。

教师角色的转变是与时俱进的，与教育教学改革背景紧密相关。李亚东(2001)认为网络时代的教师角色应实现四个转变：从文化知识的传播者转变为学习方法的指导者；从教材执行者转变为课程教学研究者；从学生品德培养者转变为未来生活设计者；从教育教学管理者转变为人际关系艺术家。纪望平(2005)比较全面地总结了处于信息化时代的教师专业发展中教师所需要扮演的不同角色，包括：做学生的向导，培养学生的信息素养；做乐于协作的研究者；做课程的开发者；做资源的设计组织者；做终生的学习者。林靖(2004)探讨了新课程目标下的教师角色，包括：作为道德教育和人文教育的政治者、法律者和伦理者的角色；作为课程结构的建构者、组织者、开发者和创造者的角色；作为学生体验、知识更新的设计者、研究者和实践者的角色；作为变革学习方式、培养学生能力的合作者、交流者和指导者的角色；作为促进学生发展和自我发展的促进者和评价者的角色；作为课程民主管理的参与者、决策者和管理者的角色。

4. 教育技术促进教师教育信息化，为教师专业发展提供有效支持

(1) 教育信息化与教师专业发展

教师教育信息化是指在教师教育领域全面深入地运用现代信息技术来促进教师教育改革与发展的过程。教师教育信息化对于转变教师教育思想和观念，深化教师教育改革，提高教师教育质量和效益，培养创新型、终身学习型教师具有深远意义。祝智庭教授认为"教师教育信息化"包含了三方面的含义(刘向永，2003)：首先，教师教育信息化是利用现代信息技术促进广大教师(包括在职的和职前的)专业技能发展和实现自我完善的过程。教师教育信息化的直接目标是促进教师发展专业技能和自我完善，同时，教师教育信息化是一个渐进过程，需要付出长时间的努力和实践。第二，教师教育信息化的多种行为主体应该拥有一个共同的愿望，形成组织行动的源动力。这层含义意味着教师教育信息化是一种组织性行为，包括多种行为主体。从微观层面上看，它表现为教师在信息化教育过程中的个体行为改变，但在宏观上，它表现为整个教师队伍职业素质和意识理念的提升，并通过教师的教学实践引发整个教学系统的组织变化。第三，在教师教育信息化的过程中，教师既是客体又是主体。该命题指出，在教育信息化的过程中，教师既是被重塑提升的客体目标，又是身体力行的实践者。教师教育信息化的核心目标就是要培育出适应信息化教育综合需求的教师队伍，培育出既懂现代信息技术，又懂信息化教学理论，并能开展信息化教学实践的"多面手"教师。同时，教师又是教育改革的力量之一，是教育信息化过程的重要执行人。由此可见，促进教师专业发展(包括教师个体的发展与整个专业队伍的成长)是教师教育信息化的根本目标。教师教育信息化旨在为教师专业发展提供新的途径、更多的机会、更广阔的平台、更丰富的资源。比如，网络技术在教师教育中的引入，使教师可以在不影响自己正常教学工作的同时进行远程学习，教师可以通过网络随时获取学习资源。

(2) 教育技术与教师教育信息化

教育技术在教师教育信息化过程中有着重要作用。教育部于 2002 年 3 月提出《关于推进教师教育信息化建设的意见》，指出当前信息化已经引起中小学教育思想、观念、内容、方法等方面的深刻变革，需要建设一支数量足够、质量合格的具有较高信息素养的中小学师资队伍。目前，我国以现有师范院校为主体的教师教育机构，存在着信息基础设施和资源建设薄弱，现代信息技术和教育技术在教育教学中尚未普及等方面的问题。因此，教师教育必须加快信息化进程，加大信息化建设力度。该意见明确了教师教育信息化建设的五大措施：加快教师教育信息基础设施建设；加快教师教育信息资源建设；加强师范院校信息技术和教育技术等专业建设，培养、培训适应普及信息技术教育需要的中小学教师；以科学研究为先

导,积极探索和构建现代信息技术环境下教师教育教学与教学管理新模式;加强领导、管理和评估。可见,一方面,培养教师应用信息技术的能力,促进教师教育技术能力发展本身是教师教育信息化的重要内容。另一方面,教育技术也可以用于帮助设计、制作教师教育资源,构建信息技术支持的教师教育模式,从而推动教师教育信息化进程。

8.3 师范生教育技术能力发展策略

8.3.1 重视师范生教育技术能力发展的必要性

第一,目前我国各级各类学校教师的教育技术应用能力远不能适应时代发展的要求,教师普遍缺乏教育技术素养已经成为推进教学改革的"瓶颈",提高教师的教育技术能力已经成为教学改革过程中亟待解决的问题。高等师范院校的毕业生是我国中小学校教师的主要来源。对在校师范生的教育技术能力培养质量直接影响到他们在未来的教学生涯中是否能够具备教育教学所需的教育技术能力,影响到他们是否能够在实际教育教学过程中有效应用与发展教育技术。因此,重视师范专业学生教育技术能力的发展,在当前强调师资建设、推进素质教育、推动教育信息化、深入教育改革、构建学习型社会的大背景下不但具有深远的理论意义,而且也具有重要的现实意义。

第二,师范生教育技术能力发展是我国教师教育信息化的重要内容。《关于推进教师教育信息化建设的意见》明确提出"加强师范院校信息技术和教育技术等专业建设,培养、培训适应普及信息技术教育需要的中小学教师"。其中与师范生教育技术能力培养直接相关的三项措施包括:(1)有条件的师范院校要开设信息技术教育等专业,逐步扩大招生名额。探索通过双学位、主辅修及加强选修课等形式,培养能基本胜任中小学信息技术教育的师资。引导高师院校信息技术、教育技术等相关专业毕业生到中小学任教。(2)加强师范院校信息技术相关专业的建设,扩大教育技术等硕士研究生的培养规模。(3)师范院校要开设信息技术和现代教育技术公共必修课。加强师范院校信息技术相关公共课程教育教学改革和教材建设。可见,教育技术能力是每个师范生都应该具备的从教能力。

第三,相对于对在职教师的"亡羊补牢"型的教育技术能力培训,无论是在课程设置还是在时间安排上,对师范生的教育技术能力培养可以做得更为全面,更加系统。师范院校本身拥有比较系统、优质的教师教育技术教育资源,包括教育技术专业教师、教育技术专业课程及相关教学资源等。师范专业的学生可以比较系统地学习教育技术专业的理论知识,并将之整合到学科专业学习中去,可以为未来的教育技术的整合与有效应用奠定一定的基础。因此,发展师范专业学生的教育技术能力是有效提升我国教师的整体教育技术能力的重要措施。

第四,当前师范专业学生教育技术能力发展在培养模式、课程设置、资源建设等方面存在许多亟待解决的问题。虽然我国已有许多师范院校、师范专业开设了现代教育技术公共课,但是这些公共课在与学科教学的关联性、教学实践性、课时设置等方面存在较大的问题。许多课程强调得更多的是教育技术理论知识、一般化的教育教学能力,而与师范生未来要从事的学科教学的关联性比较弱,而且课时较少。即使是关于教育技术理论的教学也多是流于表面，学生少有机会运用所学知识去设计学科教学，不能充分地掌握所学知识。另外，虽然我国已经发布了《中小学教师教育技术能力标准》，但如何利用该标准来指导师范专业学生的教育技术能力培养过程，如何将之整合到培养课程中去，这在当前的研究中并没有受到应有的关注。因此，绝大多数师范专业学生从现代教育技术公共课中受益的可能只是学分的获取，而不是知识的积累与能力的提升。由此，重视师范生教育技术能力培养，研究师范专业学生的教育技术能力发展以求解决其中存在的问题，这对于切实提升我国师范专业学生的教育技术能力有着重要的实用价值。

8.3.2　构建合适的教育技术能力职前培养体系

1. *发挥大学系统教育的优势，多途径培养师范专业学生的教育技术应用意识*

培养师范专业学生的教育技术应用意识，使之充分认识到教育技术的重要性，才可能增强师范专业学生学习教育技术、应用教育技术的主动性，才能促使师范专业学生自觉地、积极地利用一切可以利用的教育技术教育资源来提升自身的教育技术能力。

培养师范专业学生的教育技术应用意识，可以有多种途径。一个根本途径是进行专门的教育技术教育。由于师范大学具有比较系统的教师教育技术资源，师范专业的学生可以比较系统地学习教育技术专业的理论知识，并将之整合到学科专业学习中去。另外，师范大学应该尽可能为师范生提供体验教育技术、讨论教育技术、应用教育技术的机会。比如，师范大学本身可以强调大学教师对现代教育技术的应用，使师范生能时刻在教育技术环境中体验教育技术带来的好处，在现代教育技术环境下改善自己的学习方式形成终身学习的意识；可以通过在大学内举办教育技术相关讲座、学术报告，开设教育技术网络讨论区等多种方式，使师范专业学生深入了解、思考教育技术相关问题；可以举办教育技术能力的相关比赛，为师范专业学生提供与中小学教师在教学设计、教学媒体设计、教学资源开发等方面进行合作的机会，为师范专业学生提供更多应用教育技术的机会。

2. *构建合理的教育技术教育模式，重视教育技术实践环节*

教育技术能力本质上是一种教学实践能力，是一种用教育技术方法解决具体教育教学问题的能力。教学实践是检验教育技术能力的唯一途径。在培养模式中要重视教育技术实践环节，通过学科教学设计、微格教学、教育见习、教育实习等多种方式为师范专业学生提供教育技术实践机会。教育实习是师范专业学生的重要实践机会，是检验师范专业学生教育技术能力的重要途径。与微格教学、教学见习等实践教学方式相比，实习期间师范专业学生面对的是真实的教学情境与教学问题，需要实际运用教育技术的方法与技能来解决教育教学中存在的实际问题，与未来的教学工作具有高度一致性。如果实习学校能为实习生提供充分的教育技术应用环境，实习生就能更加关注自己的教育技术能力本身，能在现实的教学环境中发现自己在应用教育技术中存在的问题。师范大学可加强与实习学校的联系，了解实习学校的教育技术应用环境并事先告之实习生，也可在实习前将实习生安排到实习学校进行教学见习，使实习生事先能比较充分地了解实习学校的教育技术应用环境。另外也可以事先了解实习生需要在实习学校用到哪些教育技术资源，并与实习学校协商是否可以为实习生提供相应的支持。

3. 建设学科教育技术能力培养资源体系，促进教育技术与学科教学的整合

教育技术能力是一种与学科教学紧密相关的实践能力，不同的学科对于教育技术的应用有着不同的需求。比如，不同的学科在教学设计、教学媒体选择、教学资源选择等方面有着不同的特点。如何将教育技术整合应用到学科教学中去，提高师范生在学科教学中对教育技术的创新应用能力，这应该是师范生教育技术能力发展的重点所在。如果单纯地教给学生一些教育技术的理论知识和基本方法，这远远不能满足学科教学的实际需要。而如果要在师范教育的几年时间内集中地、完整地培养师范生的学科教育技术能力，又可能在精力、时间方面极大地影响师范生对其专业课程的学习。建立科学的、丰富的学科教育技术能力培养资源库，不但可以使学生有效地利用课余时间进行自主、协作学习，也可以为师范生在就业后的后续学习提供长期的支持与帮助，促进师范生的终身学习。

4. 构建师范生教育技术能力标准与过程性评价体系，为师范生教育技术能力发展提供正确导向

以《中小学教师教育技术能力标准》为指导，对规范师范生的教育技术教育有着重要的意义。教育技术能力是一种实践能力，一方面，这种能力需要在长期的教学实践中得以积累与提升；另一方面，教学实践也是检验教育技术能力的唯一途径。而作为职前教师的实习生本身在接受师范教育的过程中并不可能像在职的中小学教师那样具有不断实践的机会；在实习期间也可能由于实习时间、实习环境等各方面的原因不能完全地展示自己的教育技术能力，如果完全以《中小学教师教育技术能力标准》去衡量师范生的教育技术能力水平则并不现实。因此，构建合理的、适合于师范生的教育技术能力标准有着重要的现实意义。一方面，评价标准可以基于《中小学教师教育技术能力标准》；另一方面，又要在高校的教育环境下进行具体考虑。

对师范生的教育技术能力评价，要注意应用过程性评价方法，可以为每个师范生建立教育技术能力成长档案。比如，可以通过“电子学档”来记录师范生的教育技术学习记录、教育技术作品、教育技术学习与应用反思等。构建适合师范生的教育技术能力评价标准，通过“电子学档”式过程性评价方法，不但关注师范生学习教育技术相关课程的学习记录，而且考核与跟踪学生在教学模拟、教育见习、教育实习阶段以至学生毕业后的教学实践中对教育技术应用的反思、应用情况，可以为师范生的教育技术能力发展提供正确的导向。

8.3.3 师范生教育技术能力自主发展策略

师范生本人应充分认识到教育技术能力作为教师专业能力的基本构成在教育教学实践中的重要性，在接受职前教育期间充分利用一切可以利用的教师教育技术资源，掌握教育技术的基本理论与方法，积极参加教育技术实践，自主发展教育技术能力。

1. 师范生教育技术能力评价维度

自主发展需要自主规划、自主设计、自主实施、自主评价、自主调控。师范生可以借鉴《中小学教师教育技术能力标准》，从以下几个维度对自己的教育技术能力进行自主评价，以便发现自己在教育技术能力准备方面存在的问题，并有意识地进行相关学习以弥补不足之处。表 8-1 是本书为师范专业学生提供的一个“教育技术能力评价标准参考量表”。

表 8-1　教育技术能力评价标准参考量表

一级指标	二级指标	权重	分值	评分标准	得分
(一)教育技术应用意识	对教育技术发展的关注	0.05	5 4 3 2	经常关注教育技术的发展,且经常主动参与讨论 经常关注教育技术的发展,但很少主动参与讨论 比较关注,但不会主动参加讨论 了解,但不太关注	
	有意识的教育技术知识与技能准备	0.06	5 4 3 2	接受过教育技术专业系统教育 选修过《现代教育技术》公共课且参加过教育技术相关的较为系统的培训 选修过《现代教育技术》公共课且学习过一些课件制作工具的使用方法 仅选修过《现代教育技术》公共课	
	教学见习中对教育技术应用的关注	0.02	5 4 3 2	非常关注主讲教师的教育技术应用方法与技能,且进行深入思考与探讨 比较关注主讲老师的教育技术应用方法与技能,有一些相关思考与心得 比较关注主讲教师的教育技术应用方法与技能,但没做特别的思考 不太关注主讲教师的教育技术应用方法与技能	
	教育实习中的教育技术应用意识	0.02	5 4 3 2	认为教育技术应用对教学效果优化非常重要,并且有意识地加以应用 认为教育技术应用对教学效果优化非常重要,但不能有意识地加以应用 认为教育技术应用对教学效果优化的重要性一般 认为教育技术应用对教学效果优化不太重要	
(二)教学设计能力	各教学设计各环节的把握能力(教学目标分析、教学内容分析、学习者分析、教学策略选择、教学媒体选择、教学评价设计)	0.10	5 4 3 2	能够非常熟练地完成教学设计的各个环节 能够比较熟练地完成教学设计的大多数环节,个别环节不太熟练 能够基本完成教学设计的各个环节,但多数环节不熟练 只能完成个别环节的设计,大多数环节不能完成	
	教案编写能力	0.05	5 4 3 2	能够非常熟练、规范地完成教案的编写 能够比较熟练地、规范地完成教案的编写 编写教案的熟练程度、规范程度一般 编写教案不太熟练	
(三)教学媒体使用技能	传统教学媒体的使用(粉笔、黑板、模型、教具)	0.05	5 4 3 2	非常熟练 熟练 一般 不熟练	
	电视、录音机、录像机等常规电教媒体的使用	0.05	5 4 3 2	非常熟练 熟练 一般 不熟练	

续表

一级指标	二级指标	权重	分值	评分标准	得分
	计算机多媒体的使用	0.10	5 4 3 2	非常熟练 熟练 一般 不熟练	
(四) 教学资源 利用与建设	使用网络获取教学资源的技能	0.05	5 4 3 2	非常熟练 熟练 一般 不熟练	
	使用 PowerPoint 制作课件	0.05	5 4 3 2	非常熟练 熟练 一般 不熟练	
	使用其他课件制作工具 (Authorware、Director、几何画板、Flash)	0.05	5 4 3 2	会熟练使用两种以上工具 会熟练使用两种工具 会熟练使用一种工具 会使用一些工具但不熟练	
	使用网页制作工具设计制作网络课程	0.05	5 4 3 2	非常熟练 熟练 一般 不太熟练	
	课件或网络课程制作获奖	0.05	5 4 3 2	参加过国家级课件或网络课程制作大赛,且获奖 参加过省级课件或网络课程制作大赛,且获奖 参加过校级课件或网络课程制作大赛,且获奖 参加过院系级课件或网络课程制作大赛,且获奖	
(五) 教育实习 中的 教育技术 实践效果	教案设计与使用效果	0.05	5 4 3 2	有完整的教案,且使用效果好 有完整的教案,但使用效果一般 有不完整的教案,使用效果一般 有不完整教案,未在教学中使用	
	传统教学媒体使用效果	0.05	5 4 3 2	能够熟练使用,且效果很好 能够熟练使用,但效果一般 使用技能一般 不能熟练使用	
	多媒体教学应用及效果 (指导教师评价)	0.05	5 4 3 2	经常使用多媒体教学,且效果很好 经常使用多媒体教学,但效果一般 偶尔使用多媒体教学 极少使用多媒体教学	
	多媒体教学应用及效果 (实习校学生评价)	0.05	5 4 3 2	经常使用多媒体教学,且效果很好 经常使用多媒体教学,但效果一般 偶尔使用多媒体教学 极少使用多媒体教学	

续表

一级指标	二级指标	权重	分值	评分标准	得分
	教学资源利用效果	0.05	5	能够熟练地利用网络、计算机或其他工具获取、处理教学资源，且使用效果好	
			4	能够熟练地利用网络、计算机或其他工具获取、处理教学资源，但使用效果一般	
			3	能够利用网络、计算机或其他工具获取、处理部分教学资源，效果一般	
			2	获取、处理教学资源不太熟练	
总　分				（说明：总分为 100 分，总分＝权重×分值×20）	

（1）维度一：教育技术应用意识

- 是否经常关注教育技术的发展，且经常主动参与讨论？
- 是否有意识地掌握教育技术知识与技能准备？
- 在教学见习时是否非常关注主讲教师的教育技术应用方法与技能，且进行深入思考与探讨？
- 教育实习中是否认为教育技术应用对教学效果优化非常重要，并且有意识地加以应用？

（2）维度二：教学设计能力

- 对教学设计各环节的把握能力（教学目标分析、教学内容分析、学习者分析、教学策略选择、教学媒体选择、教学评价设计）：是否能够非常熟练地完成教学设计的各个环节？
- 教案编写能力：是否能够非常熟练、规范地完成教案的编写？

（3）维度三：教学媒体使用技能

- 传统教学媒体的使用（粉笔、黑板、模型、教具）：是否非常熟练（比如板书技能）？
- 常规电教媒体的使用（电视、录音机、录像机等）：是否非常熟练？
- 计算机多媒体的使用：是否非常熟练？

（4）维度四：教学资源利用与建设

- 使用网络获取教学资源的技能：是否非常熟练？
- 使用 PowerPoint 制作课件：是否非常熟练？
- 使用其他课件制作工具（Authorware、Director、几何画板、Flash）：是否非常熟练？
- 使用网页制作工具设计制作网络课程：是否非常熟练？
- 课件或网络课程制作获奖情况：是否得过奖？级别如何？

（5）维度五：教育实习中的教育技术实践效果

- 教案设计与使用效果：熟练程度与效果如何？
- 传统教学媒体使用效果：熟练程度与效果如何？
- 多媒体教学应用及效果（指导教师评价）：效果如何？
- 多媒体教学应用及效果（实习学校学生评价）：效果如何？
- 教学资源利用效果：熟练程度与效果如何？

2. 师范生教育技术能力自主发展策略

(1) 教育技术理论学习。通过《现代教育技术》、《教育技术导论》等学校通识课或基础课的学习，较为系统地掌握教育技术基本理论与方法，并在此基础上选择其他一些教育技术专业课程进行学习，如教学系统设计、教育传播、教学媒体设计、信息技术与课程整合等相关课程。

(2) 教育技术相关技能的学习与训练。这主要包括：掌握教案的编写技巧；掌握教学媒体(包括黑板＋粉笔等传统媒体、电视、录音机等常规电教媒体，计算机与网络等现代媒体)的使用方法；学习一般教学软件的制作方法。

(3) 反思与研究。在自己听课的过程中、在教育见习中，关注其他教师的教育技术应用方法，并积极思考；阅读教育技术相关书籍，研究教育技术的应用方法与技巧。

(4) 重视教育技术实践。争取为中小学教师或所在大学教师助课的机会并关注教育技术的应用；在微格教学训练中关注教育技术的应用，认真反思，听取指导教师及同学的建议；重视教育实习机会，在教育实习中应用教育技术优化教学并积极反思。

(5) 关注教育改革与发展中与教育技术应用相关的政策与项目。政策扶持与项目牵引对于教育技术能力的发展有着重要意义，比如，关注“校校通”工程，了解我国中小学教育技术应用的硬件设施建设状况；关注教师教育信息化，了解教育信息化对中小学教师教育技术能力的要求；参照教育部发布的《中小学教师教育技术能力标准》了解自己发展教育技术能力的努力方向。

(6) 积极参加有利于提升教育技术能力的活动。比如，参加课件制作大赛、参加义务为中小学教师或大学教师助课活动；参加教育技术相关的一些会议或讨论；在互联网上加入与教育技术应用相关的虚拟共同体并积极参与研讨。

8.4 网络教学素养：教育技术视角下教师专业发展新内容

8.4.1 网络教育：机遇与挑战

1. 互联网络普及迅速

随着以计算机、网络技术、通讯技术为代表的信息技术的迅猛发展，互联网在社会各个领域中得到广泛应用，逐渐成为人类生活中的重要媒体，普及速度非常快，以其前所未有的开放性和互动性正在深刻地变革和重塑人类的生活、工作与学习方式。1998 年 5 月，前联合国秘书长安南在联合国新闻委员会会议上提出“第四媒体”的概念，将 Internet 看做是继报纸、无线电广播、电视之后的第四媒体。将一种媒体普及到 5000 万人，无线电广播用了 38 年，电视用了 13 年，有线电视经历了 10 年，而 Internet 只用了 5 年时间。目前全球互联网普及率平均水平达到 19.1%。中国互联网络信息中心(CNNIC)统计数据显示，1997 年 10 月第一次调查时，我国仅有 62 万网民，而到 2008 年 7 月，网民数已达到 2.53 亿人，网民规模跃居世界第一位。中国网民规模继续呈现持续快速发展的趋势，比 2007 年同期增长了 9100 万人，同比增长 56.2%。在 2008 年上半年，中国网民数量净增量为 4300 万人。目前我国互联网普及已达 19.1%，略低于全球平均水平(21.1%)。

互联网不但为人们的交流提供了新的沟通、互动方式，也以独特的方式冲击着人们的思维方式与文化理念，人们的思维方式与生存方式发生了一系列改变，网络文化成为人类文化的一部分。互联网上信息非常丰富，且发展迅速，越来越多的人不但成为网络信息资源的使用者，也逐渐成为信息的发布者。以我国为例，国务院信息化工作办公室从 2001 年开始已经连续五年对我国各类型网站、各地区互联网络信息资源情况进行全面调查，较清晰地描绘了这五年我国互联网络信息资源的发展态势，为国家制定有关互联网络信息资源发展政策和措施提供了重要的参考依据。2005 年第五次调查数据表明，全国域名数约为 259.2 万个，比上年增长 40.0%；全国 CN 域名数约为 109.7 万个，比上年增长 153.9%；CN 域名已经成为亚洲最大的国家顶级域名，在全球所有国家顶级域名中的排名从 2005 年初的第 13 位上升到第 6 位；全国网站数约为 69.4 万个，比上年增长 3.8%；全国网页总数约为 24 亿个，比上年增长 269.0%，平均每个网站的网页数为 3748 个；全国网页总字节数约为 63932GB，比上年增长 227.7%，平均每个网页字节数为 25.9KB；全国在线数据库约为 29.5 万个。

2. *网络教育快速发展*

"教育终身化"、"学习型社会"等理念已经被越来越多的人所认同。学会学习、具备终身学习的能力，是现代社会创新型、高素质人才不可缺少的基本素质。以互联网为代表的计算机网络可以为学习者提供一个开放的、共享的、个性化的、多维交互的学习平台。近年来，随着计算机网络的快速发展及其在教育领域的应用推广和普及，网络教育作为一种全新的教育方式，是构建终身学习体系的有效方式，受到了越来越多的关注。基于 Internet 的网络教育是实现教育的民主化、国际化、个人化、终身化，推动教育信息化进程的有效途径。艾瑞咨询iResearch2006年度调研结果显示，用户选择网络教育的主要因素中：学习时间灵活、补充知识、学习地点灵活以及自由掌握学习进度是用户选择网络教育的最主要因素，其受选率均在 50%以上。从用户对网络教育的反应来看，网络教育的灵活性特征成为吸引用户的最主要原因。另据艾瑞咨询 iResearch 研究成果《2007 年中国网络教育研究报告》显示，自 2004 年，中国网络教育用户规模始终保持稳定增长的趋势，年增长率保持在 20%左右，中国网络教育市场已经形成一个庞大而稳定的基数，并预计 2010 年中国网络教育用户规模将上涨至 2310 万，是 2007 年的两倍。

网络教育在各国都受到了越来越多的重视。以美国为例，美国自 1996 年以来先后提出了三个国家层面的教育技术规划，1996 年教育技术规划的主题是《让美国学生做好迎接 21 世纪的准备：迎接技术素养的挑战》，2000 年教育技术规划的主题是《E-learning：使每一个孩子触手可及世界一流的教育》，2005 年教育技术规划的主题是《迈向美国教育的黄金时代：因特网、法律和当代学生变革展望》。在 1996 年的教育规划中主要强调计算机网络的硬件建设以及提供一些用于支持教师教学的网络资源，而 2000 年的规划中五大目标之一便是"利用数字化教学内容、通过网络应用变革教和学"，2005 年的规划中已经不再是仅讨论互联网络的应用优势，而是将之作为一种必然的教育方式，主要讨论如何加强领导、进行有效预算、全面展开师资培训、数字资源整合等推广、巩固网络教育应用成果的问题。艾瑞咨询 iResearch 根据美国 Sloan Consortium 关于网络教育的资料整理显示，2005—2006 学年美国基础网络教育提供机构的市场呈现多元化发展，各种机构均占有一席之地。其中，选择独立的网络教育提供机构比重为30%，选择本学区学校提供的网络教育比重为28%。此外，高等院校和区域性国立虚拟学校提供的网络教育也占相当比重。学校根据学生的不同需求，可为其选择不同机构提供的网络教育，满足不同学生的多样化需求。

我国网络教育的发展也有相应的政策支持与项目牵引。比如，我国教育信息化的三个层次中的第二个层次是“组织学校上网，利用网上资源”，第三个层次是“开办远程教育，提供广泛的学习资源，不断满足社会终身教育的需求”。《面向21世纪教育振兴行动计划》中明确提出：实施“现代远程教育工程”，形成开放式教育网络，构建终身学习体系。

在高等教育领域，1998年教育部批准清华大学、浙江大学、北京邮电大学和湖南大学开启网络远程教育试点工作。教育部2006年4月25日公布了可以开展网络高等学历教育招生的68所试点高校名单。2000年，教育部高教司文件《关于支持若干所高等学校建设网络教育学院，开展现代远程教育试点工作的几点意见》，其中提出了现代远程教育试点院校的五项任务，包括：(1) 开展学历教育——面向社会招收学生，主要通过网络教学的方式来完成学历和学位教育的教学工作；面向全日制在校生，开设网络课程，取得单科学分，同时可以实现校际之间的课程互选和学分承认；(2) 开展非学历教育——面向社会开设继续教育课程，包括课程培训、岗位培训、证书考试和自学考试助学活动等，为社会性从业人员参加学习提供服务；(3) 探索网络教学模式——建立起包括课程体系、教学内容、教学方法、课件制作、自学、辅导、作业、实验和实践教学、网上测试、教学质量保障和监控等各个教学环节的网络教学模式，加强教学过程的管理；(4) 探索网络教学工作的管理机制——建立并完善包括招生、注册、收费、学籍管理、考试组织、学分认证、证书发放、毕业等网络教学工作的管理制度，建立起适应学习化社会需要的网络教学工作管理机制；(5) 网上资源建设——涉及经费投入、减少重复建设、协作开发、知识产权保护、资源共享的形式和运行机制的建立问题。

在基础教育领域，自从北京市第一零一中学于1996年开办国内首家中小学远程教育网络以来，越来越多的中小学借助“校校通工程”、“农村中小学现代教育工程”等项目加入到应用网络教育资源、建设网络教育资源、推广网络教育的行列中。另外，各种网络教育机构也应运而生，促使中小学网络教育市场得到了空前的发展。创业投资研究机构ChinaVenture发布的《ChinaVenture 2007年中国教育培训行业投资行为研究报告》显示，在网络教育各细分领域，中小学网络教育所获投资金额最高，为7525万美元，占网络教育所获投资额的43.8%，其次为职业认证网络教育(3450万美元)、网络教育营销(2700万美元)、网络英语培训(1710万美元)、网络高等教育。

3. 网络教育对教师的挑战

网络教育的发展对当代教师提出了新的挑战，主要表现在以下三个方面：

首先，需要教师适应时代发展，更新教育观念，充分理解网络教育的内涵，培养自身的网络教学素养。目前对网络教育的理解主要有三个视角(武法提，2003)：一是认为网络教育是一种基于网络支持的教育手段，强调网络环境下新的教育模式的形成与应用；一是认为网络教育是以计算机、多媒体、通信技术为主体，以学员个人自主的个性化学习和交互式集体合作学习相结合的一种全新的学习方式，强调网络对“以学/学生为中心”的学习的支持；一是认为网络教育是一种教育理念，是对人类教育自由的崇尚与人性自然的顺应，即为人类的教育消除各种限制与障碍提供最大限度的自由。程智(2002)将网络教育定义为“网络环境下，以现代教育思想和学习理论为指导，充分发挥网络的各种教育功能和丰富的网络教育资源优势，向教育者和学习者提供一种网络教和学的环境，传递数字化内容，开展以学习者为中心的非面授教育活动”。可见，网络教育并不单纯是对网络技术的应用，而需要从教育教学的角度来加以理解与设计，需要教师投入更多的努力来开展网络教育、发展网络教育。

其次，需要教师积极参加网络教育实践，提高自身的网络教学能力。网络教学因为网络多媒体技术的引入、教学交互方式的转变、教学评价的内涵拓展、教师角色的转变等因素，对教师的教学素养提出了新的要求。教师需要清楚网络教学素养的构成，并努力通过各种途径培养自己的网络教学素养。

第三，教师应该具备在网络时代进行终身学习的能力。教师是一个具有双重身份的特殊群体。一方面，作为信息时代的教师，应该具备实施网络教学、发展网络教育、提升网络教育质量、推动教育信息化进程的网络教学素养；另一方面，学会学习、具备终身学习的能力，是现代社会创新型、高素质人才不可缺少的基本素质，教师需要具备利用网络提高学习绩效、形成网络化终身学习能力的一般网络素养。在信息技术飞速发展的信息时代，教师在更多的时候与他们的学生一样，是以一个学习者的身份去学习新知识，掌握新技能。面对新的网络教学工具，教师应该超前地学习相关使用技巧；面对网络上新的教育教学相关知识，教师应及时吐故纳新，提升自己的知识水平。另外，如果教师自身都不能进行有效的网络学习，那么他也无法支持、帮助学生提高网络学习绩效。

8.4.2　网络教学素养的构成

广义上讲，“网络教学”不但包括完全借助网络来实施教学过程的远程教学，也包括利用网络教学资源与技术支持的面授教学。本文从广义上理解网络教学素养，将之定位在利用网络技术、资源、工具辅助教学或实施教学的素养。教师网络教学素养的基本构成包括：网络教学意识、网络教学设计能力、网络教学资源应用与建设能力、选择与应用网络教学媒体的能力、网络教学交互能力以及网络教学评价能力。

1. 网络教学意识

首先，教师应该充分认识到利用网络辅助教学或实施教学的必要性。以互联网为代表的计算机网络既是一种技术环境，也是一种社会环境，更是一个可以利用的教育环境。网络可以为教育教学提供有效的工具与资源。教师应该具有在教学中应用网络丰富教学资源的意识；具有应用网络工具丰富教学方式的意识；具有利用网络优化教学效果的意识；具有关注网络技术发展并尝试将新技术应用于教学的意识；具有促进学生利用网络进行个性化、协作化、终身化学习的意识。

其次，虽然网络为教育教学信息的获取、加工、传输提供了极大的便利，使教育、教学系统具有更强的开放性，但同时也带来了一些与传统道德伦理相悖的新现象，如黑客现象、网络安全、网络信息共享与版权问题等。教师要正确地看待、处理这些问题，培养理性利用网络辅助教学或实施教学的意识。

第三，教师要理性地、全面地看待互联网对学生全面发展的影响，要有引导学生正确利用网络进行学习的意识。美国学者约瑟夫·图罗的研究表明，78%的家长表示担心互联网对孩子的危害，约 60%的人认为互联网使他们的孩子“与世隔绝”。还有许多人认为，互联网会妨碍教育孩子价值和信仰的能力，或者引起孩子的反社会行为。同时，很多人也表示对互联网在某些方面具有价值的乐观态度，例如，59%的人认为，不接触互联网的孩子在社会中无优势可言；75%的人认为互联网有助于孩子完成作业并且提供一个迷人的世界。

2. 网络教学设计能力

一方面，网络教学设计与传统教学设计一样，也包含学习者分析、教学目标与内容分析、教学策略选择、教学媒体设计、教学评价设计等各个设计要素。另一方面，网络教学设计涉及对“网络”的利用，因此，较之传统的教学设计，网络教学设计应该投入更多的精力关注网络环境下各种设计要素的变化与需求。比如：较之传统教学设计，网络教学设计的学习者分析要考虑学习者的网络教学媒体操作技能；教学内容分析除了考察内容本身的知识结构之外还要考虑知识内容的网络超链接结构；教学媒体设计要更多地考虑其信息传输与信息交互功能。

网络是一种先进的技术与环境。网络教学设计是利用网络辅助教学或实施教学的设计。网络教学设计并不是为了应用网络而设计，而是为应用网络优化教学效果而设计。达成教学目标才是网络教学设计的根本目的。因此，在进行网络教学设计时要注意避免以下设计误区：过于重视技术的运用而轻视知识内容设计；在网络教学资源库建设过程中过于关注知识的广度而轻视知识精度；过于关注对显性知识的整理与收集而轻视对隐性知识的挖掘与利用；过于关注对专家知识的推广而轻视对学习者本身的个体实践知识的挖掘与利用；过于关注对知识的整理与存储而轻视促进知识的流动从而不利于知识的共享、运用与创新；过于关注支持学习者的个体自主学习而轻视帮助学习者之间形成有利于协作学习的良性社会交互网络。

3. 网络教学资源应用与建设能力

网络教学资源是指以文字、图形、图像、声音、动画和视频等形式储存在以计算机、计算机网络为主的载体上并可为网络教学所利用的信息。在人才培养模式日益多样化的大形势下，丰富的网络教学信息资源可以为学习者的个性化、协作化、网络化、终身化学习提供更多的支持。近年来，网络教学资源开发已经成为当今国内外教育界的一个研究热点。越来越多的研究者认识到网络教学资源建设的重要性，并从网络教学资源的定义、网络教学资源的建设原则、网络教学资源的收集与处理等多个方面进行了有益的探索与实践。网络教学离不开网络教学资源，教师应用与建设网络教学资源的能力直接影响着网络教学效果。关于网络教学资源建设能力将在下一节详细阐述，这里仅讨论教师应用网上已有资源的能力。

应用网络教学资源的能力主要是指依据教学目标检索、获取、评价、处理与制作网络信息资源的能力。从美国密歇根大学 Paul Dorsey 教授提出“个人知识管理”的角度出发，可以将教师利用网络教学资源的能力划分为：利用网络检索教学信息的技巧、评估教学信息的技巧、组织教学信息的技巧、分析教学信息的技巧、表达教学信息的技巧、保证教学信息的安全的技巧、教学信息协同使用的技巧。可见，对网络教学资源的应用能力不但包括对单一资源的获取与利用，而且也包括依据教学目标对多种资源的整合应用。

4. 选择与应用网络教学媒体的能力

网络教学离不开网络技术的支持。技术媒体对于网络教学系统中的教学策略设计、教学内容表征与传输、教学交互方式的选择等多方面都有着重要支持作用。网络教学系统中的"网络"是学习者获取教学信息的重要渠道;是教育教学信息的传输通道,直接影响教育教学信息的传输效率;是师生之间、学习者之间以及相关人士之间交流通信的重要手段,是实现资源共享的主要途径;可以通过各种 groupware(群件)为人们提供协同作业的平台与相关支持。网络教学媒体的选择与利用直接影响着网络教学的效果。应用网络教学媒体的能力包括两个层面:一是具备操作技术媒体工具的技能;二是能够根据当前教学目标正确选择合适的技术媒体。熟悉每一种网络技术工具的功能与使用方法是应用网络教学媒体的重要能力,在很多文献里都有所提及。这里主要讨论网络教学媒体选择能力。

要选择合适的网络教学媒体,需要做如下的分析:① 网络教学内容分析,主要分析网络教学中的知识内容适合何种技术媒体来呈现、传输。比如,讨论某一知识点需要以怎样的媒体形式来表现才能更好地体现出其内涵与相互的关联?知识内容需要同时发送给多少学习者?由此来分析需要怎样的媒体来达成所需的知识传播效果、传播速度与传播规模,关注需要怎样的技术媒体才能清晰地、非失真地、即时地传播知识内容。② 网络教学主体的特征分析,主要讨论学习者偏好何种特点的技术环境?学习者在知识转化过程的个人偏好?学习者与他人的交互特点?学习者偏好何种技术媒体?具有何种技术媒体使用技能?③ 网络教学的知识过程分析,讨论当前网络教学中知识过程需要怎样的技术支持?④ 技术媒体本身的特征与功能分析,例如呈现力、重现力、接触面、参与性、可控性分析,技术媒体之间的兼容性分析,安全性与可靠性分析,技术媒体本身可以建立何种知识场,等等。⑤ 技术媒体的使用成本分析,在知识内容分析、知识主体分析、知识过程分析、技术媒体本身的属性分析的基础上讨论技术媒体的使用成本。比如,某一技术媒体的使用是否需要使用者掌握特殊的操作技能?使用者一般需要多长时间才能掌握相关的操作技能?是否需要使用者有额外的经济投入以安装特殊软件?在对知识内容具有同等表现效果的条件下,是否比别的技术媒体需要付出更多的代价?在支持人—机交互、人—人交互时是否需要使用者投入更多的时间?是否需要更多的网络带宽支持?

5. *网络教学交互能力*

美国未来学家约翰·奈斯比特在著作《大趋势:改变我们生活的十个新方向》中提出:"简单地说,网络就是人们彼此交谈,分享思想、信息和资源。要注意,网络是个动词,不是名词。重要的不是最终的成品——网络,而是达到目标的过程。也就是人与人、人群与人群互相联系的沟通途径。"网络不但为教学提供了新的工具与途径,也为教学提供了便捷的交互方式。有效的网络教学交互对于提升网络教学绩效有重要意义。教师在实施、支持教学交互的过程中需要注意自己的角色转变,教师不再是教学交互的控制者,而是指导者与协作者。网络教学涉及三种类型的交互:一是人与教学内容的交互,二是教师与学习者之间的交互,三是学习者与学习者之间的交互。培养教师的网络教学交互能力即要培养其实施或促进这三种类型交互的能力。在人与教学内容的交互维度,要具备利用网络工具设计、制作、发布、传授、讨论网络教学内容的能力;在教师与学习者之间的交互维度,要具有与学习者进行交流、沟通的能力,要即时帮助学习者解决网络学习中遇到的问题,使师生之间形成良好的互动关系;在学习者与学习者之间的交互维度,要对学习者进行正确地引导与帮助,使学习者之间能够进行有效沟能与交流,培养学习者的网际协作学习能力。网络教学交互能力既涉及对教学内容本身的把握能力,也涵盖对网络教学交互媒体与工具的操作技能,还内含对网络教学环境下社会性因素的理解与应用能力。

6. 网络教学评价能力

有效的教学评价对于优化教学效果可以起到诊断、激励、调控、导向的作用。任何教学评价都涉及评价主体(谁来评价?)、评价取向(是评价过程还是评价结果?)、评价客体(评价对象是谁?)、评价内容(针对评价对象要评价哪些内容?)、评价标准(有哪些标准? 是否可靠?)、评价方法(定性评价? 定量评价?)。由于"网络"的引入,相对于传统教学中涉及的教学评价,网络教学评价需要考虑的因素更为复杂,内涵更为丰富。对网络学习者的评价要注重评价的全面性、发展性、方法多样性。比如,在对网络学习者进行评价时,不但需要评价其学习效果,也要注意评价其在网络中的协作学习能力、自主学习能力等。学习者评价的发展性功能是指注重学习者的发展而不是简单地比较或甄别,要关注学习者的个体差异,鼓励学习者进行自我评价。为了全面地、发展性地评价网络学习者,既要掌握量化评价方法,也要熟练使用质性评价方法。比如,通过建立电子学档(e-portfolio)促进网络学习者使用电子学档,利用电子学档来收集学习者相关学习信息,了解其学习过程,评价其学习与成长过程。

8.4.3 提高网络教学资源建设能力

网络教育越来越需要学科教师的积极参与,每个处于网络时代的教师都应该具备根据自己教学需要建设网络教学资源的能力,而不是由专门的网络教育服务机构或专业的教育技术人员为其设计网络教育或提供网络资源。据《2005 年中国互联网络信息资源数量调查报告》数据显示,我国目前企业网站数的比例最大,占网站总体的 60.4%,其次为个人网站,占 21.9%,教育科研类网站仅占 5.1%。而在教育科研网站提供的各类信息中,"学校/机构介绍(87.6%)"的提供比例最高,其次为"学校新闻(71.4%)";提供的服务比例较高的有"意见信箱(58.1%)"和"咨询信箱(57.1%)";与网络教育相关的信息仅占 28.6%。据此间接地反映出目前我国由学科教师参与提供的系统化的网络教学资源还非常不足。这里主要讨论教师在进行网络教学资源建设时应该注意避免的三个常见误区。

1. 避免"重技术、轻内容"的建设误区

"重技术、轻内容"的建设误区是指在网络教学资源建设过程中过于强调技术的引入而忽视对教学信息资源内容本身的建设。在我国推进教育信息化的进程中,虽然许多研究者已经认识到数字化、网络化仅是信息化的形式,丰富的网络教学资源内容、方便快捷的获取方式和全方位的应用才是信息化的内容和实质。但许多实际开发出来的网络教学资源仍然是书本的翻版和传统面授教学资源的延伸,许多资源建设人员仍然将网络教学资源开发片面地理解为模拟信息的数字化,并且常常是从计算机网络本身的优势去理解网络教学资源的优势,比如数字化、多媒体化、交互性,很少去关注网络教学资源在教学维度的本质特征。由此,在网络教学资源建设过程中,建设人员的关注点往往集中在两个方面:一是技术对内容的形式化表征,即如何将传统教学内容进行数字化、多媒体化;二是如何利用技术对已有信息化资源进行数字化的集中管理,过于关注网络教学资源的广度而轻视网络教学资源的精度,过于关注对显性信息资源的整理与收集而轻视对隐性信息资源的挖掘与利用。如果走入了"重技术、轻内容"的建设误区,那么就容易忽视资源内容本身的科学性与教育性,使得网络教学资源"华而不实",不能真正为教育教学服务。

为了避免“重技术、轻内容”的建设误区，可以从以下两个方面着手：一是正确定位信息技术在网络教学资源建设中的服务角色；二是加强网络教学资源在教学维度的评价标准的建设。如果“技术”并不是学习对象，那么技术在网络教学资源建设过程中就是处于服务地位的工具。技术工具为信息、信息提供者与信息资源使用者服务，主要表现在信息表征、信息存储、信息传输、促进信息共享等四个方面。如果过于强调信息技术的引入，那么反而容易给信息资源使用者增加新的认知负担。比如，因为网络教学资源本身掺入了太多的“技术性”，而要求信息技术者也得掌握了相关的技术工具才能获取这些信息。事实上，信息资源使用者所关注的应该是信息内容本身，而不是外围的技术工具或技术环境。技术对信息资源使用者而言，应该是一种外围角色，也就是应该增强技术的服务功能而淡化对信息资源使用者的技术性要求。由此，信息内容、信息需求、信息共享与应用才是网络教学资源建设的核心关注点。

另一方面，实际上，跟传统教学资源一样，网络教学资源的建设脱离不了常规的教学设计，比如教学目标分析、学习者分析等。同时，相对于传统的模拟教学资源，网络教学资源更强调共享性与可重用性，所以在实际的建设过程更需要深入了解其现状需求及其在现实教育得到普遍应用的可能性，从而更要重视其科学性与教育性。由此，在网络教学资源相关评价标准的建设过程中，可以将教学维度的标准作为重点考察内容，要关注网络教学资源本身要服务的教学对象、教学目标、教学模式与教学情境。通过相关标准的建立，使网络教学资源在建设前作教学分析，建设后在使用过程中通过标准考核作出相应的调整以进行资源优化。

2. 避免“重初次建设、轻二次开发与深入整合”的建设误区

“重初次建设、轻二次开发与深入整合”的误区主要表现在以下三个方面：一是过于关注“从无到有”的初次建设，将过多的精力投入在对新资源的设计与制作上，较少注意对已有优良资源的再利用与整合；二是在进行初次建设时，很少考虑为资源将来被加以“二次开发与深入整合”提供可能性；三是在进行初次建设后，信息资源建设者本身也很少考虑信息资源的更新、升级与进一步优化，大多数资源的“初次建设”都成了“终级建设”。信息化环境下的教育教学资源相对于传统资源应该更具有开放性、灵活性与效益性。而“重初次建设、轻二次开发与深入整合”之建设误区却极容易导致两个不良后果：一是增大了资源建设成本，二是降低了信息资源的灵活性与使用价值。

网络教学资源一般可以分为两个类别：一是专门为某些教学目标、教学对象或教学情景设计的教育教学资源；二是并非专门设计，但可以加以利用的资源。事实上，因教学目标、教学对象、教学情景的多样性与复杂性，多数信息资源对信息资源使用者而言都属于第二种类别。换言之，在进行网络教学资源建设时，更多是需要围绕教学目标、教学对象、教学情景去利用、改造、整合已有的一些信息资源。因此，在一定程度上，加强资源的“二次开发与深入整合”较之“从无到有”的初次建设更有意义。

为了避免“重初次建设、轻二次开发与深入整合”之建设误区，首先需要深入理解“网络教学资源建设”的内涵。网络教学资源建设的内涵应包含以下几个层面：一是从无到有的初次建设；二是对已有网络教学资源的二次开发与优化；三是对已有的网络教学资源的深入整合，即对多种信息化资源的重组与优化；四是信息化资源实施大范围与高效率共享以提高资源的建设效率。其中，网络教学资源的整合并不是技术性的拼接与集中，而必须是满足教

学需要的整合，是对现有资源进行合理的调整，有机的组合，追求资源的整体结构最佳化和整体效益的最大化，以实现“整体大于部分之和”的目标，并在总体上必须考虑经济性、效率性、协调性、适用性等基本原则。

另外，在实践层面，在对资源进行初次建设时就应该注意提高资源的可重用性、可共享性与可二次开发性。为此，应加强对网络教学资源开发现状的了解，形成比较成型的开发策略与指导框架，力求统一规划网络教学资源建设进程、建设平台与技术标准以增强网络教学资源的通用性、互换性、兼容性和共享性。尤其值得注意的是，标准化是避免网络教学资源重复建设、提高资源的可二次开发性与可整合性、实现资源共享最大化的有效途径。技术标准可以直接指导网络教学资源开发的实践工作。近年来，随着国外的 SCORM、LOM、DUBLIN 学习技术标准的出台，我国的 CELTS 网络教育技术标准也随之出台，虽然已有许多学者致力于解读这些标准，或讨论这些标准的应用前景，但对于这些标准的实际应用技巧、应用现状和效果的研究并不多，因此在本质上并没有推动这些标准的实际应用。网络教学资源的建设者在资源开发前应有意识地解读、把握适合我国国情的相关技术标准，并在资源开发过程中有效加以利用，使得所开发的资源遵循相关技术标准，以满足二次开发、深入整合与高效共享的要求。

3. 避免“重开发、轻应用”的建设误区

“重开发、轻应用”的建设误区主要表现在两个方面：一是在资源建设过程中为了“开发”而“开发”，较少关注资源的实用性与应用效率；二是在资源建成后，缺乏对网络教学资源应用的研究。网络教学资源建设的根本目的在于应用。换言之，不是为了“建设”而“建设”，而是为了应用而建设。应用不但是建设的目的，也是检验建设成果有效性的唯一途径。唯有避免了“重开发、轻应用”的建设误区，才能在实际应用中对所开发的网络教学资源给出客观、准确的评价与反馈，使网络教学资源的建设形成一个良性的循环。

从理论上讲，基于计算机网络的网络教学资源集多媒体信息的直观性、计算机的交互性、网络的分布性及有关的通信技术的优势于一体，实现了多媒体信息的数字化、网络化存储、处理、传输。相对于传统的“单向、线性”教育教学资源，这些“双向、非线性”的网络教学资源让学习者能够真正实现主动地、有选择地获取信息，通过增强多媒体信息本身的可控制性和学习者的主动性，能够更好地满足学习者的学习需求。但是，如果在资源建设过程中过于关注信息资源的数字化、交互式、非线性这些技术特性的实现而忽视信息资源的实用性，那么在实际应用过程中，反而容易让信息资源使用者在花哨、杂乱的信息海洋中迷航，找不到信息资源所要表现的知识要点、重点与难点。比如，近年来，国家为了推动教育信息化，发布了相关政策、推行了相关项目、投入较多资金鼓励进行网络教学资源建设。但如果只是为了完成项目任务而将原有的模拟内容数字化，将原本用简单教具模型就可以表示的原理用动画表示，那么所建设出来的所谓数字化、网络化教学资源在原来的模拟信息内容基础上就没有任何实质性的创新价值与应用价值。结果可能只是完成了一个研究项目，所建设的资源却并不能投入真正的使用。

缺乏对网络教学资源应用的研究是“重开发、轻应用”之建设误区的另一个表现。虽然通过政策与项目的牵引，目前我国已经进行了较多的资源建设工作，并且积累了较多的资源，但是少有研究关注网络教学资源的应用现状。资源建设者很少进行资源应用跟踪研究，信息资源使用者因其分散性也很少整体性地开展资源应用研究。另一方面，在为数不多的应用研究中，多数研究仅在讨论网络教学资源因其数字化、多媒体化、交互性等特点而具有的应用优势或应用前景，很少有研究从网络教学资源使用者的角度来探讨问题。比如，使用数字化教学资源的学习者的学习方式是否有所改变，有什么特点？他们怎样才能更好地利用网络教学资源？缺乏网络教学资源应用研究，就难以发现网络教学资源应用中存在的问题，难以从本质上了解网络教学资源环境下学习者的学习方式变革，从而就难以真正推动网络教学资源建设形成良性循环。

为了避免"重开发、轻应用"的建设误区，应该在资源建设过程中加强对资源的"实用性"考察，可以构建关于资源实用性的相关评价标准。通过事先了解网络教学资源的应用需求，了解潜在用户的个性化需求与特点，在建设过程中随时反思、检查资源是否能满足实用性要求，以提高资源的实用性。在资源建成之后，作为资源建设者应该跟踪调查资源的实际应用状况，主动听取信息资源使用者的建议，了解资源应用中存在的问题，思考解决问题的方法与途径，积累资源建设的经验，加强网络教学资源应用研究。

8.4.4 教师网络教学素养的培养

1. 多层面关注、推动教师网络教学素养的培养

在意识层面，无论是教师教育机构还是教师本人都要充分重视教师网络教学素养的培养。在操作层面，要构建科学的培养体系、建设有效的培养内容与平台为职前教师与在职教师提供丰富的网络教学素养培养资源，并促进教师本人根据自己的条件与所拥有的资源对自己的网络教学素养水平提升进行自主规划、自主设计、自主实施、自主评价与自主调控。在研究层面，要加强现状研究与应用研究，旨在了解当前教师网络教学素养的实际水平与教师网络教学素养发展中存在的主要问题，全面解析已有的面向教师网络教学素养提升的各种培养模式、资源、平台在应用方面的有效性，以最终完善、优化、构建面向教师网络教学素养培养的有效模式与资源。

2. 按阶段、分层次推进教师网络素养的培养

"分阶段"是指分"职前教育"与"在职培训"两个阶段。在"职前教育"阶段要充分利用师范大学的综合教育优势，系统地培养师范生的网络教学素养，其中重在培养师范生的使用网络的基本技能，培养其利用网络优化自身学习方式的能力。"分层次"是指在职培训可以分为两个层次：一是适应性层次，适应性培训主要针对网络教学素养比较低的教师，目的在于普及；二是发展性层次，这一层次的培训主要针对已经具备一定网络教学素养的教师，目的在于提高其网络教学素养水平。针对具有不同基础的教师，可以设定不同的培养目标与内容，比如：对于那些还没有开始使用网络的教师，可以将培养目标先定位于提高教师利用网络的基本技能，主要强调技术性技能；对于部分教师则可以指向提高其利用网络进行终身学习的能力，或指向提高其利用网络进行师生交互的能力，或指向提高其利用网络丰富教学资源的能力，或指向提高其利用网络丰富教学模式、优化教学效果的综合能力等。

3. 在职培训途径多样化，重视网络化培训平台的建设与应用

缺乏接受继续教育、提升网络教学有效途径和机会是导致在职教师网络教学素养水平较低的主要原因。在职教师的网络教学素养培养可以有多种途径，比如，可以借助各级各类

政策性、项目性培训，也可以基于校本培训。其中基于网络化平台的培训可以作为一种主要方式加以运用。以"网络化培训平台"服务于教师的网络教学素养培养，可以潜移默化地使接受培训的教师认识到网络在教学中的应用优势与必要性，并在实习运用中形成自己的心得体会，使教师在未来利用网络辅助教学或实施教学的过程中不但能从教师的角度去设计网络教学环境，也可以从"学习者"的角度去理解学生的实际需求。

4. 加强相关软硬件设施建设，为教师网络教学素养培养提供实践平台

网络教学素养不但要求教师具有应用网络服务教学的意识，更要求教师具有利用网络优化教学的实践能力。随着我国教育信息化进程的推进，越来越多的中小学有了自己的校园网。但在整体上，由于我国幅员辽阔，地区差异还比较大，仍然有许多中小学由于缺乏上网的软硬件设施而无法联网。许多中小学教师虽然意识到了网络在教学中的应用优势，在备课过程中也通过在家上网等方式利用了网络资源，但对网络在教学中的整体运用方面还无法实践。因此，学校中网络利用的软硬件环境的有限性在很大程度上不利于教师的网络教学素养水平的提升。为教师提供应用网络的软硬件条件，为教师提供更多的利用网络服务于教学的实践机会，对于切实提高教师的网络教学素养水平有着重要意义。

8.5 促进教师教育专业发展的教师教育技术项目

8.5.1 全国中小学教师教育技术能力建设计划

1. 全国中小学教师教育技术能力建设计划背景

为了贯彻经国务院批准的《2003—2007 年教育振兴行动计划》，配合基础教育课程改革和《农村中小学现代远程教育计划》的实施，提高中小学教师教育技术能力水平，按照《教育部关于加快推进全国教师教育网络联盟计划，组织实施新一轮中小学教师全员培训的意见》精神，2005 年开始启动实施全国中小学教师教育技术能力建设计划。

全国中小学教师教育技术能力建设计划的宗旨是：以《中小学教师教育技术能力标准（试行）》为依据，以全面提高教师教育技术应用能力，促进技术在教学中的有效运用为目的，建立教师教育技术培训和考试认证体系，组织开展以信息技术与学科教学有效整合为主要内容的教育技术培训，全面提高广大教师实施素质教育的能力水平。

该计划按照"总体规划、分步实施、学用结合、注重实效"的原则组织实施，从 2005 年开始，组织部分省（自治区、直辖市）先行试点，在取得经验的基础上，从 2006 年开始在全国范围内推开，各省（自治区、直辖市）通过采取多种途径和方式，使绝大多数中小学教师普遍接受不低于 50 学时的教育技术应用能力培训，并参加国家统一组织的教育技术能力水平考试认证。

2. 全国中小学教师教育技术能力建设计划培训资源

全国中小学教师教育技术能力建设计划的启动与实施对于加快推进教育信息化，促进基础教育课程改革，规范教师培训工作，提高教师教育技术应用能力和教师队伍整体素质等具有重要意义。依据《中小学教师教育技术能力标准（试行）》中对教学人员教育技术能力的要求，教育部组织编制了《中小学教学人员（初级）教育技术能力培训大纲》。该《大

纲》注重继承我国优良的传统教学思想，借鉴国外先进的教学理念，参考了国外开发的教育技术标准和我国教育技术组织研制的《中国教育技术标准》的有益经验，并力求体现素质教育的思想，适应基础教育课程改革的需要，以“任务驱动、强调活动、强调参与”为指导原则，把基于现有教学媒体环境的教学设计作为主要任务，采取模块化设计的方式安排培训内容。

目前，教育部组织开发、发行了两套教学人员（初级）教育技术能力培训教材，分别由北京师范大学何克抗教授和华东师范大学祝智庭教授任主编。两套教材的编写以《中小学教师教育技术能力标准（试行）》和《中小学教学人员（初级）教育技术能力培训大纲》为依据，其共同特点是以培养中小学教师的教育技术应用能力为出发点，以“任务驱动、强调活动、强调参与”为编写原则，采用模块化的章节设计方法，以教学设计作为主要任务，突出小组合作学习的方式。教材不但包括教科书，还有配套光盘和网站支持，为教师的教育技术能力发展提供了丰富的资源。其中教学设计是教育技术理论与实践的核心内容。教师教学设计能力的培养是全国中小学教师教育技术能力建设计划中培训的主线。两套培训教材都提供了大量的资源、案例、模板和量表，为学习教学设计提供了极大的方便。资源部分包含了大量文本材料和多媒体材料，为受培训的教师提供学习的支持；通过案例分析，可以使受培训的教师得到启发，加深对教学设计的理解；培训教材中提供的模板，可以使受培训的教师比较容易地进入教学设计过程，在做中学，在实践中逐步提高；书中的量表给出了不同类型的评价标准，为受培训的教师在教育新理念指导下的教学评价设计提供了参照。（李龙，2005）

8.5.2　英特尔未来教育项目

1. 项目背景

英特尔未来教育（Intel Teach to the Future）项目是英特尔公司为支持计算机技术在课堂上的有效利用而设计的一个全球性的培训项目。该项目的推行范围之广和影响力度之大使其被誉为最成功的教师专业发展计划，其目标是对一线的学科教师进行培训，使他们懂得如何促进探究型学习，能够将计算机的使用与现有课程密切结合，最终使得学生能够提高学习成效。其培训主旨是：

（1）在课堂中有效地利用计算机技术。

（2）重点围绕学生和教师如何利用技术，通过研究和交流以及运用卓有成效的策略与工具来增强学习。

（3）强调“动手”的学习方式，参照国家和地方的课程标准来自行创建教学单元计划与评估工具。

（4）为学生们提供更多的掌握和使用技术的机会。

（5）鼓励教师进行团队合作，结对评审他们的教学单元并共同解决问题。

英特尔未来教育项目通过独特的“培训培训者”、“教师教教师”的模式，将知识传授给更多的教师。该项目首先对一定数量的主讲教师进行培训，再由每一位主讲教师每年培训一定数量的一线授课教师。培训采用面对面的形式，进行结对交流、动手操作、教学实践的讨论。在培训中，指导教师与受训教师之间有大量的互动交流以达到最佳的培训效果。同时，英特尔未来教育项目在设计针对美国教师的信息技术与课程整合的培训活动时，十分注意与《国家教育技术标准》的对应，保证了教师经过英特尔未来教育培训后，能够按照《国家教育技术标准》设计和实施自己的单元教学计划。（黎加厚，2005）

2. 项目培训课程的特点

英特尔未来教育项目的培训课程具有以下鲜明的特点（祝智庭，2003）：

(1) 模块化结构

整个课程分为10个模块，总共40小时课堂教学加上20小时回家作业。这些模块标题为：① 课程概述，准备单元计划；② 为单元计划查找资源；③ 创建学生多媒体演示文稿；④ 创建学生出版物；⑤ 准备教师支持材料；⑥ 创建学生网站；⑦ 建立单元计划支持材料；⑧ 整合单元计划；⑨ 评价单元计划；⑩ 建立单元实施方案。这些模块贯穿着三条主线：一是信息技术的使用；二是以教学计划（教案）的创建与完善为线索；三是评价工具的使用。每个模块都遵循"结对交流"、"教法研讨"、"动手操作"、"作品评估"、"单元计划修改"、"回家作业"等基本格式，要求教师选择一个他们目前在教的或在将来要教的单元作为正规课程的一部分，整合多媒体演示文稿、电子出版物、网站制作于该单元的教学中，最终制作出一个有效利用技术的、与国家课程标准相符合的完整单元计划。

(2) 实用性目标

课程带有很强的实用性目标，其基本目的是让教师学会如何在课堂教学中运用信息技术，强调动手实践，目标是设计一个单元教学计划包，每一个教学计划包都含有单元教案、学生作品范例、针对学生电子作品的评价标准；UC教学支撑材料；单元实施计划。

(3) 以教法革新为特色

本培训课程在信息技术与学科教学的整合、案例教学、合作型学习、研究型学习、资源型学习、面向学生作品的评价等方面进行了新的探索，关注教法改革。

(4) 以学生为本位

在培训中要求参训教师将信息技术应用的立足点放在学生身上，考虑如何让学生在学习过程中使用信息技术。因此在许多创作活动中，要求教师扮演学生的角色，去制作供学生参考的电子作品范例和支持学生研究型学习的工具模板。

(5) 以活动为中心

英特尔未来教育项目的教师培训是以活动为中心的，要求指导参训教师通过一系列活动获得关于信息技术在课堂教学中应用的知识和形成信息化教学的设计能力。各模块包含的主要活动有：结对共享、教法研讨和信息获取（根据任务需要从多种信息源获取信息，特别是光盘信息源和网上信息源、电子作品创作与评价、教案修订与评价）。

(6) 信息化教学设计

本培训的目的不只是让参训教师学会使用信息技术，更重要的是让他们学会设计以信息技术为支撑的教学过程，使学生能够充分利用信息技术开展学习活动，比如使学生具备相关信息的获取与加工能力，能够进行问题解决方法的探索，对自己的学习过程能够进行有效评价，等等。

3. 英特尔未来教育项目在中国

英特尔未来教育项目于2000年7月在中国正式启动，并得到了中国教育部和各地方政府的大力支持。截至 2007 年 9 月底，逾 95 万名中国中小学教师已完成了该项目的培训，接受过培训的教师们普遍反映，该项培训在转变教育观念、提高教师在课堂教学中有效运用现代信息技术的能力以及开展研究型学习等方面有显著成效。

中国教育部对英特尔未来教育项目也给予了充分的肯定。教育部副部长陈小娅在 2005 年 12 月项目五周年庆典上的发言谈到："'英特尔未来教育'教师培训项目是教育部与英特尔公司在共同推动中国教育信息化发展中的重要合作项目之一。五年以来，项目实施效果良好，受到了广大中小学教师的欢迎，对于促进我国中小学教师信息技术能力的提高，推进教育信息化起到了积极作用。'英特尔未来教育'项目的引进给我们带来了国际教师培训项目较为成功的教育理念、培训模式和管理方式。"

2006 年 11 月，英特尔公司与中国教育部启动了"共创未来教育计划"，承诺在未来五年时间内(2006—2010 年)，再培训 100 万中小学教师，帮助他们利用信息技术增强课堂学习体验(到 2011 年，将培训共 170 万名教师)。英特尔公司希望通过培训教师和推动网络接入，在 2011 年实现帮助 1 亿中国学生享受到科技教学的力量。

8.5.3　教育部—微软(中国)"携手助学"项目

1. 项目背景

2003 年 11 月 20 日，教育部和微软(中国)有限公司在北京签署了"中国基础教育信息化合作框架"协议。根据该协议，在教育部的指导下，微软公司将在未来五年内提供价值 1000 万美元捐助，用以支持基础教育和师范教育，尤其是在农村和边远地区。微软公司将首先从师资培训与技能培养、农村中小学现代远程教育工程以及教育信息技术管理培训等具体项目开始展开合作。

教育部—微软(中国)"携手助学"项目的主要任务是培训中小学信息技术专任教师。项目定义了信息技术专任教师可能扮演的三种角色：角色一，教授信息技术课程；角色二，维护与管理计算机教室；角色三，在本校教职工队伍中分享、传播信息技术，并为其他学科教师提供信息技术方面的支持。一名信息技术专任教师根据自身的能力可以同时作为三个角色来工作，也可以分别是两位不同的教师或网络管理人员，角色三对于以上情况为可选项。

2. 培训方式与内容

教育部—微软(中国)"携手助学"项目的师资培训主要包括三种培训方式：课堂培训、DVD 培训以及网络课堂培训，目前主要采用前两种培训方式。

(1) 课堂培训

课堂培训是"携手助学"项目的主要实施手段之一，主要内容包括：

① 操作系统的安装使用与管理课程

从本质上提升信息技术专任教师在操作系统方面的技术实力，涉及客户端操作系统与网络操作系统的原理与应用，通过课堂授课和课后网络支持的方式，为教师提供持续的学习与交流环境。

② "Office"与教学应用

结合国内外先进的教学方法，通过对 Office 的学习掌握新的教学方法和理论，通过课堂授课和课后网络支持的方式，为教师提供持续的学习与交流环境。

(2) DVD 培训

利用系列光盘教材对教师进行培训。课程适用对象为具有计算机软、硬件常识，并对网络有所了解的中小学信息技术专任教师。

课程学习内容依据新的信息技术课程标准对多媒体计算机系统建设和管理的要求，设计了 6 个课时的内容，内容涵盖计算机硬件、软件、网络、互联网和信息安全、多媒体设备以及常见问题解答。

通过学习，教师将掌握多媒体计算机的软硬件、网络基本知识，理解故障排查的基本方法与步骤，了解与信息技术教育相关的最新技术与工具，更好地为在新课程标准下开设信息技术课程提供支持和服务。

8.5.4 农村中小学现代远程教育工程

1. 实施农村中小学现代远程教育工程背景

农村教育在全面建设小康社会中具有基础性、先导性、全局性的重要作用。我国教育的重点和难点在农村，特别是在中西部地区的农村中小学，在教学条件、教育资源、教师水平和教学质量等方面与发达地区相比存在着巨大差距。解决这个问题的最好办法，是实施现代远程教育工程，促进城乡优质教育资源共享，提高农村教育的质量和效益，加强教师培训，积极引入外部优质教育资源，提高教学质量，缩小东西部的教育差距，实现基础教育的均衡发展。

2003 年 9 月，国务院召开了全国农村教育工作会议，下发了《国务院关于进一步加强农村教育工作的决定》。《决定》明确提出“实施农村中小学现代远程教育工程，促进城乡优质教育资源共享，提高农村教育质量和效益。在 2003 年继续试点工作的基础上，争取用五年左右时间，使农村初中基本具备计算机教室，农村小学基本具备卫星教学收视点，农村小学教学点具备教学光盘播放设备和成套教学光盘”。

工程规划用 5 年左右的时间，为全国约 11 万个农村小学教学点配备教学光盘播放设备和成套教学光盘，向这些教学点的约 510 万山村小学生提供优质教育教学资源，解决师资和教学质量较低的问题；使全国 38.4 万所农村小学初步建成卫星教学收视点，基本满足农村 8142 万小学生对优质教育教学资源的需求，同时，卫星教学收视点还将成为中央确定开展的全国农村党员干部现代远程教育的主要依托；使全国 3.75 万所农村初中基本具备计算机教室，使 3109 万农村初中在校生能够逐步与 3495 万城镇初中生一样，共享优质教育教学资源，接受信息技术教育，为推进全社会信息化奠定良好的基础。

2. 农村中小学现代远程教育工程的三种教学模式

农村中小学现代远程教育工程提出三种教学模式：

模式一是教学光盘播放点。配备 34 寸彩色电视机、DVD 播放机和成套教学光盘。通过播放教学光盘对学生授课和辅导。配备对象主要是农村学校布局调整确需保留的教学点，平均每点投资概算 3000 元。

模式二是卫星教学收视点。配备卫星接收系统、计算机、电视机、DVD 播放机和 1～6 年级所需的教学光盘。通过中国教育卫星宽带传输网，快速大量接收优质教育资源，并同时具有教学光盘播放点的功能。配备对象为乡中心小学和村完小。平均每点投资概算 1.6 万元。

模式三是计算机教室。配备卫星接收系统、网络计算机教室、多媒体教室、教学光盘播放设备。其特点是除具备模式二的全部功能外，还能够为学生提供网络条件下的学习环境。配备对象为农村初中。平均每点概算 15 万元。

不同的教学模式不但对软、硬件教育设施建设有着不同的要求，也对教师的利用方式、教学方式等有着不同的要求。加强三种模式在教育教学中的应用，提高教师对不同教学模式的应用能力也是农村中小学现代远程教育工程的重要内容。

思考与习题

1. 什么是教师专业化？什么是教师专业发展？
2. 教师应该具有哪些基本的专业素养？如何自主培养、提升这些素养？
3. 教育技术与教师专业发展具有怎样的联系？
4. 如何理解教育技术能力是教师专业能力的基本构成？
5. 简述师范生教育技术能力自主发展策略。
6. 在教育技术视角下如何理解网络教学素养的基本构成？如何培养与提高自身的网络教学素养？
7. 全国中小学教师教育技术能力建设计划、英特尔未来教育项目、教育部—微软(中国)“携手助学”项目、农村中小学现代远程教育工程各自的项目目标与内容是什么？如何利用这些项目资源促进教师的专业发展？

参考文献

1. Walter Dick, Lou Carey, James O. Carey(2004). 教学系统化设计[M]. 汪琼，译. 北京：高等教育出版社，2004.
2. [美] 埃瑟·戴森(1998). 2.0 版：数字化时代的生活设计[M]. 胡泳，范海燕，译. 海口：海南出版社，1998.
3. 奥托·彼得斯(1998). 数字化学习环境：开放远距离教育新的可能与机遇[J]. 开放教育研究，1998(2).
4. 鲍东明，高靓(2007). 我国教师专业化发展有了啥？还缺啥？[N]. 中国教育报，2007-04-28(3).
5. 蔡燕(2002). 建构主义学习观与学生的主体性发展——兼论建构主义学习观对教育改革的启示[J]. 教育研究，2002(2).
6. 查普林，克拉威克(1983). 心理学的体系和理论[M]. 北京：商务印书馆，1983.
7. 陈晓慧(2005). 教学设计[M]. 北京：电子工业出版社，2005.
8. 陈志贤(2003). 中学物理探究式教学的实践研究[D]. 福州：福建师范大学学位论文，2003.
9. 程维薇(2006). "头脑风暴法"在中学语文课堂教学中的运用[J]. 成都大学学报(社会科学版)，2006(4).
10. 程晓媞(2008). 教师专业化发展的途径[N]. 光明日报，2008-01-23(3).
11. 程智(2002). 网络教育基础[M]. 北京：人民邮电出版社，2002.
12. 初中物理课内探究教学模式设计及案例解析[EB/OL]. http://www.jsrgjy.gov.cn/jxyj/shownews.asp? info_id=1034
13. [美] 戴维·申克(2001). 信息烟尘：在信息爆炸中求生存[M]，黄锫坚等，译. 南昌：江西教育出版社，2001.
14. 邓智海(2000). 素质教育在西方[M]. 天津：天津社会科学院出版社，2000.
15. 杜春芳. "问题探究"模式在信息技术课堂教学中的运用[EB/OL]. http://www.bxla.net/ReadNews.asp? NewsID=481
16. 方益波(2001). 网络之间：信息世界疆域的终结者[M]. 上海：上海世界图书出版公司，2001.
17. 方舟(2002). 个别化学习的概念诠释及其构架[J]. 电化教育研究，2002(3).
18. 冯鹏志(1999). 伸延的世界：网络化及其限制[M]. 北京：北京出版社，1999.
19. 傅建明(2007). 教师专业发展——途径与方法[M]. 上海：华东师范大学出版社，2007.
20. 高文(2002). 21 世纪人类学习的革命译丛·总序 [M]//乔纳森. 学习环境的理论基础. 郑太年等，译. 上海：华东师范大学出版社，2002.
21. 高文(2002). 情境学习与情境认知[J]. 教育发展研究，2001(8).
22. 耿明芹(2002). 基于 WebCL 平台的协作学习中教师角色分析[D]. 北京：北京师范大学硕士学位论文，2002.
23. 顾明远(2004). 教师的职业特点与教师专业化[J]. 教师教育研究，2004(6).
24. 郭常勇(2006). 基于网络的中学物理协作学习[D]. 山东师范大学教育硕士专业学位论文，2006.
25. 郭良(1998). 网络创世纪：从阿帕网到互联网[M]. 北京：中国人民大学出版社，1998.
26. 何克抗(1997). 建构主义——革新传统教学的理论基础[J]. 电化教育研究，1997(3)～(5).
27. 何克抗(1999). 建构主义的教学模式、教学方法与教学设计[J]. 北京师范大学学报，1999(5).

28. 何克抗(2002). e-Learning 的本质——信息技术与学科课程的整合[J]. 电化教育研究,2002(1).
29. 何克抗(2005). 关于教育技术学逻辑起点的论证与思考[J]. 电化教育研究,2005(11).
30. 何克抗(2005). 教育技术培训教程(教学人员・初级)[M]. 北京:高等教育出版社,2005.
31. 何克抗(2006). 迎接教育信息化发展新阶段的挑战[J]. 中国电化教育,2006(8).
32. 何克抗,吴娟(2007). 信息技术与课程整合[M]. 北京:高等教育出版社,2007.
33. 何克抗. 正确理解"中小学教师教育技术能力培训"的目的、意义及内涵[EB/OL]. http://www.etc.edu.cn/academist/hkk/zhengquelijie05.htm.
34. 洪伟(2006). 如此"自主学习"是语文教学所追求的吗? [J]内蒙古教育,2006(1).
35. 黄荣怀(2000). 关于协作学习的结构化模型研究[D]. 北京:北京师范大学博士论文,2006.
36. 黄荣怀,周跃良,王迎(2006). 混合式学习的理论与实践[M]. 北京:高等教育出版社,2006.
37. 纪望平(2005). 信息化背景下的教师专业发展研究[J]. 高等教育研究,2005(9).
38. 加涅(2004). 教学设计原理[M]. 上海:华东师范大学出版社,2004.
39. 姜奇平(1997). 21 世纪网络生存术[M]. 北京:中国人民大学出版社,1997.
40. 金晓阳,何宏(2007). 优化课堂教学模式 提高自主学习能力[J]. 中国西部科技,2007(2).
41. 靳玉乐(2003). 新课程改革的理念与创新[M]. 北京:人民教育出版社,2003.
42. 黎加厚(2000). e-Education:电化教育的新定义——关于《电化教育研究》杂志英文译名更新的建议[J]. 电化教育研究,2000(1).
43. 黎加厚(2005). "英特尔未来教育"与中国中小学教师教育技术能力标准的培训[EB/OL]. http://news.xinhuanet.com/classad/2005-12/01/content_3860812.htm.
44. 黎加厚(2007). Moodle 课程设计[M]. 上海:上海教育出版社,2007.
45. 黎加厚,赵英芳,潘洪涛(2005). 美国国家教育技术计划——迈向美国教育的黄金时代[J]. 中国电化教育,2005(4).
46. 李斌(2003). 国内外教师专业发展过程研究述评[J]. 江苏教育学院学报(社会科学版),2003(7).
47. 李龙(2005). 教学设计——中小学教师教育技术能力培训的核心[EB/OL]. http://www.sqxedu.com/jyjs/ShowArticle.asp? ArticleID=135.
48. 李亚东(2001). 网络时代教师角色转换[N]. 中国教育报,2001-12-20(3).
49. 李真,岳从远,冯路(2006). 国外网络教学的发展状况与启示[J]. 职业教育研究,2006(3).
50. 梁文鑫,余胜泉(2006). 基于设计的研究[J]. 电化教育研究,2006(7).
51. 林靖(2004). 新课程目标下教师角色的反思[EB/OL]. http://www.edu.cn/20040209/3098590.shtml.
52. 刘家丰(2001). 素质教育概论[M]. 北京:中国档案出版社,2001.
53. 刘久成(2006). 探究学习的三个误区[J]. 教育科学论坛,2006(3).
54. 刘美凤(2006). 教育技术学学科定位问题研究[M]. 北京:教育科学出版社,2006.
55. 刘敏霞,赵秋荣,张玉珍(2007). 有关自主学习的几种错误概念[J]. 牡丹江大学学报,2007(1).
56. 刘儒德(2002). 基于问题学习对教学改革的启示[J]. 教育研究,2002(2).
57. 刘向永(2003). 教育技术:塑造教师专业发展[J]. 中小学信息技术教育,2003(8).
58. 刘秀燕(2005). 如何提高远程开放教育中的个别化学习能力[J]. 内蒙古电大学刊,2005(3).
59. 柳栋(2005). 关于学习游戏化的思考[J]. 现代教学,2004(5).
60. 吕燕津(2007). 自主学习中教师角色的转变[J]. 天津教育,2007(5).
61. 罗树华,李洪珍(2000). 教师能力学[M]. 济南:山东教育出版社,2000.
62. 孟凡桥(2006). 信息技术环境下中学生协作能力的培养[D]. 济南:山东师范大学教育硕士论文,2006.
63. 孟宪乐(2005). 教师专业化发展与策略[M]. 北京:中国文史出版社,2005.
64. 南国农,李运林(1998). 电化教育学(第二版)[M]. 北京:高等教育出版社,1998.

65. 南国农(2005). 发展现代远程教育：中国之路[J]. 中国远程教育，2005(2).
66. 潘笃武(2006). 认知科学的内容和发展[J]. Chinese Journal of Nature，2006(2).
67. 彭岗，黎仰安(2006). 网络教学中的个别化学习与协作学习[J]. 网络教育与远程教育，2006(7).
68. 彭立(2001). 多媒体课件制作与教学资源应用[M]. 长春：东北师范大学出版社，2001.
69. 彭立，梁立凯(2005). 多媒体课件制作[M]. 长春：东北师范大学出版社，2005.
70. 彭立，徐玉民(2005). 信息技术与高中学科教学[M]. 长春：东北师范大学出版社，2005.
71. 任剑锋，李克东(2004). 分布式认知理论及其在 CSCL 系统设计中的应用 [J]. 电化教育研究，2004(2).
72. 桑新民(2004). 学习科学与技术[M]. 北京：高等教育出版社，2004.
73. 邵瑞珍(1983). 教育心理学——学与教的原理[M]. 上海：上海教育出版社，1983.
74. 申继亮(2007). 教师人力资源开发与管理[M]. 北京：北京师范大学出版社，2007.
75. 沈钟钟(2004). 自主学习：定义、理论及培养[J]. 东华大学学报(社会科学版)，2004(3).
76. 施良方(2000). 学习论[M]. 北京：人民教育出版社，2003.
77. 石欧，刘丽群(2004). 课程改革中的若干问题[M]. 广州：广东教育出版社，2004.
78. 宋晓玲(2005). 探究学习的"四步曲"[N]. 中国妇女报，2005-05-18.
79. 宋永刚(2006). 促进教师专业发展的一项大工程——中小学教师教育技术能力建设计划解读[N]. 中国教育报，2006-06-12(5).
80. 孙孔懿(2001). 素质教育概论[M]. 北京：人民教育出版社，2003.
81. 孙震，马胜利(2003). 一节应用型探究化学课的实施与思考[J]. 教学仪器与实验，2003(3).
82. [美] 唐・泰普斯科特(1999). 数字化成长：网络世代的崛起[M]. 陈晓天，袁世佩，译. 大连：东北财经大学出版社，1999.
83. 唐庆华(2003). 学习的革命：《人是如何学习的》评介[J]. 苏州大学学报(哲学社会科学版)，2003(4).
84. 王长纯(2001). 教师专业化发展：对教师的重新发现[J]. 教育研究，2001(11).
85. 王光荣(2000). 维果茨基心理学理论述评 [J]. 心理学探新，2002(4).
86. 王光荣(2000). 维果茨基研究热的理论透视 [J]. 心理科学，2000(6).
87. 王树华(2001). 引导自主实践 提高学习能力——听特级教师武琼教《挑山工》有感[J]. 小学语文教学，2001(9).
88. 王文静(2002). 情境认知与学习理论研究述评[J]. 全球教育展望，2002(1).
89. 王希华(2003). 现代学习理论评析[M]. 北京：开明出版社，2003.
90. 王以宁(2003). 网络教育应用[M]. 北京：高等教育出版社，2003.
91. 王以宁(2007). 教学媒体的理论与实践[M]. 北京：高等教育出版社，2007.
92. 王永锋，何克抗，王以宁(2007). 从"建构性学习"到"学生有效参与"——论课堂教育技术之正业[J]. 开放教育研究，2007(4).
93. 乌美娜(1994). 教学设计[M]. 北京：高等教育出版社，1994.
94. 武法提(2003). 网络教育应用[M]. 北京：高等教育出版社，2003.
95. 夏志清，田水泉(2005). 对接受学习和探究学习的审视与比较[J]. 南阳师范学院学报，2005(6).
96. 肖川(2004). 教师：与新课程共成长[M]. 上海：上海教育出版社，2004.
97. 徐英俊(2001). 教学设计[M]. 北京：教育科学出版社，2001.
98. 杨彩霞(2005). 探究学习的指导误区辨析[J]. 教育实践与研究，2005(10).
99. 杨开城(2005). 以学习活动为中心的教学设计理论[M]. 北京：电子工业出版社，2005.
100. 杨利娟. 活动理论与建构主义学习观 [J]. 教育科学研究，2000(4).
101. 杨庆余(2003). 从两个课堂案例看小学数学学习方式的转变[J]. 教育科学研究，2003(10).
102. 杨威(2003). 信息技术教学导论[M]. 北京：电子工业出版社，2003.

103. 杨宗凯，吴砥，刘清堂(2003). 网络教育标准与技术[M]. 北京：清华大学出版社，2003.
104. 叶澜(1998). 新世纪教师专业素养初探 [J] . 教育研究与实验，1998(1).
105. 叶治康. 运用网络技术改革物理教学模式[EB/OL]. http://www.studa.net/xueke/061130/11042444.html.
106. 于发友(2004). 我国教师专业化面临的问题与影响因素分析[J]. 当代教育科学，2006(6).
107. 余胜泉，吴娟(2005). 信息技术与课程整合[M]. 上海：上海教育出版社，2005.
108. 余胜泉，何克抗(1998). 基于 Internet 的教学模式[J]. 中国电化教育，1998(4).
109. 余英，赵呈领，邓涛(2005). 教育网络游戏：网络游戏教育潜质的价值体验[J]. 现代远程教育研究，2005(6).
110. 俞静(2007). 接受学习还有用武之地吗？——来自"1 平方厘米"的心灵感悟[J]. 教学月刊小学版，2007(1).
111. 袁振国(2001). 教育新理念[M]. 北京：教育科学出版社，2003.
112. [美] 约翰·奈斯比特(1984). 大趋势：改变我们生活的十个新方向[M]. 梅艳，译. 北京：中国社会科学出版社，1984.
113. 约翰·D·布兰思福特等(2002). 人是如何学习的[M]. 程可拉等，译. 上海：华东师范大学出版社，2002.
114. 翟睿(2006). 自主学习的理论与实施策略研究[D]. 长春：东北师范大学硕士学位论文，2006.
115. 张建伟，孙燕青(2005). 建构性学习——学习科学的整合性探索[M]. 上海：上海教育出版社，2005.
116. 张剑平，杨传斌(2002). Internet 与网络教育应用[M]. 北京：科学出版社，2002.
117. 张倩苇，赵海霞(2001). 提高教师的技术能力 促进学生的学习——美国全国教育技术教师标准及其对我们的启示[J]. 全球教育展望，2001(12).
118. 赵建华，李克东(2000). 协作学习及其协作学习模式[J]. 中国电化教育，2000(10).
119. 中国科学院心理研究所战略发展研究(2001). 认知科学的现状与发展趋势[J]. 中国科学院院刊，2001(3).
120. 钟启泉(1998). 现代教学论发展[M]. 北京：教育科学出版社，1998.
121. 钟启泉(2001). 教师"专业化"：理念、制度、课题[J] . 教育研究，2001(12).
122. 周国梅，傅小兰(2002). 分布式认知——一种新的认知观点 [J]. 心理科学进展，2002(2).
123. 周昊天，傅小兰(2005). 认知科学——新千年的前沿领域[J]. 心理科学进展，2005(13).
124. 周迎春(2004). 创设游戏化网络教学情境——"翻转与旋转"教学设计及反思[J]. 中小学信息技术教育，2004(10).
125. 祝智庭. 英特尔未来教育项目特点分析[EB/OL]. http://intel.shedu.com.cn/showxx/showll.asp?news_id=6.
126. 佐晓梅(2005). 合作学习的四个误区[J]. 内蒙古教育，2005(11).

北京大学出版社

教育出版中心 精品图书

21世纪教育科学系列教材

教师教育概论 李 进 主编 75元
基础教育哲学 陈建华 著 35元
当代教育行政原理 龚怡祖 编著 37元
教育心理学 李晓东 主编 34元
教育计量学 岳昌君 著 26元
教育经济学 刘志民 著 39元
现代教学论基础 徐继存 赵昌木 主编 35元
现代教育评价教程 吴 钢 著 32元
心理与教育测量 顾海根 主编 28元
高等教育的社会经济学 金子元久 著 32元

教师资格认定及师范类毕业生上岗考试辅导教材

教育学 余文森 王 晞 主编 26元
教育心理学概论 连 榕 罗丽芳 主编 35元

21世纪信息传播实验系列教材（黄慕雄 徐福荫 主编）

播音主持 黄碧云 睢 凌 编著 26元
传播学研究方法与实践 张学波 等 编著 28元
电视照明·电视音乐音响 蓝辉强 等 编著 26元
广播电视摄、录、编 付 俊 等 编著 25元
摄影 张 红 等 编著 25元
数字动画基础与制作 葛 玥 莫丹丹 编著 34元
报刊新闻电子编辑 罗 昕 等 编著 24元
广告策划与创意 唐佳希 李斐飞 编著 26元

21世纪教育技术学精品教材（张景中 主编）

教育技术学导论 李 芒 金 林 编著 26元
远程教育原理与技术 王继新 张 屹 编著 41元
教学系统设计理论与实践 杨九民 梁林梅 编著 29元
信息技术教学论 雷体南 叶良明 主编 29元
网络教育资源设计与开发 刘清堂 主编 30元

21世纪引进版精品教材·研究方法系列

教育研究方法：实用指南 [美] 乔伊斯·高尔 等著 78元
高等教育研究：进展与方法 [英] 马尔科姆·泰特 著 25元
社会研究：问题方法与过程（第三版）[英] 迪姆·梅 著 32元

大学教师通识教育读本（教学之道丛书）

如何成为卓越的大学教师 肯·贝恩 著 24元
给大学新教员的建议 罗伯特·博伊斯 著 28元
理解教与学：高校教学策略 [英] 迈克尔·普洛瑟 等著 26元
规则与潜规则：学术界的生存智慧 [美] 约翰·达利 等主编 28元
给研究生导师的建议（第2版）[英] 萨拉·德拉蒙特 等著 26元
教师的道与德 爱德华·希尔斯 著 30元

大学之道丛书

知识社会中的大学 [美] 杰勒德·德兰迪 著 32元
一流大学 卓越校长——麻省理工学院与研究型大学的作用
[美] 查尔斯·维斯特 著 28元
美国大学之魂 [美] 乔治·M.马斯登 著 58元
哈佛规则：捍卫大学之魂
[美] 理查德·布瑞德利 著 48元
大学理念重审：与纽曼对话 [美] 雅罗斯拉夫·帕利坎 著 35元
学术部落及其领地——知识探索与学科文化
[英] 托尼·比彻 保罗·特罗勒尔 著 33元
德国古典大学观及其对中国大学的影响 陈洪捷 著 22元
大学校长遴选：理念与实务 黄俊杰 主编 28元
转变中的大学：传统、议题与前景 郭为藩 著 23元
学术资本主义：政治、政策和创业型大学
[美] 希拉·斯劳特 拉里·莱斯利 著 36元
什么是世界一流大学 丁学良 著 23元
21世纪的大学 [美] 詹姆斯·杜德斯达 著 38元
公司文化中的大学 [美] 埃里克·古尔德 著 23元
美国公立大学的未来
[美] 詹姆斯·杜德斯达 弗瑞斯·沃马克 著 30元
高等教育公司：营利性大学的崛起
[美] 理查德·鲁克 著 24元
大学的逻辑 张维迎 著 25.8元
东西象牙塔 孔宪铎 著 32元
我的科大十年（增订版） 孔宪铎 著 29.8元
高等教育市场化 戴晓霞 莫家豪 谢安邦 主编 32元

大学之忧丛书

大学之用 (第五版) [美] 克拉克·克尔 著 35元
废墟中的大学 [加拿大] 比尔·雷丁斯 著 38元
高等教育市场化的底线 [美] 大卫·科伯 著 45元

北大开放教育文丛

教育：让人成为人——西方大思想家谈人文和科学教育
杨自伍 编译 30元
教育究竟是什么?100位思想家论教育
[英] 乔伊·帕尔默 主编 45元